# Resilienz im Spannungsfeld zwischen Entwicklung und Nachhaltigkeit

Karim Fathi

# Resilienz im Spannungsfeld zwischen Entwicklung und Nachhaltigkeit

Anforderungen an gesellschaftliche
Zukunftssicherung im
21. Jahrhundert

Karim Fathi
Berlin, Deutschland

ISBN 978-3-658-26940-1     ISBN 978-3-658-26941-8   (eBook)
https://doi.org/10.1007/978-3-658-26941-8

Die Deutsche Nationalbibliothek verzeichnet diese Publikation in der Deutschen Nationalbibliografie; detaillierte bibliografische Daten sind im Internet über http://dnb.d-nb.de abrufbar.

Springer VS
© Springer Fachmedien Wiesbaden GmbH, ein Teil von Springer Nature 2019
Das Werk einschließlich aller seiner Teile ist urheberrechtlich geschützt. Jede Verwertung, die nicht ausdrücklich vom Urheberrechtsgesetz zugelassen ist, bedarf der vorherigen Zustimmung des Verlags. Das gilt insbesondere für Vervielfältigungen, Bearbeitungen, Übersetzungen, Mikroverfilmungen und die Einspeicherung und Verarbeitung in elektronischen Systemen.
Die Wiedergabe von allgemein beschreibenden Bezeichnungen, Marken, Unternehmensnamen etc. in diesem Werk bedeutet nicht, dass diese frei durch jedermann benutzt werden dürfen. Die Berechtigung zur Benutzung unterliegt, auch ohne gesonderten Hinweis hierzu, den Regeln des Markenrechts. Die Rechte des jeweiligen Zeicheninhabers sind zu beachten.
Der Verlag, die Autoren und die Herausgeber gehen davon aus, dass die Angaben und Informationen in diesem Werk zum Zeitpunkt der Veröffentlichung vollständig und korrekt sind. Weder der Verlag, noch die Autoren oder die Herausgeber übernehmen, ausdrücklich oder implizit, Gewähr für den Inhalt des Werkes, etwaige Fehler oder Äußerungen. Der Verlag bleibt im Hinblick auf geografische Zuordnungen und Gebietsbezeichnungen in veröffentlichten Karten und Institutionsadressen neutral.

Wissenschaftliches Lektorat: Gitta Peyn

Springer VS ist ein Imprint der eingetragenen Gesellschaft Springer Fachmedien Wiesbaden GmbH und ist ein Teil von Springer Nature.
Die Anschrift der Gesellschaft ist: Abraham-Lincoln-Str. 46, 65189 Wiesbaden, Germany

*Für meine Kinder*
*Ophelia*
*Rebeca*

# Danksagung

Ich möchte all jenen Menschen danken, die auf direktem oder indirektem Wege mitgewirkt und somit dazu beigetragen haben, dass dieses Buch so geworden ist, wie es geworden ist. Mein besonderer Dank geht an Gitta Peyn – sie übernahm in bewährter Manier das wissenschaftliche Lektorat und ist eines der fähigsten, klügsten und liebenswertesten Menschen, die ich kenne. Vielen Dank!

Mein Dank gilt auch meinen vielen Lehrer*innen und emotionalen und intellektuellen Sparringspartner*innen (zu denen ich auch Gitta zähle), die mich in meiner Arbeit unterstützen, inspirieren und fördern. Besondere Erwähnung verdienen dabei Daniel Dahm und Roland Benedikter. Daniel Dahm – der meiner Erfahrung nach am besten vernetzte Nachhaltigkeitsexperte seiner Generation – brachte mich vor vielen Jahren als Erster mit dem Konzept der resilienten Gesellschaft in Berührung. Ohne ihn hätte meine Resilienzkarriere einen anderen Verlauf genommen. Besondere Erwähnung verdient auch Roland Benedikter – einer der letzten Universalgelehrten der Gegenwart und der produktivste Intellektuelle, den ich kenne (seine beeindruckende Vita und seine über 60 Seiten umfassende Publikationsliste sprechen für sich). Er brachte mir Resilienz im Zusammenhang mit multidisziplinärer Politikanalyse nahe und ich schätze die Zusammenarbeit mit ihm sehr.

Das Beste zum Schluss: Die Menschen, die uns besonders nahestehen und sind nicht nur unsere größten Kraftquellen, sondern oft auch unsere größten Lehrmeister*innen in Bezug auf Konfliktfähigkeit und resilienten Beziehungen. In diesem Sinne danke ich meiner Frau Oriane und unseren Töchtern Ophelia und Rebeca. Ihr seid die mir teuersten Menschen in meinem Leben und erinnert mich jeden Augenblick daran, was das Leben lebenswert macht.

Berlin Karim Fathi
30.11.2018

# Neue Anforderungen an die Widerstandsfähigkeit von Gesellschaften im 21. Jahrhundert

Ob Flüchtlingskrise, Klimawandel, soziale und internationale Konflikte, Wirtschaftskrisen, (Cyber-)Terrorismus, drohender Ressourcenknappheit, technologische Entwicklungssprünge – in der sich zunehmend vernetzenden Welt des 21. Jahrhunderts sehen sich die Gesellschaften einer beispiellosen Vielfalt von Krisen ausgesetzt. Die inhärente Volatilität, Unsicherheit, Komplexität und Ambiguität der Phänomene (kurz: VUKA) macht Krisen zu bearbeiten keinesfalls leichter und stellt neue Anforderungen an die Zukunftsfähigkeit – und ganz besonders Resilienz – von Gesellschaften. In den letzten Jahren wurde das relativ neue Konzept der „resilienten Gesellschaft" von immer mehr Disziplinen übernommen und durfte und darf zunehmend als „Universalantwort" dafür herhalten, wie vielfältig und vieldimensional heutige Krisen sind.

Als mit der Jahrtausendwende der Resilienzbegriff auf gesellschaftliche Kontexte übertragen wurde, markierte das einen grundlegenden Wandel in der Art und Weise, wie wir heute auf die Krisen unserer Zeit blicken. Bis dahin galt die Aufmerksamkeit in Forschung und Politikberatung „Risikofaktoren" und der – aus globaler Interdependenz resultierender – Verwundbarkeit von Gesellschaften. Mit zunehmender Auseinandersetzung mit gesellschaftlicher Resilienz rücken entsprechend die so genannten „Schutzfaktoren" in den Vordergrund, die eine Gesellschaft befähigen mit komplexen und ungewissen Umwelten umzugehen und flexibel Krisen zu widerstehen.

Den Resilienzbegriff versatil einzusetzen ist nicht unproblematisch. Lässt sich ein Konzept, das ursprünglich im Sinne von „psychischer Widerstandsfähigkeit" verstanden wurde, plausibel auf Gesellschaften übertragen? Inwieweit kann man eine Gesellschaft, die sich viele Schutzfaktoren gegenüber Naturkatastrophen erarbeitet hat (z. B. erdbebensichere Architekturen, dezentrale Stadtplanung und robuste kritische Infrastrukturen), aber kaum vor Wirtschaftskrisen gefeit ist, als

„resilient" bezeichnen? Obgleich der Resilienzbegriff in immer mehr Disziplinen Verwendung findet, fällt auf, dass es an disziplinübergreifenden Ansätzen mangelt. Eingedenk des Umstands, dass sich die heutige Vielfalt und Vieldimensionalität von Krisen eben nicht mithilfe nur einer Disziplin adäquat erfassen und bearbeiten lässt, erscheinen disziplinübergreifende Konzeptionen in Richtung einer „multikrisenresistenten" Gesellschaft sinnvoll. Was zeichnet eine solche Gesellschaft aus?

Der aktuelle Diskurs um die gesellschaftliche Zukunftssicherung im 21. Jahrhundert beschränkt sich keineswegs auf Resilienz. Nicht zu vernachlässigen sind die vergleichsweise älteren, etablierten Leitkonzepte der „nachhaltigen Gesellschaft" und der „entwickelten Gesellschaft". Wie sie sich von der „resilienten Gesellschaft" abgrenzen, widersprechen (und angesichts der besonderen Herausforderungen in naher und ferner Zukunft ggf. sogar ergänzen), ist in der bisherigen Diskussion ebenfalls kaum erschlossen. Was zeichnet entwickelte Gesellschaften aus, was nachhaltige? Welche Aspekte sind im Rahmen dieser Konzepte und vor dem Hintergrund gesellschaftlicher Zukunftssicherung im 21. Jahrhundert zu wenig berücksichtigt? Inwieweit bestehen Gemeinsamkeiten, Ergänzungspunkte und Widersprüche zum Konzept der resilienten Gesellschaft? Welche Kernprinzipien gesellschaftlicher Zukunftssicherung lassen sich aus der Gegenüberstellung von Resilienz, Nachhaltigkeit und Entwicklung ableiten?

All diesen oben skizzierten Fragen widmet sich dieses Buch. Das folgende Kap. 1 liefert einen Überblick über die Vieldimensionalität und Vielfalt der Krisen unserer Zeit. Kap. 2 diskutiert die vielfältige Übertragbarkeit des Resilienzkonzepts und diskutiert es kritisch hinsichtlich seines Anspruchs, universelle Antworten auf die Krisenvielfalt unserer Zeit zu liefern. In Ermangelung disziplin- und krisenkontextübergreifender Konzepte zum Verständnis von systemischer bzw. allgemeiner Resilienz, illustriert Kap. 3 methodische Zugänge aus der transdisziplinären Forschung. Darauf aufbauend werden in Kap. 4 unterschiedliche „Prinzipien" systemischer gesellschaftlicher Resilienz skizziert, welche sich auf unterschiedliche Krisen übertragen lassen. Aus einem breiteren Blickwinkel wird das Leitbild der resilienten Gesellschaft in den Kap. 5, 6 und 7 den Leitbildern der entwickelten und der nachhaltigen Gesellschaft gegenübergestellt und hinsichtlich wechselseitiger Widersprüche, Gemeinsamkeiten und Ergänzungspunkte diskutiert. Daran anknüpfend, werden in Kap. 8 mehrere Prinzipien skizziert, die gesellschaftliche Zukunftssicherung im 21. Jahrhundert berücksichtigen müsste. Schließlich werden in Kap. 9 ausblickend fünf Hebelpunkte zum Anstoßen nötiger gesellschaftlicher Veränderungen abgeleitet und die Kernthesen dieses Buches zusammengefasst.

# Inhaltsverzeichnis

**Teil I   Die multiresiliente Gesellschaft**

1 Rahmenbedingungen: Wahrscheinlichste und bedrohlichste Herausforderungen im 21. Jahrhundert ........................................ 3

2 Resilienz: Eine Universalantwort auf die Krisen unserer Zeit? ............................................ 25

3 Exkurs: Zwei Zugänge zu einem disziplinübergreifenden Resilienzmodell ..................... 61

4 Fünf Prinzipien einer multiresilienten Gesellschaft ............................................... 83

**Teil II   Gesellschaftliche Zukunftssicherung im 21. Jahrhundert: Entwicklung, Nachhaltigkeit, Resilienz**

5 Die entwickelte Gesellschaft ................................ 133

6 Die nachhaltige Gesellschaft ............................... 183

7 Entwicklung vs. Nachhaltigkeit vs. Resilienz: Gemeinsamkeiten, Schnittpunkte und Widersprüche ............. 215

**Teil III Was bedeutet gesellschaftliche Zukunftssicherung im 21. Jahrhundert? Ein Ausblick**

8 Gesellschaftliche Zukunftssicherung im 21. Jahrhundert: Konturen eines integrativen Konzepts . . . . . . . . . . . . . . . . . . . . . . . . 237

9 Ausblick: Fünf Hebelpunkte zum Anstoßen gesellschaftlicher Veränderungen . . . . . . . . . . . . . . . . . . . . . . . . . . . . 289

Literatur. . . . . . . . . . . . . . . . . . . . . . . . . . . . . . . . . . . . . . . . . . . . . . . . . . . 325

# Abkürzungsverzeichnis

| | |
|---|---|
| Abb. | Abbildung |
| BBK | Bundesamt für Bevölkerungshilfe und Katastrophenschutz |
| BEH | Bündnis Entwicklung Hilft |
| bzw. | beziehungsweise |
| ca. | circa |
| CPI | Corruption Perception Index |
| ders. | derselbe |
| d. h. | das heißt |
| dies. | dieselben |
| ebd. | ebenda |
| engl. | englisch |
| etc. | et cetera |
| ff. | fort folgend |
| Ggf. | gegebenenfalls |
| griech. | griechisch |
| HDI | Human Development Index |
| ICRC | International Committee of the Red Cross |
| ICT | Information and Communication Technologies |
| i. d. R. | in der Regel |
| inkl. | inklusive |
| i. S. | im Sinne |
| lat. | lateinisch |
| KI | Künstliche Intelligenz |
| m. E. | meines Erachtens |
| MIPEX | Migrant Integration Policy Index |
| MPI | Multidimensional Poverty Index |

| | |
|---|---|
| OECD | Organization for Economic Co-Operation and Development |
| OPHI | Oxford Poverty & Human Development Initiative |
| O. J. | Ohne Jahr |
| O. V. | Ohne Verfasser |
| SD | Spiral Dynamics |
| sog. | so genannte(r/n) |
| Tab. | Tabelle |
| u. a. | unter anderem |
| UNCTAD | United Nations Conference on Trade and Development |
| UNDP | United Nations Development Programme |
| UNISDR | United Nations Office of Disaster Risk Reduction |
| US | United States |
| vgl. | vergleiche |
| v. a. | vor allem |
| vs. | versus |
| WEF | World Economic Forum |
| WIPO | World Intellectual Property Organization |

# Abbildungsverzeichnis

Abb. 1.1 Wahrscheinlichste (Likelihood) und größte Gefahren (Impact) im Zusammenhang (WEF 2019, S. 5) .............. 7
Abb. 1.2 Wechselbeziehungen globaler Risikothemen und -trends (WEF 2019, S. 6) ........................... 13
Abb. 1.3 Einordnung existenzieller Risiken (Bostrom 2013, S. 17) ................................. 15
Abb. 1.4 Komponenten des WeltRisikoIndex' (BEH 2017) .......................................... 22
Abb. 1.5 Weltweite Verteilung des Risikopotenzials (BEH 2017) .......................................... 23
Abb. 2.1 Resilienz im Spektrum zwischen Persistenz und Wandel – zwei Beispiele ........................... 28
Abb. 3.1 Typische Komponenten eines Systems (Jackson 2003, S. 6) .................................... 69
Abb. 3.2 Das Panarchiemodell adaptiver Zyklen (Holling und Grunderson 2002) ........................... 71
Abb. 3.3 Das Viable System Model (Jackson 2003, S. 92) .............. 75
Abb. 4.1 Die fünf Dimensionen des Cynefin-Modells (Snowden und Boone 2007, S. 73) ...................... 101
Abb. 4.2 Die K-i-E-Skala (Graf 2018). ........................... 117
Abb. 4.3 Krise als Chance am Beispiel der leven met water-Initiative (Christmann 2011) ...................... 125
Abb. 5.1 Die Spirale der Entwicklung nach Beck und Cowan (Beck und Cowan 2005) ................................ 159

| | | |
|---|---|---|
| Abb. 5.2 | Einkommensungleichheit im Zusammenhang mit Gesundheits- und sozialen Problemen nach Wilkinson und Pickett (2010) | 170 |
| Abb. 5.3 | Zusammenhang zwischen pro-sozialem Verhalten und absolutem Durchschnittseinkommen (OECD 2011a, S. 95) | 171 |
| Abb. 6.1 | Drei Säulen der Nachhaltigkeit (Holl 2015, S. 5) | 184 |
| Abb. 6.2 | Sustainable Society Index 2016 und Entwicklung von 2006–2016 für die Welt | 199 |
| Abb. 9.1 | Zusammenfassung der sechs Dimensionen eines Methodenmixes der kommunikativen Komplexitätsbewältigung (Fathi 2019a) | 319 |

# Tabellenverzeichnis

| | | |
|---|---|---|
| Tab. 2.1 | Typische Indikatoren zur Erfassung resilienter Gesellschaften | 50 |
| Tab. 2.2 | Alle drei Diskursstränge im Resilienzdiskurs auf einem Blick | 58 |
| Tab. 3.1 | Vier Quadranten (basierend auf Lederach 2003; Sibeon 2004, S. 108–110; Layder 1997, S. 2–4) | 79 |
| Tab. 4.1 | Unterschiedliche Modelle und Strategien zur Förderung individueller Widerstandsfähigkeit im Vergleich | 91 |
| Tab. 4.2 | Dimensionen der individuellen Resilienz und resilienzfördernde Disziplinen (inspiriert von Fathi 2016b) | 93 |
| Tab. 4.3 | Kernprinzipien einer multiresilienten Gesellschaft | 126 |
| Tab. 4.4 | Resilienzdimensionen einer Gesellschaft (inspiriert von Fathi 2013, S. 41–74; Galtung 2008; Lederach 2003; Sibeon 2004, S. 108–110; Layder 1997, S. 2–4) | 127 |
| Tab. 5.1 | Ausgewählte Kriterien zur Erfassung entwickelter Gesellschaften | 177 |
| Tab. 6.1 | Drei Säulen und 24 Kriterien zur Bewertung gesellschaftlicher Nachhaltigkeit am Beispiel des SSI | 197 |
| Tab. 6.2 | Top 5 Nachhaltigkeitsranking von 2006–2016 | 198 |
| Tab. 6.3 | Denkströmungen im Diskurs um die nachhaltige Gesellschaft auf einem Blick | 212 |
| Tab. 7.1 | Überblick über die Kernmerkmale aller drei gesellschaftlichen Leitkonzepte | 218 |

| | | |
|---|---|---|
| Tab. 7.2 | Entwicklung, Nachhaltigkeit und Resilienz als wechselwirkende Kernaspekte gesellschaftlicher Zukunftssicherung. | 229 |
| Tab. 8.1 | Dimensionen und Messkriterien der drei Leitbilder (Auswahl). | 238 |
| Tab. 8.2 | Wesentliche Orientierungsprinzipien aller drei Leitbilder. | 244 |
| Tab. 8.3 | Zusammenfassung der ersten fünf Orientierungsprinzipien gesellschaftlicher Zukunftssicherung. | 250 |
| Tab. 8.4 | Wesentliche Kriterien der Wohlfahrtsregime im Westen nach Esping-Andersen (1990). | 255 |
| Tab. 8.5 | Unterschiedliche Krisenpotenziale aller Wohlfahrtsregime auf einem Blick (vgl. Fathi 2013, S. 64). | 259 |
| Tab. 8.6 | Rechenbeispiel: BGE und negative Einkommensteuer (Appolte 2004, S. 8). | 262 |

# Teil I
# Die multiresiliente Gesellschaft

# Rahmenbedingungen: Wahrscheinlichste und bedrohlichste Herausforderungen im 21. Jahrhundert

Um es gleich vorwegzunehmen: Die Lage im ausgehenden 21. Jahrhundert ist nicht so schlecht, wie es in der täglichen Berichterstattung über Kriege, Umweltkatastrophen und Hungersnöte erscheint. Geht es dem Menschen auf der Welt immer schlechter? Nicht unbedingt. Im Januar 2019 argumentierte der US-Journalist Nicholas Kristof in einem Artikel in der New York Times, dass 2018 sogar das beste Jahr der Menschheitsgeschichte gewesen sei (Kristof 2019). Rekurrierend auf die Daten der Plattform „Our World in Data[1]" führt er unter anderem an:

- 2018 erhielten jeden Tag rund 295.000 Menschen auf der ganzen Welt erstmals Zugang zu Strom, bekamen rund 305.000 Menschen erstmals Zugang zu sauberem Trinkwasser und rund 620.000 Menschen zum ersten Mal Zugang zum Internet. Nur noch etwa 4,5 % der Kinder weltweit sterben vor dem fünften Lebensjahr. Im Jahr 1960 waren es 19 %, 2003 noch 7 %.
- Bis 1950 lebte ein Großteil der Menschheit in extremer Armut, also von weniger als 1,66 EUR pro Tag. In den 1980er Jahren waren es noch 44 % der Weltbevölkerung. Laut Weltbank sank der Anteil der Extremarmen 2015 erstmals auf 9,6 % (Kristof 2019).

Zu ähnlichen Schlüssen kam bereits Anfang der Jahrtausendwende der Zukunftsoptimist Matthias Horx. Er sah nicht nur positive globale Trends hinsichtlich der

---

[1] https://ourworldindata.org/

Wohlstands- und Gesundheitsentwicklung des Menschen, sondern auch in der ökologischen Entwicklung:

- „Nicht nur in Mitteleuropa hat sich seit zwanzig Jahren kein wesentlicher Umwelt-Parameter verschlechtert, seien es die Luftbelastung, die Wasserverschmutzung oder die Verseuchung mit Giften und Schwermetallen". Die wichtigen Werte der Schadstoffbelastung im Blut – Blei, Dioxin, DDT, PCB, Cadmium – fallen seit vielen Jahren. Flüsse und sonstige Gewässer werden mit ganz wenigen Ausnahmen sauberer und artenreicher.
- In Europa und Eurasien gibt es einen Netto-Wald-Zugewinn von beachtlichen Ausmaßen. Die Rodung des Regenwalds ist weitgehend gestoppt bzw. bewegt sich auf ein immer niedrigeres Niveau zu.
- Der Stopp des Walfangs hat diese Spezies sich weitgehend wieder erholen lassen, sodass sie bis auf wenige Unterarten heute nicht mehr zu den gefährdeten Arten gehört. Das große Artensterben, das im 17. Jahrhundert seinen Höhepunkt erreichte, ist gestoppt.
- Die Bevölkerungsexplosion der Spezies Mensch findet nicht statt. Die Menschheit wird zwischen 2050 und 2060 bei etwa 8,5 Mrd. Menschen ihren zahlenmäßigen Zenit erreichen und danach wieder schrumpfen. Der Homo Sapiens wird im Jahre 2150 nur noch mit fünf Milliarden Exemplaren auf diesem Planeten vertreten sein.
- (…) In absoluten Zahlen sinkt die Anzahl der Armen, heute sind es noch 800 Mio (1,2 Mrd. im Jahr 1990), jedes Jahr werden es zwischen fünf und 20 Mio. weniger.
- Auf mittlere Sicht wird sich der globale Unterschied zwischen Arm und Reich abschwächen, weil die Länder mit den stärksten Wachstumsraten Entwicklungsländer sind – China, Indien, selbst Länder wie Botswana schlagen seit Jahrzehnten die Wachstumsraten der industriellen Länder.
- Drei Fünftel der Weltbevölkerung leben heute in Demokratien – vor zehn Jahren waren es weniger als ein Drittel. 1955 gab es lediglich 22 Demokratien (14,3 %). Im Jahr 2000 waren es 120 (62,5 %). Da demokratische Verhältnisse der entscheidende Schlüssel zum Wohlstand sind, ist die Wahrscheinlichkeit von Wirtschaftsaufschwüngen eher gestiegen.
- Auf breiter Front steigt die globale Lebensqualität, und selbst in den ärmsten Ländern sinkt die Säuglingssterblichkeit. In 84 von den inzwischen 193 Ländern des Planeten erreichen die Menschen ein Durchschnittsalter von mehr als 77 Jahren, 1990 nur in 55 Ländern. 76 % der Erwachsenen der Erde können heute lesen, 1990 waren es erst 64, in den 60er Jahren 42 %. Immer mehr Kinder weltweit gehen in die Schule, vor allem Mädchen: deren Einschulungsquote auf der Sekundarstufe stieg von 36 auf 61 % (Horx 2003, S. 250–270).

Eine Fortführung dieser globalen Entwicklungstrends bestätigt er in seinem später erschienenen Buch „Megatrends" (Horx 2014). Wenn davon auszugehen ist, dass die Lage der Menschheit vielerorts von der Entwicklungstendenz in Richtung mehr Wohlstand, Fortschritt, Zugang zu Bildung und Wissen geprägt ist – warum über „gesellschaftliche Zukunftssicherung" oder gar „Resilienz" schreiben? Als Antwort darauf lassen sich vier Thesen anführen, von denen in diesem Buch ausgegangen wird:

1. Die Welt von heute ist zwar entwickelter, zugleich aber auch viel komplexer geworden.
2. Jeder Zugewinn an Entwicklung und Komplexität bringt auch entsprechend komplexere Herausforderungen mit sich.
3. Komplexe Herausforderungen sind oftmals menschenverursacht, und sie haben auch angesichts zunehmender globaler Vernetzung nie dagewesene Tragweite, der sich kaum jemand entziehen kann.
4. Komplexe Herausforderungen funktionieren nicht nur global, sie können sich angesichts heutiger technischer Möglichkeiten auch als gefährlicher denn je, ja sogar existenziell bedrohlich auswirken.

Mit anderen Worten: Die globale Entwicklung schreitet voran, wobei sie durchaus mit vielen eindeutig positiven Erscheinungen und Trends daher kommt. Zugleich ist die Welt vernetzter, schnelllebiger, unüberschauberer und unvorhersehbarer denn je und bringt eine nie dagewesene Vielfalt an bekannten und noch nicht bekannten Herausforderungen mit sich. Im ausgehenden 21. Jahrhundert sind die Gesellschaften von heute mehr denn je angehalten, einen Schritt zurückzutreten und sich systematisch damit auseinanderzusetzen, wie sie ihre Zukunft sichern. Zukunftssicherung meint im Rahmen dieses Buches, die Fähigkeit einer Gesellschaft, aktuellen und kommenden Herausforderungen im ausgehenden 21. Jahrhundert gerecht zu werden und sich weiterzuentwickeln. Dabei steht vor allem die Auseinandersetzung mit „Risiken" und „Krisen" im Zentrum des Interesses. Die folgenden Unterkapitel geben einen Überblick über die wahrscheinlichsten und gefährlichsten Krisenpotenziale unserer Zeit.

## 1.1 Wahrscheinlichste und größte Risiken und Krisenpotenziale

Der Risikobegriff ist unklaren Wortursprungs und bezeichnet disziplinübergreifend ein Ereignis mit möglicher negativer (Gefahr) bzw. positiver Auswirkung (Chance) (Deutscher Alpenverein 2004). In aller Regel sind bei einem Risiko nicht alle Einflussfaktoren bekannt oder hängen vom Zufall ab. Daher ist das Risiko oft mit einem Wagnis verbunden, sprich: dem „Einlassen auf eine risikohaltige Situation" (Warwitz 2016, S. 16). Die Krise stammt aus dem griechischen „krínein" (= trennen, [unter-]scheiden) und bezeichnet eine problematische, mit einem Wendepunkt verbundene, Entscheidungssituation. Nimmt die Entwicklung einen dauerhaft negativen Verlauf, ist von „Katastrophe" die Rede (wörtlich in etwa „Niedergang"). Die Krise birgt aber auch die Chance auf einen positiven Ausgang (Gredler 1994). Risiken und Krisen beinhalten die Gemeinsamkeit, dass sie mit einem enormen Stress und Gefahrenpotenzial einhergehen, welche das betroffene System bedrohen. Sie bergen aber auch die Chance auf eine positive Entwicklung, indem sie zu neuen Problemlösungsansätzen führen, die ähnliche Situationen in Zukunft besser beherrschbar machen. Allerdings beinhalten beide die Herausforderung, dass sie mit unvollständiger Information einhergehen. Eine wesentliche Abgrenzung zwischen beiden Begriffen besteht darin, dass das Risiko der Krise vorausgeht.

In den letzten Jahren hat die Zahl verfügbarer Analysen zu den globalen Risiken unserer Zeit zugenommen – und sie scheinen zu weitgehend übereinstimmenden Einschätzungen zu kommen. Unter den weltweit einflussreichsten Analysen dürfte der Global Risk Report des alljährlichen Weltwirtschaftsgipfels (World Economic Forum) in der Schweiz gelten. Der neueste Bericht vom Januar 2019 hebt vor allem hervor, dass die Welt an mehreren Stellen ihre Belastungsgrenze erreicht habe. Fast 60 % der knapp 1000 weltweit befragten Risikoexperten rechnen damit, dass die globalen Risiken in diesem Jahr zunehmen, lediglich sieben Prozent gehen davon aus, dass sich die Lage entspannen wird. Als wesentlicher Faktor wird die Beschleunigung und Vernetzung „in nahezu jedem Feld menschlicher Aktivität" genannt. Die Abb. 1.1 vermittelt einen ersten Eindruck über die Einschätzung der Befragten hinsichtlich der wahrscheinlichsten und der größten globalen Gefahren.

### 1.1.1 Wahrscheinlichste Gefahren

Zu den Gefahren, die am wahrscheinlichsten eintreten dürften, zählen laut des Global Risk Reports der WEF folgende:

1. Extreme Wetterereignisse
2. Folgen des Klimawandels
3. Naturkatastrophen
4. Datenbetrug oder -diebstahl
5. Cyberattacken (WEF 2019).

## 1.1 Wahrscheinlichste und größte Risiken und Krisenpotenziale

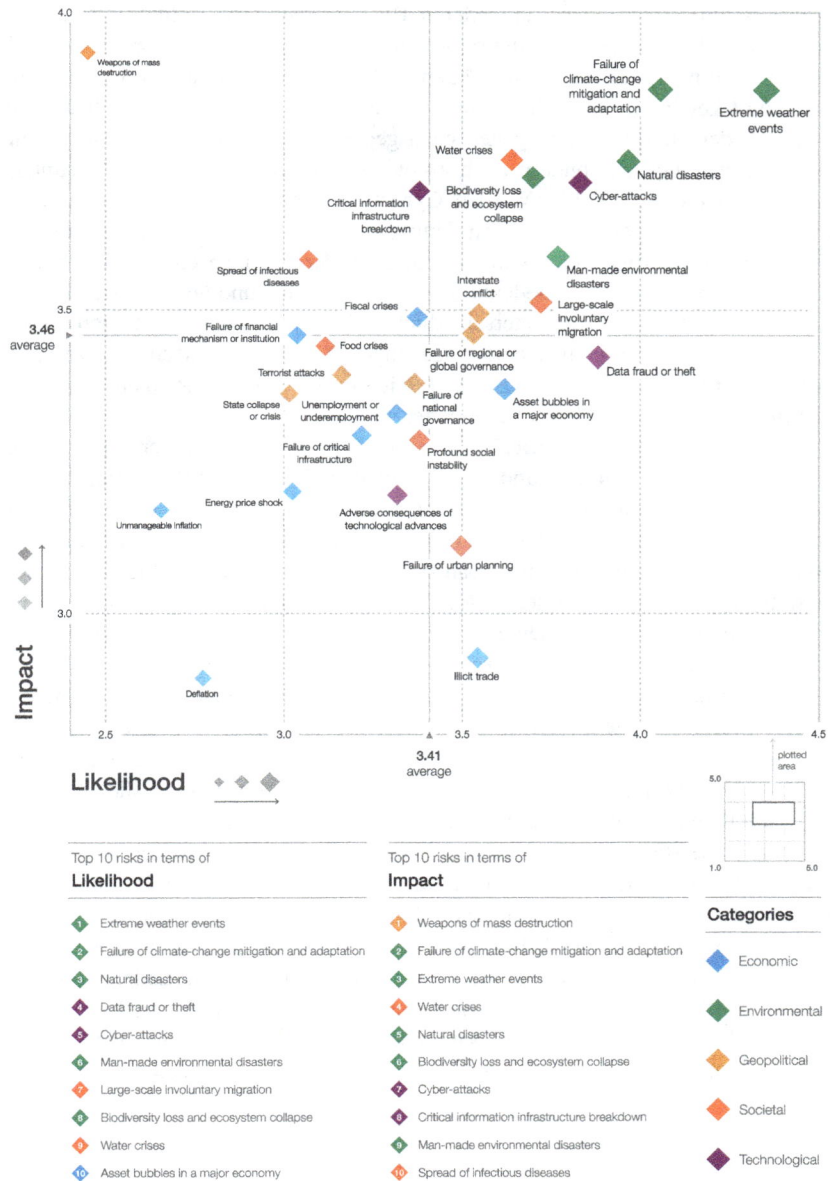

**Abb. 1.1** Wahrscheinlichste (Likelihood) und größte Gefahren (Impact) im Zusammenhang (WEF 2019, S. 5)

Dieser Schluss deckt sich mit anderen Risikostudien, wie zum Beispiel dem neuen Risk Barometer der Allianz[2] – einer jährlichen Umfrage zu den wichtigsten Unternehmensrisiken unter knapp 2000 Risikoexperten aus 80 Ländern. Auch dort gelten Umweltrisiken (inklusive Naturkatastrophen) und Cyberkrisen zu den bedeutendsten. Beide gelten nach gegenwärtiger Einschätzung nicht nur als wahrscheinlichste, sondern auch als wichtigste Ursachen für Betriebsunterbrechungen (Allianz 2018). Werden Cyberkrisen erst seit 2018 als besonders wahrscheinlich angesehen, werden Umweltkrisen von jeher in allen zurückliegenden Global Risk Reports als bedeutendste Krisen angesehen (WEF 2019). Aufgrund ihrer besonderen Bedeutung wird im nächsten und übernächsten Unterkapitel gesondert auf die unterschiedlichen Umweltrisiken (Wetterereignisse, Naturkatastrophen, Klimawandel) eingegangen. Im Folgenden eine kurze Aufzählung der, laut diverser Trendstudien, wichtigsten globalen Risiken, die kurz- und mittelfristig von Beobachtern erwartet werden.

*Cyber-Hurrikane/Cyber-Angriffe:* Die Gefahr von Cyberkrisen hat in den letzten Jahren zugenommen und ist im Global Risk Report 2018 erstmals unter den Top 5 der bedeutendsten Krisen aufgenommen worden. Die Cyberkrise hat inzwischen die noch in den Jahren 2015–2017 präsente Flüchtlingskrise abgelöst (WEF 2019). Einhergehend mit Urbanisierung und der mit Technologisierung der Gesellschaft zunehmenden technologischen Abhängigkeiten (WEF 2019; teilweise auch UK Ministry of Defence 2014), werden Cyberkrisen in Zukunft relevanter und häufiger. Um die Tragweite von Cyberkrisen zu verdeutlichen, schreibt der Risk Barometer der Allianz explizit von „Cyber-Hurrikanen", zu denen jüngste Ereignisse wie das Mirai-Botnet und die WannaCry- und Petya-Angriffe in 2017 zählen. Auch die kürzlich identifizierten Sicherheitslücken in Computerchips in nahezu jedem modernen Kommunikationsgerät zeigten die digitalen Schwachstellen moderner Gesellschaften auf. Hinzu kommt, dass die digitale Angriffsfläche steige, da die Zahl der internetfähigen Geräte in der Welt rasant wachse. Diese Cyberrisiken dürften durch die Zunahme geopolitischer Konflikte und damit staatlich veranlasster Cyberattacken, noch einen zusätzlichen Schub bekommen (Allianz 2018). Insgesamt, so John Drzik, Präsident der Sparte Global Risk and Digital bei der Beratungsagentur Marsh & McLennan, die den WEF-Report mit durchgeführt hat, richteten Cyberrisiken genauso viel oder mehr wirtschaftlichen Schaden an wie Naturkatastrophen. Dabei sei die Infrastruktur von Regierungen und Unternehmen zur Abwehr dieser Attacken zu klein und

---

[2]https://www.allianz.com/de/presse/news/studien/180116_Allianz-Risk-Barometer-2018/

unterfinanziert. Nur ein Drittel aller Unternehmen hätten überhaupt einen Plan für den Umgang mit Cyberattacken (WEF 2019).

*Kriege/Geopolitische Konflikte:* Eng mit dem steigenden Risiko staatlich geführter Cyberattacken einhergehend, wird in sämtlichen Analysen von einer Verschärfung des geopolitischen Umfelds ausgegangen. In ihren Prognosen zählen der US-amerikanische Geheimdienst CIA und das britische Verteidigungsministerium die Verschärfung von Konflikten (insbesondere zwischen den Staaten) als einen der wesentlichsten Risikotrends unserer Zeit (CIA 2018; UK Ministry of Defence 2014). 93 % der vom WEF befragten Risikoexperten erwarten eine Verschärfung der politischen oder wirtschaftlichen Auseinandersetzungen zwischen den Großmächten, und knapp 80 % gehen von einer weiteren Eskalation und Zunahme zugehöriger Risiken in Form eines Krieges unter Beteiligung von Großmächten aus (WEF 2019). Als ein wesentliches Kriterium werten die Beobachter geringer werdende Einflüsse multilateraler regelbasierter Ansätze, sodass für viele Länder immer attraktiver wird, ihren Staat als Mittelpunkt von Macht und Legitimität wieder herzustellen. Derzeit scheint es keine Normen und Institutionen zu geben, die die Großmächte einen könnten. Das führt zu neuen Risiken und Unsicherheiten: wachsende militärische Spannungen, Wirtschafts- und Handelsstörungen, aber auch neue Cyberoptionen für „harte" und „weiche" Macht, Stellvertreterkonflikte (wie z. B. in der MENA-Region) (CIA 2018; WEF 2019). Mittelfristig sehen Beobachter, wie die beiden Wissenschaftsjournalisten Christian Schwägerl und Andreas Rinke in ihrer Analyse „11 drohende Kriege", potenzielle Krisenherde vor allem im Zusammenhang mit den globalen öffentlichen Gütern. So z. B. könnten Umweltfaktoren das Risiko sich verschärfender geopolitischer Konflikte antreiben. Denkbar wären vor allem Kriegsszenarien um knappe Ressourcen, wie Wasser, Rohstoffe (z. B. Konflikte um Energieressourcen in der Arktisregion oder um Manganknollen im Meer), um Nahrungsmittel (hier z. B. das Szenario eines „Proteinkriegs" als Folge der überfischten Meere) und sogar den Aktionsradius im Weltraum. Rinke/Schwägerl thematisieren bei vielen ihrer Szenarien auch die politische Versuchung, überlegene Militärtechnologie als Chance zur Ausschaltung eines Konkurrenten zu nutzen (z. B. die USA gegenüber der EU im Kampf um die letzten Fischreserven im Meer [Proteinkrieg]). Zudem sehen sie in fast all ihren Szenarien als Schlüsselvariable der Konfliktverschärfung den wirtschaftlichen und militärischen Aufstieg Chinas (so z. B. im Szenario eines Cyberkrieges zwischen den USA und China) (Rinke und Schwägerl 2015).

*Wirtschafts- und Finanzkrisen:* Bei allen hier aufgeführten Studien fällt auf, dass das Risiko einer Wirtschafts- und Finanzkrise nicht erwähnt oder gegenüber den anderen Krisenkontexten verhältnismäßig weniger stark betont wird. Die Autoren des Global Risk Report 2018 gehen sogar davon aus, dass sich die

Weltwirtschaft nach der globalen Krise, die vor zehn Jahren ausbrach, wieder auf dem richtigen Weg befinden würde. Allerdings weisen die Autoren auch auf langjährige Herausforderungen (wie z. B. einer steigenden globalen Verschuldung und Belastung des globalen Finanzsystems) hin. Zu den neueren Herausforderungen zählen die Autoren unter anderem Störungen aufgrund zunehmender Automatisierungs- und Digitalisierungsstrukturen sowie wachsenden merkantilistischen und protektionistischen Druck vor dem Hintergrund einer zunehmend nationalistischen und populistischen Politik (WEF 2019). Es fällt auf, dass es zu diesem Krisenthema eher Publikationen mit spezialisiertem Blick auf Volkswirtschaftslehre und Finanzmärkte sind, die von einer hohen Eintrittswahrscheinlichkeit einer ökonomischen Krise mit globalem Impact ausgehen. Beispielhaft seien hierzu die viel rezipierten neueren Publikationen von Ernst Wolff (2017), Markus Krall (2017), Florian Homm (2016) und James Rickards (2012), teilweise auch von Ulrike Herrmann (2015), erwähnt. Sie alle betonen, dass die Notmaßnahmen, mit denen 2008 der Zusammenbruch des globalen Finanzsystems verhindert werden konnte, nicht das Risiko einer drohenden Krise ausräumen konnte. Im Gegenteil dürfte der immanente Systemfehler des globalen Wirtschafts- und Finanzsystems – sollte es nicht zu tiefgreifenden Veränderungen kommen – unausweichlich zu einem Zusammenbruch mit gravierenden Auswirkungen auf die soziale Ordnung aller betroffenen Gesellschaften führen. Die Autoren beschreiben den Systemfehler als Missverhältnis zwischen der (durch die Produktion von Waren) Werte schaffenden, aber derzeit stagnierenden, Realwirtschaft und der spekulativen Finanzwirtschaft. Letztere ist auf Krediten aufgebaut, schafft keine Werte, ist aber wegen der ständig anfallenden Zinszahlungen auf ununterbrochenes Wachstum angewiesen. Da die Finanzwirtschaft nicht in der Lage ist, das Geld für die ständig steigenden Zinszahlungen auf die ununterbrochen wachsende Menge an Krediten aus sich selbst heraus zu erzeugen, springen die Zentralbanken ein, die Geld ohne realen Gegenwert „aus dem Nichts" schöpfen und es den Banken zur Verfügung stellen (Quantitative Easing). Zugleich setzen die Zentralbanken den Leitzins, zu dem sie den Banken das Geld vergeben, herab (was zwischen 2007 und 2016 insgesamt 660 Mal geschehen ist). Da aber dieses Geld zumeist auf direktem Weg in die Finanzspekulation fließt, bewirkt die Zinssenkung, dass sich Spekulationsblasen bilden. Dilemma dabei ist, dass eine Umkehr der zerstörerischen Finanzpolitik – also eine Heraufsetzung des Leitzinses oder/und eine Einfrierung der Geldmenge – das Problem nicht lösen und ebenfalls in Krisen führen dürfte.

*Mehrere soziale Krisentrends:* Neben den oben aufgeführten Krisenpotenzialen weisen die Studien auf vielfältige Risikotrends hin, die das soziale Gefüge der Gesellschaften betreffen:

## 1.1 Wahrscheinlichste und größte Risiken und Krisenpotenziale

- *Beschäftigung, soziale Gleichheit:* Von jeher zählen Beschäftigungsquote und soziale Gleichheit zu den wichtigsten inneren Krisenindikatoren einer Gesellschaft (hierzu näher in Kap. 8). In Bezug auf die Beschäftigung zeigt sich, dass in den relativ wohlhabenden Gesellschaften der Ersten und Zweiten Welt die Bevölkerung im arbeitsfähigen Alter schrumpft, während sie in den ärmeren, tendenziell von höherer Arbeitslosigkeit betroffenen, Gesellschaften der Dritten Welt noch wächst (CIA 2018; WEF 2019; Orrell 2007). Darüber hinaus wird in den nächsten Jahren, im Zuge der voranschreitenden Digitalisierung und Automatisierung von Abläufen, ein Wegfall von Arbeitsplätzen erwartet, auf den sich krisenvorbeugende Arbeitsmarktpolitiken rechtzeitig einstellen sollten (Brynjolfsson und McAfee 2014). Hinsichtlich der sozialen Gleichheit wird derzeit beobachtet, dass zwar weltweit der Wohlstand zunimmt, allerdings in den meisten Gesellschaften, insbesondere in den bevölkerungsreichen Regionen der Dritten Welt, zunehmende soziale Ungleichheit zu verzeichnen ist (CIA 2018; UK Ministry of Defence 2014; WEF 2019). Beschäftigung und soziale Gleichheit waren wesentliche Themen sozialer Proteste, die seit 2011 sowohl in den wohlhabenden Gesellschaften der Ersten Welt (Occupy-Bewegungen) als auch vor allem im MENA-Raum (Arabische Proteste) beobachtet werden konnten (näher hierzu in Kap. 8). Sie gelten mehr denn je als zentrale Herausforderungen einer zukunftsfähigen Wohlfahrtspolitik. Heute, und nicht zuletzt infolge dieser Herausforderungen, beobachten viele Risikoexperten den Trend von zunehmendem Populismus, sozialer Polarisierung, Nationalismen und religiösem Fanatismus. Diese Risikotendenz wirkt sich nicht nur auf die Außen- und Geopolitik von Staaten aus, sondern auch nach innen als möglicher sozialer Krisenfaktor (CIA 2018; WEF 2019; teilweise auch UK Ministry of Defence 2014).

- *Integrationspolitik:* Eng mit den bereits dargestellten Herausforderungen an die Wohlfahrtssysteme geht einher, krisenfähige Integrationspolitik zu betreiben. Insbesondere die wohlhabenderen Immigrationsgesellschaften werden in diesem Zusammenhang von anhaltenden „unfreiwilligen Migrationsbewegungen" betroffen sein. Obgleich die Flüchtlingskrise seit 2018 erstmals wieder nicht mehr zu den Top 5 der bedeutendsten Krisen gezählt wird, dürfte sie an Brisanz keineswegs abgenommen haben. Im Gegenteil gehen Experten von einem Anstieg der unfreiwilligen Migration in der Zukunft aus. Dies begründet sich vor allem damit, dass die Flüchtlingskrise eng mit den derzeit stärker in den Blick genommenen anderen globalen Risiken zusammenhängt, insbesondere geopolitischen Krisen (Kriegsflüchtlinge) und Umweltkrisen

(z. B. Klimaflüchtlinge[3]) (Rinke und Schwägerl 2015; CIA 2018; WEF 2019; Allianz 2018).

- *Gesundheit:* Psychische Stresserkrankungen (insbesondere Burnout und Depression) haben in den letzten zwei Jahrzehnten signifikant zugenommen – Tendenz steigend. Im Zusammenhang mit steigendem Termin-, Leistungs-, Konsum- und Konkurrenzdruck, sowie wachsenden Anforderungen an Mobilität, Schnelligkeit und Flexibilität, ist vor allem in den wohlhabenderen Gesellschaften weltweit zu beobachten, dass chronisch psychische Stresserkrankungen, insbesondere Burnout und Depression ansteigen (ILO 2016; Knieps und Pfaff 2016; Lohmann-Haislah 2012; Galuska et al. 2010). Psychische Stresserkrankungen im Arbeits- und Privatleben gehen zudem eng mit einer Suizidrate von – laut der neuesten Studie der Weltgesundheitsorganisation (WHO) – immerhin 800.000 Menschen pro Jahr[4] einher. Diese Rate übersteigt sogar die jährliche globale Mordrate (ILO 2017). Psychische Stresserkrankungen erhöhen den Autoren des Stressreports der International Labour Organization zufolge das Risiko von Herzerkrankungen um 50% bei Menschen, die von Stress am Arbeitsplatz betroffen sind. Herzkrankheiten sind mit knapp 17,5 Mio Toten jährlich – im Vergleich zu allen chronischen Krankheiten (non communicable diseases) – die häufigste Todesursache weltweit (ILO 2016).

*Pandemien und technologische Nebenwirkungen:* Weitere, in vielen Studien erwähnte Krisenkontexte, thematisieren einerseits das Risiko durch Nebenfolgen und den Missbrauch neuer Technologien und andererseits das Szenario einer globalen Pandemie (Rinke und Schwägerl 2015; UK Ministry of Defence 2014; CIA 2018; WEF 2019; Orrell 2007). Da sich diese beiden Szenarien nicht nur als mittelfristig wahrscheinlich, sondern auch als extrem folgenreich erweisen können, werden sie im nächsten Unterkapitel näher erläutert.

Das untenstehende Schaubild aus dem Global Risk Report 2019 verdeutlicht die Wechselbeziehungen unterschiedlicher Krisenthemen und ihre Verdichtung zu entsprechenden Risikotrends. Hierbei fällt auf, dass die Gefahr sozialer Instabilität

---

[3]Die Weltbank schätzt, dass bereits heute schon mehr Menschen vor den Auswirkungen des Klimas fliehen als vor Krieg. Alleine in Sub-Sahara-Afrika, in Lateinamerika und in Südasien schätzt die Weltbank insgesamt mehr als 140 Mio. Flüchtlinge bis 2050 durch Dürren, Missernten, Sturmfluten und steigende Meeresspiegel. Vor allem rechnet die Weltbank mit so genannten „Binnenmigrationen", also Bewegungen innerhalb von Ländern vom Land in urbane Regionen (Weltbank 2018).
[4]75 % der Betroffenen gehören Gesellschaften mit niedrigem und mittlerem Durchschnittseinkommen an (ILO 2017).

## 1.1 Wahrscheinlichste und größte Risiken und Krisenpotenziale

im Zentrum aller Verflechtungen steht. Obgleich soziale Krisen im Global Risk Report und anderen Studien derzeit weder zu den wahrscheinlichsten noch zu den gefährlichsten gezählt werden, dürfte dieser Kontext zu den immanentesten, präsentesten und damit letztlich immer noch bedeutendsten Herausforderungen gesellschaftlicher Zukunftssicherung gezählt werden (Abb. 1.2).

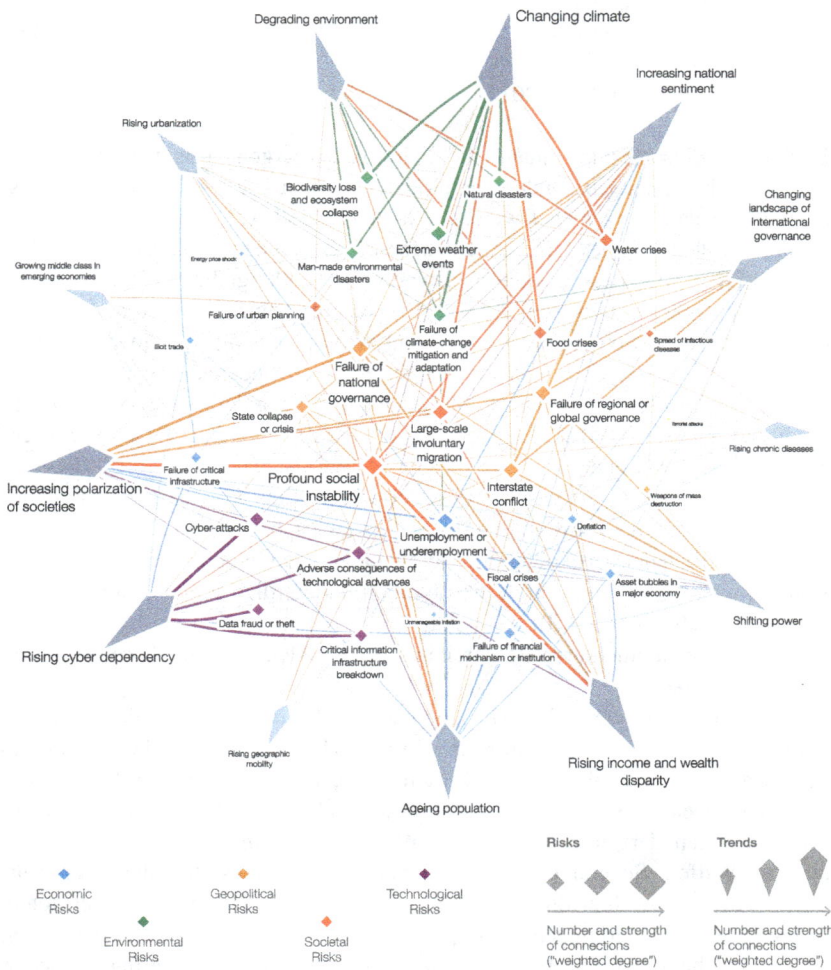

**Abb. 1.2** Wechselbeziehungen globaler Risikothemen und -trends (WEF 2019, S. 6)

## 1.1.2 Folgenreichste Gefahren und existenzielle Risiken

Zu den fünf gefährlichsten und folgenreichsten Gefahren zählen die Befragten des Global Risk folgende:

1. Massenvernichtungswaffen
2. Folgen des Klimawandels
3. Extreme Wetterereignisse
4. Wasserkrise
5. Naturkatastrophen (WEF 2019)

Über diese Einschätzung hinaus findet sich in der gegenwärtigen Debatte noch eine Vielzahl weiterer besonders gefährlicher Risiken, die als so genannte „existenzielle Risiken" bezeichnet werden. Als existenzielles Risiko versteht sich ein Ereignis, welches in der Lage ist, auf der Erde entstandenes, intelligentes Leben auszulöschen oder dessen wünschenswerte Entwicklung drastisch und permanent einzuschränken (Bostrom 2002, 2013). Während einzelne Bedrohungen (wie die oben aufgeführten) intensiv untersucht werden, hat die systematische Analyse existenzieller Risiken ungeachtet ihrer enormen Bedeutung erst Anfang der 2000er Jahre begonnen (Bostrom 2002). Dies mag auch daran liegen, dass hochgradig disziplinübergreifende Wissenszusammenführung zum Erforschen existenzieller Risiken notwendig ist.

In seiner Analyse grenzt der in diesem Thema als Pionier geltende Philosophieprofessor Nick Bostrom den Begriff des „existenziellen Risikos" vom „globalen katastrophalen Risiko" ab. Im Vergleich zu allen anderen Risikoarten zeigt sich existenzielles Risiko durch die räumlich und zeitlich größte Tragweite und an seiner Letalität (Abb. 1.3).

Im Folgenden eine kurze Beschreibung der Risiken, die aktuell am häufigsten diskutiert werden:

*Massenvernichtungswaffen (inkl. atomarer Holocaust):* Zu den Massenvernichtungswaffen gehören atomare, biologische oder chemische Waffen, es kommen aber auch solche dazu, die auf völlig neuen technologischen Grundlagen aufsetzen, wie z. B. Nanowaffen oder Genbomben (Rinke und Schwägerl 2014). Zu den derzeit bedrohlichsten Waffen gelten in der aktuellen Debatte atomare Waffen. So könnte bereits die Verwendung eines Bruchteils der weltweiten Arsenale in ihrer direkten Wirkung einen Großteil der Menschheit töten, während die Folgewirkungen der Explosionen die Menschheit über Generationen existenziell bedrohen würde. Hierzu würden unter anderem vergiftetes Wasser,

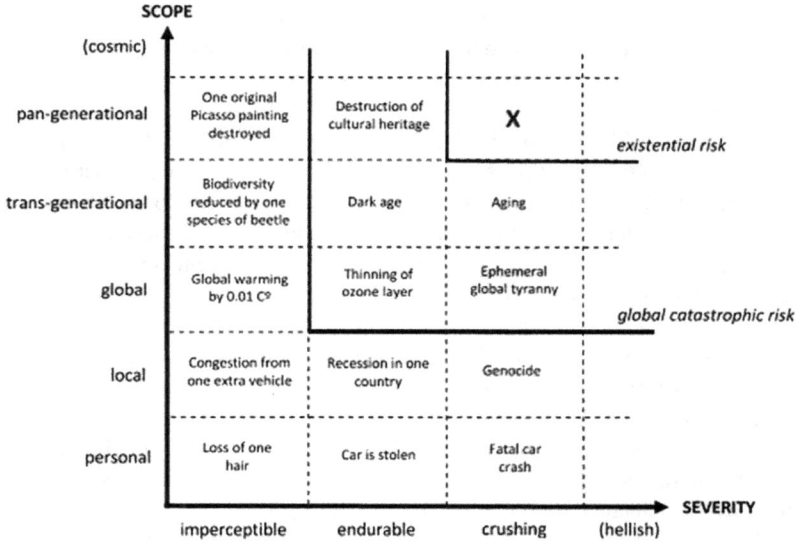

**Abb. 1.3** Einordnung existenzieller Risiken (Bostrom 2013, S. 17)

Keimbahnmutationen, ansteigende Krebsrate, ein kollabierendes Ökosystem, der Zusammenbruch sozialer Institutionen sowie ein nuklearer Winter zählen (Human Wrongs Watch 2012)

Eine globale Pandemie, die den Schwarzen Tod im Mittelalter oder die Spanische Grippe Anfang des 20. Jahrhunderts an Virulenz und Tödlichkeit übertrifft, zählt ebenfalls zu den potenziellen existenziellen Krisen. Ähnlich wie der Einsatz von Nuklearwaffen wird der globalen Pandemie von allen existenziellen Risiken eine relativ hohe Eintrittswahrscheinlichkeit innerhalb der nächsten hundert Jahre zugerechnet (so z. B. Orrell 2007). Allerdings ist diese ursprünglich auf Ross MacPhee, Mitarbeiter des American Museum of Natural History, und Preston Marx, Mitarbeiter des Aaron Diamond AIDS Research Center und Tulane University, zurückgehende „Hyperkrankheitshypothese" nicht unumstritten (MacPhee). Fest steht jedoch, dass Entwicklungen in der Genomik, Genetik und der Biotechnologie nachhaltige Einflüsse auf die globale Sicherheit haben und dass der Erreger einer Hyperkrankheit als Waffe (z. B. in der Hand von Bioterroristen) eine globale Bedrohung darstellt (van Aken und Hammond 2003).

Während der Einsatz von Massenvernichtungswaffen eine gewisse Absicht unterstellt, sind auch unbeabsichtigte menschenverursachte existenzielle Risiken denkbar und nicht unwahrscheinlich. In diesem Fall ist von „Umweltkatastrophen" die Rede. Eine Umweltkatastrophe wird meist ausgelöst durch einen Betriebsunfall – beispielhaft zählen hierzu die nukleare Katastrophe von Tschernobyl 1986 oder das eher hypothetische Weltuntergangsszenario „Gray Goo". Aber auch schleichende Umweltverschmutzungen – wie beispielsweise der Treibhauseffekt, der wiederum in eine eskalierende globale Erwärmung oder gar in eine neue Eiszeit führen könnte – gehören zu den Umweltkatastrophen. Diese drei letztgenannten existenziellen Risiken werden im Folgenden näher erläutert.

Das *Graue-Schmiere-Szenario* (engl. „Gray Goo") wurde erstmals 1986 im Buch „Engines of Creation" des Nanotechnologie-Pioniers Eric Drexler eingeführt und bezeichnet das existenzielle Risiko einer außer Kontrolle geratenen molekularen Nanotechnologie (Drexler 1986). Dabei brauchen die selbstreplizierenden Assembler die gesamte Materie der Erde auf, um immer mehr Kopien von sich selbst zu erstellen (Institute of Physics 2004). Dieses Szenario wird auch Ökophagie („Auffressen der Umwelt") genannt (Freitas 2000).

Als *globale Erwärmung* wird der Anstieg der Durchschnittstemperatur der erdnahen Atmosphäre und der Meere verstanden. Aktuellen Forschungen zufolge erwärmte sich die Erde beim Übergang von der Eiszeit in eine Zwischeneiszeit binnen ca. 10.000 Jahren etwa um 4 bis 5 °C. Bei der menschengemachten globalen Erwärmung wird jedoch eine Temperaturerhöhung von 4 bis 5 °C binnen 100 Jahren erwartet. 2016 war das wärmste Jahr seit Beginn der systematischen Messungen im Jahr 1880 (Washington und Cook 2011; Graßl 2007). Im Worst-Case-Szenario einer eskalierenden globalen Erwärmung könnte sich die Freisetzung von Treibhausgasen in die Atmosphäre als stark selbst verstärkender Rückkopplungsprozess erweisen, der ab einen gewissen Point of no Return nicht mehr durch derzeit bekannte Interventionen (wie z. B. Geoengineering) abgewendet werden kann. Die Erdatmosphäre würde sich dann der der Venus angleichen und Leben wäre unmöglich (Umweltbundesamt 2013).

Ein *Eiszeitalter* ist ein Abschnitt der Erdgeschichte, in dem je nach Definition mindestens ein Pol der Erde vergletschert ist (weite Definition [Murawski und Meyer 2004]) oder wenn es in beiden Polen zu Vergletscherungen kommt (enge Definition [Imbrie und Imbrie 1979]). Je nach Definition gab es in der bisherigen Erdgeschichte, etwa vier bis sieben Eiszeitalter, mit unterschiedlich langen Warmklimazeiten dazwischen. Sollte die momentane Warmzeit abrupt enden, könnte die Erde zu einem einzigen „Schneeball" werden. Die Temperaturstürze und ihr Einfluss auf die Lebensmittelversorgung würden das Fortbestehen der Menschheit gefährden (zur Hypothese der „Schneeballerde" s. Kirschvink und Ward 2016).

Ähnlich oder gar einhergehend mit dem Gray Goo-Szenario wäre auch ein Aussterben durch den Einfluss von überlegener Künstlicher Intelligenz („Superintelligenz") denkbar. Auszugehen wäre entweder von einer willentlichen Ausrottung oder einer versehentlichen Vernichtung der Lebensgrundlage im Zuge ihrer Aufgabenerfüllung. In diesem Zusammenhang gilt das von Nick Bostrom angeführte Gedankenexperiment zu den bekanntesten, wonach eine Superintelligenz den gesamten Planeten und womöglich auch das Sonnensystem in Computronium[5] verwandelt, ohne direkt bösartige Absichten zu haben. In seinem viel beachteten Buch „Superintelligenz" (2016) führt Bostrom aus, dass und wie menschliche Intelligenz nicht mit einer sich ausbildenden Superintelligenz mithalten könnte, wenn diese sich insofern menschlichen Fähigkeiten annähert, dass sie anfangen könnte Maschinen zu entwickeln, die sich selbst verbessern (Bostrom 2017). Gegenwärtige Projekte zur Simulation von Gehirnprozessen (z. B. das Blue Brain-Projekt[6]), der Modellierung kognitiver

---

[5]Im Zusammenhang mit diesem ursprünglich auf Norman Margolus und Tommaso Toffoli vom Massachusetts Institute of Technology zurückgehenden Begriff, führt Bostrom folgendes Szenario an: Eine Maschine, die z. B. darauf programmiert ist, so viele Büroklammern wie möglich herzustellen, wird unglaublich intelligent. Angesichts ihrer einprogrammierten Ziele könnte sie entscheiden, immer neue, effizientere Büroklammer-Herstellungstechniken zu entwickeln, bis sie irgendwann die ganze Welt zu Büroklammern verarbeitet hätte. Auch eine Programmvorgabe, nach genau einer Million Büroklammern haltzumachen, wäre Bostrom zufolge nicht ausreichend. Die superintelligente Maschine könnte nämlich beschließen, ihre Arbeit zu überprüfen und um wirklich sicherzugehen, würde sie das Nebenziel (instrumentelles Ziel) entwickeln, klüger zu werden. In der Folge würde die superintelligente Maschine eine neuartige Computerkomponente entwickeln – „Computronium" –, die alle Zweifelsfälle nachprüft. Da dabei immer neue Zweifel auftauchen, würde im Laufe des Prozesses die ganze Welt zu Computronium umgewandelt – bis auf eine Million exakt abgezählter Büroklammern (Bostrom 2017).

[6]Das Blue Brain-Projekt versteht sich als Pionierprojekt zur virtuellen Simulation des menschlichen Gehirns durch die Bildung groß angelegter Computermodelle. Ziel ist es, die Funktionsweise des menschlichen Gehirns zu verstehen. Es wurde von einer Kooperation zwischen Henry Markrams Brain and Mind Institute der Ecole Polytechnique (Schweiz) und IBM (USA) im Mai 2005 ins Leben gerufen und nennt sich seit einer EU-Förderung von 1 Mrd. EUR Human Brain Project (Markram 2006). Im Oktober 2015 gelang bereits die Simulation der Aktivität von etwa 31.000 Neuronen aus dem somatosensorischen Kortex eines Rattengehirns – also jenem Anteil der Großhirnrinde, der der zentralen Verarbeitung der haptischen Wahrnehmung dient (Markram 2015). Bostrom zufolge könnten Fortschritte in dieser Forschungsrichtung den Weg zur „Gehirnemulation" („Hochladen") bereiten und damit zu einer relativ menschlich erscheinenden Form Künstlicher Intelligenz (Bostrom 2017).

Architekturen (z. B. ACT-R und Soar)[7] oder der Entwicklung von Wissensdatenbanken (z. B. Cyc[8]), Suchmaschinen (z. B. Watson[9]) oder Chatprogrammen

---

[7]Hierbei handelt es sich um computergestützte Modelle zur Modellierung und Simulation komplexer menschlicher kognitiver Prozesse (Gedächtnis, Sprache, Wahrnehmung, Problemlösung etc.). Bekannt sind dabei das Projekt „*Adaptive Control of Thought-Rational*" *(ACT-R)*, welches maßgeblich vom Kognitionspsychologen John Anderson entwickelt wurde (Anderson et al. 2004). Demgegenüber ist *Soar* eine auf Allen Newell, John Laird und Paul Rosenbloom zurückgehende kognitive Architektur, die alle primitiven Prinzipien definiert und zu simulieren versucht, die der menschlichen Kognition zugrunde liegen. Primitive Prinzipien bleiben über lange Zeiträume und verschiedene Anwendungsdomänen hinweg konstant. Ein Beispiel für ein solches Prinzip ist: „Neue Ziele werden nur generiert, wenn Sackgassen (Impasses) auftreten." Erst auf der Grundlage einer solchen Architektur können komplexere menschliche Fähigkeiten modelliert werden, wie z. B. Kopfrechnen, Sprachverarbeitung, Lernprozesse etc.). Die Annahme ist: Wenn diese Modelle ausgereift und vollständig sind, könnte es möglich sein, eine Künstliche Intelligenz zu erschaffen, die sämtliche menschliche Verhaltensformen aufweist (Ritter et al. 2001).

[8]*Cyc* (vom englischen *encyclopedia*) ist eine maschinenauswertbare Wissensdatenbank des Alltagswissens. Sie wird seit 1984 weiterentwickelt und beinhaltet eine Logik des Schlussfolgerns. Hierzu werden alle Gegenstände auf *dieser Welt durch eindeutige Objekte beschrieben und anschließend die Zusammenhänge zwischen diesen Objekten durch Regeln spezifiziert, z. B. „Wasser ist nass". So könnte Cyc aus den Aussagen, dass Peter im Meer schwimmt und das Meer größtenteils aus Wasser besteht, schlussfolgern, dass die betreffende Person nass ist. Seit 1995 wird Cyc von Cycorp Inc. herausgegeben (http://www.cyc.com/).

[9]*Watson* wurde von IBM entwickelt, benannt nach Thomas Watson, einem der ersten Präsidenten dieser Firma. Als leistungsfähige Suchmaschine soll es Antworten auf Fragen geben, die in digitaler Form in natürlicher Sprache eingegeben werden. Die Software könnte in vielen Bereichen, etwa der medizinischen Diagnostik, bei komplexen Entscheidungen unterstützen, insbesondere unter Zeitdruck. Aktuell hat die japanische Versicherungsfirma Fukoku Mutual Life Insurance hat zum 01.01.2017 34 Angestellte durch den IBM Watson Explorer ersetzt. Künftig wird die KI u. a. Krankenhausakten und andere Dokumente erfassen, um mögliche Auszahlungen zu berechnen (Haase 2017). Bekannt wurde das Programm als es erfolgreich in drei vom 14. bis 16.02.2011 ausgestrahlten Folgen der Quizsendung Jeopardy! gegen zwei der weltweit besten Spieler antrat und sie deutlich bezwang (IBM). Die Partie wird heute mit dem Duell des Schachweltmeisters Garri Kasparow gegen den IBM-Computer Deep Blue (Bostrom 2016) oder zuletzt dem Duell des Go-Weltmeisters Lee Sedol gegen den Google-Computer AlphaGo verglichen. Interessant dabei ist, dass dabei AlphaGo noch fünf Monate vor dem Duell auf einem weitaus schlechteren Niveau gespielt haben soll und innerhalb dieser kurzen Zeit, vor allem im Spiel mit Lee Sedol, lernend einen Entwicklungssprung gemacht haben soll (Chouard 2016).

(z. B. A.L.I.C.E.[10]) könnten das Entstehen einer allgemeinen Künstlichen Intelligenz und möglicherweise noch in diesem Jahrhundert den Weg zu einer Superintelligenz bereiten (Bostrom 2017). All diese und andere Projekte wiesen in den letzten Jahren überraschende und enorme Entwicklungssprünge auf, doch deutete sich zugleich auch im heutigen Stadium die Notwendigkeit an, selbstlernende Künstliche Intelligenz unter menschliche Kontrolle zu stellen. Ein aktuelles Beispiel stellt das von Microsoft entwickelte Chatprogramm „Tay" dar, das 2016 auf Twitter online geschaltet wurde, um sich zwanglos mit Chatnutzern zu unterhalten und von ihnen zu lernen. Das Ergebnis war, dass das Chatprogramm innerhalb von 24 h eine Vielzahl von rassistischen und sexistischen Einstellungen übernahm, entsprechende Kommentare postete und einzelne Nutzer beschimpfte. Das Experiment musste daher abgebrochen werden (Horton 2016).

Neben menschenverursachten Szenarien können existenzielle Risiken ihre Ursache auch in rein natürlichen, nicht vom Menschen beeinflussten Vorgängen haben.

Dies wäre z. B. beim Ausbruch von Supervulkanen der Fall. Diese gelten als die größten bekannten Vulkane. Im Gegensatz zu „normalen" Vulkanen bauen sie aufgrund der Größe ihrer Magmakammer bei Ausbrüchen keine Vulkankegel auf, sondern hinterlassen riesige Calderen (Einbruchskessel) im Boden. Als Supereruption werden Ausbrüche mit dem Vulkanexplosivitätsindex-Wert 8 (VEI-8) bezeichnet, wobei gelegentlich auch Ausbrüche der Stärke VEI-7 dazu gerechnet werden. Der letzte Ausbruch eines Supervulkans geschah im Gebiet des Lake Taupo (Neuseeland) vor etwa 26.500 Jahren (Gualda et al. 2012). Der Ausbruch eines ganzen Vulkankomplexes könnte Effekte verursachen, die mit

---

[10]*A.L.I.C.E.* (Akronym für *Artificial Linguistic Internet Computer Entity*) ist ein Chatbot für natürliche Sprache. Es geht auf den Programmierer Richard Wallace zurück und wurde durch das in den 1960er Jahren entwickelte Psychotherapie-Programm ELIZA von Joseph Weizenbaum inspiriert. Dieses basierte auf einem strukturierten Wörterbuch (Thesaurus), welches den eingegebenen Satz auf ihm bekannte Wörter durchsucht, mit Synonymen oder Oberbegriffen abgleicht und in einer voreingestellten Frage oder Aufforderungen integriert (z. B. Benutzer: „Ich habe ein Problem mit meinem Vater." ELIZA: „Erzählen Sie mir mehr über Ihre Familie!") (Weizenbaum 1966). Das im November 1995 erstmals präsentierte Programm A.L.I.C.E. gilt heute als eines der leistungsstärksten Programme dieser Art und hat bereits drei Mal den Loebner-Preis gewonnen (2000, 2001, 2004). Allerdings war A.L.I.C.E. bisher nicht in der Lage, den Turing-Test zu bestehen – selbst ein gelegentlicher Nutzer erkennt schnell, dass es sich beim Gesprächspartner um eine Maschine handelt (Wallace 2009).

einem Nuklearen Winter oder/und einem katastrophalen Klimawandel vergleichbar sind, und so den Fortbestand der Menschheit gefährden.

Ähnliches gilt auch für das Szenario des Impakts eines Meteoriten. Unter *Impakt* (Einschlag, Aufprall, von lat. impactus = eingeschlagen) ist zu verstehen, wenn zwei Himmelskörper mit sehr hoher Geschwindigkeit aufeinanderprallen. Als global gefährlich gelten Objekte mit einem Durchmesser von mehr als fünfhundert Metern. Wissenschaftler in New Mexico (USA) zählten mehr als 1100 Asteroiden mit einem Durchmesser von mehr als einem Kilometer, die sich auf einer Umlaufbahn befinden, die sie der Erde gefährlich nahebringen könnten. Bei einem Impakt wäre die Wahrscheinlichkeit, dass solch ein Meteorit auf dem Meer aufschlägt, relativ groß, zumal 71 % der Erdoberfläche von Wasser bedeckt sind (Garshnek et al. 2000; Morrison 2006). Die Folge wäre ein Megatsunami mit einer Wellenhöhe in Flachwasserbereichen von einhundert Metern und darüber, der ganze Küstenlandschaften und deren Hinterland weiträumig überschwemmen würde (Yabushita und Hatta 1994). Bei einem Einschlag auf dem Land wäre eine weiträumige und lange andauernde Verdunkelung des Himmels durch die aufgewirbelte Erde und Artensterben denkbar (Global Challenges Foundation 2017).

Die Eintrittswahrscheinlichkeit der beiden erstgenannten Szenarien dürfte im Vergleich zu den anderen am größten sein. Die beiden zuletzt genannten existenziellen Risiken sind relativ unwahrscheinlich, allerdings ist hier relativ genau geschätzt worden, wie wahrscheinlich ist, dass sie eintreten. So schätzt beispielsweise der Astronom James Gavarick Matheny die Wahrscheinlichkeit eines existenziell gefährlichen Asteroideneinschlags auf 0,000001 % (eins zu einer Million) in den nächsten 100 Jahren (Matheny 2007). Die Global Challenges Foundation schätzt die Wahrscheinlichkeit eines solchen Einschlages bei einem Zyklus von einmal pro 120.000 Jahren (Global Challenges Foundation 2017). Damit vergleichbar sind Supervulkanausbrüche, deren Häufigkeit Rampino/Ambrose auf etwa einmal alle 50.000 Jahre schätzen (Rampino und Ambrose 2002). Die Wahrscheinlichkeiten anderer Bedrohungen dürften uneindeutiger zu schätzen sein. Darüber hinaus sind stets auch Bedrohungen zu berücksichtigen, die heute noch nicht bekannt sind und sich daher erst recht nicht prognostizieren lassen (Bostrom 2002). Eine Besonderheit existenzieller Risiken ist, dass, anders als bei den meisten anderen Krisenereignissen, ihr Ausbleiben in der Vergangenheit kein Beleg dafür ist, dass die Wahrscheinlichkeit von in der Zukunft liegenden existenziellen Risiken gering ist. Denn hätte sich ein existenzielles Risiko in unserer Vergangenheit ereignet, gäbe es keine Menschen mehr, die dies beobachten könnten (Bostrom 2013).

## 1.2 Umweltgefahren im Zentrum des Interesses

Von 30 identifizierten globalen Risiken erscheinen (natürliche und menschenverursachte) Umweltgefahren im Global Risk Report am besorgniserregendsten, da sie sowohl sehr folgenreich als auch sehr wahrscheinlich sind. Diese Einschätzung deckt sich weitgehend auch mit den Analysen von Rinke und Schwägerl (2015), UK Ministry of Defence (2014), CIA (2018) und des US-amerikanischen Verteidigungsministeriums (Department of Defense 2015[11]).

Im Zuge dieser hervorgehobenen Bedeutung ökologischer Risiken ist der im deutschsprachigen Raum sehr einflussreiche Weltrisikobericht entstanden. Er stellt einen Weltrisikoindex für 171 Länder vor, um zu zeigen, wie verwundbar (Vulnerabilität) Gesellschaften durch Fluten, Dürren, Stürmen oder Erdbeben sind. Publiziert wird dieser Bericht seit 2012 jährlich von einem Bündnis mehrerer großer Hilfsorganisationen, dem „des Bündnis Entwicklung Hilft" (BEH). In diesem sechsten Bericht haben die Initiatoren zum ersten Mal die Entwicklung der vergangenen fünf Jahre betrachtet und bilanziert, wo die Risiken zugenommen haben, aber auch, was hat sich verbessert hat.

Die Autoren des BEH-Berichts gehen in ihren Hochrechnungen nicht wie andere Organisationen allein davon aus, mit welcher Wahrscheinlichkeit die Naturgewalten eine bestimmte Region heimsuchen. Sie verknüpfen diese Kategorie namens „Exposition" mit der „Vulnerabilität" der Gesellschaft, also wie verletzlich sie ist. Einerseits wird also danach gefragt, wie gefährdet ein Land ist: Wie viele Menschen sind bedroht und wie intensiv? Andererseits bezieht der Weltrisikoindex die Fähigkeit eines Landes ein, sich den Folgen des Klimawandels anzupassen und eine Katastrophe zu bewältigen: Gibt es Frühwarnsysteme und andere vorbeugende Maßnahmen, etwa Agrarberatung, Bauvorschriften, Deiche, Nahrungsmittel- und Medikamentenlager, Aufklärung und Strukturen auf lokaler Ebene? Wie schnell können die Verantwortlichen reagieren? Reichen Hilfskapazitäten und Infrastruktur aus? Die Abb. 1.4 vermittelt einen Eindruck darüber, wie sich der WeltRisikoIndex zusammensetzt:

Dementsprechend gelten im Weltrisikobericht Inselstaaten wie die Philippinen, Tonga, Vanuatu als meistgefährdetste Länder. Sie sind besonders anfällig gegenüber Wirbelstürmen und dem Anstieg des Meeresspiegels. Ähnlich hohe Risikowerte weisen Entwicklungsländer wie Bangladesch, Guinea-Bissau und viele arme Nationen in Afrika auf, denen Geld und effiziente Regierungsstrukturen fehlen, um Risiken vorzubeugen. Hoch entwickelte Länder sind die

---

[11]https://www.defense.gov/News/Article/Article/612710/

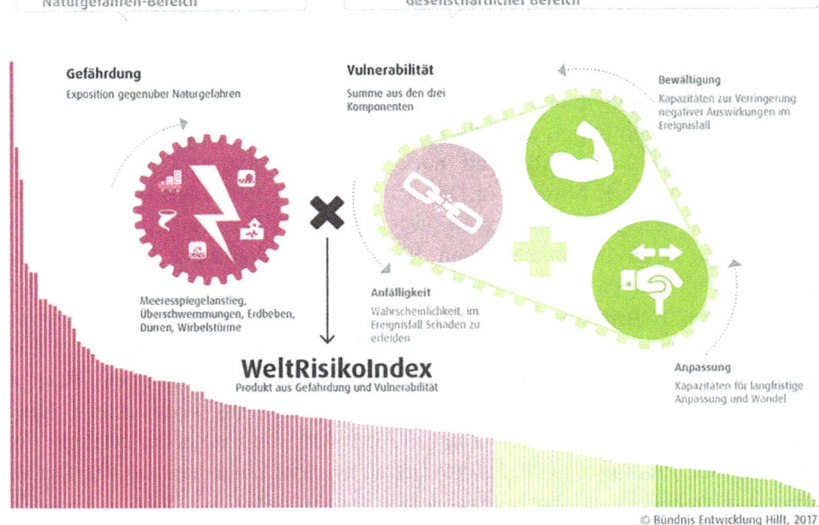

**Abb. 1.4** Komponenten des WeltRisikoIndex' (BEH 2017)

Ausnahme; etwa Japan auf Platz 17, das zwar über alle Mittel des Katastrophenschutzes verfügt, aber von Meer umgeben ist und von Taifunen und Tsunamis ebenso wie von Erdbeben und Vulkanausbrüchen bedroht wird (Abb. 1.5).

Acht der 15 Länder mit dem höchsten Risikopotenzial befinden sich laut aktuellstem Weltrisikoindex 2017 in Südostasien und Ozeanien. Hierunter fallen:

- Fidschi
- Brunei
- Timor Leste
- Salomonen
- Pazifik
- Indonesien
- Papua-Neuguinea
- Australien
- Philippinen
- Tonga
- Vanuatu

## 1.2 Umweltgefahren im Zentrum des Interesses

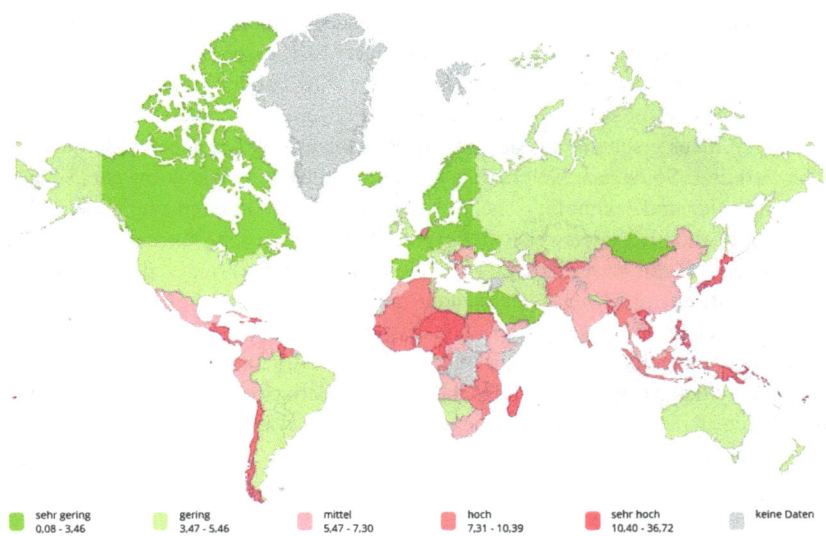

**Abb. 1.5** Weltweite Verteilung des Risikopotenzials (BEH 2017)

Bei der Trendanalyse, die mit Unterstützung der Ruhr-Universität Bochum erarbeitet wurde, kommen die Autoren zu zwei Schlussfolgerungen: Erstens ist auf fast allen Kontinenten die Verletzlichkeit im Durchschnitt um 2,35 Prozentpunkte gesunken. Dies wird vor allem darauf zurückgeführt, dass viele Regierungen damit begonnen haben, ihre Länder besser für Naturkatastrophen zu wappnen. Den Autoren zufolge hat vor allem das Rahmenabkommen der Vereinten Nationen zur Abwehr von Katastrophenrisiken maßgeblich zu dieser Verbesserung beigetragen. Es wurde 2015 in Sendai beschlossen und habe als Katalysator einer vorausschauenden Politik gewirkt. Allerdings verzeichnen sich diese Fortschritte vor allem in Ländern, denen es wirtschaftlich verhältnismäßig besser geht. Ausgerechnet die besonders gefährdeten Entwicklungsländer konnten hingegen oft relativ wenig erreichen.

Die andere Schlussfolgerung deckt sich dahin gehend mit allen anderen oben aufgeführten Beiträgen, dass Extremwetterereignisse und Naturkatastrophen – inklusive Monsunfluten, Stürme, Dürren, Erdrutsche – zugenommen haben. So kommt der aktuelle Weltrisikobericht 2017 zum Schluss, dass 2016 3,5-mal mehr Menschen den Folgen solcher Extremwetterdramen entkommen mussten als Krieg und Gewalt (BEH 2017).

Ökologische Krisen stehen nicht ohne Grund im Fokus gegenwärtiger Risikoberichte, da diese derzeit und in naher Zukunft als wahrscheinlichste und folgenreichste Krisen eingestuft werden. Von jeher wird daher diesem Risikobereich auch im Diskurs über die resiliente Gesellschaft eine besondere Bedeutung beigemessen. Dies erscheint auf den ersten Blick plausibel, bei näherer Betrachtung aber verkürzt. So deutete sich bereits an, dass ökologische, ökonomische, soziale, geopolitische und technologische Systeme und damit Risiken eng miteinander verknüpft sind. Beispielsweise hätte eine Naturkatastrophe auch enorme Auswirkungen auf die Wirtschaft und auf die kritische Infrastruktur der betroffenen Gesellschaft(en) und würde meist auch mit sozialen Herausforderungen einhergehen. Es ist davon auszugehen, dass Krisenszenarien im 21. Jahrhundert vieldimensional angelegt sind. Daher muss sich eine resiliente Gesellschaft nicht nur vor Umweltkatastrophen wappnen können, sondern am besten vor vielfältigen denkbaren Krisendimensionen wappnen können. Wie geht das? Und ist das begrifflich überhaupt sinnvoll?

# Resilienz: Eine Universalantwort auf die Krisen unserer Zeit? 2

Angesichts der wachsenden Sensibilisierung für die vielfältigen globalen Risiken und Herausforderungen heutiger Gesellschaften, wird in den letzten Jahren zunehmend die Frage nach vorbeugenden „Schutzfaktoren" aufgeworfen, welche das gesellschaftliche System befähigen, mit mannigfaltiger Unvorhersehbarkeit umzugehen und unterschiedlichen Krisen zu widerstehen. Als Gegenbegriff zum jahrzehntelang vorherrschenden Begriff der Verwundbarkeit (Vulnerabilität) wird derzeit vor allem der durchaus unterschiedlich verwendete Resilienzbegriff diskutiert. Woher kommt der Resilienzbegriff und wie wird er verwendet? Welchen potenziellen Mehrwert bietet das Resilienzkonzept als „Ein-Wort-Antwort" auf unterschiedliche Krisenarten (psychologische, politische, ökonomische, ökologische, soziale und andere Krisen) und über die Systemebenen (Individuen, Organisationen, Gesellschaften) hinaus?

## 2.1 Unterschiedliche Definitionen und Verwendungen des Resilienzbegriffs

Obwohl der Resilienzbegriff heute zunehmend im Nachhaltigkeitsdiskurs Einzug hält, sogar als „neuer Nachhaltigkeitsbegriff" gehandelt wird, steht hinter diesem Konzept ein anderer Kerngedanke. Während Nachhaltigkeit darauf abzielt, die gesellschaftlichen Rahmenbedingungen dahin gehend zu gestalten, dass die gegenwärtige Generation ihre Bedürfnisse befriedigt, ohne die zukünftigen Generationen einzuschränken, basiert Resilienz eher auf der Frage: Wie muss ein System (Individuum, Unternehmen, Stadt, Gesellschaft oder Ökosystem) beschaffen sein, um robust und flexibel genug zu sein, unvorhersagbare Krisensituationen zu überstehen? Es wird also vorausgesetzt, dass eine nachhaltige Politik alleine nicht mehr auseichend Krisen vorbeugen kann und dass sich die Gesellschaft langfristig darauf einstellen muss, unvorhergesehenen Ereignissen flexibel zu widerstehen. Die Grundidee hinter dem Resilienzbegriff gewinnt angesichts gegenwärtiger globaler Herausforderungen zunehmend an Aktualität.

Der „Resilienz"-Begriff stammt vom lateinischen „resilire" ab und bedeutet direkt übersetzt „zurückspringen" oder „abprallen". Die Ursprünge werden meist auf die Naturwissenschaften der 1950er Jahre zurückgeführt, andere Beobachter bestätigen eine literarische Auseinandersetzung mit dem Resilienzkonzept, die sich parallel sowohl in den Natur- als auch in den Geisteswissenschaften bereits Anfang des 20. Jahrhunderts vollzog (Tusaie und Dyer 2004). Fest steht, dass der Resilienzdiskurs seit den 1970er Jahren in der Pädagogik und Psychologie eine breite öffentliche Aufmerksamkeit erlangt hat und – dies ist weniger bekannt – dass sich die Resilienzforschung bis heute in vier Phasen entwickelt hat:

1. In der ersten Phase ging es darum, zu identifizieren, welche Faktoren einen resilienten Menschen überhaupt ausmachen. Einen wesentlichen Beitrag hierzu leistete die berühmte Studie von Emmy Werner. Anhand ihrer Beobachtungen ging sie davon aus, dass es universelle Resilienzfaktoren gibt, die resiliente Personen auszeichnen (Cutuli et al. 2008). Im organisationalen Kontext besteht Diane Coutu zufolge ein ähnlicher Zusammenhang. Sie geht davon aus, dass der große gemeinsame Nenner sämtlicher Studien bei resilienten Organisationen vor allem die folgenden drei Kriterien aufweisen: Akzeptanz, hohe Sinn- und Werteorientierung sowie Improvisationsfähigkeit (Coutu 2002).
2. Die zweite Phase (ca. ab den 1980er Jahren) wurde von der Forschungsfrage geprägt, wie Resilienz funktioniert. Hierbei kamen die Forscher zur Einsicht, dass es schwierig sei, von verallgemeinerbaren Resilienzfaktoren auszugehen, da sich Resilienz je nach Kontext und Situation unterschiedlich ausgestaltet und von vielfachen Wechselwirkungen, Prozessen und Wirkmechanismen geprägt sei. So können sich Schutzfaktoren, wie z. B. „Akzeptanz" in bestimmten Kontexten auch als Risikofaktor erweisen und umgekehrt. Gegenüber der Phase 1 bedeutete dies ein Umdenken: Resilienz ist demnach kein fester Wesenszug („trait"), sondern eher ein dynamischer Prozess (O'Dougherty et al. 2013).
3. Die dritte Phase der Resilienzforschung (ca. ab den 1990er Jahren) ist geprägt von der Entwicklung resilienzförderlicher Interventionen und ihrer wissenschaftlichen Evaluation.
4. Die vierte Phase (ca. seit den 2000er Jahren) ist gekennzeichnet durch interdisziplinäre Forschung auf mehreren Systemebenen. Wie wirken kollektive und individuelle Resilienz zusammen? Hieraus ergeben sich weitere Möglichkeiten der Erforschung von Resilienz und Resilienzförderung.

## 2.1 Unterschiedliche Definitionen und ...

Die beiden letzten Phasen stecken noch in den Kinderschuhen und sind bis heute noch wenig erschlossen (O'Dougherty et al. 2013). Das vorliegende Buch knüpft an der vierten Welle der Resilienzforschung an und untersucht gesellschaftliche Zukunftsfähigkeit vor dem Hintergrund eines – derzeit ebenfalls noch kaum erschlossenen – transdisziplinären Ansatzes.

Das Resilienzprinzip wird im gegenwärtigen praktischen und akademischen Diskurs also nicht nur auf das Individuum, sondern auf sämtliche Systemebene – Individuum, Organisation, Stadt, Gesellschaft – übertragen. Im Allgemeinen beschreibt der Begriff die Fähigkeit, beispielsweise von Stoffen (Flummi) oder Ökosystemen (Wälder), Stress und großen Druck ohne Schaden auszuhalten. Demnach lässt sich Resilienz in den Worten der Resilienzforscherin Ann Masten wie folgt definieren: „[Resilience is] the capacity of a dynamic system to withstand or recover from significant challenges that threaten its stability, viability, or development" (Masten 2011). In ähnlicher Form bezeichnen Zolli/Healy Resilienz als „the capacity of a system, enterprise, or a person to maintain its core purpose and integrity in the face of dramatically changed circumstances" (Zolli und Healy 2012, S. 7). Der „Resilienzbegriff" fällt oft im Zusammenhang mit „Krise". Wie bereits an anderer Stelle ausgeführt, übersetzt sich dieser Begriff aus dem Griechischen krísis mit „Entscheidung" oder „Wendepunkt". Eine Krise bezeichnet eine Situation, die von den Betroffenen nicht nur als bedrohlich wahrgenommen wird, sondern dermaßen zugespitzt ist, dass die Betroffenen sie mit ihren bisherigen Bewältigungsstrategien nicht zufriedenstellend lösen können. Sie befinden sich daher an einem Wendepunkt, an einem Punkt der „Entscheidung". In dieser Situation haben resiliente Systeme die Gelegenheit, ihre Lage anders wahrzunehmen, gegebenenfalls Chancen zu entdecken und neue Wege im Umgang mit der Krise zu entdecken und zu entwickeln.

Ein übergreifendes Modell, das hilft, die Definitionsvielfalt im Resilienzdiskurs zu ordnen (hier z. B. Birkmann 2011; CSS 2009), ist ein Phasenmodell:

- Vor der Krise: Auf mögliche Risiken vorbereitet sein und sie kontinuierlich einschätzen können (Vorbereitung) und wenn möglich, Gefahren frühzeitig erkennen und Krisen durch Reduzierung der Risikofaktoren effektiv verhindern (Vorbeugung).
- Während der Krise: Im Falle einer Krise vor dessen negativen Auswirkungen geschützt sein und voll funktionsfähig bleiben (Schutz) und auf Herausforderungen einer Krise schnell und effektiv reagieren können (Reaktion).
- Nach der Krise Sich von einer Krise schnell erholen können und fähig sein, aus den vergangenen Ereignissen zu lernen (Wiederherstellung).

Ein anderes Modell ordnet die unterschiedlichen Resilienzdefinitionen entlang eines Spektrums zwischen „Persistenz" und „Wandel" ein (hierzu z. B. Bené et al. 2012 oder Hodgson 2009). Demnach lässt sich auf der einen Seite des Spektrums der Resilienzdebatte ein System als resilient definieren, wenn es trotz unvorhergesehener Einflussfaktoren seine Funktionsfähigkeit und Wesensmerkmale beibehält und dabei „irgendwie so bleibt, wie es ist" – dieses Resilienzverständnis betont den Wert der Stabilität und wird nicht selten mit dem Bild des „Felsens in der Brandung" (z. B. bei Wellensiek 2011) assoziiert. In der Mitte des Spektrums finden sich eher Definitionen, in denen Resilienz eher als Flexibilität verstanden wird. Das oft damit in der Populärliteratur assoziierte Bild ist das eines Stehaufmännchens – dieses Prinzip findet sich implizit auch in der obigen Definition von Ann Masten wieder. Hierbei wird davon ausgegangen, dass Resilienz vor allem darin besteht, in einen „normalen Ausgangszustand" zurückzufinden – und das auch, nachdem das betroffene System vom Krisenereignis umgeworfen wurde. Eine andere Definition, ebenfalls mittleren Bereich des Spektrums, versteht Resilienz als das Vermögen eines Systems, sich schrittweise an die mit der Krise einhergehenden neuen Bedingungen anzupassen (Bené et al. 2012). Am anderen äußersten Ende des Spektrums wird Resilienz als die Fähigkeit eines Systems bezeichnet, sich angesichts der Krise komplett zu wandeln und im weitesten Sinne gestärkt aus ihr hervorzugehen (Hodgson 2009; Bené et al. 2012). Die Abb. 2.1 zeigt zwei aktuelle Beispiele eines Spektrums unterschiedlicher Resilienzbegriffe zwischen Persistenz und Wandel.

In den letzten Jahren hat sich der Fokus der Debatte zunehmend zugunsten dieses letztgenannten Resilienzbegriffs verschoben. In diesem Zusammenhang ist gerne auch von „transformativer Resilienz" (Gotham und Campanella 2010), „3D Resilience" (Bené et al. 2012) oder von „Resilience 2.0 (Hodgson 2009)" die

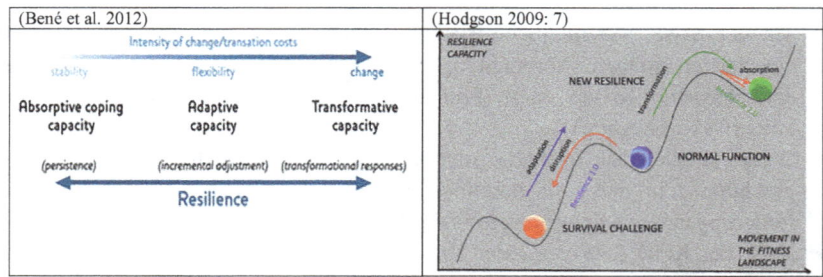

**Abb. 2.1** Resilienz im Spektrum zwischen Persistenz und Wandel – zwei Beispiele

Rede. Insgesamt deutet sich aus dieser Darstellung bereits an, dass Resilienz sehr kontextabhängig ist – ein Phänomen also, das von sehr unterschiedlichen konkreten Variablen abhängt, die sowohl das resiliente System selbst als auch seine Umwelt konstituieren.

Fest steht, dass die Forschungen der Entwicklungspsychologin Emmy E. Werner den Grundstein für das gegenwärtig verbreitete Resilienzverständnis gelegt haben. In ihrer Langzeitstudie beobachtete sie die Entwicklung aller 698 im Jahr 1955 geborenen Kinder der Insel Kauai (Hawaii), bis diese 40 Jahre alt waren. Besonders interessierte sie sich für die 201 Kinder aus sozial schwachen Familien. Dabei fand Werner heraus, dass zwei Dritteln dieser Kinder später kein geregeltes Leben gelang, aber einem Drittel war im Erwachsenenalter die schwierige Kindheit nicht mehr anzumerken (Werner 1977). Seither erforschen Psychologen mit dem Resilienzkonzept, welche Faktoren zusammentreffen müssen, dass Menschen an Krisen- und Traumasituationen nicht zerbrechen. Als Wegbereiter für die soziologische Auseinandersetzung mit dem von Emmy Werner erforschten Phänomen wird das von Aaron Antonovsky entworfene Konzept der Salutogenese gesehen. Dieser Begriff übersetzt sich aus dem Lateinischen mit „Gesundheitsentstehung" und leitete einen Perspektivwechsel ein, weg von der sonst üblichen Sicht, sich nur auf die Entstehung von Defiziten und Störungen zu konzentrieren. Im Zentrum der Salutogenese steht also nicht die Frage „wie entsteht Krankheit?" (Pathogenese), sondern „wie entsteht Gesundheit?". Antonovski entdeckte, dass bestimmte Einstellungen Stress vermindern, vor allem das Gefühl, dass das eigene Leben verstanden werden und gehandhabt werden kann und dass es Sinn ergibt. Diese drei Gefühle zusammengenommen, ergeben das so genannte „Kohärenzgefühl" („sense of coherence" oder „SOC") (Antonovski 1997). Der Schlüssel zur Salutogenese bzw. eng damit verwandt der Resilienz von Individuen liegt daher in der Entwicklung der eigenen Denk-, Sicht- und Verhaltensweisen auf die Fragen des Lebens.

Seit etwa Ende der 1990er Jahre wird der Resilienzbegriff auch auf Unternehmenskontexte angewandt. Seitdem wird bis heute in den USA und Europa mit wachsendem Interesse der Frage nachgegangen, welche Kriterien eine Organisation erfüllen muss, um als Ganzes robust zu sein, unvorhersagbare Krisensituationen auszuhalten. Der Mathematiker Nicholas Taleb prägte in diesem Zusammenhang den Begriff der „Schwarzen Schwäne", als Bezeichnung für Phänomene, die statistisch gesehen hochgradig unwahrscheinlich und daher kaum vorhersagbar sind, die bedeutende Auswirkung haben und im Nachhinein – also nach dem Eintreten – sogar plausibel sind (Taleb 2010). Für Unternehmen und Konzerne gilt derzeit, dass sie anfälliger werden gegenüber unerwarteten externen

Schocks, wie z. B. Finanzkrisen, Markttrends oder disruptiven Technologiesprüngen. Die Antwort besteht also in einer Erhöhung einer allgemeinen „Robustheit" und „Gesundheit" der Organisation. Zu den bekanntesten Studien gehören die Beiträge von Karl E. Weick und Kathleen M. Sutcliffe (2001) (sie gelten als die Pioniere) und von Annette Gebauer und Ursula Kiel-Dixon (2009) (letztere brachten das Konzept Mitte der 2000er Jahre nach Deutschland). Beide Teams erforschten die Organisationsstrukturen sogenannter „High Reliability Organizations" (HRO), sprich: von Organisationen, die in einem unklaren und wechselhaften Krisenumfeld operieren (wie z. B. Militär- oder Feuerwehr). Ein anderer Aspekt, das im Rahmen von organisationaler Resilienz stark diskutiert wird, ist das von Peter Senge (1990) eingeführte Konzept der „lernenden Organisation" und das von Chris Agyris und David Schön (2008) geprägte Konzept des „organisationalen Lernens".

Inzwischen lässt sich eine steigende Zahl von „Resilienztrainings- und Beratungsprogrammen beobachten, die Führungskräfte und Mitarbeiterinnen und Mitarbeiter in einem als immer hektischer und stressiger empfundenen Arbeitsalltag psychisch resilienter machen und damit einer Zunahme von Burn Out-Krankheitsausfällen vorzubeugen sollen" (vgl. z. B. Wellensiek 2011). Unter den meist genannten Kriterien für resiliente Individuen zählen unter anderem

- Netzwerkorientierung: enge und stabile emotionale Bindungen zu anderen Menschen und die Fähigkeit um Hilfe zu bitten;
- lösungsorientiertes Denken;
- Akzeptanz, sprich: das Annehmen von Tatsachen als solche;
- Optimismus, sprich: der Glaube, dass Krisen vorübergehend sind;
- die Fähigkeit, solide und tragfähig in die Zukunft zu planen;
- Übernahme von Verantwortung und das Verlassen der Opferrolle.[1]

---

[1]Übereinstimmend mit Antonovskis Konzept des „Kohärenzgefühls" ist damit gemeint:
- Die kognitive Fähigkeit, die Zusammenhänge des Lebens zu verstehen;
- das Vertrauen in die eigene Selbstwirksamkeit, sprich: die Überzeugung, das eigene Leben gestalten zu können;
- der Glaube, dass das Leben einen Sinn hat. Dies belegen vor allem Vergleichsstudien mit religiösen und nicht-religiösen Folteropfern, beispielsweise vom Begründer der Logotherapie und Holocaust-Überlebenden Viktor Frankl. Seiner Theorie zufolge ist der Mensch existenziell auf Sinn ausgerichtet. Nicht erfülltes Sinnerleben könne demzufolge zu Krankheiten führen (Böschemeyer 2007).

## 2.1 Unterschiedliche Definitionen und ...

Im Kontext „resilienter Organisationen" kommt neben einer Betrachtung psychischer Faktoren individueller Widerstandsfähigkeit noch eine weitere Ebene hinzu, auf der zumeist aus system- und organisationstheoretischer Perspektive Bedingungen für robustere Strukturen untersucht werden. Einige typische Kriterien wären z. B. (vgl. im Folgenden u. a. Weick und Sutcliffe 2001):

- Eine konstruktive Fehlerkultur, die sich nicht auf Schuldzuweisungen beschränkt, sondern aktiv nach Fehlerquellen sucht, um aus ihnen für die Zukunft zu lernen;
- eine starke gemeinsame Identität, sprich: ein ausgeprägter Zusammenhalt der Belegschaft und eine gemeinsame Vision;
- „Fitness" gegenüber vorhersehbaren und unvorhersehbaren (Extrem-)Situationen durch intensive und regelmäßige Simulationen und Szenario-Trainings;
- Offenheit nach außen und innen, sprich: Anregungen und Veränderungen systematisch einzuholen;
- Irritierbarkeit, sprich: die Fähigkeit, sich von diesem eingeholten Wissen „beeindrucken zu lassen";
- Absorptionsfähigkeit, sprich: die Fähigkeit, dieses eingeholte Wissen systematisch zu verarbeiten.

Konzepte zum Thema „resiliente Gesellschaften" oder „resiliente Städte" (quasi als Unterform resilienter Gesellschaften) sind noch vergleichsweise spärlich, wobei zugleich hier der Kontext wegen seiner Größenordnung komplexer ist. Denn einerseits setzt eine resiliente Gesellschaft entsprechend resiliente Individuen und resiliente Organisationen voraus; andererseits rücken auf der gesellschaftlichen Ebene neue Faktoren, wie z. B. soziale, ökonomische und infrastrukturelle Rahmenbedingungen, ins Blickfeld.

Wesentliche gemeinsame Nenner, die sich durch alle Abstraktionsebenen von Resilienz durchziehen, sind Bewusstsein und Entwicklung der individuellen und kollektiven Denk-, Sicht- und Verhaltensweisen auf die Fragen des Lebens. Vor diesem Hintergrund kommt auch den Faktoren Kultur, Religion und Spiritualität eine erhebliche Bedeutung auf die Entwicklung von Resilienz zu. Die Resilienzforschung hat all dies im Kontext der individuellen Psyche und zunehmend auch im Kontext von Unternehmenskultur zwar weitgehend erkannt, allerdings wird den Aspekten von Religion und Spiritualität derzeit nur vereinzelt Rechnung getragen.[2] Dabei ist die Wirksamkeit von Meditation und spiritueller Praxis mittlerweile in vielen Studien – von der Medizin bis hin zur kulturvergleichenden Stressmanagementforschung – hinreichend belegt, wird jedoch in westlich-individualistischen Kulturen noch vergleichsweise wenig eingesetzt (Bhagat et al. 2010). In diesem Zusammenhang betonen meditationserfahrene Trainerinnen und Trainer, wie z. B. Wellensiek (2011) oder der auf Stressbewältigung spezialisierte Guru Sri Sri Ravi Shankar (Bönsel 2012), unabhängig voneinander, dass dem Bewusstsein eine wesentliche „Kompassfunktion" im Zusammenhang mit Resilienz und den Fragen des Lebens zukommt und dass spirituelle Praxis für eine stressfreiere und damit gesündere Gesellschaft wesentlich sei. Beide legen dar, dass spirituelle Praktiken, z. B. im Sinne von „Meditation" oder Yoga-Atemtechniken (Pranayama), wirkungsvolle Wege seien, um das Bewusstsein zu erweitern, Klarheit zu gewinnen, subjektiv empfundenes Leid loszulassen und „sich auf die eigene Mitte hin auszurichten" (was im Übrigen auch der wortursprünglichen Bedeutung von Meditation entspricht) (Wellensiek 2011; Bönsel 2012). Im Zusammenhang mit Resilienz sind Meditation und im weitesten Sinne spirituelle Praxis vor allem dann bedeutend, wenn sie kontinuierlich trainiert werden und sich dadurch langfristig eine gelassene, weise Auffassung des eigenen Selbst und der Welt einstellt. Es ist zu betonen, dass sich spirituelle bzw. meditative Praxis zur Förderung von Resilienz nicht an eine bestimmte Konfession oder Dogma richten. Im Vordergrund steht kontinuierliches Ergründen der Ursprünge der eigenen Empfindungen und Denkprozesse, ohne ihnen nachzugehen und sich mit ihnen zu identifizieren. Konsequent angewendet, kommt der Praktizierende zur Einsicht, dass man ein verletztes Ego sowie belastende Gedanken und

---

[2]Der Begriff der Spiritualität (von lat. spiritus = Geist, Hauch bzw. spiro = ich atme) wird sehr breit verwendet und lässt sich darum schwer prägnant definieren. Unabhängig von ihren spezifischen Ausprägungen in den unterschiedlichen Religionen lässt sich für die Spiritualität festhalten, dass sie sich stets auf das Prinzip der transzendenten, nicht-personalen letzten Wahrheit bezieht, welche zwar nicht sinnlich fassbar, aber dennoch erfahr- oder erahnbar ist. Diese sich in Form eines „Erwachens" oder einer „Erleuchtung" ausprägenden Einsichten erschließen sich über die Praktiken unterschiedlicher Weisheitstraditionen. Hierzu gehören z. B. sufistische oder christlich-gnostische Herzensgebete, schamanische Trancetänze, holotrope Atempraktiken, hinduistisches Yoga, kabbalistische Zahlenmystik, jainistische Askese, QiGong/Tai Chi, buddhistische Meditation oder Kontemplation. Spiritualität zeichnet sich also nicht dadurch aus, dass unhinterfragbare Dogmen einer Glaubensreligion befolgt werden, sondern vielmehr durch eine durch innere Arbeit hervorgerufene Überwindung des dualen Ego-Bewusstseins („Ich" vs. „Umwelt") sowie der Einsicht in die profunde Identität mit dem nicht-dualen Seinsgrund (Unio mystica).

Gefühle haben *kann,* diese jedoch nicht *ist* (näher unter Maharshi 2018; Singer 2016).[3] Kritisch ist aber anzumerken, dass spirituelle Praxis und Meditation keine Allheilmittel sind. Sie können keine Therapien zur Bearbeitung von psychischen Erkrankungen ersetzen.

Es lässt sich zusammenfassen, dass sich der Resilienzbegriff sehr unterschiedlich kontextualisieren lässt und dass ein ganzheitliches und zugleich differenziertes Verständnis von Resilienz einer Unterscheidung von mindestens drei Abstraktionsebenen – Individuum, Organisation, Gesellschaft – bedarf sowie zwei sehr unterschiedlichen – teilweise einander ausschließenden, teilweise einander ergänzenden – Aspekten: einerseits die Fähigkeit, trotz widriger Umstände „so zu bleiben wie man ist", andererseits die Fähigkeit sich an die widrigen Umstände anzupassen und „sich neu zu erfinden".

## 2.2 Harte und weiche Dimensionen der resilienten Gesellschaft

Im Gesellschaftsdiskurs hat sich „Resilienz" vor allem als direkter Gegenbegriff zur „Vulnerabilität" (Verwundbarkeit) etabliert und nimmt eine zunehmend dominante Position ein. Auf dem 2013 stattfindenden Weltwirtschaftsforum, welches unter dem Motto „widerstandsfähige Dynamik" (Resilient Dynamism) stand, wurde das Resilienzkonzept sogar als „21st Century Imperative" bezeichnet (Huffington 2013). Schon bevor „Globalisierung" in aller Munde war, hielt die Forschungsdisziplin der Internationalen Beziehungen ihren Blick auf „Risikofaktoren" gerichtet, die sich aus einer zunehmenden globalen Verflechtung ergaben und noch weiterhin ergeben. Dabei betont die Interdependenztheorie bereits seit den 1970er Jahren, dass sich mit fortschreitender Globalisierung von Ökonomie, Technologie, Transportsystemen und Kommunikation auch Fehlentwicklungen globalisieren würden – Probleme in scheinbar weit entfernten Regionen haben teils regionale, teils globale Ausstrahlungseffekte (Nuscheler et al. 2007). Inspiriert vom Salutogenese-Konzept des israelischen Medizinsoziologen

---

[3]Interessierten empfehle ich an dieser Stelle ein Training in Vipassana-Meditation. Die Technik basiert auf Achtsamkeitsmeditation und wurde von Siddharta Gautama entwickelt (dem Begründer des Buddhismus). In der Umsetzung ist sie relativ simpel. Vipassana-Lehrgänge werden weltweit angeboten und sind entsprechend standardisiert. Sie umfassen in der Regel zehn Tage und sind damit sehr intensiv. Bekannteste Anbieter in Deutschland sind Dhamma Dvara (www.dvara.damm.org und panyasara (www.panyasara.de).

Aaron Antonovski rückt mit dem sich seit den 2000er Jahren etablierenden politischen Resilienzdiskurs ein Perspektivenwechsel in den Vordergrund, der von der Frage „Wie entstehen Krisen und wie reagiere ich auf sie?" weg zu „Wie entsteht Gesundheit und wie entwickle ich Widerstandsfähigkeit gegenüber Krisen?" führt.

Übereinstimmend mit dem oben dargestellten Definitionsspektrum sind in der Literatur unterschiedliche Arten gesellschaftlicher Resilienz identifiziert worden – z. B. die Robustheit eines Systems gegenüber schleichenden Veränderungen oder plötzlichen Schocks; die Regenerationsfähigkeit, schnell in den ursprünglichen Ausgangszustand zurückzukommen; die Fähigkeit zu lernen und an sich rasch verändernde Bedingungen anzupassen (Birkmann et al. 2011). Der gesellschaftliche Resilienzdiskurs knüpft an die bereits in die 1970er Jahre zurückgehenden Forschungen zur Vulnerabilität und Interdependenz von Gesellschaften an – das gilt insbesondere für die Erforschung der Umstände in Entwicklungsländern (Bohle et al. 1994) und der Humanökologie (Birkmann 2006). Inzwischen beschäftigen sich weitere Disziplinen mit Fragen zum Thema gesellschaftlicher Resilienz. Im Vordergrund steht dabei vor allem die Frage nach der Widerstands- und Regenerationsfähigkeit von Gesellschaften angesichts moderner und zunehmend unvorhersehbarer Risiken (Edwards 2010). Im Vergleich zur individuellen und organisationalen Resilienzforschung wird gesellschaftliche Resilienz noch vergleichsweise spärlich untersucht, wobei diese Systemebene weitaus komplexer sein dürfte. Welche Dimensionen zeichnen eine resiliente Gesellschaft aus?

### 2.2.1 Harte Faktoren: Der vorherrschende Diskurs über die resiliente Gesellschaft

In Beantwortung dieser Frage dominieren Beiträge aus der sozialwissenschaftlichen Raumforschung, insbesondere der Planungswissenschaften, der Raumordnungsforschung und der Geografie. Der thematische Fokus liegt dabei vor allem darauf, Orientierungswissen und anwendungsbezogenen Fragestellungen für Politik und Planung im Umgang mit Umweltveränderungen (z. B. Klimawandel) und Naturkatastrophen (Birkmann 2008) zu erarbeiten. Daneben spielen auch menschenverursachte Sicherheitsrisiken eine Rolle – wie z. B. Terrorismus (Coaffee und Wood 2006). Darüber hinaus untersucht die sozialwissenschaftliche Vulnerabilitäts- und Resilienzforschung den Begriff als Ergebnis sozialen Handelns. Im Fokus steht hier, wie verwundbar und widerstandskräftig Individuum angesichts sozial-psychologischer Risikofaktoren sind („individuals at risk" [Luthar und Cicchetti 2000]), wie z. B. mangelnde Schulbildung, Kinderarmut etc. (Zander 2011). Aus politik- und sozialwissenschaftlicher Sicht rückt seit einigen Jahren auch immer stärker die Resilienz autoritärer Regime angesichts ziviler Revolutionen in den Mittelpunkt des Interesses (Goldstone 2011). Insgesamt wird deutlich, dass sich sehr unterschiedliche Disziplinen die Begriffe „Resilienz" und „Vulnerabilität" angeeignet haben, und sich dabei auf sehr unterschiedliche Aspekte konzentrieren. Ihnen allen ist jedoch gemeinsam, dass sie von „harten", also: objektiven Bedrohungen und entsprechenden Maßnahmen ausgehen.

### 2.2.2 Weiche Faktoren: Die vernachlässigte Komponente im Resilienzdiskurs

Ein weiterer Aspekt, der im aktuellen Diskurs um die resiliente Gesellschaft auffällt, ist der vorherrschende Fokus auf die „harte" Faktoren. An dieser Stelle weisen Christmann et al. (2011) zu Recht darauf hin, dass der gesamten Forschung in der Auseinandersetzung mit gesellschaftlicher Resilienz eine „essenzialistische" Sichtweise zugrunde liegt, die Resilienz als etwas Faktisches auffasst. Demnach ist die Verwundbarkeit eines Systems nicht nur aufgrund objektiv feststellbarer Faktoren gegeben, sondern auch eine Konstruktion, also: eine „gemeinsame Annahme darüber, dass man bedroht sein könnte" (Christmann et al. 2011, S. 5). Diese „weichen", in anderen Worten: subjektiven und intersubjektiven Faktoren, die den kollektiven (wir nennen es arbeitshypothetisch) „Resilienzgeist" einer Bevölkerung ausmachen, werden in der aktuellen Resilienzforschung nur vereinzelt berücksichtigt:

- Beiträge aus Diskursen, die sich mit der individuellen Stressresistenz befassen, setzen die Resilienz und die Vulnerabilität einer Gesellschaft mit dem Ausmaß an psychischer Gesundheit und Stress der Bevölkerung in Beziehung (z. B. Wellensiek 2011; Bönsel 2012; Lohmann-Haislah 2012). Im Zentrum der Auseinandersetzung stehen hier unter anderem Fragen, wie z. B.: Wie gestaltet sich das Verhältnis zwischen individueller und gesellschaftlicher Resilienz konkret? Könnte z. B. eine „kritische Masse" resilienter Individuen zu einer resilienteren Gesamtgesellschaft führen? Welchen Einfluss haben spirituelle bzw. meditative Praktiken auf die kollektive Stressresistenz und -bewältigungsfähigkeit der Gesamtbevölkerung?
- Ein anderer Diskursstrang befasst sich damit, welche Beiträge Kultur und Kulturtechniken zur kollektiven Resilienz leisten. Hierbei haben sich einige

Resilienzforscher mit der Frage beschäftigt, weshalb einige ethnische Gruppen, trotz Diskriminierung vonseiten der Mehrheitsgesellschaft, zu einem vergleichsweise höheren sozialen Status und Erfolg kamen. So berichteten Judith R. Kramer und Seymour Leventman, dass die Nachkommen osteuropäischer Juden, die in den USA eingewandert sind, trotz der großen Armut nicht nur eine gute Integration der eigenen Kinder aufwiesen. Sie waren auch weniger kriminell als die amerikanische Bevölkerung und besuchten überdurchschnittlich häufig eine Universität. Nathan Caplan führte dies auf kulturelle Faktoren und auf starkes elterliches Engagement zurück und kam zu ähnlichen Schlüssen hinsichtlich der Kinder der so genannten „Boat People". Als „Boat People" wurden in den 1970er und 1980er Jahren vietnamesische Flüchtlinge bekannt, die nach dem Vietnamkrieg aus Angst vor dem neuen kommunistischen Regime mit Booten über das südchinesische Meer flohen. Trotz ihrer niedrigen Bildung und hohen Armut schnitten zum Erstaunen der Wissenschaft die Flüchtlingskinder bei allen Leistungstests besser ab als Kinder aus der Mittelschicht. Eines der auffälligsten Ergebnisse der Studie war, dass sich Kinder mit vielen Geschwistern als leistungsstärkste erwiesen. Die Erklärung dahinter war und ist, dass die vietnamesische Kultur eher kollektivistisch orientiert geprägt sei und dass von den älteren Geschwistern erwartet wird, dass sie ihren jüngeren Geschwistern bei den Hausaufgaben helfen. Davon profitieren die Kinder enorm, indem sie von ihren Geschwistern nicht nur Fakten lernten, sondern auch akademische Strategien und Werthaltungen abschauen konnten (Caplan 1992; Caplan 1989). In diesem Zusammenhang noch unerschlossene Fragen sind u. a.: Welche Rolle spielen Identität und Sprache und ggf. Religion für die Resilienz einer Gesamtbevölkerung? Was zeichnet Integrationspolitik aus, die die Resilienz einer Gesamtgesellschaft erhöht?

- Daran angelehnt ergibt sich ein noch weitgehend unerschlossenes Diskursfeld hinsichtlich der Frage nach gesamtgesellschaftlich getragenen resilienzfördernden kulturellen Tugenden. Vereinzelt wird Bezug auf das Beispiel Japans genommen, vor dem Hintergrund der vergleichsweise hohen Disziplin und Gelassenheit der Bevölkerung angesichts von Naturkatastrophen, so z. B. dem Fukushima-Vorfall. „Ganbaru" (auch: „Gambaru"), was so viel bedeutet wie „das Beste geben bis zum Ende", oder „Gaman" (auch: „Gamban") im Sinne von „Würde und Geduld bewahren auch unter schwierigsten Umständen", lauten die oft erwähnten Tugenden japanischer Durchhaltementalität (Palin 2011; The Australian 2011). Ein anderes Beispiel ist für resilienzfördernde Tugenden ist vielen westlichen Touristen der in der thailändischen Bevölkerung verbreitete Ausspruch „mai pen rai", welcher so viel

## 2.2 Harte und weiche Dimensionen der resilienten Gesellschaft

bedeutet wie „das macht nichts" (im Sinne von: „Wenn etwas schiefgeht, ist es auch nicht schlimm"). Ein weiteres Beispiel für die gesamtgesellschaftliche psychische Einstellung auf und in Krisenzeiten findet sich in England zu Zeiten des Zweiten Weltkriegs. Die Volksweisheit lautet: „Bleibe ruhig und mach weiter" („Keep calm and carry on"). An dieser Stelle deutet sich zugleich die sehr starke Kontextabhängigkeit von Resilienz: „Mai pen rai" und „Ganbaru" stellen spezifische Ausdrücke unterschiedlicher asiatischer Kulturen dar, die sich vermutlich nicht ohne Weiteres auf andere Kulturen übertragen lassen; und im Falle Englands kommt der zeitgeschichtliche Hintergrundkontext des Zweiten Weltkriegs hinzu. Für die weiterführende Forschung wäre interessant zu untersuchen, ob und inwieweit sich aus einem interkulturellen Vergleich „universelle" Resilienzprinzipien ziehen lassen. Weisen kollektivistische (wie z. B. Japan und Thailand) und individualistische Kulturen (wie z. B. in Kontinentaleuropa und den USA) Resilienzprofile mit charakteristischen Merkmalen auf? Gibt es über diese kulturspezifischen Unterschiede systemische Gemeinsamkeiten, die für alle Gesellschaften gültig sein könnten?

- Eine relativ neue Denkrichtung im sozialwissenschaftlich geprägten Strang der Resilienzforschung betont den Aspekt der kulturell konstruierten, kollektiven Wahrnehmung von Verwundbarkeit und Widerstandsfähigkeit. Demnach bestünden hinsichtlich der Empfindlichkeit gegenüber äußeren Einflüssen von Gesellschaft zu Gesellschaft beträchtliche Unterschiede. Da Menschen bis hin zu Gesellschaften voneinander abweichende Wahrnehmungen über ihre eigene Verletzbarkeit und Widerstandsfähigkeit entwickeln können, würden sie sie auf diese Weise konstruieren. Zu diesem Ergebnis kamen Forscher des IRS Leibniz-Instituts für Regionalentwicklung und Strukturplanung nach einer im Januar 2013 abgeschlossenen dreijährigen Studie. Auf der Basis dieser Überlegungen hat die Projektgruppe am IRS ein relationelles Modell entwickelt, der Actor Network Theory (ANT) – einer Theorie, die das Soziale nicht nur auf das Zwischenmenschliche beschränkt, sondern auch zu Objekten in Beziehung setzt (z. B. Artefakte, Werkzeuge, Maschinen und Gegenstände, die im Zuge der Kulturgeschichte entwickelt worden sind) (Christmann et al. 2011). Bezogen auf die Verletzlichkeit gegenüber Gefahren geht die ANT davon aus, dass „ein relationales, sozio-technisches Netz aus jenen natürlichen, menschlichen, materiellen und immateriellen Entitäten, die mit der konkreten Gefahrensituation zusammenhängen, geknüpft und das zentrale Element darin positioniert wird." Dieses Netz sei, so Oliver Ibert, „nicht naturgegeben, vielmehr sind alle diese Verbindungen in hohem Maße artifiziell und daher auf fundamentale Art sozial konstruiert" (IRS Leibniz Institut 2013).

Über die hier grob skizzierten Diskurse hinaus, ergeben sich noch weiterführende Themen, die weitere Aspekte des kollektiven Resilienzgeists umfassen könnten, jedoch (noch) nicht explizit in der Resilienzforschung berücksichtigt sind.

- Eine weitverbreitete und seit Menschengedenken (in der Regel populistisch) geführte Debatte stellt die „Identität" als essenziellen Kern des Menschseins und einer Gesellschaft in den Mittelpunkt. Das geschieht meist vor dem Hintergrund der wahrgenommenen Bedrohung einer „Entfremdung" oder „Überfremdung". Mit voranschreitender Globalisierung wird der gesellschaftliche Umgang mit Multikulturalität, sozialer, ökonomischer und politischer Integration zu einer immer bedeutenderen politischen Herausforderung. Innenpolitisch erweist sich gerade im Kontext der Wohlfahrts- und Arbeitsmarktpolitik die ethnische soziale Trennlinie als eine besonders explosive. Der Eskalationsgrad erscheint höher und emotional aufgeladener als andere gesellschaftliche Konfliktlinien, wie „Generation" (alt vs. jung) oder „Gender" (Mann vs. Frau). In diesem Zusammenhang fragt sich: Was bedeutet eine resiliente Identitätsphilosophie: Zeichnet sich die resiliente Gesellschaft nach innen und außen eher durch eine dominante Leitkultur der Mehrheitsgesellschaft aus, die „stark" genug ist, dass sie vor „Überfremdung" (sofern es ein solches Phänomen überhaupt gibt) gewahrt bleibt?[4] Oder ist eine resiliente Gesellschaft eher von einem wandelnden Selbstverständnis geprägt, das Kultur und Identität als dynamisch, sich stetig fortentwickelnd und hybrid auffasst

---

[4]Dieser Frage liegt ein Identitätsbegriff zugrunde, der sich durch Abgrenzung gegenüber anderen Identitäten definiert und dem eine Wahrnehmung des „Entweder-oder" bzw. „Selbstkultur vs. Fremdkultur" zugrunde liegt. Die politische Konsequenz ist meistens nach innen ein Ansatz der Assimilation bzw. des Schmelztiegels („Melting Pot"), bei der sich alle Einwandererkulturen nach einer übergreifenden Leitkultur ausrichten (wie z. B. in den USA oder Frankreich). Dieser Ansatz stellt das genaue Gegenteil von Multikulturalität dar, welches eher durch ein „Nebeneinander unterschiedlicher Kulturen" gekennzeichnet ist (Beispiel: Kanada). Nach außen kann die Gesellschaft, die sich durch Abgrenzung identifiziert, variieren – dies würde dem von Samuel Huntington popularisierten „Kampf der Kulturen" entsprechen oder in abgemilderter Form dem der „Interkulturalität" (= konstruktive Verständigung zwischen unterschiedlichen Kulturen). Unabhängig davon, wie sich der hier gezeichnete Identitätsbegriff nach innen und außen politisch konkret ausprägt: Allen hier dargestellten Ansätzen ist gemein, dass Kulturen stets als in sich geschlossene, voneinander abgegrenzte, homogene „Kugelsysteme" wahrgenommen werden (hierzu Welsch 2009).

## 2.2 Harte und weiche Dimensionen der resilienten Gesellschaft

und im Sinne einer „Sowohl-als-auch"-Auffassung vom „Anderen" lernt?[5] Die Beantwortung dieser Frage ist also an unterschiedliche Annahmen von Kultur (Entweder-oder vs. Sowohl-als-auch) und Resilienz („Fels in der Brandung" vs. „ständiger Wandel") gebunden. In einem späteren Abschnitt wird darauf zurückzukommen sein.

- Ein weiterer, noch weitgehend offener Diskursbereich befasst sich generell mit dem Thema der kollektiv-psychischen Bearbeitung von traumatischen Erfahrungen – nicht nur von Naturkatastrophen, sondern auch von Kriegen und Terroranschlägen, und zwar vor allem in den sehr verwundbaren Hoch-Technologie-Gesellschaften. Bisherige Forschungen zu „Katastrophenkulturen" legen ihr Augenmerk fast ausschließlich auf Gemeinschaften in der Dritten Welt, die sich durch dadurch auszeichnen, dass sie bemerkenswert selbstorganisations- und anpassungsfähig sind, wenn sie mit Naturkatastrophen konfrontiert werden.[6] Im Resilienzdiskurs noch unberücksichtigt ist demgegenüber die Frage, wie unterschiedliche Bevölkerungen Traumen bewältigen. Als eine der wenigen Disziplinen, die sich zumindest implizit mit diesem Thema befassen, leistet die Konfliktforschung Pionierarbeit – und zwar unter anderem die Arbeiten von Vamik Volkan (2006), John Paul Lederach (2005) und Johan Galtung (1998). All diese Arbeiten gesichtet, lassen sich insgesamt mindestens drei Formen der kollektiven psychologischen Krisenbewältigung und -aufarbeitung identifizieren, die weltweit in unterschiedlichem Ausmaß praktiziert werden: Erstens gibt es den Aufbau einer kollektiven Identität mithilfe eines abgrenzenden

---

[5]Dieser Frage liegt also nicht der traditionelle Identitätsbegriff zugrunde, der durch eine abgrenzende und trennende „Entweder-Oder"-Auffassung geprägt ist. Vielmehr ist die Identitätswahrnehmung inklusiv – der Blick richtet sich nicht auf das Trennende, sondern auf kulturraumübergreifende Gemeinsamkeiten. Von dieser Auffassung ist der vergleichsweise wenig etablierte Ansatz der „Transkulturalität" geprägt. Dieser Begriff wurde vom kubanischen Anthropologen Fernando Ortiz bereits in den 1940er Jahren eingeführt, doch erst in den 1990er Jahren von Wolfgang Welsch im deutschsprachigen Raum geprägt. Nach seiner Definition versteht sich unter „Transkulturalität", dass die Begegnung unterschiedlicher Kulturen als Konsequenz zu einer Verwischung der Grenzen, sogar zu einer Aufhebung dieser Grenzen führen kann. Im Zuge voranschreitender Globalisierung und fortschreitender Vermischungen sieht Welsch nicht die Entstehung einer uniformen Weltkultur, sondern vielmehr Individuen und Gesellschaften, die transkulturelle Elemente in sich tragen. Erst die Kombination von verschiedenen Elementen verschiedener Herkunft mache so jedes Individuum transkulturell (Welsch, 2000).

[6]Hier gilt der Historiker Greg Bankoff als bedeutender Pionier (vgl. z. B. Bankoff und Hilhorst 2009).

Feindbilds und klarer Zuordnung von „Opfer"- und „Täter"-Rollen.[7] Zweitens gibt es eine Methode der Krisenaufarbeitung und -bewältigung durch Verdrängung, also das traumatische Ereignis wird aus dem kollektiven Bewusstsein entfernt.[8] Eine dritte Form wäre die inklusive, also eine nicht-abgrenzende, sondern einbindende Aufarbeitung des Ereignisses. Hier geht es also nicht um Verdrängung oder Schuld-Übertragung, sondern um eine Versöhnung mit „dem

---

[7]Ein wesentliches Schlüsselelement, das die in diesem Feld einflussreichen Konfliktforscher herausgearbeitet haben, ist der Aspekt der Nutzung von „Trauma"- und „Ruhm"-Mythen zur kulturellen Identitätsstiftung. Mit anderen Worten: erlittene Traumata oder als historische Siege tradierte Ereignisse können durch kulturelle Rituale und Symbole (wie z. B. Volksfeste, Volkslieder, Gedenkstätten etc.), in denen z. B. „gefallenen Helden" oder „Helfern" oder „unschuldigen Opfern" aus dem eigenen Volk gedacht wird, eine sinnstiftende Wirkung entfalten, und damit den kollektiven Zusammenhalt fördern. Dieser Mechanismus der Traumabearbeitung zeichnet sich im Kontext von sozialen Konflikten, Krieg und Terrorismus zugleich durch den Aspekt aus, dass die Identitätsbildung abgrenzend und sogar abwertend und damit gewaltfördernd ist – denn es wird ein „Wir"-Gefühl auf Kosten eines „die Anderen" erzeugt. Der Vorteil dieser Methode besteht darin, dass sie vergleichsweise einfach anwendbar ist, weil sie die eigene Verantwortung und Mitschuld an dem traumatischen Ereignis auf „den Anderen" projiziert. Der Nachteil besteht darin, dass dadurch die Möglichkeit eines Loslassens der Vergangenheit und eines Lernens aus eigenen Fehlern verhindert wird. Daher erweist sich diese Bewältigungsmethode als nicht besonders resilient im Sinne von Krisentransformation. Zugleich ist sie auch nicht besonders nachhaltig, da sie durch die Abwertung des Anderen gewaltfördernd ist – Galtung umschreibt diesen Aspekt treffend als „kulturelle Gewalt".

[8]Diese zweite Form der kollektiv-psychologischen Bearbeitung von Krisen sieht also die Verdrängung des Traumas aus der geschichtlichen Tradierung vor. Es wird einfach nicht mehr über den traumatischen Vorfall gesprochen und er wird gleichsam aus dem kollektiven Gedächtnis gelöscht. Inwieweit aber dies indirekte Auswirkungen auf ein kollektives Unterbewusstes hat, das möglicherweise auch mit epigenetischer Weitervererbung einhergehen kann, ist bislang noch nicht erforscht. Welchen Effekt hat die relativ geringe Aufarbeitung der Verantwortung der US-amerikanischen Gründerväter am Massensterben der indianischen Ureinwohner auf die heutige kollektive Psyche der US-Gesellschaft? Auch die hier beschriebene Verdrängungsmethode zeichnet sich durch den Vorteil einer relativ leichten Umsetzbarkeit aus, andererseits aber auch durch den Nachteil, dass Lern- und Aufarbeitungsprozesse und damit ein „Stärker-werden-aus-der-Krise" verhindert werden.

Anderen" und dem Krisenereignis. Dies beinhaltet meist ein psychisches (oft auch spirituelles) Loslassen des erfahrenen Leids und damit im weitesten Sinne eine Überwindung des kollektiven Egos.[9]

Es bleibt festzuhalten, dass im theoretischen Resilienzdiskurs noch viele Fragen offenbleiben, insbesondere hinsichtlich der „weichen Faktoren", die mit dem kollektiven Resilienzgeist einer Bevölkerung zusammenhängen.

## 2.3 Lässt sich die Resilienz einer Gesellschaft messen?

Ist Japan resilienter als die Schweiz? Woran lässt sich die Resilienz einer Gesellschaft festmachen? Gibt es qualitative und quantitative Indikatoren, die es ermöglichen, die Resilienz unterschiedlicher Länder miteinander zu vergleichen? Der

---

[9]Diese Form der kulturellen Traumaaufarbeitung beinhaltet eine inklusive Form der Identitätsstiftung; mit anderen Worten: eine Krisenbewältigung, die „den Anderen" im Zuge eines Versöhnungsprozesses einbindet. Beispiele hierfür sind Rituale, in denen an Kriegsgedenktagen um die Opfer auf beiden Seiten (also auch beim Kriegsgegner) getrauert wird. Galtung sieht diese Art der Traumabearbeitung als typisch für eine „Friedenskultur" an. Demgegenüber wäre eine Traumabearbeitung, die alle Verantwortung und Schuld auf „den Anderen" überträgt und die eigene Seite einseitig mythisch verklärt, typisch für „kulturelle Gewalt", weil sie erst den Weg zu weiterem Leiden ebnet (Galtung 1998). Dass die hier skizzierte Friedenskultur, die „Täter" und „Opfer" in einen gemeinsamen Identitätszusammenhang einbindet, nicht rein utopisch ist, zeigt sich konkret in vielfältigen bewährten Formen der Versöhnungsarbeit, die im Kontext unterschiedlicher Kulturen und Religionen praktiziert werden. Die Arbeit von Galtung bietet hier einen beispielhaften Überblick über unterschiedliche kulturelle und spirituelle Traditionen der Versöhnungsarbeit, z. B. von der buddhistischen Karma-Methode, über die christliche Beicht-Methode bis hin zur hawaiianischen Methode des Ho'o pono pono. Daneben finden sich auch an entsprechenden Stellen in den Schriften unterschiedlicher Weisheitstraditionen weitere Belege für eine Form der Identitätsstiftung, die das kollektive Ego überwindet und auch um den Gegner trauert (z. B. Kap. 31 des Tao Te Kings). Der Vorteil der hier vorgestellten Methode der kollektiven Traumabewältigung besteht darin, dass sie eine gründliche Aufarbeitung und ein Loslassen des traumatischen Ereignisses und zugleich ein Lernen aus der eigenen Mitverantwortung ermöglicht. Der Nachteil dürfte in der relativ schwierigen und schmerzhaften Umsetzung bestehen. Dass aber die innere Versöhnung einen sinnvollen Beitrag zu psychischer Resilienz leisten können, belegt das eindrucksvolle Werk des österreichischen Psychiaters, Neurologen und Holocaust-Überlebenden Viktor Frankl. Die von ihm entwickelte wegweisende Methode der Logotherapie entstand unter anderem auf der Basis seiner persönlichen Erfahrungen mit dem Holocaust (Böschemeyer 2007).

Leser ahnt, dass diese und ähnliche Fragen zu beantworten nicht ohne Weiteres möglich ist. Eine Herausforderung besteht darin, dass sich Resilienz eine kontextgebundene Eigenschaft darstellt: Die Resilienz einer Gesellschaft zeigt sich stets im Kontext einer Krise. Dies erschwert den Vergleich von Japan und der Schweiz. Während Japan aufgrund seiner geografischen Lage, von jeher diversen Naturkatastrophen ausgesetzt ist (und damit einen hohen WeltRisikoIndex aufweist) und in diesem Kontext eine hohe Resilienz entwickelt hat, gilt das für die Schweiz nicht, aber sie hat unter dem Eindruck des Zweiten Weltkrieges und des Kalten Krieges, ein weltweit einmaliges System von Schutzbunkern und Bergfestungen (so genannte „Réduits") geschaffen, welche sich Beobachtern zufolge durchaus als effektiv gegen Atomangriffe, nicht jedoch gegen Reaktorunfälle wie z. B. in Fukushima, erweisen dürften (Putzier 2011). Andere, typische Probleme, die indikatorengestützte Analysen mit sich bringen, betreffen die Gewichtung (was wiegt schwerer: Erdbebensichere Architekturen in Japan oder Atomschutzbunker wie in der Schweiz?) und die Vergleichbarkeit harter und weicher Resilienzfaktoren (z. B. Währungsmittelreserven im Vergleich und zur Fähigkeit kollektiver Traumabewältigung).

Vor dem Hintergrund dieser Überlegungen finden sich erste Vorstöße, die Resilienz von Städten und Gesellschaften mittels Indikatoren festzulegen:

- In einer Studie des Jahres 2011, durchgeführt von der Organisation „Triple Pundit", vergleicht der Studienleiter Boyd Cohen vor allem kommunale Maßnahmen zur Stärkung der Regional- und Lokalwirtschaft und zur Verbrauchsreduktion von fossilen Energieträgern. Als Ergebnis sieht er vier kontinental- und nordeuropäische Städte in den Top 10 vertreten, nämlich Kopenhagen auf Platz 1, Barcelona auf Platz 3, gefolgt von Stockholm (4) und Paris (6). Aus dem anglophonen Raum verortet er Vancouver auf Platz 5, und die US-amerikanischen Städte San Francisco und New York auf den Plätzen 7 und 8. London belegt Platz 9 und Tokio Platz 10. Auf dem zweiten Platz sieht Cohen die brasilianische Stadt Curitiba (Cohen 2011). Bei seinem Ranking wird schnell deutlich, dass „Resilienz" auf einen sehr engen Definitionsrahmen eingegrenzt ist – hauptsächlich auf das Klimathema, und im weitesten Sinne auf das Management von Naturkatastrophen. Sozialökonomische oder andere Indikatoren kommen hier zu kurz.
- Ein anderer Vorstoß wurde im Jahre 2010 über die regionale Krisenfestigkeit Deutschlands vom hannoverischen Pestel-Institut unternommen, welches 18 Indikatoren aus den Bereichen „Soziales", „Wohnen", „Energie", „Flächennutzung", „Verkehr" und „Wirtschaft" einbezog, um die Handlungsfähigkeit von Regionen und Städten durch Flexibilität, Ressourcenausstattung und

Sozialkapital einzuschätzen. Die Autoren der Studie kommen zum Schluss, dass sich der Osten und der Süden Deutschlands durch besondere Krisenfestigkeit auszeichnen. Über alle anderen Regionen ließen sich „keine pauschalen Urteile abgeben, da die Ergebnisse zu stark durchmischt sind. Jede Region hat ihre Stärken, aber auch ihre Schwächen." In dieser Studie fällt eine vergleichsweise breitere Vielfalt an Resilienzdimensionen auf. Kritisch stellt sich vor allem die Frage nach der Gewichtung der Indikatoren, zumal jeder der sechs Dimensionen wohl der Symmetrie zu Liebe jeweils genau drei Indikatoren zugeordnet sind. Wiegt z. B. die Mieterquote (die als positiver Indikator für Flexibilität auf Strukturveränderungen gewertet werden) unter „Wohnen" genauso schwer wie die Arbeitslosenquote (als negativer Indikator für soziales Krisenpotenzial) unter „Soziales"? (Pestel-Institut 2010)

- Ein dritter Vorstoß wurde ebenfalls im Jahre 2010 über die regionale Krisenfestigkeit einzelner Standorte in Österreich von der ÖAR Regionalberatung GmbH, im Auftrag des Bundeskanzleramtes unternommen. Dieser Ansatz unterscheidet unter anderem 26 Indikatoren innerhalb der Felder Umwelt (4 Indikatoren), Wirtschaft (7 Indikatoren) und Gesellschaft (15 Indikatoren). Im Zentrum der Analyse steht die individuelle Einschätzung von drei Bundesländern in Österreich, zur Steuerung regionaler Resilienz. Im Gegensatz zu den beiden anderen Studien ist das hier vorliegende Analysemodell weniger auf eine standortvergleichende Studie ausgerichtet, sondern auf der langfristigen Beobachtung und Resilienzsteuerung der untersuchten Standorte. Daher fällt im Vergleich zu den beiden anderen Analysemodellen auf, dass die Studie der ÖAR nicht auf ein vergleichendes Ranking hinausläuft. Auch sticht eine gänzlich andere Gewichtung hinsichtlich der Indikatorenauswahl ins Auge: Der Schwerpunkt liegt vor allem auf sozialen und sozial-ökonomische Faktoren, während städtebauliche, infrastrukturelle und energiewirtschaftliche Faktoren in diesem Indikatorenpool nicht berücksichtigt werden (diese fließen in der Studie auf einem anderen Weg, mittels qualitativ-narrativer Methoden in die Gesamtanalyse wieder ein) (Lukesch et al. 2010).
- Zu den derzeit jüngsten Studien zählt „Global Cities – A Grosvenor Research Report" von 2014, der von der „Grosvenor"-Organisation durchgeführt wurde. Verglichen wurden über 50 Städte weltweit, Toronto, Vancouver und Calgary wurden als die drei resilientesten bezeichnet. Gegenüber den oben genannten Studien bewertete die vorliegende die gesellschaftliche Resilienz anhand der Kriterien 1) Governance, 2) Institutionen, 3) Technologie und Lernen, 4) Planungssysteme, 5) Zugang zu Funding (Grosvenor 2014). Diese Kriterien basieren auf einem vergleichsweise breiteren Verständnis von gesellschaftlicher Resilienz, welches eine Anwendung auf mehr Krisenkontexte als Umweltkatastrophen ermöglicht.

Alle vier Studien liefern beim indikatorgestützten Erfassen resilienter Gesellschaften beispielhafte Orientierungen. Keines von ihnen könnte jedoch den Anspruch eines weltweit anerkannten und auf unterschiedliche Krisenphänomene verallgemeinerbaren Analyserasters erfüllen, welches die unterschiedlichen Resilienzprofile aller Gesellschaften weltweit zu erfassen hilft. Vor dem Hintergrund der Begrenzungen der oben erwähnten, aber auch anderer Studien könnte es sich lohnen, nach Gemeinsamkeiten und wechselseitigen Ergänzungen Ausschau zu halten. Die sich hieraus ergebende Synthese würde zu einem weit gefassten Resilienzkonzept beitragen, das dem Umstand Rechnung trägt, dass sich Gesellschaften nicht isolierten Einzelkrisen, sondern komplexen Bündeln vielfältiger Herausforderungen gegenübersehen. Diese lassen sich nicht mehr sicher antizipieren und erfordern „allgemeine Robustheit" von Gesellschaften. Folgende (indikatorengestützte) Faktoren könnten zu einer solchen „Universalresilienz" beitragen:

- *Soziales:* Übereinstimmend miteinander führen die Studien des Pestel-Instituts und der ÖAR Regionalberatungs GmbH Indikatoren, wie die Arbeitslosenquote und volksgesundheitliche Indikatoren an (Pestel-Institut: Hausärzteversorgung je 100.000 Einwohner; ÖAR Regionalberatung: Lebenserwartung bei guter Gesundheit) und den Wanderungssaldo der Bevölkerung, die Aufschluss über die Attraktivität des Standorts geben. Darüber hinaus führt die Studie der ÖAR Regionalberatung noch Kriterien, wie die Lebenszufriedenheit (Wohnen, Arbeit, Freiheit), Einkommensverteilung und Ehrenamtlichkeit an, sowie Kriminalitätsrate und Vertrauen (hier: Vertrauen in Institutionen). Ergänzend bezieht die Studie des Pestel-Instituts verstärkt den Faktor Bildung mit ein, indem der Anteil der Schulabgänger ohne Abschluss berücksichtigt wird. Analytisch junge Individuen zu erfassen, die überdurchschnittlich vielen gesellschaftlichen Risikofaktoren ausgesetzt sind („individuals at risk") hat zentralen Anteil in der aktuellen Resilienzdebatte (Luthar und Cicchetti 2000). Hierunter zählen nicht nur mangelnde Schulbildung, sondern auch Kinderarmut, ethnische Ausgrenzung, zerrüttete Elternhäuser und psychische Krankheiten. Umgekehrt könnten integrations-, bildungs-, gesundheits- und sozialpolitische Maßnahmen, die auf individuelle Resilienzförderung abzielen, als Schutzfaktoren gewertet werden. Im Fokus dieser Diskussion steht aktuell vor allem die Resilienzförderung von Kindern und Jugendlichen in den entsprechenden Bildungseinrichtungen (Zander 2011). Ein anderer Diskurs, der hinsichtlich der sozialen Krisenfähigkeit von Gesellschaften relevant ist, befasst sich mit der gesamtgesellschaftlichen Gesundheitsentwicklung. Hintergrund ist der oben skizzierte Krisentrend einer global seit den 1980er Jahren diagnostizierten Zunahme psychischer Erkrankungen. Dieser Trend geht wiederum auf veränderte soziale Rahmenbedingungen zurück, wie z. B. globaler Konkurrenzdruck und infolgedessen Arbeitsplatzunsicherheit, Leistungs- und Konkurrenzdruck, Reduzierung tragfähiger sozialer Beziehungen, auch im Zuge beruflicher Mobilität (hierzu z. B. Galuska 2011). Eine resiliente Gesellschaft zeichnet sich demnach auch durch ein präventives, resilienzförderndes Gesundheitswesen aus.[10]

- *Wirtschaft:* Im Zusammenhang mit der wirtschaftlichen Dimension berücksichtigen die Studien des Pestel-Instituts und der ÖAR Regionalberatung beide die Verschuldungsquote des untersuchten Standorts (Pestel-Institut 2010; Lukesch et al. 2010). In ähnlicher Weise betont die Grosvenor-Studie auf der Ebene von Städten den Zugang zu Finanzmitteln als maßgeblichen ökonomischen Resilienzfaktor (Grosvenor 2014). Auf der Ebene von Gesellschaften betont Rüdiger Wink, dass Finanzierungsformen (z. B. für Investitionen in Innovationsprojekte), die sich auf dem ohnehin krisenanfälligen globalen Finanzmarkt stützen, zu einer entsprechend hohen Verwundbarkeit führen (Wink 2014). Radikalere Vertreter diskutieren wirtschaftliche Resilienz sogar als „Abkopplung" („Decoupling") der Regionen von den Entwicklungen der krisenanfälligen Weltwirtschaft – die Abkopplungstheorie bleibt aber zu Recht umstritten.[11] Darüber hinaus führt die ÖAR-Studie Indikatoren über die Innovationskraft der Bevölkerung an, wie z. B. die Durchmischung der Betriebe und den Anteil der kreativen Klasse an der Erwerbsbevölkerung (Lukesch et al. 2010). Dabei fällt auf, dass ökonomische Resilienz anhand von Kriterien definiert wird, die sich vor allem auch dem Leitbild der „entwickelten Gesellschaft" zuschreiben lassen. Hierzu gehören auch wettbewerbsrelevante Indikatoren, wie z. B. die Wertschöpfung und Investitionsquote, das Haushaltseinkommen sowie die Kaufkraft pro Kopf (Lukesch et al. 2010). Demgegenüber betont die Analyse des Pestel-Instituts stärker den Aspekt der Dezentralität und der Autarkie.

---

[10]Eine nicht unumstrittene, aber durchaus diskussionswürdige Vision entwirft der Zukunftsforscher Erik Händeler, der in einem Gesundheitswesen, das auf den Säulen „Prävention", „Selbstverantwortung" und „Innovation" basiert, den Weg in eine resilientere und zukunftsfähigere Gesellschaft sieht (direkt übernommen von Wellensiek 2011, S. 42–51).

[11]Im Zentrum steht dabei die Frage, ob die aufstrebenden Volkswirtschaften der Schwellenländer, insbesondere der BRIC-Staaten (Russland, Brasilien, China und Indien), sich in Zukunft von der Entwicklung der Weltwirtschaft teilweise abkoppeln können. Demgegenüber steht die Antithese, dass die Volkswirtschaften zu stark miteinander verflochten seien, als dass sich einzelne Regionen von der Weltwirtschaft unabhängig machen könnten (Peña und Giné 2009).

Hierunter zählen z. B. der Anteil der Beschäftigten vor Ort, die nicht über die Regionsgrenze hinauspendeln sowie die Industriebeschäftigtenquote (beide sollten möglichst niedrig sein). Mit Letzterem ist gemeint, dass ein hoher Industrieabsatz im Aufschwung zwar positive Effekte habe, aber im Umkehrschluss stark industrialisierte Regionen von Krisenzeiten und Schwankungen auf dem Weltmarkt viel stärker betroffen seien (Pestel Institut 2010). Eine neuere Studie von Rüdiger Wink führt darüber hinaus die Diversität der Branchen als wesentliches Strukturmerkmal für wirtschaftliche Krisenfestigkeit (Wink et al. 2016). Insgesamt wird wieder die sehr unterschiedliche Kontextualisierbarkeit des Resilienzbegriffs deutlich, welche im Zusammenhang mit ökonomischer Widerstandskraft sowohl im Sinne von Wirtschafts- und Finanzierungsstärke, geringe Verschuldung und relative Robustheit gegenüber den Schwankungen des globalen Finanzsystems, hohe Innovationsfähigkeit, Wettbewerbsfähigkeit und wirtschaftliche Diversität gedeutet werden kann.

- *Umwelt:* Übereinstimmend mit der Nachhaltigkeitsdiskussion nimmt hinsichtlich der ökologischen Resilienz von Gesellschaften in aller Regel die Unabhängigkeit von Energie- und Ressourcenimporten eine besondere Bedeutung bei. Neben der Selbstversorgungsfähigkeit über erneuerbare Energien werden in den Studien der Triple Pundit (Cohen 2011) und der ÖAR Regionalberatung (Lukesch et al. 2010) die Treibhausgasemissionen berücksichtigt. Letztere führt auch Kriterien wie die Risikoexposition vor Naturkatastrophen an. Analog hierzu berücksichtigt das Pestel-Institut die (Wald-)Flächennutzung je Einwohner. Je größer die Waldflächen, desto geringer ist die Exposition gegenüber sommerlichen Extremwetterlagen, und desto unabhängiger ist die Region von Energieroh- und Baustoffen, und desto eigenständiger ist sie darin, Haus- und Infrastrukturbauten einzurichten. Explizit führt die Studie die Berücksichtigung der Landwirtschaftsfläche pro Kopf und den Anteil des ökologischen Anbaus als Indikator an (Pestel-Institut 2010).
- *Infrastruktur (materiell/virtuell):* Dem Schutz kritischer Infrastrukturen, wie der Wasser-, Internet-, Energieversorgung und Mobilität kommt im Resilienzdiskurs eine besondere Bedeutung zu. Wie kommt die untersuchte Gesellschaft mit einem länger andauernden und großflächigen Stromausfall zurecht? Könnte die Versorgung der Bevölkerung mit (lebens-)notwendigen Gütern sichergestellt werden? Diese und andere Fragen stehen im Fokus einer resilienten Infrastruktur. Der Fokus der ÖAR Regionalberatung und des Pestel-Instituts liegt unter anderem darin, das Ausmaß des „Mobilitätszwangs" der Bevölkerung zu untersuchen. So gilt z. B. für die Studie des Pestel-Instituts ein geringer Anteil an überregionaler Mobilität (z. B. des Berufspendelns) und ein geringer Anteil an Individualverkehrsmitteln (die wiederum mit einer

großen Abhängigkeit von Erdöl-Importen verbunden ist) als resilienzfördernd für den untersuchten Standort (Pestel-Institut 2010). Diese Kriterien gelten beispielhaft für eine sich dezentral und divers ausrichtende resiliente Stadtentwicklung. Als Leitprinzip eines dezentralen Städtedesigns gilt, dass die Funktionsfähigkeit des Gesamtsystems auch dann aufrechterhalten werden kann, wenn einzelne Teile vorübergehend ausfallen (Godschalk 2002). Angesichts zunehmender Digitalisierung und der steigenden Wahrscheinlichkeit von Cyberkrisen nimmt der Schutz virtueller Infrastrukturen an Bedeutung zu. Vor diesem Hintergrund interessieren digitale Kontrollsysteme, die sich gegenüber Störungen und Hackerangriffen als resilient erweisen sowie Backupsysteme, die eine mehrfache Absicherung vor Informationsverlust ermöglichen sollen (hierzu z. B. Petermann et al. 2010).

- *Vorsorgeleistungen:* Ein im Resilienzdiskurs zunehmend relevantes Thema, das in allen vier Studien jedoch nicht berücksichtigt wird, befasst sich mit der Vorsorgeleistung von Haushalten und Gemeinschaften zur möglichst autarken Überlebenssicherung. Aus dieser Perspektive spricht ein hoher Anteil an „Prepper"-Haushalten auch für eine resilientere Gesellschaft, zumindest in Bezug auf äußere Extremereignisse. Aufschlussreiche Indikatoren wären z. B. Anzahl und Erreichbarkeit von Bunkern (hier gilt z. B. die Schweiz weltweit als Vorreiter) sowie die durchschnittliche Dauer, die ein Haushalt ohne Versorgung von außen überleben könnte. So empfiehlt das Bundesamt für Bevölkerungsschutz und Katastrophenhilfe (BBK) deutschen Haushalten eine Vorratshaltung, die eine Selbstversorgung von mindestens 10 Tagen ermöglicht. Eine Checkliste findet sich auf der Website der BBK[12].
- *Kollektiver Resilienzgeist:* Eine weitere relevante Resilienzdimension, die aktuell wenig erschlossen und indikatorentechnisch (noch) kaum messbar ist, befasst sich mit der kollektiv-psychologischen Widerstandsfähigkeit einer Gesellschaft. Sie müsste mindestens etwa vier Aspekte erfassen. Erstens müsste sie das kollektive „Durchhaltevermögen" einer Bevölkerung angesichts von Krisen erfassen. Dies dürfte sich in vielerlei Hinsicht derzeit als kaum möglich erweisen. So haben nicht alle Gesellschaften hinsichtlich Bedrohungsgrad und Krisentypus dieselben Krisenerfahrungen, was Rückschlüsse und einen Vergleich der kollektiven Krisenmentalität Japans und der Schweiz erschwert. Außerdem scheinen sich von Kultur zu Kultur Krisenmentalitäten qualitativ sehr unterschiedlich auszuprägen – so z. B. betont

---

[12]https://www.bbk.bund.de/DE/Ratgeber/VorsorgefuerdenKat-fall/VorsorgefuerdenKat-fall.html

das japanische Leitmotiv des „Ganbaru" eine andere Resilienzfacette als das thailändische „Mai pen rai". Ein weiterer bereits erwähnter Aspekt wäre die soziale Konstruktion von Resilienz, sprich: Wie wird die eigene Widerstandsfähigkeit und Verwundbarkeit kollektiv und individuell wahrgenommen. Nimmt sich eine Gesellschaft als übermäßig bedroht und verwundbar wahr oder nicht? Wie geht sie infolge dieser Wahrnehmung mit Bedrohungen um: Sieht sie sich als Krisenverlierer oder möglicherweise als Krisengewinner? Auf diesen, indikatorentechnisch nicht zu erfassenden Aspekt, weist das IRS Leibniz Institut hin (Christmann et al. 2010). Ein weiteres, viertes Kriterium eines kollektiven Resilienzgeists würde den Blick auf die Spiritualitätspraxis, Mediationspraxis und Psychohygiene richten, quasi als Präventivkriterien angesichts des allgemeinen Trendanstiegs psychischer Erkrankungen, aber auch als kollektive Kompetenz der Bewältigung von Traumata. Obgleich sich all diese Aspekte nicht adäquat quantifizieren lassen, dürfte es nicht bedeuten, dass es gar keine Indikatoren gibt, um den weichen Aspekt kollektiver Resilienz zu erfassen. So finden sich beispielsweise in der Glücksforschung Kriterien, um psychische „Durchhaltefähigkeit" oder sozialen Zusammenhalts zu erfassen. Beispielhaft sei der Index der National Accounts of Well-Being erwähnt, der explizit von einem ländervergleichenden Indikator „Resilience and Self-esteem" ausgeht (Michaelson et al. 2009). Allerdings besteht, hier noch weiterführender Forschungsbedarf, da Glücksbegriffe und Wahrnehmungen über den westlichen Raum hinaus teilweise sehr stark abzuweichen scheinen.[13] Anhaltspunkte für einen weiteren Resilienzaspekt, nämlich der „Lern-, Innovations- und Adaptionsfähigkeit", finden sich im an anderer Stelle behandelten Kriterium der „kreativen Klasse", die ihrerseits als Indikator für das Innovationsvermögen einer Gesellschaft gilt. Für alle vier oben genannten Aspekte des Resilienzgeists besteht insgesamt nicht nur die Herausforderung der schwierigen Erfassbarkeit und Handhabbarkeit durch qualitative Forschung, sondern auch in seinen sehr unterschiedlichen kulturellen Ausprägungsformen. Dies erschwert verallgemeinerbare und gesellschaftsvergleichende Aussagen zusätzlich. So unterscheidet sich

---

[13]So zeichnen sich – wie an anderer Stelle noch zu erwähnen – Japan und Korea trotz hoher sozialökonomischer Entwicklung durch die höchsten Selbstmordraten aus und in den Umfragen zum subjektiven Wohlbefinden geben die Bevölkerungen tendenziell oft an, unglücklich zu sein. Hier deuten sich aktuell die kulturellen Grenzen der ländervergleichenden Glücksforschung an, da offensichtlich sehr unterschiedliche Wahrnehmungen und Begriffe zum Thema „Wohlbefinden" und „Glück" vorzuherrschen scheinen.

## 2.3 Lässt sich die Resilienz einer Gesellschaft messen?

z. B. der auf hoher Selbstdisziplin, gepaart mit einer kollektivistischen Wertstruktur und auf eklektischer buddhistisch-shintoistischer Religionskultur basierende Resilienzgeist der japanischen Bevölkerung beträchtlich vom US-amerikanischen Resilienz-Geist, der sich unter anderem durch individuelle (teilweise auch kleingemeinschaftliche) Vorsorge und Misstrauen gegenüber dem Staat und einer überwiegend individualistischen Wertstruktur und christlich-protestantisch geprägter Religionskultur auszeichnet. Diese sich unterschiedlich ausprägenden Resilienzprofile lassen sich nach heutigem Stand nicht angemessen mit Indikatoren erfassen. Eine grobe (wenn auch unausreichende) Annäherung ergibt sich über die individuell-psychische (z. B. den Resilienzquotienten oder Meditationspraxis/Kopf) und die soziale Dimension (z. B. sozialer Zusammenhalt).

Ein Bewertungsschema, das gesellschaftliche Resilienz möglichst umfassend und als Antwort auf möglichst viele Krisentypen erfassen will, wird an den oben skizzierten Dimensionen kaum vorbeikommen. Sie müssten im Wesentlichen folgende Kriterien beinhalten (Tab. 2.1):

Das hier skizzierte Modell fasst die wesentlichen (quantifizierbaren) Kriterien zusammen, die für eine allgemeine Resilienz – also eine Resilienz, die auf einer Vielzahl unterschiedlicher Krisen anwendbar ist – relevant ist. Doch wie bereits erwähnt, lassen sich nicht alle Kriterien in passende Indikatoren übersetzen. Somit lässt sich auch die Frage, welche Gesellschaft im Rahmen der hier gezeichneten Kriterien weltweit die resilienteste ist, nicht beantworten. Gemessen an den hier dargestellten Kriterien wäre anzunehmen, dass die Schweiz und die skandinavischen Gesellschaften die höchsten Werte haben dürften. Doch angesichts der beträchtlichen Unterschiede zwischen den Gesellschaften, z. B. hinsichtlich ihrer Exposition gegenüber bestimmten Krisen oder ihrer kollektiven Wahrnehmung von Bedrohung, ist ein Vergleich ihrer allgemeinen Resilienz nicht möglich. Darüber hinaus erweisen sich die hier genannten Kriterien zwar gegenüber mehreren existenziellen Risiken – wie z. B. dem atomaren Holocaust – jedoch nicht gegenüber allen. Dies gilt insbesondere für die derzeit noch nicht so wahrscheinlichen, aber in Zukunft mit Abstand bedrohlichsten, Krisen eines „Grey Goo" oder einer fehlgeleiteten Superintelligenz. Diese Krisenszenarien dürften sich mit Resilienz alleine nicht adäquat beantworten lassen (Bostrom 2017), sondern bedürfen entsprechender Impulse von den Leitbildern der entwickelten und der nachhaltigen Gesellschaft. Hierauf wird in späteren Kapiteln einzugehen sein.

**Tab. 2.1** Typische Indikatoren zur Erfassung resilienter Gesellschaften

| Resilienzdimensionen | Ausgewählte quantifizierbare Einzelkriterien |
|---|---|
| Psychisch | • Psychische Resilienz (Resilienzquotient)<br>• Meditationspraxis |
| Soziales | • Volksgesundheit<br>• Anzahl der „Individuals at risk" (inklusive junge Schulabbrecher, Kinderarmut etc.)<br>• Sozialer Zusammenhalt (inklusive Ehrenamtlichkeit)<br>• Vertrauen (zwischenmenschlich und in Institutionen) |
| Wirtschaft | • Diversität der Wirtschaft<br>• Sparquote Verschuldung<br>• Goldreserven |
| Umwelt | • Güte (Boden, Luft, Wasser)<br>• Erneuerbare Energien<br>• Erneuerbare Wasserressourcen<br>• verfügbare Waldflächen<br>• Ökologische Landwirtschaft<br>• Flächenverbrauch/verfügbare Waldflächen pro Kopf<br>• Selbstversorgungsfähigkeit durch Landwirtschaft/ökologischer Anbau |
| Infrastruktur | • Anzahl der Tage, an denen die zentrale Versorgungsleistung nach einem Strom-/Systemausfall wiederhergestellt werden kann<br>• Störungsanfälligkeit kritischer Infrastrukturen und digitaler/automatisierter Kontrollsysteme<br>• Cybersicherheit (Schutz vor Hacker-Angriffen und anderen Störungen aus dem Internet)<br>• Ausbau des öffentlichen Nah- und Personenverkehrs (Abhängigkeit von Individualverkehr)<br>• Abhängigkeit von überregionaler Mobilität |
| Vorsorgeleistungen | • Bunker: Verfügbare Anzahl und Erreichbarkeit von Bunkern pro Haushalt<br>• Vorsorge: Anzahl der Tage, die ein Haushalt durchschnittlich ohne Versorgung von außen überleben kann |

Des Weiteren dürfte auf näheren Blick hin auffallen, dass sich das Modell hinsichtlich des Anspruchs, eine Orientierungsgrundlage für die allgemeine Resilienz einer Gesellschaft zu liefern, immer noch als relativ beschränkt erweist. Zwar nimmt das Modell Bezug auf die wesentlichsten oben dargestellten Krisentrends. Doch zeichnet sich die Krisenvielfalt im 21. Jahrhundert vor allem durch einen unberechenbaren Wandel aus. Resiliente Gesellschaften sind daher auf einer viel grundlegenderen Ebene angehalten, ihre kollektive Fähigkeit zu entwickeln, mit völlig unvorhergesehenen und unüberschaubaren Situationen umzugehen. Erst auf dieser Ebene dürfte sich eine kollektive Kompetenz erschließen, die auf eine maximale Krisenvielfalt (auch Krisen, die hier noch nicht genannt sind) anwendbar ist. Diese Überlegungen werden in späteren Kapiteln zu vertiefen sein. Zuvor wird noch ein Überblick über den praktischen Resilienzdiskurs gegeben.

## 2.4 Zwei praktische Annäherungen an die resiliente Gesellschaft

Der praktische Resilienzdiskurs wird von zwei Denkrichtungen bestimmt, die von unterschiedlichen Akteuren bestimmt und von einem unterschiedlichen Resilienzverständnis geprägt sind:

- *„Krisenmanagement"*, basierend auf dem Sicherheitsdiskurs und einem eher statisch-stabilitätsorientierten Resilienzbegriff der „Beständigkeit";
- *„Krisentransformation";* basierend auf dem innovationsorientierten Zukunftsdiskurs und einem eher dynamisch-evolutionären Resilienzbegriff der „beständigen Unbeständigkeit".

### 2.4.1 Krisenmanagement

Der Ansatz des Krisen- bzw. Katastrophenmanagements ist vom Resilienzverständnis einer *„Aufrechterhaltung der Funktionsfähigkeit"*, geprägt. Die Ursprünge dieses Konzepts liegen im Sicherheitsdiskurs und der übergeordneten Disziplin „Disaster Risk Management". Das Konzept reicht also bis in die 1970er Jahre zurück und prägt bis heute einen Großteil der gegenwärtigen Literatur zum Thema „resiliente Gesellschaften". Die vergleichsweise hohe öffentliche Aufmerksamkeit dieses Diskursstrangs besteht in einem zunehmenden Bewusstsein der Politik über die hohe Verwundbarkeit moderner, arbeitsteiliger und hochtechnisierter Gesellschaften und der daraus abgeleiteten Notwendigkeit so genannte „kritische Infrastrukturen" zu schützen.

Zu den „kritischen Infrastrukturen" zählen unter anderem Informationstechnik und Telekommunikation, Gesundheitswesen, Energieversorgung, Wasserversorgung, Verkehr und Transport oder das Gesundheitswesen. Sie versorgen die Bevölkerung durch ein eng verflochtenes und hochtechnisiertes Netzwerk mit (lebens-)notwendigen Gütern und Dienstleistungen, das aber aufgrund seiner internen Komplexität und Interdependenz hochgradig verletzbar ist. Die Beeinträchtigung oder sogar der Ausfall kritischer Infrastrukturen haben weitreichende Folgen für das gesamtgesellschaftliche System, wie terroristische Anschläge, Naturkatastrophen oder besonders schwere Unglücksfälle, die die letzten Jahrzehnte immer wieder offenkundig gemacht haben. Einen besonderen Schwerpunkt der Studien nehmen vor allem die Folgen langandauernder und großflächiger Stromausfälle ein. Folgenanalysen, wie z. B. für die Bundesrepublik „haben gezeigt, dass bereits nach wenigen Tagen im betroffenen Gebiet die flächendeckende und bedarfsgerechte Versorgung der Bevölkerung mit (lebens-)notwendigen Gütern und Dienstleistungen nicht mehr sicherzustellen ist. […] Träte dieser Fall […] ein, kämen die dadurch ausgelösten Folgen einer nationalen Katastrophe gleich. Diese wäre selbst durch eine Mobilisierung aller internen und externen Kräfte und Ressourcen nicht ‚beherrschbar', allenfalls zu mildern" (Petermann et al. 2010, S. 237).

Der Schutz kritischer Infrastrukturen ist mit vielfältigen weiteren Feldern verknüpft, also nicht nur die Stadt- und Verkehrsplanung, politische Krisenfelder, wie z. B. Terrorismus, sondern auch im Zuge zunehmender Digitalisierung und Automatisierung von Kontrollsystemen (z. B. in Verkehrsleitsystemen, Industriebetrieben, Kraftwerken, bis hin zu Automobilen und Smart Metern im Haushalt) die Cybersicherheit. Die Diskussion um den Schutz kritischer Infrastrukturen betrifft zunehmend auch den an anderer Stelle erwähnten Aspekt der Cybersicherheit, also den Schutz des virtuellen Raums im Allgemeinen und digitaler Kontrollsysteme vor Hacker-Angriffen und Störungsanfälligkeiten im Besonderen. Die Bedeutung des virtuellen Raums besteht vor allem darin, dass sie heute bereits Nebenschauplatz in jedem politischen, militärischen und wirtschaftlichen Konflikt ist und Gegenstand von Spionage auf höchster Ebene sowie kriminellen Machenschaften mit teilweise beträchtlichen finanziellen Schäden. Im Mittelpunkt der Cyber Security-Diskussion stehen mindestens zwei Spannungsfelder zwischen den Akteursgruppen Staat, Wirtschaft und Gesellschaft, in denen die Cybersicherheitspolitik zwischen Sicherheits- und Freiheitsinteressen positioniert werden muss: Im Spannungsfeld zwischen Staat und Wirtschaft geht es einerseits um Sicherung des Cyberraums und der davon abhängigen privaten notwendigen Organisationen, Dienstleistungen etc., ohne zugleich die positiven Effekte der Liberalisierung, Globalisierung und Privatisierung durch zu viel Regulierung zu verhindern. Andererseits geht es im Spannungsfeld zwischen Staat und Bürger um die richtige Balance im digitalen Raum zwischen Sicherheit (inklusive polizeilich und geheimdienstlich

## 2.4 Zwei praktische Annäherungen an die resiliente Gesellschaft

geforderter Befugnisse) und Freiheit (inklusive Bürgerrechten, vor allem dem Grundrecht auf Anonymität im Netz sowie informationelle Selbstbestimmung). Cybersicherheit hat in den letzten Jahren an Bedeutung zugenommen. Beispielhaft sei hier die in Großbritannien durchgeführte Operation „Waking Shark" erwähnt, um Cyberangriffe auf den Finanzsektor zu simulieren und sich damit gegen solche Vorfälle zu wappnen (Wilson 2013).

Daneben dominiert im Katastrophenmanagementdiskurs vor allem der Schutz nicht-virtueller technologiebetriebener Infrastrukturen von Großstädten, z. B. durch erdbebensichere Architekturen, störungsresistente Strom- und Telekommunikationsnetze und Wärmeversorgung. In aller Regel wird die Strategieentwicklung meistens von Maßnahmen dominiert, die „von oben" zu beschließen sind – sei es in der nationalen Politik (jeweilige Nationalregierungen) oder in der internationalen Politik (z. B. der United Nations International Strategy for Disaster Reduction [UNISDR] oder der United Nations Development Programme [UNDP]). Seit einigen Jahren setzt sich immer stärker die Einsicht durch, Notfallplanungen partizipativer auszurichten und damit Unternehmen und Bürgergruppen „von unten" aktiv handelnd miteinzubeziehen. In Anlehnung an bestehende Forschungen zu den so genannten „Resilienzgemeinschaften" wird aktuell besonders der Aspekt der Bürgerbeteiligung diskutiert. Diese Gemeinschaften wären, so der Politikwissenschaftler Claus Leggewie, „nicht zufällig dort zu verzeichnen, wo Erdbeben, Taifune und andere extreme Ereignisse besonders häufig vorkommen, während die Selbstorganisationsquote in Gesellschaften, die Risiken in hohem Maße delegieren und formalen Organisationen und Versicherungen die Vorsorge überantworten, vergleichsweise gering ist (Leggewie 2017)". An dieser Stelle zeigt der Historiker und Experte in der Erforschung von „Katastrophenkulturen", Greg Bankoff, am Beispiel der Philippinen, wie Einwohner ihre Architektur weiterentwickeln und Konzepte informeller Selbst- und Nachbarschaftshilfe etabliert haben (Bankoff et al. 2009). Laut Leggewie mögen diese Beispiele „demonstrieren, wie man mit einem aktiven Risikomanagement effizient auf die gewachsene Verwundbarkeit moderner Gesellschaften reagieren kann – und dabei vom ‚Süden' der Welt lernt (Leggewie 2017)".

Im internationalen Diskurs dominieren vor allem Beiträge aus dem angelsächsischen Raum, wie z. B. der Foundation for resilient societies (USA)[14], dem World Institute for Disaster Risk Management (USA)[15], der Loughborough

---

[14] http://www.resilientsocieties.org/
[15] http://www.drmonline.net/

Universität (Großbritannien)[16], und aus Asien. Seit 2005 wurden in den USA und in Großbritannien zahlreiche Initiativen lanciert. Beispielsweise wurden in Großbritannien zur Förderung des Informationsaustausches und zum Aufbau von Partnerschaften zahlreiche Informationsgrundlagen zu Themen wie Krisen- und Katastrophenvorbereitung, Notfallplanung oder business continuity erarbeitet und der Öffentlichkeit auf einer spezifischen Webseite zur Verfügung gestellt.[17] Zudem wurden in Großbritannien so genannte Regional Resilience Teams aufgebaut, um eine effektivere Koordinierung der lokalen Notfallvorsorge zu gewährleisten (CSS 2009). In den USA entwickelte, als Konsequenz aus den Erfahrungen mit dem Hurricane Katrina, das Department of Homeland Security (DHS) einen all-hazards-approach, bei dem die Erhöhung der Resilienz – und nicht etwa verstärkte Schutzmaßnahmen – die oberste Priorität einnehmen sollte. Ähnlich wie in Großbritannien wurde eine Website eingerichtet, welche sich mit Katastrophenvorsorge und Krisenbewältigung beschäftigt.[18] Weitere Maßnahmen sind unter anderem Schulungen von der Federal Emergency Management Agency (FEMA[19]) zur Schaffung hoch resilienter Gemeinden sowie die Einrichtung einer Community Preparedness Division, die sich mit der Rolle von Individuen bei der Bewältigung von Katastrophen beschäftigt. Der Aspekt der individuellen Vorsorge (Preparedness) hat insbesondere in den USA eine lange Tradition, die bis in die kritischen 1950er und 1960er Jahre des Kalten Krieges hineinreicht und seit den Terroranschlägen des 11. Septembers und dem Wüten des Hurricanes Katrina wieder in den Vordergrund gerückt ist.

Aus dem asiatischen Raum zeigen Beispiele, wie z. B. der japanische Social Resilience Report 2010, dass nicht ausschließlich Katastrophenvorsorge, sondern auch sozialökonomische Krisenvorsorge – als direkte Reaktion auf die Weltwirtschaftskrise – mitberücksichtigt werden.[20] Japan wird generell (vor allem aufgrund seiner Anfälligkeit gegenüber Naturkatastrophen bei gleichzeitig hohem sozialökonomischen und technologischen Know-how) als besondere Inspirationsquelle angesehen. Das Land zeichnet sich einerseits durch hohe Erfahrungswerte

---

[16]http://www.lboro.ac.uk/service/publicity/news-releases/2012/72_resilience.html
[17]https://www.gov.uk/government/policies/improving-the-uks-ability-to-absorb-respond-to-and-recover-from-emergencies
[18]http://www.ready.gov/
[19]https://www.fema.gov/
[20]Beispielsweise der Report des in Asien durchgeführten Social Resilience Project 2010, als Reaktion auf die Weltwirtschaftskrise (PECC und JANCPEC 2010).

## 2.4 Zwei praktische Annäherungen an die resiliente Gesellschaft

in der Entwicklung von Vorbeugeprogrammen, breit angelegten Schulungsmaßnahmen und Technologien zur Schadensminderung aus; andererseits aber auch durch Kulturtechniken, die in der Bevölkerung einen Resilienzgeist im Sinn von „Leidensfähigkeit" und hoher Disziplin fördern (ich erwähnte bereits an dieser Stelle die „Ganbaru"-Mentalität[21]). Demgegenüber gewinnt die eher auf individuellen Werten und von großem Misstrauen gegenüber dem Staat, (paradoxerweise) zugleich zunehmend vom Staat geförderte „Prepper"-Szene aus den USA und in Europa zunehmend an Einfluss (Duclos 2012).

### 2.4.2 Krisentransformation

Dieses relativ neue Konzept legt ihren Schwerpunkt nicht auf „Risikominimierung" und „Katastrophenmanagement" (Abschn. 2.4.1), sondern auf evolutionäre „Risikoanpassung" und „Katastrophentransformation". Im Vordergrund steht hier, Faktoren sozialen und technologischen Wandels zu untersuchen, welche die Gesellschaft befähigen, im Einklang mit einem sich schnell wandelnden Umfeld zu ko-existieren. Im Zentrum steht daher also weniger die Frage, wie sich kritische Infrastrukturen in einer ansonsten in ihrer bisherigen Form beizubehaltenden modernen Gesellschaft schützen oder robuster gestalten lassen. Vielmehr geht es um die Frage, wie sich die Gesellschaft als solche verändern und beschaffen sein müsse, um oben beschriebenen globalen Herausforderungen robuster gegenüberzutreten und sogar gestärkt aus ihnen hervorgehen zu können. Wesentlich ist dabei ein Denken, das hilft, Komplexität zu erfassen und soziale Innovationen zu begünstigen.

Das Konzept der Krisentransformation ist von einem dynamisch-evolutionären „Resilienz"-Begriff, der den Aspekt der Anpassung und im weitesten Sinne des evolutionären ständigen Wandels betont. Im Sinne des oben beschriebenen Begriffs „Resilienz 2.0" geht es weniger darum, Krisen durchzuhalten oder sich vor ihnen zu „schützen" (wie es beim Krisenmanagement der Fall ist), sondern das betroffene System so zu gestalten, dass es Krisen zulassen, abfedern aus ihnen lernen und sich aus ihnen entwickeln kann. Dieses Prinzip hat in unterschiedlichen theoretischen und praktischen Disziplinen, mit Bezug auf die ursprüngliche Bedeutung des Krisenbegriffs an Bedeutung gewonnen (Krise = Wendepunkt bzw.

---

[21]Eine tiefergehende Beschreibung kollektiver Krisenbewältigungsmechanismen in Japan findet sich in einer anderen Publikation von mir (Fathi 2019a).

Entscheidung). Die aus dieser Grundidee resultierende Kernthese lautet sinngemäß in den Worten des Wissenschaftsphilosophen Sir Karl Popper: „Alles Leben ist Problemlösen". Mit anderen Worten: jeder Entwicklung – von der individuellen Erkenntnisgewinnung bis hin zur kollektiven Evolution – liegt demnach ein Prozess des „Lernens aus Problemen" und daraus resultierender Weiterentwicklung von Krisenbewältigung zugrunde (Popper 2004).

Ideologische Vorläufer der Krisentransformation finden sich bereits Mitte des 20. Jahrhunderts, mit Schwerpunkt auf gesellschaftliche Bewältigung sozialer und politischer Konflikte.[22] Unter den bekanntesten Ansätzen gehören z. B. der Ansatz der „offenen Gesellschaft" von Karl Popper (2003) oder die Konfliktsoziologie nach Dahrendorf (1961). Poppers Leitkonzept einer „offenen Gesellschaft" hat das Ziel, „die kritischen Fähigkeiten des Menschen" gewaltfrei freizusetzen. Seine Vorstellung ist eng mit der Staatsform der Demokratie verbunden, wenn auch nicht im ursprünglichen Sinne verstanden als „Herrschaft der Mehrheit", sondern als die Möglichkeit, die Regierung gewaltfrei abzuwählen (Popper 2003). Vor allem aber Dahrendorfs Beitrag legte den Grundstein für das heutige Verständnis von Konflikten und Krisen in der modernen Konfliktforschung, welches sich indirekt wiederum im oben beschriebenen Resilienzkonzept der Krisentransformation wiederfindet. Demnach lassen sich soziale Konflikte und Krisen als unvermeidbare Ereignisse, aber nicht per se als Bedrohungen verstehen. Vielmehr sind sie zentrales Element des gesellschaftlichen Zusammenlebens, ja sogar Triebkraft des sozialen Wandels. Unter der Prämisse, dass sich Konflikte ohnehin nicht vermeiden lassen, zeichnet sich eine friedliche Gesellschaft nicht durch Abwesenheit von Konflikten, sondern durch ihre Konfliktfähigkeit aus. Konfliktfähigkeit bedeutet, die Konfliktaustragung in gewaltfreie Bahnen zu lenken, Widersprüche auszuhalten, sie sogar dialektisch zu überwinden und sich als Gesellschaft weiterzuentwickeln. Als einer der Gründervater der Friedensforschung im Allgemeinen gilt Johan Galtung. Er betont, dass bei der nachhaltigen und möglichst optimalen Konfliktlösung (sprich: der Konflikttransformation) der Schlüsselkompetenz der Empathie und der Kreativität eine besondere Bedeutung zukommt. „Empathie" bedeutet hier die Fähigkeit, durch offene und aufrichtige Kommunikation, die tieferliegenden Bedürfnisse (um die es im Konflikt eigentlich geht und die meist gar nicht bekannt sind) aller

---

[22] „Konflikt" stammt aus dem Lateinischen („configere") und bedeutet ursprünglich „Zusammenprall". Die heute am weitesten verbreitete Definition des „sozialen Konflikts" lautet sinngemäß: „Ein Zusammenstoß zwischen zwei oder mehreren Parteien, die unterschiedliche Interessen und daraus resultierende Handlungstendenzen verfolgen."

## 2.4 Zwei praktische Annäherungen an die resiliente Gesellschaft

beteiligten Konfliktparteien zu erfassen. Darauf aufbauend, bedeutet „Kreativität" die Fähigkeit „das Neue zu denken" und damit aus ursprünglich unvereinbaren Gegensätzen neue Lösungen zu kreieren, die optimaler die Bedürfnisse aller Parteien abdecken.[23] Ein Königsweg gesellschaftlicher Konflikt- und im weitesten Sinne Krisenfähigkeit besteht in der Gestaltung gelingender Kommunikation. Erst im breiten Austausch von Experten und Innovatoren aus unterschiedlichen Bereichen und in der gezielten Förderung nachhaltig angelegter Initiativen und technologiegestützter Wissensvernetzung können Probleme frühzeitig erkannt, deeskaliert und innovative Lösungen entwickelt werden. Wie wir noch sehen werden, ist für die Praxis gesellschaftlicher Resilienzförderung gesellschaftssektorübergreifende Kommunikation ein universeller Pfeiler zum Bewältigen unterschiedlicher Krisentypen.

Typische Organisationen, die das hier beschriebene Konzept der Krisentransformation umzusetzen versuchen und gezielt sektorübergreifende Wissensvernetzung fördern, reichen vom US-amerikanischen Innovatoren-Netzwerk PopTech[24] bis hin zum akademischen Stockholm Resilience Centre (2013).[25] Ziel der Krisentransformation ist vor allem das Entwickeln sozialer und kultureller Innovationen hin zu einer dezentralen Versorgungsstruktur. Konkret geht es darum, Regionen zu entwickeln, die weitest möglich unabhängig sind und sich selbst versorgen, und „von unten" einen systemischen Wandel hin zu einer resilienten Gesamtgesellschaft anstoßen. Akteure dieser Bewegung sind zivilgesellschaftliche Initiativen, die Kulturtechniken des regionalen Wirtschaftens, dezentraler Energiegewinnung und der Selbstversorgung gezielt fördern. Repräsentativ für solche Gemeinden stehen die bereits im „Nachhaltige Gesellschaften"-Diskurs erwähnten Initiativen, wie die ursprünglich aus England stammende „Transition Town"-Bewegung oder die österreichische „zämma leaba"[26]. Hier findet sich eine wesentliche Überschneidung mit dem Ansatz der „Post-Wachstumsökonomie" im unten noch näher darzustellenden Nachhaltigkeitsdiskurs.

Zusammenfassend lassen sich alle drei dominanten Diskursstränge zur resilienten Gesellschaft wie folgt einander gegenüberstellen (Tab. 2.2):

---

[23]Eine gute Einstiegslektüre zu alldem findet sich unter Galtung (1998).
[24]http://poptech.org/the_city_resilient
[25]http://www.stockholmresilience.org/
[26]http://goetzis.at/gesundheit-soziales/zaemma-leaba

**Tab. 2.2** Alle drei Diskursstränge im Resilienzdiskurs auf einem Blick

| Diskursstrang<br>Kriterien | Krisenmanagement | Krisentransformation |
|---|---|---|
| Motiv | Kritische Infrastrukturen robuster machen | Gesellschaft als solche adaptiver und robuster machen |
| Ansatz | • Sicherheitspolitik, Katastrophenschutz, sozialökonomische Maßnahmen „von oben"<br>• zunehmend auch: Einbindung des Privatsektors und der Zivilgesellschaft in die Notfallvorsorge | • Förderung zivilgesellschaftlicher Selbstversorgung „von unten"<br>• Innovationsförderung auf allen Ebenen<br>• Effektiverer Wissensaustausch auf allen Ebenen |
| Vision | Die sichere Gesellschaft | Die adaptive Gesellschaft |
| Akteursebene (aktuelle Umsetzung) | Nationale Politik, supranationale Politik | Zivilgesellschaft (inklusive Wissenschaft) |

## 2.5 Fazit

Der Resilienzdiskurs ist über die psychologische Disziplin hinaus zu breiter öffentlicher Aufmerksamkeit gelangt und wird derzeit aktiv auf mehreren ineinander verschachtelten Ebenen geführt. Es wird gleichzeitig von „individueller", „organisationaler", „städtischer" und inzwischen auch „gesellschaftlicher Resilienz" gesprochen, wobei zu erwarten ist, dass jede nächsthöhere Ebene noch komplexer ist. Auf gesellschaftlicher Ebene wird der Resilienzbegriff als „neuer Nachhaltigkeitsbegriff" gehandelt. Generell lassen sich zwei „Resilienz"-Begriffe unterscheiden, die zwei Enden eines Spektrums unterschiedlicher Definitionen darstellen. Auf der einen Seite des Spektrums findet sich ein statisches Verständnis, das Resilienz vor allem als die Fähigkeit einer Gesellschaft versteht, ihre Funktionsfähigkeit aufrechtzuerhalten. Auf der anderen Seite des Spektrums wird Resilienz als die Fähigkeit zu stetem Wandel und Transformation begriffen. Ein allen Resilienzverständnissen zugrunde liegendes Kriterium ist das Prinzip der Dezentralität und die damit einhergehende Fähigkeit, dass sich Regionen (und kleinere Systemeinheiten, wie z. B. Haushalte) selbst versorgen können. Insgesamt wird der Resilienzdiskurs vor allem vom anglophonen Raum (insbesondere den USA) dominiert.

## 2.5 Fazit

Es lassen sich vereinzelte Initiativen beobachten, gesellschaftliche Resilienz anhand von Indikatoren zu messen und ländervergleichend zu bewerten. Demnach müsste eine „allgemein resiliente" Gesellschaft – also eine Gesellschaft, die gegenüber vielen unterschiedlichen Krisenszenarien gewappnet ist – mindestens die Dimensionen Soziales, Wirtschaft, Umwelt, Vorsorge, Infrastruktur, Resilienzgeist beinhalten. Dieser Ansatz erweist sich in mindestens zweierlei Hinsicht als begrenzt. Erstens ist eine theoretische Erfassung aufgrund der hohen Kontextabhängigkeit von Resilienz und Verwundbarkeit und der begrenzten Messbarkeit weicher Resilienzfaktoren kaum möglich. Zweitens erweisen sich diese Dimensionen in praktischer Hinsicht bei Weitem nicht als ausreichend, Gesellschaften auf „noch nicht gedachte" Krisenszenarien sowie existenzielle Risiken vorzubereiten.

Im praktischen Diskurs lassen sich gegenwärtig mindestens zwei unterschiedlich stark etablierte und einander überlappende Leitbilder – das „Krisenmanagement" (basierend auf einem statischen Resilienzverständnis), der „Krisentransformation" (basierend auf einem dynamisch-transformativen Resilienzverständnis) unterscheiden. Anders als im Nachhaltigkeitsdiskurs spielt die Akteursebene der Privatwirtschaft als aktiver Mitgestalter gesellschaftlicher Resilienz derzeit (noch) eine relativ untergeordnete Rolle. Es fällt auch auf, dass der Resilienzdiskurs insgesamt bei Weitem weniger emotional aufgeladen geführt wird als in der unten noch näher zu beschreibenden Nachhaltigkeitsdebatte. Dies dürfte darauf zurückzuführen sein, dass die politischen Handlungsempfehlungen der beiden Leitbilder – Krisenmanagement und Krisentransformation – einander nicht fundamental widersprechen und unabhängig voneinander von unterschiedlichen Akteuren angetrieben werden. Krisenmanagement wird vor allem von Vertretern aus dem gesellschaftlichen Teilbereich der Politik und Verwaltung „von oben" (top down) angetrieben. Demgegenüber scheint das relativ neue Leitbild der Krisentransformation maßgeblich von der „von unten" (bottom up) agierenden Zivilgesellschaft bestimmt zu werden.

Dabei lässt sich eine Annäherung beider Leitkonzepte beobachten, die auf zwei Einsichten beruht: Erstens teilen beide die Einsicht, dass sich ein Top-Down-Ansatz alleine als unzureichend für gesellschaftliche Resilienzförderung erweist und dass an einer Einbindung der anderen Teilsektoren, insbesondere der Zivilgesellschaft, nicht vorbeizukommen ist. Zweitens teilen die Vertreter beider Leitbilder die Einschätzung, dass die dezentrale Stadtplanung und regionale Selbstversorgungsfähigkeit ein zentrales Kriterium gesellschaftlicher Krisenfähigkeit darstellt.

Mit der zunehmenden Bedeutung der Zivilgesellschaft und des maßgeblich von ihr vorangetriebenen relativ neuen Leitbilds der Krisentransformation ergibt sich ein Entwicklungstrend, in dem Resilienz zu einem Kernbegriff sozialer Innovation wird. Roland Benedikter führt hierbei folgende Beobachtungen an (im Folgenden Fathi und Benedikter 2013):

1. Im Rahmen analytischer Bestandsaufnahmen von gesellschaftlichen Trends wird Zivilgesellschaft ihrerseits zu einem Identifikationsbegriff von Resilienz. Neben „Vorsorge", „Energie" oder „Infrastruktur" werden soziale Partizipation und die Möglichkeit handelnden Gestaltens „von unten" zu Qualitätskriterien der Erhebung des Resilienz-Niveaus von Gesellschaften.
2. Die Zivilgesellschaft wird zu einem zunehmend wichtigen Teil des Sicherheitsdiskurses, und zwar insofern, als sie Netze organisierter Bürgerschaft bildet, welche im Bedarfsfall insbesondere bei tiefergehenden Krisen die öffentlich organisierte Hilfe nicht nur ergänzen, sondern gleichwertig erweitern und um fehlende Aspekte bereichern können und vermutlich auch immer stärker werden müssen, wie z. B. die Fukushima-Nuklearkatastrophe gezeigt hat.
3. Moderne soziale Bewegungen zeichnen sich dadurch aus, Gesellschaftsprozesse „von unten" anzustoßen und mittels zahlreicher meist kleiner und oft auch regional eingegrenzter, aber dauerhaft durchgeführter Schritte langfristig zum Erfolg zu führen – was ein Kennzeichen von Resilienz als sozialer Innovationsfaktor ist.
4. Schließlich werden soziale Bewegungen und Zivilgesellschaft zur Komplexitätsbewältigung unverzichtbare Akteure. Dies gilt vor allem im Zusammenhang der Demokratisierung des Wissens, welche zur Komplexitätsbewältigung notwendig ist. Zivilgesellschaftliche Akteure werden zu unverzichtbaren Agenten, Wissen zu generieren, zu verteilen und auszutauschen, um die exponentiell wachsende Komplexität gegenwärtiger und kommender gesellschaftlicher Herausforderungen angemessen analysieren und handelnd bewältigen zu können.

Insgesamt bleibt die gesellschaftliche Resilienzförderung eine vielfache gesamtgesellschaftliche Herausforderung, bei der sich mehrere ungelöste Fragen stellen: Was bedeutet eine „allgemeine Resilienz", die sich in einer Bewältigungsfähigkeit gegenüber einer Vielfalt unterschiedlicher Krisen zeigt? Wie kann sich eine Gesellschaft vor unvorhersehbaren, auch ungedachten, neuen Krisen wappnen und angemessen hierauf antworten? Wie kann sich die resiliente Gesellschaft vor existenziellen Risiken wappnen? Diesen und anderen Fragen widmen wir uns in den folgenden Kapiteln.

# 3 Exkurs: Zwei Zugänge zu einem disziplinübergreifenden Resilienzmodell

Vor dem Hintergrund der Tatsache, dass sich die hochgradig komplexen globalen Krisen und Risiken unserer Zeit nicht mit dem Wissen einer einzigen wissenschaftlichen Disziplin adäquat bearbeiten lassen, erhält eine disziplinübergreifende Konzeption immer größere Bedeutung. Bereits in den 1970er Jahren kritisierte der französische Philosoph und Pionier der disziplinübergreifenden Forschung, Edgar Morin, die in der Wissenschaft dominierende Sicht sei von Reduktionismus der Einzeldisziplinen geprägt, welche der Komplexität der Welt nicht gerecht werde, die Realität sogar verfälschen und letztlich zu einer globalen Unwissenheit führen würde (Morin 2010). Spätestens seit den 1990er Jahren ist vermehrt von „Multi"-, „Inter"- und „Transdisziplinarität" die Rede (ein Überblick erfolgt unter Abschn. 3.1). Obwohl an der Krisen- und Resilienzforschung eine zunehmende Vielfalt von Disziplinen beteiligt ist, fehlt es bislang an Ansätzen, die das unterschiedliche Wissen disziplinübergreifend zu einer „Big Picture"-Perspektive zusammenführen. Gesellschaftliche Zukunftssicherung, die der Komplexität heutiger Krisenphänomene gerecht werden will, dürfte aber an einem disziplinübergreifenden Ansatz nicht vorbeikommen. Das Abschn. 3.2. skizziert die zwei wichtigsten Ansätze in der aktuellen Komplexitätsdebatte. Sie liefern eine theoretische Grundlage für die Entwicklung eines verallgemeinerbaren Resilienzkonzepts, das sich auf eine hohe Vielfalt unterschiedlicher Krisen übertragen lässt.

## 3.1 Multi-, Inter-, Transdisziplinarität: Was ist das?

Insgesamt herrscht eine begriffliche Verwirrung hinsichtlich der genauen Definition oft fallender Schlagworte wie z. B. „Multi"-, „Pluri"-, „Cross"-, „Inter"-, „Transdisziplinarität". Die mit Abstand größten begrifflichen Variationen beherbergt der Begriff „Interdisziplinarität". Die Forscherin Julie Thompson-Klein führt dies auf drei Gründe zurück.

> „First, there is a general uncertainty about the meaning of the term. Many fields were pronounced ‚interdisciplinary' with no clear definition of what that meant. (…) Not surprisingly, then generalizations about the nature of interdisciplinarity emerged prematurely. (…) The second major reason for confusion stems from the widespread unfamiliarity with interdisciplinary scholarship. Given all the talk about Interdisciplinarity, published work on the subject is used by a relatively small group of people. (…) The third and related reason for confusion is the lack of a unified body of discourse. Discussion of Interdisciplinarity literally sprawls across general, professional, academic, governmental and industrial literatures." (Klein 1990, S. 12 f.)

Dieser Eindruck wird von Balsinger (2005) und Kocka (1987) bestätigt.

Die häufigste Unterscheidung von Formen (ich spreche auch gerne von „Traditionen") disziplinübergreifender Kooperation ist: Multidisziplinarität, Interdisziplinarität und Transdisziplinarität. Zuvor sei noch kurz definiert, was unter „Disziplinarität" überhaupt zu verstehen ist.

Als wissenschaftliche *Disziplin* werden auch Einzelwissenschaften bezeichnet. Im akademischen Diskurs wird zwischen vier Wissenschaftsbereichen unterschieden, die sich in weitere Einzeldisziplinen ausdifferenzieren: Geisteswissenschaften (Geschichtswissenschaften, Psychologie, Kulturwissenschaften, Soziologie etc.), Naturwissenschaften (z. B. Physik, Biologie, Chemie, Medizin, Geowissenschaften), Humanwissenschaften (z. B. Ethnologie, Sprachwissenschaften, auch Bereiche aus der Psychologie und der Soziologie) und Strukturwissenschaften (z. B. Systemtheorie, Mathematik) (Heidrun 2004). Der Sinn von Einzeldisziplinen besteht nach Balsinger in „einer notwendigen Reduktion eines Erkenntnisganzen (Welt)", ohne die keine Erkenntnisleistung möglich wäre (Balsinger 2005, S. 57). Daran angelehnt schrieb Carl Friedrich von Weizsäcker, man könne „nicht alle Fragen zugleich stellen", da dann „keine einzige Frage" beantwortet werden könne (zitiert in Hübenthal 1991, S. 9). Die Folge ist, dass Einzeldisziplinen bewusst „abblenden", um nur die Aspekte, die als relevant angesehen werden, in den Vordergrund zu stellen (Hentig 1987). Seit der zweiten Hälfte des 20. Jahrhunderts hat die Fülle der Einzelwissenschaften zugenommen und hinterlässt heute den Eindruck einer Zersplitterung. Als Antwort darauf sind

## 3.1 Multi-, Inter-, Transdisziplinarität: Was ist das?

in den 1990er Jahren drei Traditionen der disziplinübergreifenden Kooperation und Wissensintegration entstanden.

Die Tradition der *Multidisziplinarität* (auch „Pluridisziplinarität") versteht sich als eine nebenläufige Untersuchung eines Forschungsobjekts durch voneinander unabhängige Fachbereiche, wobei zwischen den Disziplinen kein nennenswerter Austausch stattfindet. Eine Synthese der Perspektiven erfolgt lediglich additiv, durch Zusammenführung der jeweils getrennt erzielten Ergebnisse. Das Muster der Kooperation entspricht einem „Nebeneinander planen – nebeneinander handeln". Mittelstraß erscheint diese Form der Kooperation wie eine „gewollte- aber nicht-gekonnte" (Mittelstraß 1998; Klein 1990).

Beim Begriff der *Interdisziplinarität* besteht insgesamt die größte definitorische Vielfalt und Vagheit. Dies liegt teilweise auch daran, dass Interdisziplinarität im alltäglichen Sprachgebrauch oft als Sammelbegriff für disziplinübergreifende Kooperation an sich gebraucht wird. Trotz unterschiedlicher Definitionen ist zumindest für einen engen Interdisziplinaritätsbegriff bezeichnend, dass „zwischen" (inter) den Disziplinen Methoden vermittelt und Teilaspekte zusammengeführt werden. Ein typisches Produkt von interdisziplinärer Wissensintegration sind „Hybriddisziplinen", also dass neue Disziplinen entstehen, die sich aus mehreren zusammensetzen – z. B. Sozialökonomie oder Biochemie (Frodemann und Klein 2000).

*Transdisziplinarität* versteht sich – so suggeriert es bereits die Vorsilbe „trans" (lat.: über, jenseits) – als eine Wissenschaftspraxis, die das Wissen aller (oder zumindest) vieler Disziplinen zusammenführt. Sie geht quasi „über" diese Disziplinen hinaus. Erstmalig tauchte dieser Begriff in der OECD-Konferenz von 1970 auf (OECD 1972). Bislang dominieren vor allem zwei Begriffsverwendungen:

- Einerseits versteht sich Transdisziplinarität als ein Vorgehen, das wissenschaftliches und praktisches Wissen miteinander verknüpft (Bergmann und Schramm 2008). Wolf Reiner Wendt fasst diesen Anspruch in vier Punkten treffend zusammen: Erstens steht er „für eine Zusammenarbeit zwischen Hochschule und Wirtschaft in der Forschung." Zweitens nimmt er „ein außerwissenschaftliches Problemverständnis in die wissenschaftliche Definition einer Problematik auf". Drittens bezieht Transdisziplinarität „in der Konzeptbildung und Forschung gesellschaftliche Akteure ein". Dies bedeutet viertens, „dass hier Grenzen von Wissensdomänen aufgelöst und auch nicht-wissenschaftliche Quellen einbezogen werden" (Wendt 2003, S. 1).
- Ein anderes Verständnis von Transdisziplinarität legt den Schwerpunkt nicht auf das praktische Vorgehen, sondern eher auf die (erkenntnis-)theoretische Zusammenführung des Wissens der beteiligten Disziplinen und Fachgebiete.

In diesem Sinne arbeiten die Vertreter unterschiedlicher Disziplinen mit gemeinsamen Prinzipien oder Kategorien, die „über" (trans) ihre Fachbereiche hinausgehen. Dadurch wird eine systematische Zusammenführung und Kooperation der unterschiedlichen Disziplinen ermöglicht, ohne sie aufeinander zu reduzieren (Stokols et al. 2008). Thompson Klein bringt diese erkenntnistheoretische Umsetzung von Transdisziplinarität wie folgt auf den Punkt: *„Whereas ‚interdisciplinarity' signifies the synthesis of two or more disciplines, establishing a new meta-level of discours, ‚transdisciplinarity' signifies the interconnectedness of all aspects of reality, transcending the dynamics of a dialectical synthesis to grasp the total dynamics of reality as a whole."* (Klein 1990, S. 66)

In der Praxis finden sich bei transdisziplinären Projekten beide Begriffsverwendungen: Einerseits also das inhaltlich-theoretische Überschreiten von Disziplingrenzen, andererseits praktisch-organisatorische Kooperation der Wissenschaft mit anderen gesellschaftlichen Teilsegmenten, z. B. zwischen Wissenschaft, Zivilgesellschaft und Politik (Nowotny et al. 2001; Lieven et al. 2007).

Vereinfacht, fasst die Komplexitätsexpertin Gitta Peyn den Unterschied zwischen Inter- und Transdisziplinarität treffend wie folgt zusammen:

„Während ‚interdisziplinär' bedeutet, dass sich die Disziplinen miteinander austauschen, schlägt ‚transdisziplinär' Brücken, liefert verbindende Modelle, die selbst nicht zwangsläufig in die jeweiligen Disziplinen eingreifen, wohl aber auf ihnen aufsetzen können. So hat sich beispielsweise die moderne Systemtheorie einerseits in die Disziplinen hineinbegeben (in den Naturwissenschaften und Sozialwissenschaften zum Beispiel) und nimmt auf diese Weise am interdisziplinären Austausch teil, gleichzeitig aber ist sie als übergreifendes Modell weder Natur-, noch Geisteswissenschaften eindeutig zuordenbar" (Peyn 2019).

Aktuell lässt sich in der Resilienzforschung eine zunehmende Vielfalt an Disziplinen beobachten. Als vorherrschende Kooperationsform scheint derzeit der multidisziplinäre Ansatz vorzuherrschen – Rüdiger Winks Sammelband „Multidisziplinäre Perspektiven in der Resilienzforschung" (2016) steht beispielhaft hierfür. Doch angesichts der Komplexität vorhandenen Wissens einerseits und der Erfassung und Bearbeitung globaler gesellschaftlicher Risiken andererseits, bedarf es einer tiefgreifenderen Wissensintegration. Ein hierfür notwendiger transdisziplinärer Ansatz fehlt bislang – sowohl in praktischer also auch in (erkenntnis-)theoretischer Hinsicht. In praktischer Hinsicht stellt sich die Frage, wie sich eine Kooperation von Akteuren unterschiedlicher Fachrichtungen und Gesellschaftsbereiche gestalten lässt. In (erkenntnis-)theoretischer Hinsicht stellt sich die Frage, wie sich die unterschiedlichen Perspektiven zu einem ganzheitlichen, komplexitätsadäquateren Bild verknüpfen lassen. Dieses Manko wurde bereits in der Nachhaltigkeitsforschung erkannt, zumindest hier explizit von der Notwendigkeit eines transdisziplinären Ansatzes gesprochen. Repräsentativ für diese Forderung steht das vielbeachtete Werk „Klimawandel im deutschen Wissenschafts- und Hochschulsystem" von Schneidewind und Singer-Brodowski (2013).

Im Rahmen dieses Buches wird davon ausgegangen, dass die Analyse und praktische Gestaltung einer resilienten Gesellschaft – und im weitesten Sinne gesellschaftlicher Zukunftssicherung – nicht an einem transdisziplinären Ansatz vorbeikommt. Obgleich Transdisziplinarität seit den 1990er Jahren diskutiert wird, ist das Konzept bislang noch relativ wenig erschlossen So bemerkt Hübenthal treffend in ihrer Dissertation: *„Insbesondere zwischen Wissenschaften aus unterschiedlichen Bereichen, wie z. B. zwischen Geistes- und Naturwissenschaften, dürfte es kaum möglich sein, eine gemeinsame theoretische Basis zu finden. Wie hier eine solche Basis aussehen soll und ein interdisziplinärer Diskurs stattfinden soll [, ist] noch nicht erörtert"* (Hübenthal 1991, S. 17).

## 3.2 Zwei disziplinübergreifende Zugänge zur resilienten Gesellschaft

Derzeit finden sich in der Komplexitätsdebatte zwei Ansätze, die zu einem transdisziplinären Umgang mit Wissensvielfalt und Komplexität beitragen. Sie bieten einen jeweils unterschiedlichen Zugang zu einer resilienten Gesellschaft, die für die Komplexität der Herausforderungen im 21. Jahrhundert gewappnet ist. Ich nenne diese beiden Traditionen vereinfacht „Simplify" (Abschn. 3.2.1) und „Complexify" (Abschn. 3.2.2).

### 3.2.1 Simplify

Die „Simplify-Strategie" sieht vor, komplexe Phänomene auf ihre konstituierenden Muster zurückzuführen und dadurch versteh- und handhabbar zu machen. In gewisser Hinsicht sieht dieser Ansatz eine pragmatische Reduktion vor, allerdings ist dieser Ansatz nicht mit dem Reduktionismus der Einzeldisziplinen zu verwechseln. Letzteres wäre z. B. der Fall, wenn ein Vertreter einer Einzeldisziplin, z. B. ein Psychologe oder Physiker, versuchen würde, alle komplexen Phänomene und Aspekte des Lebens, z. B. die moderne Gesellschaft, Wirtschaftskrisen,

Liebe, das Leben etc. ausschließlich mit den Methodologien und Begriffen seiner Disziplin zu erfassen und zu erklären. Der von diesem Vertreter unternommene Versuch würde sich im Ergebnis mit hoher Wahrscheinlichkeit als sehr verkürzt erweisen. Anders verhält es sich mit dem Simplify-Ansatz. Zwar werden auch hier bewusst sämtliche Aspekte der Realität ausgeblendet. Doch anders als bei den spezialisierten Einzeldisziplinen, wird der Anspruch vertreten, die Komplexität des Ganzen auf konstituierende Muster, die in allen Disziplinen gültig sind, zurückzuführen. Im Ergebnis würde das Ganze in der Analyse und Beschreibung vereinfacht, aber immer noch in dem, was das Ganze im Wesentlichen (und disziplinübergreifend hinweg) ausmacht, hinreichend erfasst. Zu den derzeit bekanntesten Simplify-Ansätzen gehören die Theorien des so genannten systemischen Denkens (engl. „Systems Thinking"; ich benutze auch gerne den Begriff „Systemdenken").

Das Systemdenken entstand in den 1920er Jahren als Kritik auf die bis dato unangefochtenen Welterklärungsversuche der Physik. So gingen die Vertreter der Physik davon aus, die Welt mehr oder weniger vollständig erklären zu können, wenn ein Verständnis über die kleinsten Teile, aus denen die Welt besteht, gewährleistet sei. Demgegenüber kritisierte der Biologe und Pionier der Allgemeinen Systemtheorie, Ludwig von Bertalanffy, dass komplexe, lebende Organismen mitnichten durch die Funktionsweise ihrer kleinsten Bestandteile erklärt werden könnten. Vielmehr sei „das Ganze (...) mehr als die Summe seiner Teile". So sei z. B. der Organismus nicht lediglich ein Haufen miteinander vernetzter Zellen, sondern habe auch qualitativ neue Eigenschaften. Auch Zellen wiederum bestehen aus Molekülen, hätten aber auch ihnen gegenüber qualitativ neue Eigenschaften usw. Dieser Paradigmenwechsel leitete die Geburtsstunde des Systemdenkens ein (Kneer und Nassehi 2000).

Die moderne Systemtheorie gilt heute als eine disziplinübergreifende Betrachtung, in der grundlegende Aspekte und Prinzipien von Systemen zur Beschreibung und Erklärung komplexer Phänomene herangezogen werden. Systeme bewältigen dabei Komplexität, indem sie diese in „Ganzheiten", sprich: Systeme, zusammenfassen. Die Systemtheorie durchlief bis zu ihrem heutigen Stand mehrere Entwicklungsphasen. Luhmann zufolge waren es im Wesentlichen drei Phasen, wobei er den hier beschriebenen Paradigmenwechsel, „das Ganze ist mehr als die Summe seiner Teile", der ersten Phase zuordnete (Luhmann 1984).

Die zweite Phase trifft eine Grundunterscheidung zwischen System und Umwelt. Jedes System ist demnach ein offenes Gebilde und tritt in ein Austauschverhältnis mit seiner Umwelt ein. Dabei grenzt es sich nach außen als System von der Umwelt ab und stellt wiederum nach innen selber eine Umwelt dar. Zugleich beeinflussen sich System und Umwelt gegenseitig. Vergleichbar ist dieses Prinzip

## 3.2 Zwei disziplinübergreifende Zugänge zur resilienten Gesellschaft

mit einem Thermostat (Temperaturregler), das durch seine Funktionsweise die Umwelt „beobachtet". Fällt die Raumtemperatur unter den programmierten Soll-Wert, wirkt das Thermostat dem entgegen und bewirkt eine Erhöhung der Raumtemperatur. Sobald die Raumtemperatur den Soll-Wert erreicht hat, veranlasst das Thermostat einen Stopp des Heizvorgangs. Beobachter (Thermostat) und Umwelt (Raumtemperatur) beeinflussen sich gegenseitig. Beeinflusst wurde dieses Prinzip von der von Norbert Wiener und William Ross Ashby geprägten Kybernetik. Die Kybernetik versteht sich als die Lehre von der „Steuerung" von Systemen (Kneer und Nassehi 2000). Der zweite Paradigmenwechsel führte zur Einsicht, dass Komplexität nicht nur einer linearen Kausalität folgt, sondern vielmehr zirkulär und interrelational strukturiert ist.

Den entscheidenden Denkanstoß für den nächsten Paradigmenwechsel lieferte der Biologe Humberto Maturana und daran anknüpfend, Francisco Varela. Sie führten den bis heute in der Systemtheorie zentralen Begriff der Autopoiese ein. Übersetzt bedeutet Autopoiesis „Selbstherstellung" oder „Selbsterzeugung". Demnach steht zwar jedes System in einer Wechselbeziehung mit der Umwelt, aber es ist auch „geschlossen". Geschlossen heißt, dass jedes System Operationen durchführt, durch die es „sich selbst erhält". So z. B. grenzt sich die Zelle von der Umwelt durch ihre Zellenmembrane ab und ist daher geschlossen. Zugleich produziert sie aus ihrer Wechselwirkung mit der Umwelt die erforderlichen Bestandteile (z. B. Proteine, Nukleinsäuren, Lipide), um sich als System aufrechtzuerhalten. Aufgrund ihrer Geschlossenheit beziehen sich autopoietische Systeme ausschließlich auf sich selbst – sie sind „selbstreferenziell". Damit kennen sie in Bezug auf die Art und Weise, wie sie innerlich organisiert sind, keine direkte Input-Output-Beziehung. Systeme, wie z. B. die Zelle, tauschen mit ihrer Umwelt Energie und Materie aus, doch der Austausch wird vom System gesteuert und kanalisiert. Dabei nimmt die Zelle von der Umwelt nur das auf, was sie für die Erzeugung ihrer Bestandteile braucht. D. h. der Austausch mit der Umwelt ist ein selektiver und er wird erst durch die Geschlossenheit des Systems ermöglicht (Maturana und Varela 1982).

Ein weiterer relevanter Aspekt des dritten Paradigmenwechsels ist, dass Systeme von außen nur orientiert, nicht aber beeinflusst werden können. Sie organisieren sich selbst. Dies wird Maturana/Varela und Luhmann zufolge vor allem bei der Unterscheidung zwischen „trivialen" (mit anderen Worten: simplen oder komplizieren) Systemen und „nicht-trivialen" (mit anderen Worten: komplexen und chaotischen) Systemen deutlich. Triviale Systeme lassen sich relativ einfach steuern, weil auf einen bestimmten Input von außen immer ein relativ gut vorhersagbarer Output folgt. Dies ist mit nicht-trivialen Systemen (wie z. B. lebenden, sozialen oder psychologischen) Systemen nicht der Fall, weil sie eine eigene innere Komplexität aufweisen, die – wie oben beschrieben – nur selektiv mit ihrer Umwelt verkoppelt ist. D. h. komplexe Systeme stehen nicht in direktem Kontakt mit der Umwelt – vielmehr konstruieren sie durch ihre Operationen ein „systeminternes" Abbild von der „systemexternen" Umwelt (Maturana und Varela 1982). Eine Intervention von außen, wie z. B. Beratung oder Führung, trifft auf ein komplexes „Eigenleben" des Systems. Berater oder Führungskräfte können daher im Nachhinein nur darüber staunen, was ihre Intervention auslöst (Willke 2016). In anderen Worten: Umweltereignisse üben keinen determinierenden Einfluss auf komplexe Systeme aus, vielmehr können sie das System nur irritieren. Doch alleine die systemeigenen Operationen legen fest, in welchem Sinne es die Irritationen aus der Umwelt verarbeitet. In Bezug auf Resilienz bedeutet dies, dass nicht jedes System (sei es ein Individuum, eine Organisation oder eine Gesellschaft) auf ein Ereignis gleich reagiert oder gar den gleichen Stress empfindet. Wie es auf das Ereignis reagiert, hängt vielfach von seinen inneren Komponenten ab – z. B. seiner Bedrohungswahrnehmung, seinen vergangenen Erfahrungen, seinen Bewältigungsressourcen. In Anlehnung daran prägte der William Ross Ashby eines der Kerngrundsätze der Kybernetik, das Ashby'sche Gesetz, wonach jedes System nur so viel Komplexität bewältigen kann, wie es seiner Eigenkomplexität entspricht. Je höher die Eigenkomplexität eines Systems, umso höher seine Fähigkeit, flexibel auf die Ereignisse zu reagieren und damit Komplexität zu steuern und umso höher damit auch seine Lebensfähigkeit (Ashby 1956[1]).

Der Begründer der soziologischen Systemtheorie, Niklas Luhmann, leitete schließlich die vierte Entwicklung ein, indem er das Autopoiese-Prinzip von lebenden Systemen auf andere Systemarten übertrug. Demnach wäre der Mensch nicht nur ein lebendes System, sondern auch ein psychisches. Beide Systeme führen selbstreferenzielle Operationen im Austausch mit der Umwelt durch, um sich selbst zu erhalten. Doch Luhmann zufolge unterscheiden sich dabei die Bestandteile. Während z. B. die Zelle Lipide, Proteine etc. produziert, erzeugt das psychische System seine eigene Erscheinungsform – nämlich Bewusstsein, welches

---

[1]Genau genommen besagt das Ashby'sche Gesetz, dass die Fähigkeit eines Systems die Komplexität seiner Umwelt zu beherrschen, vor allem davon abhängt, dass es hinsichtlich seines Handlungspotenzials eine mindestens genauso hohe Komplexität bzw. Vielfalt aufweist (das Fachwort für diese Handlungsvielfalt ist „Varietät") Dabei fasste Ashby sein Gesetz mit den Worten „variety can destroy variety" (1956) zusammen, welche später vom Begründer der Managementkybernetik, Stafford Beer für den Managementkontext positiv umformuliert wurde in „variety absorbs variety" (Beer 1974). Dieses Prinzip wird noch bis heute in der Komplexitätsdebatte als gültig angesehen und hat damit weitreichende Implikationen für ein grundlegendes Verständnis von allgemeiner Resilienz.

## 3.2 Zwei disziplinübergreifende Zugänge zur resilienten Gesellschaft

seinerseits Empfindungen und Gedanken enthält. Luhmann unterscheidet darüber hinaus auch noch soziale Systeme. Während ihm zufolge bei psychischen Systemen das Basiselement Bewusstsein ist, ist das Basiselement aller sozialen Systeme die „Kommunikation". Allein Kommunikation – nicht Personen – bilden soziale Systeme, denn Personen, wie z. B. die Mitarbeiter einer Organisation, können nur durch Kommunikation miteinander in Kontakt treten (Luhmann 1984). Die Komplexität anderer Dimensionen, wie z. B. Gedanken, werden pragmatisch ausgeblendet, weil sie nur im sozialen System existieren, wenn sie in ein Kommunikationsereignis übergehen. Mit anderen Worten: alles, was nicht in einem sozialen System kommuniziert wird, existiert auch nicht im sozialen System (Simon 2014). Gleichwohl setzt Luhmanns Modell voraus, dass ebendiese drei Systemarten – nämlich lebende, psychische und soziale Systeme strukturell gekoppelt sind, ja sogar einander „interpenetrieren". Demnach setzen soziale Systeme Leben und Bewusstsein voraus, doch die bestimmende Operation, die das soziale System fortwährend reproduziert, ist Kommunikation (Luhmann 1984).

In Abb. 3.1 findet sich eine vereinfachte Darstellung eines Systems mit allen typischen Bestandteilen zur Beschreibung ebendieses Systems:

Im Zusammenhang mit Resilienz zählen die folgend skizzierten typisch systemischen Modelle zu den wichtigsten.

### 3.2.1.1 Das Panarchiemodell adaptiver Systeme

Das in den 1970er Jahren von Holling und Grunderson (2002) entwickelte „Panarchiemodell adaptiver Zyklen" stellt eines der wenigen Ansätze dar, die

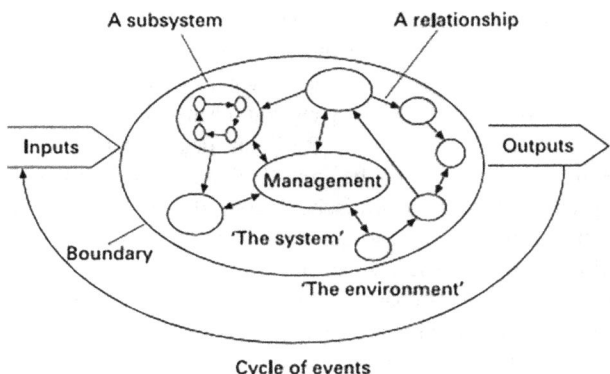

**Abb. 3.1** Typische Komponenten eines Systems (Jackson 2003, S. 6)

resiliente Prozesse auf multikontextuell anwendbarer Ebene erklären. So lässt sich dieses aus dem Systemdenken stammende Modell auf individuelle, organisationale oder auch gesellschaftliche Systeme anwenden sowie auf völlig unterschiedliche System- und Krisenarten. Es verdeutlicht, dass sich in einem System, wie z. B. einer Gesellschaft, das Verhältnis zwischen Anpassung und Stabilität ständig wandeln kann:

1. *Explorations- oder Akkumulationsphase* (mit „r" signiert, was in einer logistischen Gleichung ursprünglich für Bevölkerungswachstum und in der Ökologie für sich schnell vermehrende Arten steht): Die Akkumulationsphase zeichnet sich durch hohes Wachstum aus (Holling und Grunderson 2002). Ein soziales System, wie z. B. eine Stadt, wächst in dieser Phase durch hohes Bevölkerungswachstum aus. Es häuft physisches, kulturelles und soziales Kapital an. Die Resilienz des Systems ist hoch, da ein Scheitern des Systems noch zu relativ wenig Kosten führt (Schnur 2013).
2. *Erhaltungs- oder Konservierungsphase* („K-Phase", benannt nach dem mathematischen Kürzel für die maximal erreichbare Population). In der Konservierungsphase stößt das einstige Wachstum auf seine Grenzen (Holling und Grunderson 2002). Erreichtes wird konserviert, der Selbsterhaltungsaufwand steigt, die Innovationskraft geht zurück. Es etablieren sich Routinen. Das System wird zunehmend weniger flexibel, wodurch die Krisenanfälligkeit insgesamt zunimmt (Schnur 2013).
3. *Releasing- oder Freisetzungsphase* (bezeichnet mit dem griechischen $\Omega$, das „Ende"): Ist eine Krise eingetreten, tritt die Freisetzungsphase in Kraft. Das System beginnt, die einstmals gebundenen Kapitalien freizusetzen, funktionsschwache Strukturen (im weitesten Sinne wird dies als „Konnektivität" bezeichnet) werden abgebaut. Im Idealfall führt dies, in den Worten des Innovationspioniers, Joseph Schumpeter, zu einer „kreativen Zerstörung" (Schumpeter 2006) und im Übergang zur nächsten Phase zu einer intensiven Entwicklungszeit, in der die Resilienz des Systems im Vergleich zur K-Phase wieder zuzunehmen beginnt (Holling und Grunderson 2002). Im ungünstigsten Fall wird die kritische Masse, die für eine Erneuerung nötig wäre, unterschritten und das System gerät in eine „Armutsfalle".
4. *Reorganisierungsphase* (bezeichnet mit dem Kürzel a für „Anfang"): In dieser Phase erfolgt eine Anpassung an die neuen Umweltbedingungen. Das „strukturelle Potenzial" nimmt wieder zu, während die „Konnektivität" (hier z. B. die Regulierungsformen eines Systems) noch schwach ausgeprägt bleibt (Schnur 2013). Es ist zugleich auch eine Phase erhöhter Unsicherheit, weil neue Wege gegangen werden müssen, zugleich nimmt die Resilienz weiter

## 3.2 Zwei disziplinübergreifende Zugänge zur resilienten Gesellschaft

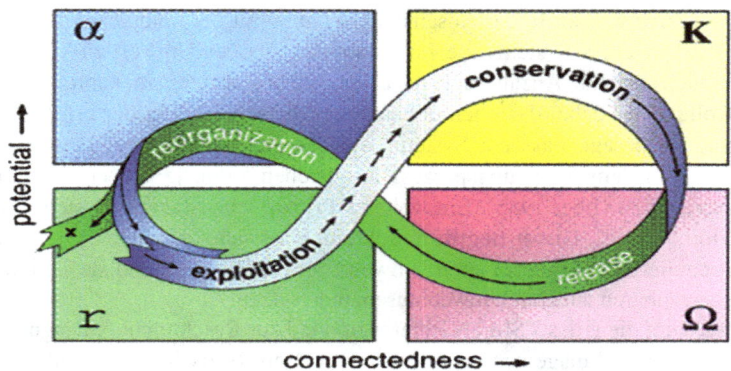

**Abb. 3.2** Das Panarchiemodell adaptiver Zyklen (Holling und Grunderson 2002)

zu, bis sie das Niveau der ersten Phase wieder erreicht. Der Zyklus beginnt von Neuem, allerdings unter veränderten Rahmenbedingungen (Holling und Grunderson 2002; Fathi 2016a) (Abb. 3.2).

Das Panarchiemodell adaptiver Zyklen stellt Resilienz als evolutionären Prozess dar und liefert eine systemische Begründung für das oben dargestellte Konzept Resilienz 2.0 (vgl. Abb. 6). Demnach pendelt das von einer Krise betroffene System nicht in einen „ursprünglichen Normalzustand" zurück, wie es bei einem Stehaufmännchen der Fall wäre und dem alten Konzept Resilienz 1.0 entsprechen würde. Vielmehr passt sich das resiliente System an neue Rahmenbedingungen an und findet einen neuen Normalzustand. Analog dazu wird in der Kybernetik ein System, das nach einer Störung nicht nur ein, sondern mehrere Gleichgewichtszustände erreichen kann, als „polystabiles System" bezeichnet (Malik 1992).

### 3.2.1.2 Das kybernetische Modell lebensfähiger Systeme

Das Viable System Model (VSM; zu Deutsch auch *„Modell lebensfähiger Systeme"*) wurde 1959 von Stafford Beer in seinem Buch *Kybernetik und Management* erstmals formuliert (Beer 1990). Beer zufolge kann mit dem VSM die Lebensfähigkeit jedes komplexen Systems – sei es ein lebender Organismus oder ein soziales System – abgebildet werden.

Im Zentrum aller Betrachtungen – und dies ist für die Beschreibung von Resilienz relevant – steht dabei die Fähigkeit eines Systems, Komplexität zu beherrschen. Kenngröße zum Messen von Komplexität ist im Rahmen der Kybernetik die Varietät im System. Die Varietät gibt die Anzahl der möglichen Zustände eines Systems wieder. In der Auseinandersetzung mit der komplexen Umwelt ist die Fähigkeit eines Systems die Informationen aus der Umwelt zu verarbeiten, maßgeblich für die Anzahl der Zustände, die es annehmen kann. Die zentrale Rolle spielt dabei das oben erwähnte Ashby'sche Gesetz der erforderlichen Varietät. Es besagt, dass ein System, welches ein anderes steuert, umso mehr Störungen in dem Steuerungsprozess ausgleichen kann, je größer seine Handlungsvarietät ist (Beer 1985). Ein weiteres Prinzip lebensfähiger Systeme ist das der „Homöostase". Dieser Begriff umschreibt, dass sich komplexe Systeme durch Selbstregulierung in ihrer inneren Umwelt stabil halten, während sie sich mit der unvorhersehbaren äußeren Umwelt auseinandersetzen.

Insgesamt dient das VSM als Referenzmodell zur Beschreibung, Diagnose und Gestaltung des Managements von Systemen. Dem britischen Systemtheoretiker Michael Jackson zufolge, erweist sich hierbei das VSM herkömmlichen Modellen aus den letzten Jahrzehnten Organisationsforschung als überlegen. Laut Jackson integriert das VSM „the findings of around 50 years of work in the academic discipline of organization theory. And it goes beyond organization theory by incorporating those findings in an applicable management tool that can be used to recommend very specific improvements in the design and functioning of organizations" (Jackson 2003, S. 107). Das VSM untergliedert sich in fünf Subsysteme (im Folgenden Malik 1992; Jackson 2003; Beer 1985):

- *System 1:* Dieses System steht repräsentativ für alle Lenkungsinstanzen für die durch die Kreise A-D repräsentierten Hauptaktivitäten und lokal operativen Einheiten eines lebensfähigen Systems. An ihnen erkennt man, was das lebensfähige System tut. Denn das, was es tut, wird von den Systemen Eins getan. In den Worten von Stafford Beer: „The purpose of a system is what it does. And what the viable system does is done by System One (Beer 1985, S. 128) " Im Idealfall sind diese Einheiten autonom und für sich selbst lebensfähig. Gemäß dem Rekursionsprinzip wird davon ausgegangen, dass jedes dieser operativen Einheiten ein eigenes VSM darstellt, in denen ebenfalls fünf Subsysteme enthalten sind. Dem Prinzip der Lebensfähigkeit (Viabilitätsprinzip) zufolge ist keine beliebige Gliederung eines Systems in Subsysteme möglich – sie müssen völlig eigenständige Systeme darstellen und in ihrer Umwelt selbstständig existieren können. Im menschlichen Körper entspricht das Äquivalent der Systeme 1A-D den 31 Wirbeln der Wirbelsäule, die je unterschiedliche Kontrollfunktionen für bestimmte Organe und Glieder ausüben. In der klassischen Organisationslehre entsprechen die Systeme 1 am ehesten quasiautonomen Divisionen, wobei auch hier die Kreise jeweils die Führung der Divisionen darstellen. In einem Staat könnten Malik zufolge die Kreise

## 3.2 Zwei disziplinübergreifende Zugänge zur resilienten Gesellschaft

1A-D für die Führungen aller staatlichen Aktivitäten stehen, z. B. Krankenversorgung, Polizei etc. (Malik 1992).
- *System 2:* Jedes einzelne System 1 hat im Grunde völlige Verhaltensfreiheit. Da sie aber Teile eines umfassenderen Systems sind, wird ihr Verhaltensspielraum zugunsten des größeren Ganzen und der anderen Systeme 1 (die ebenfalls Teile des umfassenden Systems sind) eingeschränkt. Entsprechend Verhaltensweisen aller Systeme 1 abzustimmen und zu koordinieren, ist Kernfunktion des Systems 2. Dabei gleicht sie im Interesse des Gesamtsystems alle Dysfunktionalitäten zwischen den Systemen 1 aus, welche ihrerseits ihre eigenen spezifischen Probleme haben und diese möglichst gut und ohne Rücksichtnahme auf die anderen Divisionen zu lösen versuchen. Hier kommen praktisch alle Formen von Koordinationsinstrumenten zum Einsatz, z. B. Konferenzen, Ausschüsse, Planungskontrollsysteme, aber auch die informalen Kommunikationsbeziehungen zwischen den Systemen 1A-D (Malik 1992).
- *System 3:* Zwar koordiniert System 2 das Zusammenwirken der Systeme 1, doch kann dies alleine noch nicht garantieren, dass die koordinierten Systeme 1 zusammen einen größeren Effekt garantieren als die Summe der Einzelaktivitäten. Dies wird erst durch System 3 sichergestellt. Zu seinen Hauptaufgaben gehört Richtlinien und Vorgaben zu erarbeiten, die die prinzipielle Verhaltensfreiheit der Systeme 1 unter Einbezug von Informationen aus den Systemen 4 und 5 einschränken. Daneben ist System 3 für die optimale Zuteilung von Ressourcen an die Systeme 1 sowie für die Überwachung der planmäßigen Verwendung dieser Ressourcen zuständig. Um diese Aufgabe auch in einem von ständigen Veränderungen geprägten Umfeld gut wahrzunehmen, stehen System 3 mehrere direkte Kommunikationsverbindungen nach oben (zu den Systemen 4 und 5) und nach unten (zu den Systemen 1 und 2) zur Verfügung. Neben einer vertikalen Befehlsachse, die von oben (über System 3) nach unten verläuft, bestehen auch direkte Kommunikationskanäle von unten nach oben, mit denen System 3 Informationen über die Bemühungen und die Belastungen der Systeme 1 und 2 einholt (Malik 1992). In Unternehmen werden die Rollen des Systems 3 überwiegend von der Human Ressource-Abteilung abgedeckt (Jackson 2003). Vom Gesamtsystem aus betrachtet, sind die Aktivitäten der Systeme 1-3 nach innen gerichtet und fokussieren vor allem auf das Aufrechterhalten der internen Stabilität (Malik 1992).
- *System 4:* Die Lebensfähigkeit eines Systems ist auch von Informationen über die Systemumwelt abhängig. Aufnahme, Verarbeitung und Weiterleitung dieser Umweltinformationen an die Systeme 3 und 5 sind Kernaufgabe von System 4. System 4 weist gewisse Funktionen von Stäben auf, geht aber weit

über diese beratende Informationsverarbeitung hinaus, weshalb es sich auch direkt auf der vertikalen Befehlsachse befindet. Typische Funktionen in einer Organisation umfassen Forschung und Entwicklung, strategisches Marketing, Marktforschung, Strategiefindung, Unternehmensplanung, Marketing und Kommunikation etc. System 4 beschränkt sich idealerweise nicht nur auf Beobachtung der Marktentwicklung, sondern versucht diese auch aktiv, durch umfangreiche Kommunikationsprozesse mit System 3, zu beeinflussen.

- *System 5:* Die Ausbalancierung von internem und externem Gleichgewicht entsteht durch das Zusammenwirken der Systeme 3 und 4 und wird von System 5 überwacht und beeinflusst. Können sich die Systeme 3 und 4 nicht über einen gemeinsamen Kurs einigen, trifft System 5 die endgültige Entscheidung. Sollte System 5 die Entscheidung von System 3 und 4 befürworten, ist kein Eingriff vonnöten. System 5 bildet daher die oberste Entscheidungsebene mit den Hauptaufgaben, logische Schlussfolgerungen zu treffen und System 3 und 4 zu beobachten. Malik zufolge lässt sich entlang der vertikalen Befehlsachse, eine prägnante Charakterisierung der Hauptfunktion jedes Systems wie folgt zusammenfassen:
- System 1: Was geschieht jetzt und hier?
- System 2: Koordination der Systeme 1
- System 3: Was wird demnächst passieren?
- System 4: Was könnte im Rahmen vage erkennbarer Entwicklungstendenzen passieren?
- System 5: Was sollte unter Berücksichtigung aller Informationen passieren? (Abb. 3.3)

Ein lebensfähiges System zeichnet sich hierbei dadurch aus, dass es sich an äußere und innere Änderungen anpassen kann, indem es Informationen aus der Umwelt sinnvoll verwertet und entsprechend operiert. Das folgend skizzierte Fallbeispiel um das Projekt *Cybersyn* („*cyber*netic *syn*ergy") stellt dabei eines der bekanntesten Anwendungen der VSM-Prinzipien dar. Es war während der chilenischen Regierung Salvador Allendes (1970–1973) ein Versuch, die sozialistische Planverwaltungswirtschaft in Echtzeit durch Computer zu kontrollieren. Im Wesentlichen war es ein Fernschreiber-Netzwerk, das eine Installation der wichtigsten verstaatlichten Fabriken Chiles mit einem Computer vorsah, in dem die aktuellen Daten eingegeben werden konnten – diese reichten von der Kapazität und Auslastung über Rohstoff- und Energiebedarf bis zum Krankenstand der Arbeiter. Über Telefonleitungen sollten diese Daten an einen Zentralrechner in Santiago übermittelt werden und die Software Cyberstride sollte sie in Beziehung

## 3.2 Zwei disziplinübergreifende Zugänge zur resilienten Gesellschaft

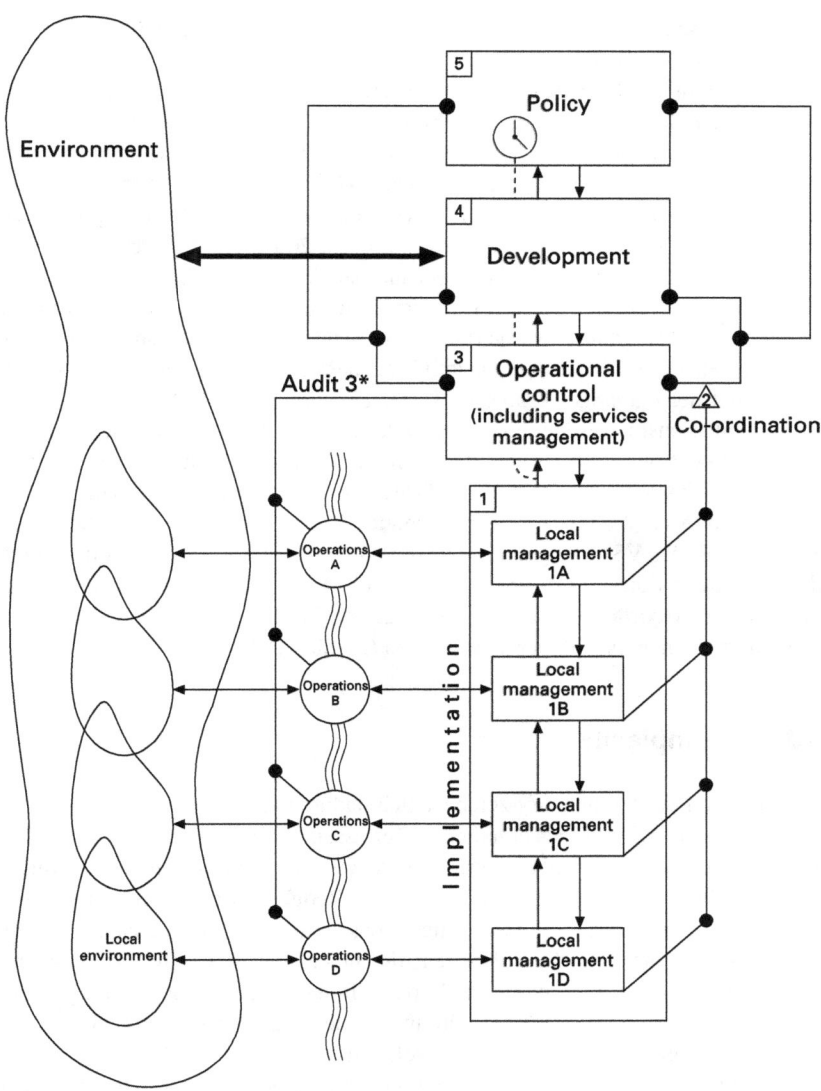

**Abb. 3.3** Das Viable System Model (Jackson 2003, S. 92)

zueinander setzen. Würden die Sollwerte nicht eingehalten, würde das Programm – ähnlich einem Thermostat – Alarm schlagen. Stafford Beer selbst gilt als Hauptarchitekt des Systems. Ein Jahr lang wurde an Cybersyn gebaut, wurde aber nie ganz fertiggestellt (Reh 2015). Den größten Nutzen brachte das System im Oktober 1972, als der mächtige Verband der Transportunternehmer zu einem landesweiten Streik aufrief, und damit ca. 50.000 Fuhrunternehmer die Straßen Santiagos blockierten. Durch die Fernschreiber war es der Regierung möglich, den Lebensmittel-Transport in die Stadt mit ca. 200 regierungstreuen Lkws zu koordinieren. Bemerkenswert ist, dass hierbei das eigentliche Cybersyn-Kernprogramm gar nicht benutzt wurde, sondern das Fernschreibernetzwerk von den Logistikern selbst genutzt wurde, um untereinander Kapazitäten und Touren mitzuteilen. Später sahen der Finanzminister damalige Finanzminister Fernando Flores und der damalige technische Leiter der Gruppe, Raúl Espejo, in diesem Kommunikationsmuster einen der ersten Ansätze des heutigen Internet – was so aber nicht beabsichtigt war. Trotzdem wird es heute als „sozialistisches Internet" bezeichnet (Barrionuevo 2008). Das Projekt wurde allerdings mit dem Militärputsch von Augusto Pinochet und Allendes Suizid abrupt beendet, bevor die Wirksamkeit des VSM langfristig getestet werden konnte. Auch nach dem Ende des Projektes ist diese Software weiterentwickelt worden und im Jahr 1985 unter dem Namen „Coordinator" kommerziell auf den Markt gekommen. Später ist das Programm dann an Novell verkauft worden (Medina 2011).

### 3.2.2 Complexify

Die Tradition des Complexify zeichnet sich dadurch aus, dass sie komplexe Phänomene in ihrer Vieldimensionalität zu erfassen versucht. Im Gegensatz zum Simplify versucht sie daher nicht, Komplexität auf zugrunde liegende Muster herunterzubrechen. Im Gegenteil, versucht sie Reduktionismen weitestgehend zu vermeiden. Hier wird davon ausgegangen, dass unterschiedliche Disziplinen verschiedene Geltungsbereiche aufweisen, die nicht aufeinander reduziert werden können. Eine noch wenig beachtete Vorreiterfunktion nimmt „Rethinking Social Theory" von Roger Sibeon (2004) ein, in welcher er z. B. mit Bezug auf die Beiträge von Margaret Archer, Nicos Mouzelis und Derek Layder Kriterien benennt, die für eine ganzheitliche Methodologie unabdingbar sind. Dabei definiert er u. a. „vier Todsünden", die in gegenwärtigen geisteswissenschaftlichen Diskursen

## 3.2 Zwei disziplinübergreifende Zugänge zur resilienten Gesellschaft

begangen werden und denen mit einer ganzheitlichen Methodologie vorgebeugt werden könne:

1. *Reduktionismus:* Komplexitäten des sozialen Lebens auf eine einzige Erklärung zurückzuführen, wie z. B. „Rational Choice", „Risikogesellschaft", „Patriarchat" etc.
2. *Verdinglichung:* Entitäten, die keine Akteure bzw. Agenzen sind, Agenz zuzuschreiben. Wie unten noch näher darzustellen, sollte zumindest zwischen Akteuren und Strukturen unterschieden werden.
3. *Essenzialismus:* Von einer Homogenität sozialer Phänomene auszugehen und sozialen Kategorien, wie „Männer", „Arbeiterklasse", „das Gesetz" etc. mehr Einheitlichkeit zuzuschreiben, als sie eigentlich aufweisen.
4. *Funktionale Teleologie:* Zirkelschlüssige Argumentation, die darauf hinausläuft, Ursachen sozialer Phänomene mit ihrem Ergebnis zu erklären. Ein Beispiel wäre, das Bestehen der Institution „Ehe" damit zu erklären, dass die Ehe ein System mit einem Selbsterhaltungsinteresse ist (Sibeon 2004).

Das Werk von Sibeon steht exemplarisch für einen sich langsam herausbildenden metatheoretischen oder auch „Holismusdiskurs"[2] in den Geisteswissenschaften.

Typische Werkzeuge einer im Rahmen von Complexify beabsichtigten Wissensintegration sind Modelle, die es ermöglichen, die Wissensinhalte und Methodologien unterschiedlicher Disziplinen zu kategorisieren und zusammenzuführen. Das hierfür typische Verfahren besteht darin, möglichst viel wissenschaftliches Material zu sichten, kritisch zu prüfen und Aussagen auf einer allgemeinen Grundlage zu formulieren. Die beiden verbreitetsten Modelle sind das in den folgenden Unterkapiteln näher dargestellte Quadrantenmodell und das Entwicklungsebenenmodell.

Das Quadrantenmodell basiert auf der Annahme, dass es mehrere fundamentale Perspektiven auf die Welt gibt, die sich nicht aufeinander reduzieren lassen und die in einer jeweils anderen „Sprache" codiert sind. Typische Beispiele für Modelle, die drei Dimensionen unterscheiden, sind Karl Poppers drei „Welten" (Welt 1 [Ich], Welt 2 [Es] und Welt 3 [Wir]) oder Jürgen Habermas' drei Geltungsansprüche (Wahrheit [Objekte], Aufrichtigkeit [Subjekte], Gerechtigkeit [Intersubjektivität]). Verbreitet sind derzeit vor allem vier-dimensionale Modelle, meist in Form eines Vier-Quadranten-Modells. Die einzelnen Dimensionen und

---

[2]Eine Wortneuschöpfung von mir.

ihre nicht aufeinander reduzierbaren Geltungskriterien sollen im Folgenden kurz skizziert werden:

- *Individuell-objektiv (Es-Perspektive): Empirische Wahrheit:* Diese Perspektive folgt dem Geltungskriterium der „empirischen Wahrheit" und bezieht sich auf alle Faktoren, die messbar oder zumindest objektiv beobachtbar sind. Erfasst wird dieser, in der „Es"-Sprache codierte, Quadrant mit quantitativen, positivistischen und empirischen Methoden (Popper 2004; Sibeon 2004 und Layder 1997). Im Rahmen von Resilienz interessieren unter anderem das beobachtbare Resilienzverhalten und physische Resilienzfaktoren von Individuen sowie z. B. soziale und ökonomische Indikatoren.
- *Individuell-subjektiv (Ich-Perspektive): Wahrhaftigkeit:* Diese Perspektive beinhaltet ausschließlich Inhalte, die in der eigenen Subjektivität erspürbar sind, z. B. Intentionen, Gefühle und Gedanken (Popper 2004) und Selbst-Identität (Sibeon 2004; Layder 1997). Diese Aspekte erschließen sich nicht über die empirische Beobachtung einer objektiv überprüfbaren Wahrheit (z. B. ob es draußen regnet), sondern über die Interpretation des subjektiven Erlebens (z. B. wie er den Regen empfindet). Abgedeckt wird dieser Quadrant von qualitativen Methodologien, die in der „Ich"-Sprache codiert sind: Von der Psychoanalyse, der Tiefenpsychologie, der Phänomenologie, bis hin zu meditativen Praktiken. Typischerweise deckt dieser Quadrant einen Großteil der Aspekte ab, die im Rahmen der psychischen Resilienz diskutiert werden, wie z. B. die psychischen Resilienzfaktoren.
- *Kollektiv-subjektiv (Wir-Perspektive): kulturelle Bedeutung:* Die Inhalte der Ich-Perspektive sind stets eingebettet in einen intersubjektiven Kontext, der ihr erst eine Bedeutung gibt. Der intersubjektive Geltungsanspruch ist „kulturelles Passen". Hier steht das gegenseitige Verständnis, basierend auf einer gemeinsamen Vorstellung von „richtig", „falsch", „normal" etc., im Vordergrund. Diese „Wir"-Perspektive macht deutlich, dass sich Akteure auf einen gemeinsamen Bedeutungskontext verständigen können (Popper 2004). Typischerweise beinhaltet dieser Quadrant Inhalte, wie z. B. Moral, Ethik, Sprache und gemeinsame Symbole (Sibeon 2004; Layder 1997) bzw. Kultur im Allgemeinen (Lederach 2003). Diese Inhalte erschließen sich unter anderem durch konstruktivistische Theorien, wie z. B. Sozialpsychologie oder qualitative Soziologie. Im Rahmen der resilienten Gesellschaft interessiert aus diesem Blickwinkel, wie Bedrohungen kollektiv wahrgenommen werden und welche Schutzfaktoren sich aus ebendieser kollektiven Wahrnehmung und Kultur ergeben.

- *Kollektiv-objektiv (Es Plural bzw. Sie-Perspektive): Funktionalität:* Im Gegensatz zur Es-Perspektive werden hier keine direkt messbaren Daten und Fakten ermittelt (wie z. B. wirtschaftliche Kennzahlen, neurologische Aktivitäten oder beobachtbare Verhaltensweisen). Demgegenüber interessiert mehr das diesen Daten und Fakten zugrunde liegende Muster. Dies können beispielsweise Big Data-Algorithmen, die nach Auswertung aller Daten und Fakten vorauszuberechnen helfen, wie sich das beobachtete System als nächstes „verhält". Oder systemische Feedback-Schleifen, die erklären, wie sich ein Konflikt aus einem Zusammenspiel des Verhaltens der Konfliktparteien „am Leben erhält". Dabei interessiert nicht der Blick auf das Verhalten der Parteien selbst, was eher typisch für die Es-Perspektive wäre. Im Gegensatz zur Wir-Perspektive interessiert auch nicht die innere kulturelle Bedeutung eines Systems, z. B. die kollektive Wahrnehmung und immanente Kultur und Wertestruktur einer Gesellschaft. Vielmehr liegt der Schwerpunkt der Betrachtung auf der äußeren Funktionalität der Phänomene, also ob sie einen stabilisierenden oder destabilisierenden Effekt auf das System „Gesellschaft" haben. Typische Ansätze, die ihren Schwerpunkt in dieser Dimension haben, finden sich im Systemdenken (Fathi 2019a). Aber auch gesellschaftliche Strukturen und Institutionen werden vor allem im Rahmen dieses Quadranten untersucht (Lederach 2003).

Grafisch lassen sich die wesentlichen Inhalte der vier Quadranten wie folgt zusammenfassen (Tab. 3.1):

**Tab. 3.1** Vier Quadranten (basierend auf Lederach 2003; Sibeon 2004, S. 108–110; Layder 1997, S. 2–4)

|  | Subjektiv | Objektiv |
|---|---|---|
| Individuell | **Ich-Perspektive:** Motive, Gefühle, Gedanken, innere Handlungsantriebe Methodologie: Qualitative Erhebung, Psychotherapie, Phänomenologie, Meditation Geltungskriterium: Wahrhaftigkeit | **Es-Perspektive:** Messbares (Zahlen, Fakten), Beobachtbares (Verhalten) Methodologie: Quantitative Methoden, basierend auf Positivismus, Empirismus, Behaviorismus Geltungskriterium: Wahrheit |
| Kollektiv | **Wir-Perspektive:** Gemeinsam geteilte Bedeutungen (Kultur, Normen, Werte, Ethik etc.) Methodologie: Sozialpsychologie, qualitative Soziologie etc. Geltungskriterium: Kulturelle Bedeutung | **Sie-Perspektive:** Strukturen, Systeme, Muster, Feedbackschleifen Methodologie: Systemtheorie, Strukturalismus, Big Data-Algorithmen Geltungskriterium: Funktion/Funktionalität |

Es liegt nahe, den rechten beiden Quadranten auch die PESTLE-Faktoren zuzuordnen. Dieses Akronym steht für die Bereiche *Political, Economic, Sociological, Technological, Legal, Environmental* und repräsentiert die typischen Faktoren der externen Umweltanalyse. Dabei ließe sich jedes dieser Bereiche wiederum im Lichte der vier Quadranten analysieren.

## 3.3 Fazit

Angesichts der Komplexität heutiger Krisen kommt die Konzeption gesellschaftlicher Resilienz nicht an einem disziplinübergreifenden Ansatz vorbei. Genau genommen, erfordert die resiliente Gesellschaft einen transdisziplinären Ansatz, also einen Ansatz, der das Wissen unterschiedlicher Disziplinen durchdringen und in einen Zusammenhang zu bringen hilft. Im Vergleich zur Multi- und Interdisziplinarität zeichnet sich der transdisziplinäre Ansatz durch den höchsten Integrationsgrad aus. Insgesamt lassen sich zwei transdisziplinäre Denkrichtungen unterscheiden, die für unsere späteren Überlegungen bezüglich einer vielfach gewappneten (multiresilienten) Gesellschaft von Bedeutung sind: Der Einfachheit halber nennen sie sich Simplify und Complexify.

Der Simplify-Ansatz, typischerweise repräsentiert durch das Systemische Denken, durchdringt Komplexität und bricht sie auf ihre „systemerhaltenen" Wesensmerkmale und Operationen herunter. So wird ein soziales System (wie z. B. eine Gesellschaft) durch die Operation „Kommunikation" bestimmt – dies illustrierte auch das am Viable Systems Model dargestellte Fallbeispiel Cybersyn. Der andere transdisziplinäre Ansatz, Complexify, wird oft auch als „integral" bezeichnet und zeichnet sich durch Metakategorien dadurch aus, Reduktionismen zu vermeiden und Wissens- und Perspektivenvielfalt Metakategorien zuzuordnen. Aus dieser Perspektive zeigt sich die resiliente Gesellschaft als ein vieldimensionales Gebilde – keine dieser Dimensionen wäre im Zuge der Resilienzförderung zu vernachlässigen. Was dies konkret bedeuten kann, wird im nächsten Kapitel veranschaulicht.

Der Complexify-Ansatz weist den Vorteil auf, Wissen und Standpunkte aus unterschiedlichen Disziplinen (z. B. Psychologie aus dem Quadrant Oben-Links und Wirtschaftswissenschaft aus dem Quadrant Oben-Rechts) in einen komplementären Zusammenhang stellen zu können. Dies ermöglicht einen angemessen vielperspektivischen Blick auf die Krisen und Schutzfaktoren unserer Zeit. Der Nachteil besteht darin, dass sich aus diesem Ansatz wenig praktische Handlungsempfehlungen ergeben und dass er keine Antwort darauf liefert, wie mit

## 3.3 Fazit

Nicht-Wissen und Unvorhersehbarkeit umgegangen werden kann. An dieser Stelle dürfte der Simplify-Ansatz einen höheren Mehrwert liefern. Hier wird davon ausgegangen, dass es sich bei komplexen Systemen, wie z. B. Krisen oder Gesellschaften, um „Blackboxes" handelt. Aus dieser Perspektive wird bewusst Nicht-Wissen in Kauf genommen und zugleich eine Methode des experimentellen Herangehens, um Wissen über das komplexe System zu gewinnen. Auch diesen, für die resiliente Gesellschaft zentralen Aspekt, gilt es im nächsten Kapitel näher zu beleuchten. Auf der Basis der beiden transdisziplinären Ansätze werden die wesentlichen Komponenten einer multiresilienten Gesellschaft skizziert.

# Fünf Prinzipien einer multiresilienten Gesellschaft

Was zeichnet eine gegenüber vielfältigen Krisen gewappnete Gesellschaft aus – sei es einer Wirtschaftskrise, einer Naturkatastrophe, Cyberterrorismus oder der Flüchtlingskrise? In diesem Kapitel skizziere ich mehrere allgemein gefasste Prinzipien für eine „multiresiliente" Gesellschaft.

## 4.1 Ableitung allgemeiner Prinzipien für eine multiresiliente Gesellschaft

Die resiliente Gesellschaft des 21. Jahrhunderts dürfte vor mindestens drei zentralen Herausforderungen stehen:

1. In einer interdependenten Welt lassen sich die Krisen und Risiken nicht hinreichend aus der beschränkten Sicht nur einer Perspektive erfassen. Demzufolge wird ein einzelner Schutzfaktor oder Problemlösungsansatz, sei er z. B. politisch, wirtschaftlich oder sozial ausgerichtet, meist nicht ausreichen. Es bedarf vernetzter Ansätze, die die Ressourcen unterschiedlicher gesellschaftlicher Akteure berücksichtigen.
2. Die Interdependenz und Komplexität heutiger moderner Gesellschaften geht mit dem Umstand einher, dass sich Schutzfaktoren als Risikofaktoren erweisen können und umgekehrt. Wie lassen sich dabei Verwundbarkeiten reduzieren und Schutzfaktoren erhöhen?
3. Heute fassen wir Krisen mit VUKA, sprich: Volatilität, Unvorhersehbarkeit, Komplexität und Ambiguität. Sie beinhalten daher ein hohes Maß von Nicht-Wissen. Wie kann mit Krisen umgegangen werden, die nicht prognostiziert werden können, ja, die womöglich noch nicht einmal gedacht sind?

Passende Antworten auf diese Herausforderungen ergeben sich mit dem Wechsel der Abstraktionsebene und auf der Grundlage eines transdisziplinären Ansatzes. Die beiden Resilienzforscher Andrew Zolli und Ann Marie Healy leisteten in ihrem vieldiskutierten Buch „Why Things Bounce Back" (2012) einen wertvollen Pionierbeitrag hinsichtlich der Frage, ob und inwieweit es „Muster" (Patterns) oder verallgemeinerbare „Prinzipien" gibt, die disziplin- und krisenübergreifend resiliente Systeme auszeichnen. Ihrer Analyse zufolge zeichnen sich die „Patterns of Resilience" vor allem durch 1) Redundanz, 2) engmaschige Feedback-Mechanismen, 3) Entkoppelung von Teilsystemen, 4) die Fähigkeit, sich dynamisch zu reorganisieren, 5) konstruktive Fehlerkultur („the ability to fail gracefully"), 6) starker sozialer Zusammenhalt, 7) Personen, die Verbindungen herstellen („translational leaders"). Die Plausibilität der Analyse von Zolli/Healy lässt sich kaum bestreiten und ist in großen Teilen auch auf unsere Untersuchung übertragbar. Zugleich lässt sie vereinzelt Fragen offen, da sich die von Zolli/Healy aufgeführten Beispiele fast ausschließlich auf resiliente Gemeinschaften beziehen, welche zwar elementarer Bestandteil der resilienten Gesellschaft sind, jedoch nicht mit ihnen identisch sind. Was bedeutet das Pattern „Engmaschige Feedback-Mechanismen" für die Gesellschaft? Zweitens konzentriert sich die Untersuchung von Zolli/Healy fast ausschließlich auf physische Bedrohungen. So erweist sich das Pattern „Redundanz" in der Tat als Vorbereitung auf vielfältige Bedrohungen (so z. B. im Sinne von Vorratshaltung, ökonomischen Rücklagen und Back-Up-Systemen) als notwendig. Subtilere Bedrohungen wie die Flüchtlingskrise, sowie der Aspekt der Konstruktion von Bedrohung in der kollektiven Wahrnehmung einer Gesellschaft werden in der Untersuchung von Zolli/Healy vernachlässigt und von Patterns wie „Redundanz" nicht abgedeckt. Für die Überlegungen in diesem Buch ist jedoch die Frage nach allgemeinen Prinzipien, die eine Gesellschaft unterstützen, sich gegenüber möglichst viele und unterschiedliche Krisenarten zu wappnen, besonders wichtig. Drittens fällt auf, ähnlich wie schon beim oben dargestellten Diskurs um die „echten Resilienzfaktoren" dass die von Zolli/Healy herausgearbeiteten Patterns eher beobachteten Verhaltensmerkmalen resilienter Systeme entsprechen.

Auf der Grundlage einer Auswertung der oben dargestellten Krisenarten (s. Kap. II) und der Beiträge beiden transdisziplinären Traditionen (s. Kap. III), leiten sich fünf allgemeine Prinzipien einer multiresilienten Gesellschaft ab. Sie geben eine grobe und noch recht allgemeine Orientierung darüber, was für die Entwicklung von Multiresilienz mindestens gewährleistet sein müsste:

- Prinzip 1: Die multiresiliente Gesellschaft baut auf resilienten Individuen auf.
- Prinzip 2: Die multiresiliente Gesellschaft kann souverän mit Nicht-Wissen umgehen.

## 4.1 Ableitung allgemeiner Prinzipien für eine multiresiliente Gesellschaft

- Prinzip 3: Die multiresiliente Gesellschaft basiert auf einer Entkopplung und Wissensvernetzung der Teilsysteme.
- Prinzip 4: Die multiresiliente Gesellschaft kommt zu kollektiv intelligenten Entscheidungen.
- Prinzip 5: Die multiresiliente Gesellschaft verfügt über eine ausgeprägte Lernkultur.

Es liegt nahe, dass die fünf Prinzipien interdependent miteinander korrelieren. Zugleich ist zu betonen, dass sie nicht aufeinander reduziert werden können. Jedes dieser Prinzipien hat im oben dargestellten Quadrantenmodell einen jeweils anderen Schwerpunkt. Das Modell verdeutlicht, dass es unabhängig von der Art der Krise für eine Gesellschaft gilt, mindestens diese vier Dimensionen im Blick zu behalten. Diese Dimensionen können, wie oben dargestellt, eine Vielzahl von Schutzfaktoren umfassen. Im Rahmen der nachfolgenden Überlegungen interessiert vor allem, welche allgemeinen Kriterien für eine multiresiliente Gesellschaft relevant sind.

- *Ich-Quadrant (subjektiv):* Dieser Quadrant bildet den Kernbereich der psychischen Resilienz von Individuen ab. Im Zusammenhang mit gesellschaftlicher Resilienz werden oft diverse Indikatoren, insbesondere aus der ländervergleichenden Glücksforschung herangezogen. Diese ermöglichen, dass soziales und emotionales Wohlbefinden, empfundenes Lebensglück, Resilienz und Selbstachtung eingeschätzt werden können, wie sie z. B. im National Accounts on Well-being der nef erhoben werden (Michaelson et al. 2009). Einen anderen Zugang könnte die Ermittlung des durchschnittlichen „Resilienzquotienten" ermöglichen, welcher vom Begründer der Positiven Psychologie und einem dominanten Resilienzforscher, Martin Seligman, entwickelt wurde (z. B. unter Reivich und Shatté 2003). Diese und andere Indikatoren illustrieren (wie in späteren Kapiteln noch näher aufzuzeigen) das soziale Konfliktpotenzial einer Gesellschaft. Allerdings erweisen sie sich, wie oben dargestellt, als nur sehr bedingt übertragbar auf nicht-westliche Gesellschaften und auch nur begrenzt anwendbar auf alle Krisenarten. Im Rahmen des Prinzips 1 *„Die multiresiliente Gesellschaft baut auf resilienten Individuen auf"* ist zu untersuchen, welche allgemeinen Kriterien zu einer höheren allgemeinen psychischen Resilienz beitragen – unabhängig von der Kultur und Krisenart.
- *Es-Perspektive (objektiv):* Diese Dimension umfasst vielfältige empirisch messbare Daten und Fakten, die unter anderem Aufschluss über die Selbstversorgungsfähigkeit der Bevölkerung (Vorratshaltung), physische Schutzeinrichtungen (z. B. Bunker), wirtschaftliche Resilienz (z. B. Produktivität,

Diversität der Branchen und niedrige Verschuldung), Robustheit der technischen Infrastrukturen geben. Auf allgemeinerer, krisenartenübergreifender Perspektive interessiert, wie effektiv eine Gesellschaft und ihre Teilsysteme überhaupt in ihrer Problemlösungsfähigkeit vor allem gegenüber Krisen, die sich nicht vorhersehen lassen, ist. Dieser Frage wird im Rahmen von Prinzip 2, *„Die multiresiliente Gesellschaft kann souverän mit Nicht-Wissen umgehen",* nachgegangen.

- *Sie-Perspektive (interobjektiv):* Aus dieser typisch systemischen Perspektive erschließt sich, wie überlebensfähig das Gesamtsystem vor allem hinsichtlich seiner Kommunikationsstrukturen ist. Niklas Luhmann setzt als Element sozialer Systeme (und damit von Gesellschaften) Kommunikation und nennt solche Systeme folgerichtig „Kommunikationssysteme". Kommunikation kann problemlösungsfunktionaler oder -dysfunktionaler ablaufen. Insofern hängt von der Art der Kommunikation entscheidend ab, wie adäquat es einer Gesellschaft gelingt, ihre kollektiven Ressourcen und ihre „Schwarmintelligenz" angesichts komplexer Herausforderungen zu nutzen. Diesen sehr komplexen Überlegungen widmen wir uns im Rahmen von Prinzip 3 *„Die multiresiliente Gesellschaft basiert auf einer Entkopplung und Wissensvernetzung der Teilsysteme"* und Prinzip 4 *„Die multiresiliente Gesellschaft kommt zu schnellen und guten Entscheidungen".*
- *Wir-Quadrant (intersubjektiv):* Diese Dimension spiegelt die aus kollektiver Wahrnehmung resultierenden Risiko- und Schutzfaktoren einer Gesellschaft wider. Typische ländervergleichende Indikatoren, die auf diese Resilienzdimension hindeuten, umfassen unter anderem zwischenmenschliches Vertrauen und Toleranz einer Bevölkerung. Beides wird von der Gallup World Poll und dem World Values Survey ermittelt (Medrano 2012). Ein weiterer Indikator wäre „Trust and belonging" und „supportive relationships", erhoben durch die nef (Michaelson et al. 2009). Wie bereits erwähnt, entziehen sich jedoch weitere Aspekte des kollektiven Resilienzgeistes einer indikatorengestützten Analyse. Beispielhaft sei hier erwähnt, wie Gesellschaften kollektiv Bedrohungen wahrnehmen, wie vom IRS Leibniz Institut untersucht. Auch dürfte sich der kollektive Resilienzgeist von Kultur zu Kultur sehr unterschiedlich ausprägen. Im Rahmen des Resilienzprinzips 5 *„Die multiresiliente Gesellschaft verfügt über eine ausgeprägte Lernkultur",* wird erörtert, welche allgemeinen Kriterien eine resiliente Kultur auszeichnen – unabhängig der Tatsache kultureller Unterschiede.

## 4.1.1 Prinzip 1: Die multiresiliente Gesellschaft baut auf resilienten Individuen auf

Dass die Resilienz einer Gesellschaft in hohem Maße auch von der Resilienz ihrer Bürgerinnen und Bürger abhängt und darauf aufsetzt, dürfte kaum zu bestreiten sein. Was aber genau eine allgemeine Resilienz auszeichnet, die eine Person fit in vielfältigen Krisen macht, ist nicht eindeutig zu beantworten. Alleine schon der Begriff der individuellen Resilienz selbst hat seit Mitte des 20. Jahrhunderts enorme Wandlung erfahren. Noch zu Zeiten der Pionierstudien von Emmy Werner bezeichnete Resilienz vor allem eine spezielle Eigenschaft von Personen, insbesondere Kindern, die ihre psychische Gesundheit unter Bedingungen zu erhalten, unter denen die meisten Menschen zerbrochen wären (z. B. Armut, Flüchtlingssituationen etc.). Später wurde die Bedeutung auf Grundlage der Erkenntnis ausgeweitet, dass psychische Widerstandsfähigkeit nicht nur in Extremsituationen, sondern immer von Vorteil ist – z. B. angesichts zunehmender Belastungen in der Arbeitswelt. Eine auf vielfältige Krisen anwendbare Resilienz müsste auf sämtliche Kontexte – sowohl den Dauerstress des Alltags, als auch außergewöhnliche Ereignisse, wie einem terroristischen Angriff – anwendbar sein. Was zeichnet eine solche Resilienz aus und wie lässt sie sich systematisch fördern?

Eine bis heute in Resilienztrainings verbreitete Orientierungsmarke ist die Annahme so genannter „Resilienzfaktoren". Im deutschsprachigen Raum werden meist die folgenden „sieben Säulen der Resilienz" genannt (im Folgenden Wellensiek 2011):

- Eine *optimistische* Lebenseinstellung;
- *Akzeptanz:* Die Fähigkeit, Dinge die nicht verändert werden können, anzunehmen und sich auf die eigenen Handlungsoptionen zu besinnen;
- *Lösungsorientierung:* Sich nicht auf Probleme versteifen, sondern nach Auswegen zu suchen und sie konkret anzusteuern;
- *Verlassen der Opferrolle:* Sich in Krisensituationen nicht als ausgeliefert zu empfinden;
- *Übernahme von Verantwortung* für das eigene Leidempfinden und Ergreifung aktiver Maßnahmen, um die eigene Situation zu ändern;
- *Netzwerkorientierung:* Die Fähigkeit, Menschen um Hilfe zu bitten und gezielt Kontakte zu aktivieren, die in bestimmten Situationen unterstützen können;
- *Zukunftsplanung:* Die Fähigkeit, langfristig zu denken und das eigene Handeln und Denken danach auszurichten.

In Reaktion hierauf betont Denis Mourlane (2017), dass diese sieben Säulen eine falsche Wiedergabe der Forschungen von Karen Reivich und Andrew Shatté (2003) darstellen, die zusammen mit dem Begründer der Positiven Psychologie, Martin Seligman, das weltweit größte Resilienzforschungs- und -förderungsprogramm auf die Beine gestellt hatten. Demzufolge seien vor allem die Faktoren Akzeptanz, Verlassen der Opferrolle oder Netzwerkorientierung falsch genannt. Obgleich es zwar richtig sei, dass hoch resiliente Menschen Rückschläge schneller akzeptieren, sich seltener als Opfer sehen und sich Unterstützung durch andere Menschen suchen, wären dies aber „nur" Verhaltensweisen, die auf den von Reivich und Shatté definierten sieben Resilienzfaktoren basieren. Mourlane schreibt daher von den „sieben echten Resilienzfaktoren", die mithilfe des auf Reivich und Shatté Programms gemessen (Resilience Factor Inventory) und durch spezifische Trainingsmaßnahmen und Übungen kontinuierlich weiterentwickelt werden können. Bei diesen „echten Resilienzfaktoren" handelt es sich um (im Folgenden Mourlane 2017; Reivich und Shatté 2003):

1. *Emotionssteuerung:* die Fähigkeit, unter Druck ruhig zu bleiben.
2. *Impulskontrolle:* die Fähigkeit, sein eigenes Verhalten in Drucksituationen zu steuern, nicht den ersten Impulsen nachzugeben und die Dinge zu Ende zu bringen.
3. *Kausalanalyse:* die Fähigkeit, Probleme treffend zu analysieren und Gründe für Erfolge und Misserfolge richtig einschätzen können.
4. *Empathie:* die Fähigkeit, sich auf der Basis von beobachteten Verhalten, in die psychologische und emotionale Lage eines anderen Menschen zu versetzen.
5. *Realistischer Optimismus:* die Überzeugung, dass sich Dinge zum Guten wenden können und werden sowie die Fähigkeit, auch in sehr schwiergien Situationen eine Sinnhaftigkeit und etwas Positives zu sehen.
6. *Selbstwirksamkeit:* der Wunsch, Herausforderungen anzunehmen, und unsere Überzeugung, dass wir durch unser eigenes Handeln, Dinge verändern können.
7. *Zielorientierung (Reaching-Out):* die Fähigkeit, sich neue Ziele zu setzen und diese, überwiegend, unabhängig von der Meinung anderer, zu verfolgen und umzusetzen.

Im direkten Vergleich deutet sich an, dass sich die Faktoren beider Resilienzmodelle weitgehend decken oder zumindest miteinander zusammenhängen. So setzt Emotionssteuerung Akzeptanzhaltung voraus und erst Empathie ermöglicht es, stützende Netzwerke zu bilden. Selbstwirksamkeitsüberzeugung führt zu einem Verlassen der Opferrolle und Zukunftsplanung setzt Zielorientierung voraus. Die Fähigkeit der Kausalanalyse korreliert schließlich direkt mit dem Faktor Eigenverantwortung zusammen.

## 4.1 Ableitung allgemeiner Prinzipien für eine multiresiliente Gesellschaft

Auch über die Resilienzforschung hinaus fällt eine weitgehende Deckungsgleichheit mit den Faktoren anderer Ansätze hinsichtlich der Widerstandsfähigkeit von Menschen auf. Der bekannteste Ansatz außerhalb der Resilienzforschung, der aber dennoch meist im Zusammenhang mit individueller Resilienz diskutiert wird, ist das vom israelisch-amerikanischen Medizinsoziologen Aaron Antonovsky (1923–1994) geprägte Konzept der „Salutogenese". Dieser Ansatz übersetzt sich mit *„Gesundheitsentstehung"* und erforscht Faktoren, die zur Entstehung (Genese) und Erhaltung von Gesundheit (salus) führen. Der Ausdruck versteht sich als komplementärer Begriff zum noch in der Schulmedizin vorherrschenden Konzept der „Krankheitsbewältigung", sprich: Pathogenese („Krankheitsentstehung"). Im Zentrum des Konzepts von Antonovsky steht das Kohärenzgefühl-Modell (SOC, sprich: „Sense of Coherence"). Es bildet die Grundlage der psychischen Widerstandsfähigkeit in der eigenen Lebensführung und beschreibt ein Grundgefühl des Vertrauens in die eigenen Fähigkeiten und der „Stimmigkeit" zwischen der eigenen Weltwahrnehmung und erlebten Ereignissen. Der SOC basiert auf drei Komponenten, die das Resilienzfaktormodell teilweise ergänzen, teilweise sich mit ihm überschneiden:

- *Verstehbarkeit:* Die Fähigkeit, die Umwelt zu verstehen und sinnvoll zu interpretieren.
- *Machbarkeit:* Die Überzeugung, Situationen und Probleme aktiv zu bewältigen.
- *Sinnhaftigkeit:* Das Vertrauen, dass das Leben einen tieferen Sinn hat (Antonovsky 1979).

Ein anderes Konzept, das Aspekte der persönlichen Widerstandsfähigkeit umschreibt, wurde von 1979 von Suzanne C. Kobasa eingeführt: *Hardiness*. Hardiness übersetzt sich direkt mit „Widerstandsfähigkeit" und bezeichnet Persönlichkeitsmerkmale, die Menschen trotz großer Belastungen und kritischer Lebensereignisse vor Krankheit zu schützen vermögen. Dabei steht der individuelle Umgang mit Stressfaktoren („Stressoren") im Vordergrund. Im Wesentlichen enthält Hardiness drei weitere Komponenten, die die oben bereits dargestellten Widerstandsfaktoren ergänzen und bestätigen:

- *Commitment* (Engagement und Selbstverpflichtung) bedeutet Neugier auf das Leben. Damit ist das Bestreben einer Person gemeint, sich selbst mit allem, was sie tut oder was ihr begegnet, zu identifizieren und dafür zu engagieren. An dieser Stelle deutet sich eine Überschneidung mit „Impulskontrolle" aus dem Resilienzmodell an.

- *Control* (Kontrolle) meint das Gegenteil von Hilflosigkeit gemeint. Personen mit hoher Kontrolle erleben Ereignisse nicht als etwas Fremdes, sie Überwältigendes, weil sie sehen, dass ihnen verschiedene Möglichkeiten der Reaktion und Entscheidung zur Verfügung stehen. Dieser Faktor überschneidet sich mit der Komponente „Machbarkeit" aus der Salutogenese.
- *Challenge* (Herausforderung) meint schließlich, dass Veränderungen nicht als Bedrohung wahrgenommen werden, sondern als positive Chance und damit als Gelegenheit für neue Erfahrungen und Anreiz zu weiterem Wachstum (Kobasa 1979).

Ein drittes Konzept ist das von Charles S. Carver entwickelte Coping-Modell. Es wurde Ende der 1980er Jahre von ihm popularisiert und beschreibt die Art des Umgangs mit einem als bedeutsam und schwierig empfundenen Lebensereignis oder einer Lebensphase. Im Wesentlichen unterscheidet Coping zwischen adaptiven und maladaptiven Strategien der Bewältigung. Demnach zeichnet sich ein widerstandsfähiger Mensch durch Bewältigungsstrategien aus, die sich durch eine hohe Anpassungsfähigkeit an die gegebenen Verhältnisse auszeichnen. Ein psychologischer Test zur Messung des Umgangs mit Stress (COPE) wurde 1989 von Charles Carver entwickelt. Er erfasst 14 unterschiedliche Coping-Strategien und wird häufig für die Erforschung der Ursachen von Stress und deren Bewältigung eingesetzt (Knoll et al. 2005). Die Strategien werden wie folgt klassifiziert:

Effektive Coping-Strategien

- Proaktive Vermeidung von Stress
- Aktive Beseitigung der Ursachen
- Suche nach Unterstützung durch Freunde
- Abreagieren
- Positiv denken
- Humor

Ambivalente Coping-Strategien

- Ablenkung
- Schicksal akzeptieren
- Zuflucht in Religion

## Ineffektive oder riskante Coping-Strategien

- Stress verleugnen
- Gebrauch von Alkohol und Drogen
- Aufgeben
- Selbstvorwürfe

Aus einer Gegenüberstellung der hier genannten Modelle ergeben sich folgende Korrelationen und wechselseitige Ergänzungen (Tab. 4.1):
Die vielfältigen Korrelationen deuten auf mehrere verallgemeinerbare psychische Merkmale hin, die eine widerstandsfähige Person auszeichnen. Dafür spricht, dass die hier skizzierten Modelle an unterschiedlichen Krisenkontexten erforscht wurden – so z. B. Stress und Burnout (Coping), Lebenskrisen (Hardiness), Bewältigung von traumatisierenden Ereignissen und Krankheit (Salutogenese), Selbstentwicklung unter widrigen Umständen (Resilienz). Dennoch erweist es sich als nicht unumstritten, von „universellen" Faktoren auszugehen.

**Tab. 4.1** Unterschiedliche Modelle und Strategien zur Förderung individueller Widerstandsfähigkeit im Vergleich

| Resilienz | Salutogenese | Coping (effektive und ambivalente Strategien) | Hardiness |
|---|---|---|---|
| Impulskontrolle | | | Engagement/ Selbstverpflichtung |
| Kausalanalyse | Verstehbarkeit | | |
| Selbstwirksamkeit | Machbarkeit | Aktive Beseitigung der Ursachen | Kontrolle |
| | | Proaktive Vermeidung von Stress | |
| Realistischer Optimismus | Sinnhaftigkeit | Zuflucht in Religion | |
| | | Positiv denken | |
| Empathie | | Suche nach Unterstützung | |
| Emotionssteuerung | | Schicksal akzeptieren | |
| | | | Herausforderung |
| | | Abreagieren | |
| | | Ablenkung | |
| | | Humor | |

So weist die zweite Welle der Resilienzforschung darauf hin, dass ein Schutz- oder Resilienzfaktor in bestimmten Kontexten auch zu einem Risikofaktor werden kann (z. B. Optimismus) und dass Resilienz situationsspezifisch sein kann – so erweisen sich Menschen in einer bestimmten Lebenssituation als verhältnismäßig resilient und lassen sich aber von einer anderen Situation verhältnismäßig schnell überwältigen. Trotz dieser Einschränkungen, ändert dies nichts daran, dass sich Krisenfähigkeit systematisch entwickeln lässt.

Zwar belegen Studien, dass Resilienz zu einem gewissen Anteil angeboren ist. Resilienz ist jedoch stets zu einem erheblichen Anteil erlernbar. Neuere Studien legen sogar nahe, dass Menschen, deren angeborene Resilienz relativ gering ausfällt, ein größeres Potenzial aufweisen, Resilienz zu erlernen (Drath 2014).

In der gegenwärtigen Praxis der individuellen Resilienzförderung finden sich viele methodische Zugänge. Die Instrumente der kognitiven Verhaltenstherapie und der Positiven Psychologie haben sich vor allem in der Bearbeitung von belastenden Glaubenssätzen bewährt. Mit „belastende Glaubenssätze" sind Interpretationen und Bewertungen von Ereignissen gemeint, die sich für andere Augen so nicht direkt aus dem objektiv betrachteten Ereignis ergeben, sondern aus persönlichen (Ein-)Stimmungen heraus resultieren. Menschen fühlen sich in verhältnismäßig gleichen Situationen keineswegs gleich, weil sie diese Situationen unterschiedlich bewerten. So wird sich ein Mitarbeiter mit einer selbstbewussten Grundhaltung auf die Kritik seines Vorgesetzten hin anders fühlen und entsprechend anders reagieren als ein Mitarbeiter mit wenig Selbstbewusstsein. Kognitive Resilienztechniken ermöglichen systematisches Hinterfragen und Umdeuten stressfördernder Grundhaltungen (z. B. Reivich und Shatté 2003). Ein anderer Zugang zur Steigerung der eigenen Resilienz besteht darin, die eigenen Gefühle z. B. mit Atemtechniken aus dem Yoga zu gestalten (z. B. Bönsel 2012). Langfristig wirkende, aber zugleich kontinuierliche Praxis erfordernde Ansätze finden sich in unterschiedlichen Traditionen der Meditation bzw. des Achtsamkeitstrainings (z. B. Lutz et al. 2004). Eine andere Tradition arbeitet ressourcenorientiert (z. B. Wellensiek 2011). Hier geht es darum, systematisch zu reflektieren, welche äußeren und inneren Faktoren Energie entziehen oder liefern und daraus entsprechende Maßnahmen abzuleiten.

Zusammengefasst lassen sich die Dimensionen individueller Resilienz und Resilienzförderung wie folgt skizzieren (Tab. 4.2):

Für die resiliente Gesellschaft liegt im Rahmen dieses Resilienzprinzips die Schlussfolgerung nahe, dass individuelle Resilienzförderung systematisch gefördert werden sollte. Ähnlich wie bereits Daniel Golemans Forderung, die Förderung emotionaler Intelligenz ins Curriculum von Schulen aufzunehmen (Goleman 2001), könnte auch die individuelle Resilienzförderung einen

## 4.1 Ableitung allgemeiner Prinzipien für eine multiresiliente Gesellschaft

**Tab. 4.2** Dimensionen der individuellen Resilienz und resilienzfördernde Disziplinen (inspiriert von Fathi 2016b)

| Resilienzdimensionen | Resilienzfördernde Disziplinen |
|---|---|
| Glaubenssätze/Haltung: kognitive Resilienzfaktoren, z. B. Rückschläge umdeuten, realistischer Optimismus etc. | Kognitive Verhaltenspsychologie/ Positive Psychologie |
| Intuition/Achtsamkeit: Impulskontrolle, Gelassenheit, negative Gedanken und Gefühle loslassen können | Meditation/Yoga |
| Ressourcen: persönliche kurz- und langfristige Strategien, eigene Belastungsgrenzen | Ressourcenorientierte Ansätze/ Salutogenese |
| Eigene Netzwerke: z. B. Vertrauenspersonen, Freunde, Experten, Unterstützer etc. | Ressourcenorientierte Ansätze |
| Werte/Sinn | Ressourcenorientierte Ansätze/ Salutogenese |
| Soziale Kompetenzen: Grenzen setzen können, Konfliktfähigkeit, Empathie, Kommunikationskompetenz etc. | Empathietraining, Konfliktkompetenz, wertschätzende Kommunikation etc. |

Bestandteil der Bildungspolitik zur entsprechenden Kompetenzentwicklung der Bevölkerung darstellen.

Zwei grundlegende Formen der Resilienzförderung, die auf nahezu alle Krisenarten anwendbar sind, dürften einerseits konstante Meditationspraxis[1] und andererseits „Lernen lernen" bzw. „lebenslanges Lernen" darstellen.

Für die vielfach resilienzfördernde Wirkung von Meditation spricht, dass eine immer größere Anzahl von Studien mindestens folgende Wirkungen nach einer

---

[1]Wie bereits oben angedeutet, sei bemerkt, dass Meditationspraxis vor allem bei psychisch kranken Personen nicht zu empfehlen ist. Kontraindiziert ist Meditation bei z. B. Schizophrenie, Borderline-Syndrom, Psychosen und drogen-induzierten Psychosen, Bipolarer Störung und schwerer Narzisstischer Persönlichkeitsstörung. Insbesondere tiefere Konzentrationsmeditation kann wie induzierte Psychose wirken: Phänomene wie Stimmenhören motivieren in der Meditation nicht nur religiös-ideologisches Anpassen, sondern können vorhandene psychische Erkrankungen und Störungen verstärken. Geführte Meditationen hingegen können bereits vorhandene Wirklichkeitsbezugsstörungen vertiefen. Hier besteht weiterhin Forschungsbedarf, um die passenden Methoden für Menschen in unterschiedlichen Lebenssituationen herauszufinden.

bereits achtwöchigen Meditationspraxis (beispielsweise die Durchführung des so genannten „Mindfulness Based Stress Reduction"-Programms) nachweist:

- Steigerung der eigenen Aufmerksamkeit
- Vertiefung des Körper-Gewahrseins und damit eine Verbesserung des eigenen gesundheitsfördernden Verhaltens
- Wahrnehmung der Gedanken und Grübeleien und gleichzeitig ein besserer Umgang damit und die präventive Wirkung u. a. für Depressionen
- Veränderung im Umgang mit Gefühlen, besonders mit schwierigen Gefühlen.[2]

Bei Langzeitmeditierenden lassen sich sogar Veränderungen in der gesamten Hirnstruktur nachweisen (Lazar et al. 2005; Baringa 2003; Carter et al. 2005; Davidson et al. 2003; Lutz et al. 2004). Die Forschungsergebnisse wurden in einer Meta-Studie von 2010 (Bohlmeijer et al. 2010) und 2011 zusammengefasst (Fjorback et al. 2011).

Daran angelehnt, betont das Prinzip des „Lernen lernens" kontinuierliches (lebenslanges) Streben nach Entwicklung, aber auch Selbstbeobachtung und wiederkehrende Reflexion der eigenen individuellen Fähigkeiten, was wiederum indirekte Auswirkungen auf die Lernfähigkeit und Leistungssteigerung der umgebenden Systeme – Organisation und Gesellschaft – hat. Diese Eigenschaft entspricht dem von Peter Senge popularisierten „Personal Mastery" (Senge 1995). Es verwundert nicht, dass dieser Aspekt im Zusammenhang mit dem Aufstieg und der Resilienz Japans und Chinas assoziiert wird. Hierauf wird noch näher in Kap. eingegangen.

### 4.1.2 Prinzip 2: Die multiresiliente Gesellschaft kann souverän mit Nicht-Wissen umgehen

Eine hohe Problemlösungskompetenz setzt nicht nur Integration vorhandenen Wissens voraus, sondern auch kompetenten Umgang mit Problemsituationen, die mit einem hohen Maß an Nicht-Wissen einhergehen. In diesem Zusammenhang wird im aktuellen Komplexitätsdiskurs zwischen simplen, komplizierten, komplexen und chaotischen Problemen unterschieden. Das Ende der 1990er Jahre

---

[2]Eine Auflistung sämtlicher klinischer Studien und Metastudien seit den 2000er Jahren findet sich auf der Seite des MBSR-Verbands: http://www.mbsr-verband.de/mbsr-mbct/forschung.html.

vom Waliser Komplexitätsforscher Dave Snowden entwickelte *Cynefin-Modell* fasst die Ergebnisse vereinfacht zusammen. Im Kontext von Resilienz ist dabei bedeutend, dass das Modell nicht nur eine grobe Unterscheidungsmöglichkeit über Problemtypen bietet, die hinsichtlich Grad, Komplexität und Unvorhersehbarkeit differiert. Es ermöglicht außerdem, dass potenzielle Lösungsansätze entsprechend bearbeitet werden können. Cynefin ist ein walisisches Wort, das sich wörtlich mit „Lebensraum" übersetzt wird, sinngemäß jedoch aussagt, dass wir alle mehrere Vergangenheiten haben, derer wir nur teilweise bewusst sein können: kulturelle, religiöse, geografische, stammesgeschichtliche, usw. (Snowden 2000). Die vier Domänen des Wissens bzw. des Nicht-Wissens lassen sich wie folgt darstellen:

*Simpel (bekanntes Wissen):* Diese Domäne bezieht sich auf Phänomene, deren Beziehung zwischen Ursache und Wirkung für alle offensichtlich ist. Ein Beispiel hierfür ist z. B. eine Rechnungsprüfung in einem Unternehmen. In solchen Fällen ist „eine beste Lösung" klar identifizierbar bzw. es kann auf bewährte Praktiken (best practices) zurückgegriffen werden. Die klassische Herangehensweise im Umgang mit simplen Phänomenen ist Beobachtung, Kategorisieren und Reagieren (Snowden 2000).

*Kompliziert (bekanntes Unwissen):* Komplizierte Phänomene zeichnen sich dadurch aus, dass sie in der Beziehung zwischen Ursache und Wirkung unbekannt sind. Die Problemanalyse erfordert daher die Anwendung von Fachwissen. Das Lösungsziel ist hingegen bekannt. Ein Beispiel hierfür ist die Reparatur einer Industrieanlage. Es ist allgemein bekannt, wie das Lösungsziel auszusehen hat – die Anlage soll wieder voll funktionstüchtig sein. Die Problemursache und -behebung ist hingegen für den Laien unbekannt und bedarf daher der Unterstützung von Fachexperten. Hier gibt es in der Regel keinen „einzig richtigen Weg" und es empfiehlt sich, sich für möglichst viele Lösungsoptionen, welche auch relativ schnell identifiziert werden können, zu öffnen. Hier ist von „guten Praktiken" die Rede (good practices). Die generelle Herangehensweise bei der Bearbeitung komplizierter Herausforderungen ist: Beobachtung, Analyse, Reagieren (Snowden 2000).

*Komplex (unbekanntes Wissen):* Komplexe Phänomene können in ihrer Beziehung zwischen Ursache und Wirkung nur im Nachhinein erklärt werden, aber nicht im Voraus. Anders als komplizierte Systeme, wie z. B. Autos oder Industrieanlagen, sind komplexe Systeme, wie z. B. Menschen, soziale oder ökologische Systemen, mehr als nur die Summe ihrer Teile. Dadurch wird ihr Verhalten nie vollständig berechenbar. Auch ist angesichts von typisch komplexen Herausforderungen, wie z. B. der Entwicklung einer völlig neuartigen Software oder der Bearbeitung eines Konflikts, nie im Voraus absehbar, welcher Lösungsweg und welches Lösungsziel überhaupt richtig ist und wie das Ergebnis aussehen wird.

Die Herangehensweise erfordert einen prozessoffenen Ansatz. Das heißt, ohne das Problem und die beteiligten komplexen Systeme in ihrer Komplexität voll durchschauen zu können, werden aus dem Problemlösungsprozess heraus situationsangemessene Lösungspraktiken entwickelt. Wichtig ist hierzu, die sich aus der Situation ergebenden Ressourcen zu nutzen, systematisch Probierbewegungen zu testen und zeitgleich den Gesamtprozess zu beobachten. Daher ist auch die Rede von so genannten „emergenten Praktiken". Zu den typischen Werkzeugen im Umgang mit komplexen Herausforderungen gehören Snowden und Boone (2007) zufolge: demokratische Großgruppendialoge, ritualisierte Debatten und oder agile Problembearbeitung in gemischten Teams. Die generelle Herangehensweise ist dabei stets: Probieren (Experimentieren), Beobachten, Reagieren. (Snowden und Boone 2007).

*Chaotisch (unbekanntes Unwissen):* Bei chaotischen Phänomenen gibt es gar keine erkennbare Beziehung zwischen Ursache und Wirkung. Sie können nicht mit bewährten Ansätzen (s. simple und komplizierte Domäne) bewältigt werden und da sie sofortiges Handeln erfordern, bleibt auch keine Zeit für Experimente und inkrementelle Probierbewegungen (s. komplexe Domäne) (Snowden 2000). In Organisationen kann Snowden/Boone zufolge eine Methode darin bestehen, parallel Teams mit unterschiedlichen Aufgaben zu betrauen. Das eine würde akutes Krisenmanagement betreiben und das andere würde die aktuelle Situation aufmerksam beobachten und neue Praktiken direkt ausprobieren und dabei auswerten, ob sich diese Praktiken als besser erweisen. Damit soll, so Snowden, sichergestellt werden, dass gehandelt wird und dass zugleich keine sich bietenden Chancen ungenutzt bleiben. Demzufolge ist in chaotischen Situationen der generelle Ansatz: Agieren, Beobachten, Reagieren, und hierfür typische Problemlösungsansätze wären innovative Praktiken (Snowden und Boone 2007). Andere Praktiken, die sich in chaotischen Situationen bewährt haben, ergeben sich vor allem aus den Erfahrungen so genannter „Hochzuverlässigkeitsorganisationen" (High Reliability Organizations). Gemeint sind damit Organisationen, die in einem unklaren und wechselhaften Krisenumfeld operieren (wie z. B. Militär- oder Feuerwehr), womit sie eine natürliche Inspirationsgrundlage für resiliente Organisationen bieten (Weick und Sutcliffe 2001).

**Fünf Metapraktiken der Hochzuverlässigkeitsorganisationen gegen chaotische Phänomene**
Das Konzept der High-Reliability-Organisationen (HRO), zu Deutsch: Hochzuverlässigkeitsorganisationen, hat seinen Ursprung in den Arbeiten einer Forschungsgruppe der University California in Berkeley, die sich

## 4.1 Ableitung allgemeiner Prinzipien für eine multiresiliente Gesellschaft

Mitte der 1980er Jahre mit der Analyse von Organisationen mit hohem Gefährdungspotenzial auseinandersetzte. Dabei wurden Organisationen untersucht, die täglich unter schwierigen Bedingungen mit unvorhersehbaren Risiken arbeiten und zugleich von weit weniger Unfällen und Störungen betroffen waren (und darum „zuverlässig" agieren konnten), als statistisch zu erwarten wäre. Hierzu zählten unter anderem Organisationen aus der Elektrizitätserzeugung und -versorgung, der Flugsicherung, atomar betriebener Flugzeugträger und Kernkraftwerke. Angeregt von diesen Forschungsarbeiten analysierten die Wissenschaftler Karl Weick und Kathleen Sutcliffe weitere Organisationen, wie z. B. Notaufnahmen in Krankenhäusern, Unfalluntersuchungsteams, Feuerwehrmannschaften in der Wald- und Flächenbrandbekämpfung und Verhandlungsteams bei Geiselnahmen (Weick und Sutcliffe 2001). Bei der Analyse von HROs wurde festgestellt, dass sie sich durch besondere Merkmale des achtsamen kollektiven Handelns auszeichneten. Dieses wird durch das Zusammenspiel mehrerer Metapraktiken erreicht (im Folgenden Weick und Sutcliffe 2001):

- *Konzentration auf Fehler:* Mitglieder von HROs hinterfragen ihre eigenen Fähigkeiten und Erwartungen ständig, bleiben dadurch wachsam und sind auf mögliche Fehlerquellen sensibilisiert (Weick und Sutcliffe 2001). So weisen beispielsweise auf Flugzeugträgern die Landungsoffiziere die Piloten in den letzten Flugsekunden auf das Deck ein. Dabei erwarten die Offiziere zwar, dass erfahrene Piloten während des Landeanflugs nicht in Panik geraten. Zugleich wissen sie aus Erfahrung, dass Piloten bei Nachtlandungen die Orientierung verlieren können. Die Offiziere sind darauf sensibilisiert, in der Stimme der Piloten Anzeichen von Anspannung herauszuhören, die darauf hindeuten, dass ihre Erwartung falsch ist und dass die Nachtlandung fehlschlagen könnte.
- *Sensibilität für den Ist-Zustand:* Im Vergleich zu konventionellen Teams und Organisationen reagieren HRO-Teams meist situationsbezogen. Um Fehler in den Betriebsabläufen frühzeitig zu erkennen und weitreichende Auswirkungen aufhalten zu können, streben sie umfassende Kenntnis über die aktuellen betrieblichen Abläufe an. Dies setzt voraus, dass die Mitarbeiter frühzeitig Anzeichen für einen gestörten Betrieb melden und dass alle Mitarbeiter über aktuelle Ereignisse informiert sind. Daher zeichnen sich HROs durch hohe Informationstransparenz aus und fördern die Kommunikation. Kommt es z. B. in Kernkraftwerken zu Auffälligkeiten, werden die unterschiedlichen Fachbereiche

umgehend über die aktuelle Lage informiert. In Meetings und Einsatzbesprechungen wird das Verständnis aller Mitarbeiter für das Gesamtsystem und die komplexen Zusammenhänge gefördert.
- *Abneigung gegen vereinfachende Interpretationen:* Um ihre Aufmerksamkeit zu erhöhen, bemühen sich HRO-Teams um komplexe und umfassende Wahrnehmung. Sie lehnen vereinfachende Interpretationen ab, weil diese die komplexen Umwelten, in denen sie tätig sind, nicht adäquat abbilden können. Um Vereinfachungen entgegenzuwirken, wird in HROs systematisch Perspektivenvielfalt gefördert. Treten z. B. auf Flugzeugträgern oder in Kernkraftwerken Störungen auf, bilden Mitglieder unterschiedlicher Abteilungen ein Team, um verschiedene Sichtweisen hinsichtlich der Störung und möglichen Risiken zu sammeln und unterschiedliche Lösungsvarianten zu entwickeln. Dadurch wird es unwahrscheinlicher, dass etwas übersehen wird.
- *Streben nach Flexibilität:* HRO-Teams müssen sich auf erwartbare, aber auch auf höchst seltene Extremszenarien (wie z. B. ein Militäreinsatz in Friedenszeiten oder ein GAU in einem Atomkraftwerk) einstellen. Da jedes Katastrophenszenario einzigartig ist, fehlt es meist an etablierten Routinen und standardisiertem Detailwissen. In der Konsequenz halten sich HRO-Teams mit regelmäßigen Simulationen und intensiven Trainings für unterschiedliche Katastrophenszenarien fit. Dabei legen sie sich nicht auf einen einzig richtigen Lösungsweg fest. Eine weitere zentrale Komponente besteht darin, dass Redundanzen in den Arbeitsabläufen etabliert werden und Lösungswege im Überschuss vorliegen. Vor allem beinhaltet dies alternative Kommunikationswege jenseits der formalisierten Pfade, beispielsweise informelle Netzwerke und Wissensgemeinschaften. Diese Praktik mag in Normalsituationen ineffizient und zuweilen verwirrend wirken, erhöht jedoch in Krisenzeiten die Improvisationsfähigkeit der Gruppe.

*Flexible Formen der Entscheidungsfindung:* Um auf Störungen adäquat reagieren zu können, müssen Entscheidungen dort getroffen werden, wo das beste Wissen über die Situation besteht. HROs lassen daher Alternativen zu hierarchischen Entscheidungswegen zu. So sind beispielsweise Flugoffiziere an streng hierarchische Entscheidungswege gewöhnt, werden aber darauf trainiert, in Extremsituationen dem befehlshabenden Kapitän zu widersprechen. Das heißt, kommt es bei einem Landeversuch

## 4.1 Ableitung allgemeiner Prinzipien für eine multiresiliente Gesellschaft

> auf einem Flugzeugträger zu technischen Störungen, so darf der Leiter der Fliegerstaffel, der die Fähigkeiten und das Verhalten seiner Piloten am besten einschätzen kann, den vorgesetzten Offizieren im Tower vorgreifen, im Zweifel widersprechen und entscheiden, wie die Flugzeuge landen.

Snowden unterscheidet darüber hinaus noch eine fünfte Domäne des *„Disorder"*. Dabei handelt es sich um ein Nicht-Wissen darüber, welche Art von Kausalität besteht bzw. in welche der vier oben genannten Domänen sich das aktuelle Problem am ehesten einordnen lässt. Dies zeigt sich Snowden zufolge darin, wenn Problemtypen und zugehörige Lösungsansätze miteinander verwechselt werden, beispielsweise wenn Führungskräfte auf chaotische Phänomene mit „Best Practices" zu antworten versuchen (Snowden und Boone 2007). Des Weiteren ist zu berücksichtigen, dass sich die Phänomene und zugehörige Lösungsansätze mit der Zeit und fortschreitender Entwicklung wandeln können. Innovative Praktiken, die sich als wirksam erwiesen haben, werden zu „Best Practices" und das einstmals chaotisch erscheinende Problem wandelt sich, wenn mehr Wissen darüber erlangt wird, womöglich zu einem „simplen Problem" (Snowden 2000). Zusammengefasst entscheidet letztlich der vorliegende Informationsgehalt darüber, ob ein Problem simpel oder „nur" kompliziert ist, (Malik 1992). Liegen genügend Informationen vor, um das Problem vollständig erfassen und prognostizieren zu können, ist eine lineare, systematische Bearbeitung mittels Good oder Best Practices möglich. Ist das Ausmaß an Nicht-Wissen zu hoch, bedarf es eines eher zyklisch-evolutionären Vorgehens, der in der Entwicklung von Emerging und Innovative Practices angelegt ist.

> **Unterschiedliche Problemtypen und Lösungspraktiken am Beispiel der Unterbringung von Flüchtlingen (aus Fathi 2016a)**
> Im Rahmen der aktuellen Flüchtlingskrise berichteten vor allem in den Jahren 2014, 2015 und in der ersten Jahreshälfte 2016 die deutschen Medien vermehrt über massive Herausforderungen bei der Unterbringung in Flüchtlingsheimen. Herausforderungen, wie z. B. extrem kurzfristige Zuzüge von neuen Bewohnern oder Massenschlägereien unter den Bewohnern beinhalten mehrere Problemtypen und Lösungsansätze gleichzeitig, welche sich den unterschiedlichen Domänen des Cynefin-Modells zuordnen lassen.

> Typisch simple Probleme betreffen die Aufrechterhaltung des normalen Funktionsbetriebs. Verpflegung muss eingekauft, bereitgestellt und gemanagt werden und das dafür zuständige Funktionspersonal führt dies über eingespielte Routinen durch, welche in allen Flüchtlingsheimen ähnlich sind und sich als Standard im Sinne von Best Practices bewährt haben. Komplizierte Probleme erfordern Fachberatung und Expertenwissen, wie z. B. bei technischen Fragen (z. B. Reparaturen) oder im Falle von Sicherheitsfragen (z. B. Notausgänge), und liefern Good Practices.
> Diese beiden Phänomene sind oft eng mit komplexen oder/und chaotischen Phänomenen verknüpft. So muss auch angesichts von z. B. inter-ethnischen Konflikten (komplexe Herausforderung) oder von plötzlichen massiven Zuzügen (chaotische Herausforderung) der normale Flüchtlingsbetrieb aufrechterhalten werden (Best Practices). Eine Experteneinschätzung zu Fachfragen (z. B. was beinhaltet ein Konfliktmanagementsystem für Flüchtlingsheime?), auch im Nachhinein, ist stets sinnvoll (Good Practices). Im Rahmen komplexer Herausforderungen, wie z. B. wie unvorhersehbare Konflikte zwischen den Bewohnern bearbeitet werden, könnten sich Lösungsansätze durch spontanes Einbinden inoffizieller Autoritäten der jeweiligen ethnischen Gruppen ergeben (Emerging Practices). Anders als bei der Fachberatung ist die Lösung von vornherein noch nicht bekannt und ergibt sich aus der Situation heraus. Eine chaotische Herausforderung, wie z. B. Platznot im Zuge kurzfristiger Zuzüge, bedarf Krisenmanagement und Improvisation – und das auch, indem auf vorhandene Ressourcen zurückgegriffen und neue Lösungen entwickelt werden. In einem mir bekannten Fall wurde z. B. spontan das Militär der nahegelegenen Kaserne für den Zeltaufbau hinzugezogen, als eines Nachts und ohne Vorwarnung mehrere Busladungen mit neuen Bewohnern anrollten. Im Rahmen einer Anschlussmaßnahme wurde erwogen, ein Szenario-Workshop mit Akteuren und Betroffenen aus unterschiedlichen Gebieten zu gestalten und ihre vielfältigen Perspektiven hinsichtlich der Frage nach dem „Flüchtlingsheim 2020" zu integrieren. Einsichten aus den sich hieraus ergebenden alternativen Zukünften würden bei der strategischen Planung und Entwicklung innovativer Praktiken helfen.

Ein weiterer Punkt ist, dass Krisensituationen durchaus auch alle vier Domänen auf einmal beinhalten können und daher einer gleichzeitigen Umsetzung von Best, Good, Emerging und Innovative Practices bedürfen. In diesem Zusammenhang führen Snowden/Boone beispielhaft das erfolgreiche Krisenmanagement einer US-amerikanischen Schule an, die im Jahre 1993 von einem Amoklauf, den so genannten „Palatine murders", betroffen war. Im Rahmen der chaotischen Domäne handelte die verantwortliche Führungskraft, Deputy Chief Gasior, umgehend, indem er eine Pressekonferenz einberief und die Bevölkerung informierte – dadurch konnte er der um sich greifenden Panik Herr werden. Gleichzeitig musste er dafür sorgen, dass das Tagesgeschäft weiterhin routiniert erledigt werden konnte (simple Domäne). Darüber hinaus konsultierte er Sicherheitsexperten (komplizierte Domäne). Im Rahmen der komplexen Domäne berief der Deputy Chief ein Forum ein, in dem alle betroffenen Stakeholder – inklusive besorgten Eltern, Schülern und Mitarbeitern und sogar den Eigentümern der Schule – zu einem ergebnisoffenen Dialog zusammenkommen ließ und es erlaubte, dass sich gemeinsam getragene Entscheidungen aus der Situation heraus ergeben konnten (Snowden und Boone 2007) (Abb. 4.1).

Um es zusammenzufassen: Komplexe und vor allem chaotische Phänomene entziehen sich vollständigem analytischen Erfassen. Sich mit ihnen auseinanderzusetzen heißt, sich mit Nicht-Wissen zu befassen. Wie lässt sich resilient mit Nicht-Wissen umgehen? Eine vereinfachte Antwort lautet: Lernen. Erst aus Lernprozessen können – wie es das Cynefin-Modell beispielhaft veranschaulicht – emergierende

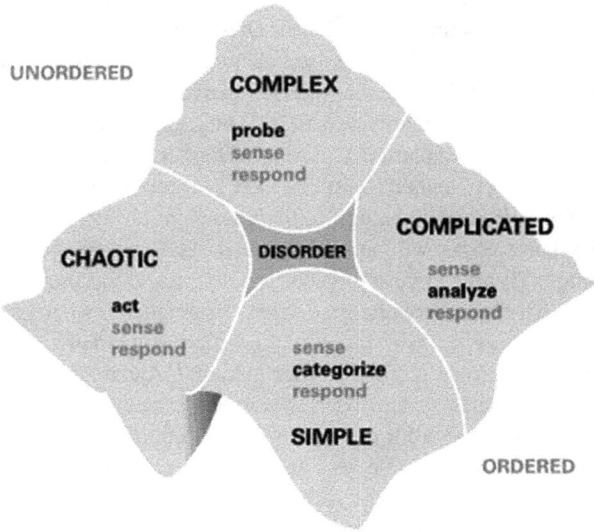

**Abb. 4.1** Die fünf Dimensionen des Cynefin-Modells (Snowden und Boone 2007, S. 73)

und innovative Problemlösungen entstehen. Gemeinhin lassen sich unterschiedliche Formen und Ebenen des Lernens unterscheiden. Im Folgenden sei auf zwei Lernmodelle verwiesen, die das Verständnis und die Förderung gesellschaftlicher Zukunftssicherung unabdingbar sein dürften.

Der von Gregory Bateson (1987) entwickelte und von Chris Argyris und Donald Schön popularisierte Ansatz differenziert zwischen drei Ebenen des Lernens, die sich hinsichtlich ihrer Reflexionstiefe unterscheiden (dies. 2008). Dabei handelt es sich um 1) Single-Loop-Learning (Anpassungslernen), 2) Double-Loop-Learning (Veränderungslernen), 3) Deutero-Learning („Lernen lernen"). *Single-Loop-Lernen,* auch bezeichnet als „Doing things better" oder „Anpassungslernen", stellt eine Optimierung der eigenen Handlungen dar, ohne die bestehenden Rahmenbedingungen zu verändern. Im Vordergrund steht also die Effizienz der Handlungen. *Double-Loop-Lernen,* auch bezeichnet als „Doing better things" oder „Veränderungslernen", reicht tiefer. Hier geht es um Neuausrichtung der eigenen Handlungen und Strategien auf sich verändernde Bedingungen. Dabei werden die Rahmenbedingungen selbst reflektiert und das vorhandene Handlungspotenzial im Einklang mit dem oben dargestellten Ashby'schen Gesetz, erweitert (Argyris und Schön 2008). *Deutero-Lernen (Triple-Loop-Lernen),* auch bezeichnet als „Lernen lernen" oder „Prozesslernen", analysiert und hinterfragt die bisherigen Lernvorgänge und institutionellen Einbettungen. Dies führt zu Optimierung des eigenen Lernverhaltens und damit zu maximaler Flexibilität gegenüber unerwerwarteten Ereignissen (Argyris und Schön 2008). Diese Form des Lernens bedarf eines hohen Maßes an Selbst- und Prozessbeobachtung und ist zentral, um Resilienz („Widerstandsfähigkeit") individueller und kollektiver Systeme zu fördern.

Das andere Lernmodell wurde von Claus Otto Scharmer popularisiert und ist Bestandteil seiner viel rezipierten U Theory. Hierbei unterscheidet er zwischen „Lernen aus der Vergangenheit" und „Lernen aus der Zukunft" (im Folgenden Scharmer 2009). Ersteres beinhaltet Problemlösungen, die wir durch ein Abrufen von Wissen erlangen, das wir aus vergangenen Erfahrungen gesammelt haben („Downloading"). Typischerweise ergeben sich daraus Good und Best Practices, doch erweisen sich diese Antworten meist als unzureichend, wenn es darum geht, Probleme völlig neu zu denken und zu völlig neuen Antworten zu kommen. Diesen Ansatz nennt Scharmer „Lernen aus der Zukunft". Annahmen aus vergangenen Erfahrungen werden dabei systematisch abgestreift („Letting go") und der oder die Anwender öffnet/öffnen sich für die in möglichen Zukünften liegenden Potenziale („Letting come"). Im weiteren Prozess gilt es, diese sich oft abstrakt in der eigenen Intuition zeigenden Potenziale zu konkretisieren („Crystallizing") und über Prototypen („Prototyping") zu testen. Welche Formate könnten sich konkret für ein „Lernen aus der Zukunft" eignen? Im Folgenden seien zwei Ansätze skizziert:

- *Szenariotechnik:* Diese Methode organisiert Wissen in zukunftsorientierten Problemlösungsprozessen. Teilnehmer von Szenario-Workshops erarbeiten in einem durch mehrere Phasen strukturierten Kommunikationsprozess gemeinsam Modelle möglicher Zukünfte. Ziel ist es dabei nicht, Zukunft zu prognostizieren (Probabilitätsprinzip). Vielmehr geht es darum, mögliche, durchaus zugespitzte Zukunftsverläufe und damit zusammenhängende Konsequenzen zu reflektieren (Plausibilitätsprinzip). Dies ermöglicht erst strategische Vorbereitung auch auf unvorhersehbare Szenarien (Gabriel 2010; Fathi 2016a). In einem typischen Szenario-Workshop klären die Teilnehmer zunächst die Leitfrage des Workshops. In einem weiteren Schritt werden Einflussfaktoren auf die Fragestellung identifiziert und im Hinblick auf ihre zukünftige Entwicklung – zumeist rechnergestützt – vernetzt. Das Ergebnis dieser Vernetzung sind Szenarios, sprich: Bilder von in sich konsistenten Modell-Welten. Die Szenariotechnik setzt eine heterogene Teilnehmergruppe voraus und eignet sich daher besonders dafür, disziplinübergreifend Perspektiven zu integrieren. Meist wird sie bei Problemstellungen angewandt, die durch hohe Komplexität und Unsicherheit gekennzeichnet sind und die langfristiges Orientieren erfordern.
- *Systemsimulation:* Erfahrungsbildung in Organisationen und Gesellschaften ist häufig mit hohem Ressourcenaufwand verbunden. Daher wird verstärkt versucht, „reale" Erfahrungsbildung zu simulieren. Beispielhaft hierfür stehen das bereits seit Jahrhunderten in der Juristenausbildung geltende Lernen an Fällen sowie das in Simulationsexperimenten generierte Forschungswissen in den Naturwissenschaften (Willke 1998, S. 70). Eine besondere Form computergestützter Simulationen sind Mikrowelten. Die zunächst als programmierte Lernumwelten für Kinder entwickelten Systeme sollen dem Nutzer das Gefühl geben, in der Simulation zu leben, um ein tieferes Verständnis für die von der Mikroweit nachgebildeten Aspekte der realen Welt zu gewinnen. Zunehmend wird dieses Instrument bei der Entwicklung organisationaler Lern- und Transformationsprozesse verwendet. Hierbei sind Mikrowelten Simulationen, die auf Grundlage bereits existierender mentaler Modelle von Organisationsmitgliedern erstellt werden (Senge 1996). All diese Ansätze verdeutlichen, dass sich aus den aus Simulationen generierten Erfahrungen eine gewisse Universalität ableiten lässt. Der generelle Vorteil aller Simulationswerkzeuge besteht darin, dass unter Zeit- und Raumersparnis komplexe Problemsituationen abgebildet und Problemlösungen getestet und trainiert werden können. Doch zugleich zeigt sich, ähnlich wie bei der Szenariotechnik, dass sie insofern begrenzt ist, dass es derzeit noch unmöglich ist, komplexe Realitäten faktengetreu, bzw. funktional abzubilden. Dieser Kluft wird in Zukunft insbesondere mit der Entwicklung von Augmented Reality-Anwendungen begegnet werden.

> **Anwendungsbeispiel: Zwei Zugänge in des „Lernens aus der Zukunft" in der Flüchtlingskrise (aus Fathi 2016a)**
> Im Zusammenhang mit der Flüchtlingskrise wären mindestens ein kurz- und ein langfristiger Zugang denkbar. Beide würden zu „präventiver Resilienz" beitragen, also einer Vorbereitung auf unvorhersehbare Entwicklungen. Grundsätzlich lassen sich beide folgend skizzierten Zugänge auch auf andere Krisenphänomene anwenden.
> Kurzfristig und ohne größeren Zeit- und Finanzaufwand wären Formate wie z. B. Szenario-Workshops denkbar. Diese Idee ist nicht grundsätzlich neu, sie stammt aus dem „Strategic Wargaming", und diente den Militärs während des Kalten Kriegs als Instrument, um sich auf unterschiedliche Szenarien strategisch vorzubereiten. Diese Methode erfreut sich mittlerweile auch bei immer mehr Unternehmen außerhalb Europas zunehmender Beliebtheit und ließe sich auch als strategisches Werkzeug für eine resilientere Flüchtlingspolitik nutzen. Innerhalb eines zweitägigen Workshops könnte das Wissen unterschiedlicher Akteure (z. B. aus Flüchtlingsinitiativen, Sicherheitsleute, aus der politischen Verwaltung, Unternehmer etc.), mithilfe spezieller Moderationstechniken in unterschiedliche Szenarien zusammengeführt werden. Hierbei ginge es nicht (!) um Zukunftsvorhersagen, sondern um systematische Vorbereitung auf mögliche Zukunftsverläufe und Wissensbündelung. Dieser Ansatz wäre auf eine Fragestellung, wie z. B. „Flüchtlingspolitik der Bundesrepublik 2020" problemlos übertragbar. Der Ansatz entspricht Nassim Talebs Vorschlag, unerwartete Krisenphänomene (er nennt sie „Schwarze Schwäne") mit Methoden des kontrafaktischen Denkens zu begegnen. Kontrafaktisches Denken beinhaltet eine Auseinandersetzung mit denkbaren Zukünften, was den strategischen Aufbau einer höheren Reaktionsfähigkeit und damit eine „Grund-Robustheit" in unerwarteten Krisenfällen ermöglicht (Taleb 2010).
> Langfristig wären weitere Formate – auch hier möglichst mit heterogenen Gruppen – denkbar, in denen z. B. sozial-ökonomische und integrationspolitische Rahmenbedingungen neu gedacht und in Realexperimenten getestet werden. So scheint es bislang weltweit noch kein Wohlfahrtsregime zu geben, das alle drei Anforderungen für soziale Stabilität und hohe Resilienz zugleich erfüllt: Erstens, Sicherstellung größtmöglicher sozialer Gleichheit; zweitens breitestmöglicher Zugang zu Arbeit; drittens all dies bei niedrigem finanziellen und bürokratischen Aufwand

## 4.1 Ableitung allgemeiner Prinzipien für eine multiresiliente Gesellschaft

(näher hierzu in Kap. VIII). Ähnliche Überlegungen gelten auch für die unterschiedlichen Integrationsmodelle. In der aktuellen Diskussion stehen unter anderem das angelsächsische Multikultimodell, das niederländischen „Toleranzmodell", der „Fördern und Fordern-Ansatz" in der Schweiz oder das Assimilationsmodell in Frankreich. Abgesehen von der Tatsache, dass sich historisch gewachsene sozialökonomische Strukturen von Land zu Land kaum übertragen lassen, ist mir bislang noch kein hinreichend erfolgreiches staatliches Integrationsmodell bekannt, das in der Flüchtlingskrise als „Leuchtturm" dienen könnte. All dies deutet an, dass es nicht nur ausreicht, nach „Best Practices" oder „Good Practices" zu suchen und damit aus der Vergangenheit zu lernen, sondern sich für völlig neue Modelle zu öffnen und damit „von der Zukunft zu lernen".

An Formaten, die dazu beitragen könnten, „neu zu denken" und wertvolles Erfahrungswissen aus unterschiedlichen gesellschaftlichen Teilsegmenten neu zu verknüpfen und in Realexperimenten zu testen, fehlt es nicht: Ob Design Thinking, Scharmers U-Prozess oder der neuerdings immer stärker diskutierten Collaboratory (eine Wortneuschöpfung aus „Collaboration" und „Laboratory") – all diese und andere Ansätze könnten zu einer systematischen und kreativen Ausnutzung der kollektiven Intelligenz von Gruppen und – entsprechend über einen längeren Zeitraum moderiert – von Gesellschaften dienen.

Zusammengefasst, gesellschaftliche Zukunftssicherung setzt im Rahmen des hier skizzierten Prinzips voraus,

- zwischen Problemtypen unterschiedlicher Komplexität und Unvorhersehbarkeit und zugehörigen Problemlösungen zu unterscheiden und
- Probleme, die mit einem hohen Grad an Nicht-Wissen einhergehen (dies ist die klassische Domäne der Resilienzforschung und -praxis) lernend zu begegnen, und zwar vor allem mit „lernendem Handeln" (tiefgehende Selbst- und Prozessbeobachtung im Handeln bzw. „Deutero Lernen") und „Lernen aus der Zukunft" (z. B. kontrafaktisches Denken und Szenarioplanung sowie Innovationsförderung).

## 4.1.3 Prinzip 3: Die multiresiliente Gesellschaft beruht auf einer feinen Balance aus Entkopplung und Wissensvernetzung ihrer Teilsysteme

Die resiliente Gesellschaft beruht auf Entkopplung und Wissensvernetzung der in ihr enthaltenen gesellschaftlichen Teilsysteme.

Ersteres bedeutet, dass komplexe Systeme (wie z. B. Gesellschaften) immer verwundbarer werden, je weiter sie sich in sich verzahnen und je weiter sie sich vernetzen, wie das zum Beispiel bei Stromnetzen geschieht oder im Weltfinanzsystem. So kann bereits eine punktuelle Störung, etwa in einem länderüberspannenden Stromnetz, über eine gravierende Kettenreaktion das gesamte System zum Kollaps bringen (vgl. hierzu auch Zolli und Healy 2012). Eine resiliente Gesellschaft zeichnet sich daher durch Entkoppelung und weitgehende Unabhängigkeit der in ihr enthaltenen Teilsysteme aus. Wie bereits oben dargestellt, nimmt Dezentralität und Unabhängigkeit der gesellschaftlichen Sub-Einheiten zu fördern eine zentrale Rolle im Praxisdiskurs ein. In diesem Zusammenhang wurde bereits auf Initiativen „von oben" (z. B. dezentrale Stadtplanung, erdbebensichere Architekturen) und „von unten" tätige Bewegungen (z. B. Transition Towns, zur Förderung regionaler Selbstversorgung) eingegangen.

Bislang vernachlässigt – und in der gegenwärtigen Auseinandersetzung noch weitgehend unberücksichtigt – ist ein Diskurs, der auf der Ebene von Haushalten und privaten Gemeinschaften angesiedelt ist und von den Begriffen „Survivalism" (vom englischen „survive" = überleben) und „Prepper" geprägt ist. Der Begriff „Prepper" stammt aus dem englischen Wort „Preparedness" und bedeutet „Vorbereitung", „vorbereitet sein", „Vorratshaltung", „auf etwas gefasst sein".[3] Aus Weltuntergangsopportunismus heraus verfolgen auch Prepper und Survivalists (beide Begriffe lassen sich weitgehend synonym verwenden) das Ziel weitgehender Unabhängigkeit von der Außenversorgung, um im Notfall längere Zeit (wenn nicht gar für immer) ohne fremde Hilfe überbrücken zu können. Dies umfasst Maßnahmen, wie Lebensmittelvorräte, Medikamente, Waffen und weitere Ausrüstungsgegenstände sicher zu lagern, sowie auch über Internetforen in Überlebenstechniken auszubilden.[4] Aus der ursprünglich im christlich-rechtskonservativen Milieu der USA entstandenen Szene hat sich mittlerweile über das Internet eine weltweit mindestens drei Millionen Menschen umfassenden Subkultur etabliert. Inzwischen umfasst die Szene sämtliche soziale Milieus – nicht

---

[3] http://americanpreppersnetwork.com/
[4] Zu den bekanntesten Foren gehört derzeit http://survivalblog.com/.

nur paranoide Verschwörungstheoretiker fühlen sich angesprochen, sondern auch städtische „bourgeoise Bohemiens", isolationistische Populisten, wie Naturschützer oder auch „Leute, die einfach nur wissen wollen, was bei einem Ausfall der Wasser- oder Stromversorgung zu tun ist" (Duclos 2012). Eine Gemeinsamkeit zwischen dem Transition Town-Diskurs und dem Survivalism-/Prepper-Diskurs besteht darin, dass sie vor allem von zivilgesellschaftlichen Initiativen bestimmt werden und dass sie aus einem Misstrauen gegenüber der Versorgungssicherheit und Politik des Staates entstanden sind. Ein wesentlicher Unterschied besteht darin, dass der Prepper-/Survivalism-Diskurs vor allem vom Motiv der eigenen Überlebenssicherung bestimmt wird, während sich der Transition Towns-Diskurs mit alternativen, postmaterialistischen Formen des Zusammenlebens auseinandersetzt.

Zusammengefasst ist Autarkie zu fördern – vor allem im Sinne von Selbstversorgung – wesentliches Merkmal resilienter Gesellschaften. Dieses Merkmal erstreckt sich im Idealfall jedoch nicht nur auf die Ebene von Haushaltsgemeinschaften und Gemeinden. Im Sinne des Subsidiaritätsprinzips sollte sie auch Städte, Landkreise, Länder, Staaten und darüber hinaus auch Staatengemeinschaften (z. B. die EU) und supranationale Organisationen (z. B. die UN) umfassen. Autarkie stellt jedoch nur eine Facette des Subsidiaritätsprinzips dar.

Das andere Merkmal ist engmaschige Vernetzung zwischen den voneinander entkoppelten und autarken Teilsystemen. Die sich hieraus ergebende feine Gratwanderung zwischen Entkoppelung und Autarkie einerseits und engmaschiger Vernetzung und Wissensmanagement andererseits ist in zwei Konzepten angelegt: dem Subsidiaritätsprinzip und dem oben dargestellten kybernetischen „Modell lebensfähiger Systeme". Das sogenannte Subsidiaritätsprinzip (von lat. subsidium = „Hilfe, Reserve") legt eine genau definierte Rangfolge gesellschaftlicher Maßnahmen fest, bei der die jeweils größere gesellschaftliche Einheit nur dann regulierend und helfend eingreifen soll, wenn die kleinere Einheit dazu nicht in der Lage ist. Hilfe zur Selbsthilfe – und das und im weitesten Sinne – soll dabei stets das oberste Handlungsprinzip der jeweils übergeordneten Instanz sein. Mit anderen Worten: Problemlösungen sollten so weit wie möglich vom Einzelnen, von der kleinsten Gruppe oder der untersten Ebene des Systems (hier: der resilienten Gesellschaft) unternommen werden. Nur wenn dies nicht oder kaum möglich ist oder der Mehrwert einer Zusammenarbeit offensichtlich ist und diese eine allgemeine Zustimmung erfährt, sollen höhere Ebenen unterstützend eingreifen (Calliess 1999). Sowohl das Subsidiaritätsprinzip als auch das kybernetische Modell lebensfähiger Systeme implizieren, dass jedes Teilsystem für sich selbst autark und lebensfähig ist, zugleich profitiert das Gesamtsystem von einer Verteilung und Integration des unterschiedlichen Wissens aller Teilsysteme.

Ursprünglich geht der Ansatz, die Gesamtgesellschaft als Zusammenspiel mehrerer Funktionsbereiche oder Teilsysteme aufzufassen, auf den Begründer der Anthroposophie, Rudolf Steiner, zurück, der Anfang des 20. Jahrhunderts wirkte. Mit seinem Modell der sozialen Dreigliederung unterschied er drei Funktionsbereiche, die er als autonom und gleichrangig, aber unterschiedlich in ihrem Wesen ansah:

- *Geistesleben,* das Bildung, Wissenschaft, Religion und Kultur umfasst – dieser Bereich hat gegenüber den an anderen Bereichen eine moralische und Kultur schaffende Funktion;
- *Rechtsleben,* welches Gesetze, Regeln und Vereinbarungen der Gesellschaft und im weitesten Sinne die Politik umfasst – dieser Bereich hat eine ordnende, regierende Funktion innerhalb der Gesamtgesellschaft;
- *Wirtschaftsleben,* das die Produktion, den Handel und den Konsum von Waren und Dienstleistungen umfasst – dieser Bereich hat eine versorgerische und produzierende Funktion (Schmelzer 1991).

Heutzutage finden sich immer mehr Vertreter und Initiativen, die auf das Modell der sozialen Dreigliederung Bezug nehmen und im gleichberechtigten und vernetzten Zusammenwirken aller Funktionsbereiche/Teilsysteme einer Gesellschaft den Schlüssel zur Erhöhung der Lebensfähigkeit des Gesamtsystems sehen. Zu den bekanntesten Vertretern dürfte der philippinische Soziologe, Nicanor Perlas (2000) gehören. Er erhielt im Jahre 2003 für sein Wirken den Alternativen Nobelpreis. In Anlehnung an das Modell der sozialen Dreigliederung beruft sich die EU Kommission (2016a, b) seit Anfang der 2010er Jahre auf einen „Triple Helix"- und neuerdings einen „Quadruple Helix"-Ansatz. Ersterer unterscheidet die Bereiche Politik, Privatwirtschaft und Wissenschaft, und wurde in den letzten Jahren vor allem von lokalen und nationalen Innovationsinitiativen angewandt. Die Quadruple Helix unterscheidet noch einen vierten Bereich, die Zivilgesellschaft. Sie wurde als Referenzansatz für die Vorbereitung und Umsetzung der „Research and Innovation Strategies for Smart Specialisation" verwendet. Beide Ansätze gehen grundsätzlich davon aus, dass nur eine kollaborative Wissensvernetzung aller Teilsysteme zu regionaler Entwicklung und zu höherer gesellschaftlicher Nachhaltigkeit und Resilienz beitragen können. Dabei bezieht sich die EU Kommission explizit auf ein transdisziplinäres Wissenschaftsverständnis (EU Kommission 2016a). Warum ist eine teilsystemübergreifende Wissensvernetzung so wichtig für gesellschaftliche Zukunftssicherung?

Sie stellt, so die Beobachtung vieler Gegenwartsanalysen, die derzeit womöglich einzige bekannte Antwort dar, nachhaltig mit dem Risikopotenzial

## 4.1 Ableitung allgemeiner Prinzipien für eine multiresiliente Gesellschaft

(post-)moderner Gesellschaften umzugehen. Unter den einflussreichsten Gegenwartsanalysen gehören Anthony Giddens' Theorie der Strukturierung und das darin enthaltene Bild der „Nebenfolgengesellschaft" (1995), Ulrich Becks Theorie der reflexiven Moderne und das Bild der „Risikogesellschaft" (2007a) oder die soziologische Systemtheorie nach Niklas Luhmann (1984). All diese und andere Ansätze teilen die Beobachtung, dass die (post-)moderne Gesellschaft

- sich funktional ausdifferenziert, sprich: gesellschaftliche Funktionssysteme (wie z. B. die Wirtschaft, die Medien, die Wissenschaft, die Politik) bildet, was, ähnlich der Arbeitsteilung in Unternehmen, zu einer effektiveren und effizienteren Informationsverarbeitung von Ereignissen innerhalb der Systeme führt.
- Nebenfolgen erzeugt, beispielsweise, wenn in komplexe Systeme wie das Finanzsystem, das Ökosystem etc. Manipulationsversuche unternommen werden und sie sich im schlimmsten Fall zu menschenverursachten globalen Krisen entwickeln können. Dieses Risikopotenzial ist systemimmanent, weil die Tragweite der Folgen von den Teilsystemen oft nicht erkannt und adäquat bearbeitet werden könnten (Beck 2007a, b; Giddens 1995).

Ergänzend dazu hebt die Interdependenztheorie hervor, dass die zunehmende Politikverflechtung moderner Gesellschaften einen wechselseitigen Import von Problemen anderer Staaten begünstige. Eine Bearbeitung werde zugleich von der zunehmenden Unüberschaubarkeit der Anzahl der Akteure zusätzlich erschwert (Spindler 2006). Sie bedarf daher eines Ansatzes, der alle Akteure auf allen Ebenen des Subsidiaritätsprinzips – Gemeinden, Organisationen, Staaten, überstaatliche Institutionen und Unternehmen – im Rahmen einer „Global Governance" miteinander vernetzt und ihr Wissen und ihre Ressourcen nutzbar macht (Nuscheler et al 2007).

Es lässt sich also ein breiter Konsens über die Notwendigkeit der Wissensvernetzung aller gesellschaftlichen Teilsysteme beobachten. Die konkrete Umsetzung ist jedoch noch weitgehend unerschlossen, obgleich sich inzwischen eine Vielzahl von Ansätzen und Ideen finden lassen, die auf einen „Brückenbau" entlang der gesellschaftlichen Teilsegmente – Zivilgesellschaft, Wissenschaft, Privatwirtschaft und Politik – abzielen. Wer könnte zu einer solchen Wissensvernetzung beitragen und wie ließe sie sich umsetzen, angesichts des Umstands, dass alle Teilsysteme unterschiedliche Logiken und Sprachspiele aufweisen? Einen wesentlichen Beitrag könnten Experten mit einer ausgeprägten Kompetenz in der Gestaltung komplexer Kommunikationsprozesse leisten. Sie könnten den oft durchaus konfliktbeladenen Dialog zwischen den Vertretern unterschiedlicher gesellschaftlicher Teilsysteme moderieren. Die Rolle eines solchen Experten würde je nach Situation einerseits die Funktionen eines Moderators und Mediators ausfüllen, andererseits die eines Wissensmaklers (s. Abschn. 9.1). Im weitesten Sinne entspricht die Rolle dieser Experten der des von den Resilienzforschern Zolli/Healy erwähnten „Translational Leaders" (Zolli und Healy 2012).

Wie lässt sich Wissensverteilung und -integration auf allen Subsidiaritätsebenen der resilienten Gesellschaft gestalten? Ein im organisationalen Wissensmanagement bewährter Ansatz stellt das Kommunikationsforum dar. Diese verstehen sich als zeitlich und räumlich fixierte Zusammenkünfte mit dem vorrangigen Ziel des Erfahrungsaustausches. Beispielhaft hierfür stehen wöchentliche Abteilungssitzungen oder monatliche Projekttreffen. Im Idealfall ermöglichen die hier geführten Gespräche eine „Integration von komplexen Zusammenhängen" und „erweitern den Blick für das Gesamtsystem" (Probst und Büchel 1994, S. 148). Kommunikationsforen gelten daher von jeher als „cross-discipline, cross-gender, cross-cognitive" (Hoffmann und Patton 1996, S. 25). Bei Kommunikationsforen, aber auch anderen denkbaren Instrumenten des Wissensaustauschs stellt der Dialog die zentrale und erstrebenswerteste Gesprächsform dar (Senge 1996; Schein 1993). Der Dialog ist scharf von der Debatte abzugrenzen, in der es eher darum geht, sich mit seinen Argumenten durchzusetzen. Der Dialog fokussiert hingegen auf die Erweiterung des eigenen Blickwinkels und gemeinsames Lernen. Peter Senge bezieht sich in diesem Zusammenhang auf den Physiker David Bohm, der Senge zufolge das Denken „als ein größtenteils kollektives Phänomen" betrachtet: *„Wie bei den Elektronen müssen wir das Denken als ein systemisches Phänomen betrachten, das von unseren wechselseitigen Interaktionen und Diskursen hervorgebracht wird."* Bohm zufolge bedeutete Dialog ursprünglich *„sich bewegender oder durchlaufender Sinn … ein freies Fließen von Sinn zwischen Menschen, wie bei einem Strom, der zwischen zwei Ufern fließt."* Beim Dialog, so Bohms These, erhält die Gruppe Zugang zu einem größeren

> „Reservoir an gemeinsamem Sinn, der dem einzelnen nicht zugänglich ist. [...] Der Zweck des Dialogs besteht darin, über die Grenzen des individuellen Verstehens hinauszukommen. [...] Es entsteht eine neue Form des Denkens, die auf der Entwicklung eines gemeinsamen Sinns beruht [...] Die Menschen befinden sich nicht länger in Opposition zueinander, auch kann man nicht sagen, dass sie interagieren. Sie beteiligen sich vielmehr an diesem Reservoir gemeinsamen Sinns, der sich beständig weiterentwickeln und verändern kann" (Bohm in: Senge 1996, S. 292 f.).

> „Beim Dialog erforscht eine Gruppe schwierige komplexe Fragen unter vielen verschiedenen Blickwinkeln. Der einzelne legt sich nicht auf seine Meinung fest, aber er teilt seine Annahmen offen mit. Das führt dazu, daß die Beteiligten die ganze

Fülle der Erfahrung und des Denkens ungehindert erforschen und an die Oberfläche bringen können, aber weit über individuelle Meinungen hinausgelangen" (Senge 1996, S. 293).

Wo findet dialogorientiertes Wissensmanagement statt? Im Zusammenhang mit der resilienten Gesellschaft bieten sich bewährte Instrumente, wie der Think Tank oder das Lernlabor, an: Think Tanks bzw. Kompetenzzentren stellen Orte dar, in denen sich Wissen divisions- und teilsystemübergreifend konzentrieren kann und neue Ideen entwickelt werden können. Das themenbezogene Zusammenziehen von Experten ermöglicht kollektive Lern- und Entwicklungsprozesse, welche dem Einzelnen nicht gelungen wären. Im Kontext der resilienten Gesellschaft wäre eine hohe Vielfalt an Experten wichtig, die möglichst alle Teilsysteme repräsentieren sowie ein geeignetes Format, um dieses unterschiedliche Wissen zu integrieren – wie z. B. die Szenariomethode.

Anders als Think Tanks entsprechen Lernlaboratorien eher Simulationen, in denen Arbeitsgruppen alternative Lösungen von Problemen experimentieren. Auf diese Weise können in einem geschützten Raum Fehler gemacht und damit neue Erkenntnisse und schließlich innovative Problemlösungen entwickelt und getestet werden (Rehäuser und Krcmar 1996). Insgesamt lassen sich unterschiedliche Typen unterscheiden, je nach Fokus und Art der beteiligten Akteure, z. B.: Grassroot Labs (z. B. Trial and Error Kulturlabor oder Vétomat), Coworking Labs (z. B. Open Design City oder Webworker Berlin), unternehmenseigene Labs (z. B. Telecom School of Transformation oder UFA Lab), hochschul-/forschungsnahe Labs (z. B. das gameslab der HTW Berlin oder die Berliner Knowledge and Innovation Communities) (SenWTF et al. 2013). Darüber hinaus gibt es auch Mindlabs, Living Labs (Kleibrink und Schmidt 2015) und Reallabore (z. B. Transition Towns) (Schneidewind und Brodowski 2013). Letztere stellen das im Kontext von Resilienz mit am häufigsten angewandte Instrument dar.

Mit der hier dargestellten Aufzählung von Maßnahmen wird kein Anspruch auf Vollständigkeit erhoben. Innergesellschaftliche Wissensvernetzung erfordert nicht nur das Einbinden von Schlüsselpersonen und den wichtigsten Entscheidungsträgern, sondern müsste im weitesten Sinne als gesamtgesellschaftlicher, vieldimensionierter Veränderungsprozess – lokal und nonlokal – aufgefasst werden. Daher setzt eine effektive gesamtgesellschaftliche Wissensvernetzung und -integration vor allem entsprechende Dialog- und Lernkompetenzen der Beteiligten voraus, welche im Rahmen des Prinzips 1 entwickelt werden. Zugleich erfordert sie die kollektive Kompetenz, das zusammengeführte Wissen zu nutzen und zeiteffizient in gute Entscheidungen einfließen zu lassen. Doch was sind die Bedingungsfaktoren für zeiteffiziente und gute Entscheidungen im Kollektiv? Mit dieser Frage befasst sich das nächste Prinzip.

## 4.1.4 Prinzip 4: Die multiresiliente Gesellschaft kommt zu kollektiv intelligenten Entscheidungen

Von „guten" Entscheidungen sprechen wir, wenn das gewünschte Ziel erreicht wird. Dies ist nicht nur angesichts der Unvorhersehbarkeit der Ereignisse eine Herausforderung, sondern auch angesichts der inneren Komplexität von sozialen Systemen. In diesem Zusammenhang ist häufig von „kollektiver Intelligenz" oder auch „Schwarm"- oder „Gruppenintelligenz" die Rede. Typischerweise zeichnet sich ein System mit einer hohen kollektiven Intelligenz dadurch aus, dass es besondere Eigenschaften aufweist, die nicht auf die individuellen Mitglieder des Schwarms zurückgeführt werden können, sondern sich erst aus dem Zusammenspiel dieser Mitglieder ergeben. Als frühester Vordenker der kollektiven Intelligenz gilt Aristoteles. Seiner so genannten „Summierungsthese" zufolge ist die Entscheidung einer größeren Gruppe von Menschen besser, als die weniger Experten (Aristoteles 2006). Seitdem wurde das Phänomen der kollektiven Intelligenz auf vielfältige Disziplinen und Bereiche erforscht.

Als eines der bekanntesten Metaphern für kollektive Intelligenz gilt der Ameisenstaat. Anfang des 20. Jahrhunderts zeigte der Biologe Morton Wheeler auf, dass Ameisen, die für sich genommen ein sehr begrenztes Verhaltensrepertoire aufweisen, im selbstorganisierenden Zusammenspiel Resultate erzielten, die die Möglichkeiten der einzelnen Ameisen bei Weitem übertraf (Wheeler 1911; Feynman 1992). Neben Ameisen weisen auch andere Insektenstaaten, wie Bienen und Termiten, eine ausgeprägte kollektive Intelligenz auf (Hölldobler und Wilson 2009). Zunehmend wird das Konzept der kollektiven Intelligenz auch auf die globale Systemebene übertragen. Viele Vertreter sehen hierbei das Internet als eine Informationsinfrastruktur, die es vereinfache, dezentral verstreutes Wissen der Menschen zu koordinieren und menschliche Intelligenz zu aggregieren (Rheingold 2003). Zu den prominentesten Forschern auf diesem Gebiet gehört der Belgier Francis Heylighen. Zu den Forschungszielen seines von ihm mitbegründeten „Global Brain"-Projekts gehört nicht weniger als die Entwicklung von Algorithmen, die zum Ziel haben, das World Wide Web in ein selbstorganisierendes, lernendes Netzwerk mit kollektiver Intelligenz, im Sinne eines „Global Brain", weiterzuentwickeln (Heylighen 2007).

Doch wie lässt sich die für die Bewältigung der komplexen Probleme der Menschheit erforderliche kollektive Intelligenz (weiter-)entwickeln? Was sind die Bedingungsfaktoren für kollektive Intelligenz, insbesondere bei menschlichen sozialen Systemen? Und wie kommen sie zu guten Entscheidungen, auch unter Zeitdruck und Informationsknappheit? Dass Menschen gemeinsam bessere, aber auch schlechtere Entscheidungen treffen können als Einzelpersonen, haben diverse Experimente aus der psychologischen und gruppendynamischen Forschung verdeutlicht. Laut aktuellem Erkenntnisstand resultiert eine schlechte kollektive Entscheidungsfähigkeit („Schwarmdummheit") vor allem als Folge des Herdenverhaltens. In seinem populären Werk, „The Wisdom of the Crowds" (2004), fasst der Soziologe James Surowiecki, den bisherigen Erkenntnisstand aus einer Vielzahl von Studien und Experimenten in vier Punkten zusammen. Demnach zeichnet sich ein schwarmdummes Verhalten durch mindestens eines der folgenden Fehler aus:

- *Homogenität:* Unterdrückung von Meinungsvielfalt.
- *Emotionale Faktoren:* Hierunter zählt Surowiecki emotionale Handlungen, die in der Gruppe eine eigene Dynamik entfalten und das bewusste Denken überlagern. Beispiele sind der Herdentrieb, Gruppenzwang und im Extremfall die Massenhysterie.
- *Zentralismus:* Akteure der höheren Hierarchieebene greifen nicht auf das Wissen der vor Ort Tätigen zurück. Surowiecki erklärt sich das Unglück der Weltraumfähre Columbia im Jahre 2003 vor allem anhand dieses Prinzips.
- *Intransparenz:* So konnte die US-amerikanische Gemeinschaft das Attentat des 11. September 2001 nicht verhindern, da Informationen von einer Unterbehörde vermutlich nicht an eine andere weitergeleitet worden sind. Surowiecki zufolge arbeiten Gruppen am besten, wenn sie sich ihre Arbeit selbst aussuchen und sich selbst Informationen besorgen, die sie benötigen.

Diese Punkte werden im Wesentlichen von Günther Duecks jüngst publizierten Werk „Schwarmdumm" bestätigt (Dueck 2018).

Den Umkehrschluss bestätigend, deuten andere Studien darauf hin, dass Schwarmintelligenz aus der Verschiedenheit der Gruppe resultiert und ihrer Fähigkeit, diese Perspektivenvielfalt durch gelingende Kommunikation zu integrieren. Eine der berühmtesten Studien in diesem Zusammenhang stammt von Anita Woolley (Carnegie Mellon University, Pittsburgh) und Thomas Malone (MIT Sloan School of Management in Cambridge, Massachusetts). Sie ließen unterschiedlich zusammengesetzte Gruppen komplexe Probleme bewältigen. Das Ergebnis: Gemischte Gruppen schnitten deutlich besser ab als homogene Teams (z. B. reine Frauen- oder Männerteams). Eine weitere wesentliche Feststellung war, dass viele kluge Menschen mit hohem Intelligenzquotienten eine Gruppe nicht automatisch klüger machen würden. Es kommt vor allem auf die Perspektivenvielfalt an sowie die Fähigkeit der Gruppe, dieses unterschiedliche Wissen kommunikativ zu integrieren (Woolley et al. 2010; Woolley und Malone 2011). Diese und andere Forschungsergebnisse bestätigend, fasst

James Surowiecki die Bedingungsfaktoren für kollektive Intelligenz wie folgt zusammen (im Folgenden Surowiecki 2004):

1. *Meinungsvielfalt:* Jeder Mensch besitzt unterschiedliche Informationen über einen Sachverhalt und kann sein Wissen in einem kommunikativen Prozess in der Gruppe einbringen.
2. *Meinungsunabhängigkeit:* Die individuelle Meinung des Einzelnen wird respektiert und ist nicht festgelegt durch die Ansicht der Gruppe.
3. *Dezentralisierung:* In der Gruppe herrscht ein arbeitsteiliger Prozess vor, in dem sich jedes Gruppenmitglied ist im Rahmen ihrer Rolle und Spezialisierung selbstverantwortlich einbringt.
4. *Aggregation:* Es sind (dialogische) Mechanismen vorhanden, um aus Einzelmeinungen eine Gruppenmeinung zu bilden.

Zusammengefasst, hängt die kollektive Intelligenz eines Systems von ihrer Fähigkeit ab, ihre Kommunikation so zu gestalten, dass ihre inhärente Perspektivenvielfalt integriert werden kann. Dies wird in Kleingruppen und Organisationen ungleich einfacher umzusetzen sein als in Städten oder der Gesamtgesellschaft, in denen Kommunikationsprozesse alleine schon über den Einfluss der sozialen Medien eine wellenartige, unberechenbare und weitgehend unkontrollierbare Dynamik entfalten können[5]. Eine weitere Herausforderung gesellschaftlicher Perspektivenintegration besteht darin, zeiteffizient zu gemeinsam getragenen Entscheidungen zu kommen. Wie können soziale Systeme, wie z. B. Gemeinden, Organisationen, Städte und ganze Gesellschaften so etwas umsetzen? Auch hier lässt sich feststellen, dass es bereits auf der Systemebene von Gruppen und Organisationen eine rege Auseinandersetzung mit dieser Frage gibt. Dabei finden sich eine Fülle von Leitbildern, die die kollektive Intelligenz von Organisationen erhöhen soll, wie z. B. die „agile Organisation", die „lernende Organisation" (Senge 1990), die „Teal Organization" (Laloux 2014) oder die High Reliability Organization (Weick und Sutcliffe 2001). Sie alle teilen weitgehend die Einsicht, dass Perspektivenvielfalt grundlegend ist und dass sich die demokratische Entscheidungsfindung nicht immer als optimal erweist. Zu zeitaufwendig erscheint sie infolge endloser Diskussionen (wenn Einstimmigkeit angestrebt wird) und zu unbefriedigend im Ergebnis infolge eines Mehrheitsentscheids. Bevorzugt wird eher das so genannte „Konsentprinzip", welches klare Rollen und Verantwortlichkeiten vorsieht und eine Konsultation aller von der Entscheidung Betroffenen vorsieht, bevor sich die in der Entscheidungsverantwortung befindliche Person festlegt (hierzu näher unter Laloux 2014).

---

[5]Näher hierzu unter Fathi und Osswald 2017.

## 4.1 Ableitung allgemeiner Prinzipien für eine multiresiliente Gesellschaft

In seinem Hauptwerk „*Die neue Entscheidungskultur – mit gemeinsam getragenen Entscheidungen zum Erfolg*" stellt der Agile Coach und Berater, Richard Graf (2018), ein bislang noch wenig beachtetes, aber durchaus praxisbewährtes Entscheidungsfindungsverfahren vor, das prinzipiell auf allen Systemebenen angewandt werden könnte. Er nennt seine Methode „K-i-E" – die Kürzel stehen dabei für „Kognition", „Intuition" und „Emotion". Analog dazu wird die auch von anderen Entscheidungsforschern vertretene Annahme aufgegriffen, dass der Mensch grundsätzlich über zwei Entscheidungssysteme verfügt, welche unterschiedliche Qualitäten aufweisen: dem Emotionssystem (inklusive der Intuition) und dem Kognitionssystem. Ersteres zeichnet sich durch weitgehend unbewusste, relativ schnelle, intuitive Entscheidungsimpulse aus und ist weitgehend identisch mit Daniel Kahnemans „schnelles Denken" (Kahneman 2012). Letzteres ist eher durch bewusstes, relativ langsames, mit einer gewissen Anstrengung verbundenes Nachdenken bestimmt – analog zu Kahnemans „langsamen Denken" (Kahneman 2012). Da beide Entscheidungssysteme für sich genommen zu richtigen, aber auch zu völlig falschen Schlussfolgerungen kommen können – wie die einflussreichen Emotionsforscher, Daniel Kahneman (2012) und Gerd Gigerenzer (2007) unabhängig voneinander aufzeigen – und sich auch wechselseitig beeinflussen, empfiehlt sich ein integrierter Entscheidungsprozess, der die Impulse beider Systeme aufgreift. In Anlehnung an die Forschungen von Benjamin Libet und des Blindseh-Experiment geht Richard Graf davon aus, dass sich diese Impulse der beiden Systeme unterschiedlich im Bewusstsein ausdrücken. Diese Eigenheiten lassen sich im Wesentlichen wie folgt zusammenfassen:

- Die Impulse des weitgehend unbewussten Emotionssystems zeigen sich deutlich schneller als des Kognitionssystems. Aus den Forschungen von Libet (1985) deutet sich an, dass alle Impulse, die vor 350 ms stattfinden, reine Intuition bzw. Emotion sind. Alles, was zeitlich danach kommt, spätestens ab 550 ms, ist durch Einflüsse aus dem Kognitionssystem überlagert.[6]

---

[6] Bereits Ende der 1970er Jahre maß er in seinen Versuchsreihen den zeitlichen Abstand, der zwischen einer Nervenaktivität im Gehirn, die einer bestimmten Handbewegung einleitend vorausgeht, und dem erst danach erfolgenden Bewusstwerden der dazugehörenden Handlungsentscheidung. Dabei kam er zu dem bemerkenswerten Ergebnis, dass der Zeitpunkt, zu dem die willentliche Entscheidung bewusst wurde, in jedem Fall deutlich nach dem Zeitpunkt lag, an dem die einleitende Nervenaktivität im Gehirn bereits begonnen hatte. Was bedeutet dies? Jeder bewussten Entscheidung geht ein unbewusster Impuls voraus, und zwar innerhalb von weniger als 350 ms. Libet kommt dabei zum Schluss, dass der Mensch hinsichtlich seiner Handlungen „keinen freien Willen" habe (Libet 1985).

- Die Informationsverarbeitung des Emotionssystems und des Kognitionssystems erfolgt sehr unterschiedlich. Wie Forschungserfahrungen mit dem Phänomen des Blindsehens andeuten (s. Weiskrantz 1986), lässt sich das Emotionssystem gezielt über Ja-/Nein-Fragen und über Skalierungsfragen aktivieren. Das Kognitionssystem reagiert hingegen sehr gut auf offene Fragen.[7]

Graf zufolge liegt in der Berücksichtigung der Eigenheiten des Emotions- und des Kognitionssystems der Schlüssel für das Design integrierter Entscheidungsprozesse. Im Zentrum seiner Methode stellt die sog. K-i-E-Skala als ein normiertes Bewertungssystem für alle Arten von Entscheidungsprozessen dar, auf das die Intuition reagiert. Ähnlich wie beim in Coaching und Moderation gängigen Ampelmodell, welches zwischen „Grün" (Go), „Orange" (Maybe) und „Rot" (Not-Go) unterscheidet, geht die K-i-E-Skala von einem Spektrum aus, das von 1 bis 10 rangiert, mit ebendiesen drei Bedeutungsbereichen. Der größere Bereich, mit den Skalenwerten 1–5 dargestellt, steht für unterschiedliche Abstufungen von „Nein", die Skalenwerte 6–7 stehen für „vielleicht" bzw. „es kommt darauf an" und die oberen Skalenwerte 8–10 stehen für Abstufungen eines klaren „Ja". Der Nein-Bereich ist verhältnismäßig größer, weil Risikoaversion und damit verbundene „Nein"-Antworten in unserem archaischen Unterbewusstsein eine relativ hohe Bedeutung einnehmen. Die Stufen 6–7 („Vielleicht" bzw. „Es kommt darauf an") entsprechen im weitesten Sinne immer noch einem „Nein", aber sie beinhalten meist Lösungen, die sich mithilfe des kognitiven Entscheidungssystems erschließen lassen (Graf 2018). Im Folgenden eine Abbildung des am häufigsten verwendeten Skalentyps (Abb. 4.2):

---

[7]Den Begriff „Blindsehen" prägte Lawrence Weiskrantz, der Versuchspersonen auf ihr Sehvermögen untersuchte, die ihr Umfeld nicht bewusst wahrnehmen, geschweige denn beschreiben konnten, obwohl ihr Sehsinn intakt war. Weil ihr Sehzentrum im Gehirn geschädigt war und damit keine bewussten Seheindrücke produzieren konnte, konnten sie auch mit offenen Fragen, wie z. B. „Was siehst du?" nichts anfangen. Jedoch konnten sie, einfache Darstellungen, die sich mit „Ja/Nein" beantworten lassen, z. B. „Ist das eine rote Spielkarte?" oder „ist das ein O oder X?" in den allermeisten Fällen richtig intuitiv identifizieren. Dabei bestritten sie, die Informationen wahrgenommen zu haben. Offenbar fand ohne bewusste Wahrnehmung eine Verarbeitung visueller Informationen statt (Weiskrantz 1986). Dies legt nach Graf die Vermutung nahe, dass der Stimulus auch das Emotionssystem erreicht, während die defekte Verarbeitung im Kognitionssystem kein visuelles Bild konstruieren kann. Daraus leitet Graf ab, dass sich das im Unbewussten operierende Emotionssystem in einem „Go/No-Go"-Impuls ausdrückt. Anders als das weitgehend unbewusste Emotionssystem arbeitet das bewusste Kognitionssystem langsamer, detaillierter und fokussierter. Dabei lässt sich Graf zufolge das Kognitionssystem sehr gut über offene Fragen, wie z. B. „Was siehst du? Beschreibe mal bitte!" aktivieren (Graf 2018).

**Abb. 4.2** Die K-i-E-Skala (Graf 2018)

Charakteristischerweise beinhaltet die K-i-E-Skala drei Komponenten: 1) die Leitfrage, 2) die Skala und 3) den Bedeutungsbereich. Für fortgeschrittene Anwendungen lassen sich alle drei Komponenten an spezifische Situationserfordernisse anpassen.

> **Selbstübung: Stimmige Einzelentscheidungen treffen mit der K-i-E-Skala**
> Nun zur Übung: Formulieren Sie Entscheidungssituationen in einfache Ja-Nein-Fragen um, z. B. „Möchte ich ein Brot mit Marmelade?" Um sicherzugehen, fragen Sie sich direkt danach das Gegenteil. Manchmal sind beide Optionen gut genug. Üben Sie mehrmals täglich und achten Sie jeweils auf den ersten schnellen Impuls und auf das Rauschen Ihres Denkens, das Ihren emotionalen Impuls möglicherweise überdeckt.
> 
> Wenn Sie mit der Ja-Nein-Anwendung sicher sind, können Sie zu der 10-Punkte-Skala übergehen. Dazu können Sie die Fragen abwandeln, z. B. „Wie gerne möchte ich das Marmeladenbrot essen?" „Wie gut gefällt mir dieses T-Shirt?" „Wie sicher ist dieses Projekt?" Zur Hilfe können Sie auch mit dem Finger entlang der 10-Punkte-Skala entlangfahren. Ihre intuitiven Antworten werden mit der Zeit öfter kommen. Sollten Sie bei einem Wert zwischen 1 und 7 gelangen („Not Go" wäre 1–5 und „Maybe" wäre 6 und 7) scheint die Entscheidung ein mehr oder weniger klares „Nein" zu sein. Sollten Sie im Bereich 6 und 7 liegen, können Sie an Ihr Emotionssystem eine Ressourcenfrage stellen: „Was müsste konkret gewährleistet sein, damit ich auf einen Wert 8 oder höher komme? Wie kann ich dies umsetzen?". Danach stellen Sie noch einmal die Ausgangsskalenfrage. Wenn Ihre Intuition immer noch bei einem Wert kleiner gleich 7 liegt, dürfte die Entscheidung in eher Richtung eines „Nein" feststehen.

Dieser Prozess lässt sich auch auf kollektive Entscheidungen anwenden. Die typische Herausforderung dabei ist, dass mit zunehmender Gruppengröße die Vielfalt an Perspektiven und damit die Eigenkomplexität der Gruppe zunimmt. Zugleich sinkt bei den meisten Gruppen die Zahl der Entscheidungen, weil eine gemeinsam getragene Entscheidung, die die in der Gruppe vertretenen Perspektiven abbildet, mit entsprechend aufwendigen Kommunikationsprozessen einhergeht. Der Vorteil eines skalenbasierten Ansatzes, wie z. B. dem Ampelmodell oder der hier beschriebenen K-i-E-Skala, besteht darin, dass sie eine „normierte Sprache" bereitstellt, die die Intuitionen und Standpunkte der Gruppenmitglieder sehr schnell abbilden kann. Das Vorgehen basiert im Wesentlichen auf mehreren Schritten, die charakteristischer Weise einen zyklischen Wechsel zwischen einer kollektiven Aktivierung des Emotionssystems und des Kognitionssystems vollziehen. Im Folgenden eine Darstellung eines solchen Entscheidungsfindungsverfahrens am Beispiel der K-i-E-Methode:

1. Im ersten Schritt wird das Emotionssystem angesprochen, dies geschieht in aller Regel durch eine skalierte Abfrage. Das ermöglicht, innerhalb kurzer Zeit ein Bild über die Positionen der Sitzungsteilnehmer z. B. hinsichtlich der Einschätzung: „Inwieweit wird dieses Projekt erfolgreich?" zu gewinnen. Wie bereits dargestellt, lassen sich grundsätzlich dabei Leitfrage, Skalentyp und Bewertungsbereich an die spezifischen Erfordernisse der gegebenen Situation anpassen. Erfahrungsgemäß wird am häufigsten der Skalentyp mit dem „Funktionsbereich rechts" verwendet. Beispielsweise kann es sich um eine Priorisierungsfrage handeln („Wie hoch schätzen Sie die Dringlichkeit und Wichtigkeit ein?") oder nach der Güte eines Produkts („Wie schätzen Sie den zu erwartenden Erfolg ein?"). Nicht unüblich ist eine Kartenabfrage mit nummerierten Kartenset, dessen Nummern den zehn K-i-E Werten entsprechen. Hätten bei der Abfrage alle Teilnehmer einen Wert von 1–5 (nein) oder 8–10 (ja), bestünde bereits ein einheitliches Bild. Meistens ist aber ein gemischtes Bild der Fall.
2. Hier würde sich im zweiten Schritt eine ressourcenorientierte Frage empfehlen: „Was bräuchte es Ihrer Meinung nach konkret, um auf der K-i-E Skala näher in Richtung des funktionalen grünen Bereichs zu kommen?" Diese Anschlussfrage ist auf das Kognitionssystem zugeschnitten und ermöglicht lösungsfokussierten Dialog. Dabei soll durch die lösungsfokussierte Formulierung der Frage vermieden werden, dass die Diskussion in zeitraubendes Lamentieren und Problematisieren abdriftet. Wesentlich bei lösungsfokussierten Fragen ist, dass die Bedenkenträger sich nicht mehr auf ihre Kritik versteifen können, sondern konstruktiv in die Verantwortung

## 4.1 Ableitung allgemeiner Prinzipien für eine multiresiliente Gesellschaft

genommen werden, indem sie ihre Sorge um Sicherheit in Maßnahmen übersetzen müssen. Graf empfiehlt in diesem Schritt, nicht mit den Teilnehmern zu beginnen, die sich mit einem Wert von 1-5 ohnehin in einem ablehnenden Bereich bewegen, sondern vielmehr mit jenen, deren Positionen sich im „Vielleicht"-Bereich (6–7) verorten.

3. Nachdem die lösungsfokussierte Diskussion mit den gemäßigten Bedenkenträgern eine Reihe von Ressourcen und Maßnahmen zur Verbesserung zutage gefördert haben müsste, kann im dritten Schritt wieder eine auf die Intuition abzielende Skalenabfrage erfolgen. Mit großer Wahrscheinlichkeit werden sich die Werte in Richtung des funktionalen Bereichs verändert und meist sogar angeglichen haben. Sollten sich wieder offene Fragen ergeben, kann der Zyklus mit einem Wechsel von Befragung des Emotionssystems (mithilfe der K-i-E Skala) und des Kognitionssystems (mithilfe von ressourcenorientierten Fragen) fortgesetzt werden (Graf 2018).

Dieser Drei-Schritt-Zyklus sollte Graf zufolge nicht öfter als dreimal wiederholt werden. Sollte auch nach dem dritten Zyklus die Diskussion ein Ergebnis zutage fördern, bei dem die die Abstände der Bewertungen der Teilnehmer zwei oder mehr Punkte umfassen, dürfte keine gemeinsam getragene Entscheidung vorliegen. In diesen Fällen empfiehlt Graf entweder kollektiv auf „Nein" zu stimmen und das Projekt zu verwerfen oder eine Person zu ermächtigen, die das letzte Wort hat und für alle Teilnehmer die finale Entscheidung fällt. Dieses Verfahren spiegelt im Wesentlichen das Prinzip der oben erwähnten konsultativen Entscheidung wider (Konsent-Prinzip). Doch auch hier ist es Graf zufolge wichtig, dass sich die Gruppe vorher auf ebendieses Verfahren geeinigt haben muss. Dies gewährleistet erst, dass kollektive Entscheidungen tragfähig werden. Dies ist Kern des sogenannten Commitment-Verfahrens, der im Idealfall vor und nach dem oben beschriebenen Entscheidungsprozess angewandt wird.

Neben Skalenfragen zum Abfragen der Zustimmung der Teilnehmer („Wieweit stimmen Sie der Entscheidung zu?") ist das Commitment von tragender Bedeutung („Wieweit sind Sie für die Entscheidung/das Thema committed?"). In der Praxis erfolgt ein Commitment-Prozess weitgehend deckungsgleich mit dem oben dargestellten Zyklus.

Neben dem Commitment-Prozess lassen sich über die K-i-E-Moderationsanwendungen auch Priorisierungen erfragen bzw. herstellen („Wie hoch schätzen Sie die Dringlichkeit und Wichtigkeit ein?"). Unabhängig von den unterschiedlichen Abfragekontexten gilt: Die Gruppenentscheidung beginnt in aller Regel mit einer skalenbasierten Abfrage, die die Intuition anspricht. Sollte sich nach der Abfrage ein unbestimmtes Bild ergeben, wird zu einer lösungsfokussierten

Ressourcenfrage übergegangen, die auf das Kognitionssystem abzielt. Am Ende des Prozesses steht eine gemeinsam getragene Entscheidung. Diese kann sich auch dann ergeben, wenn die Teilnehmer mit ihren Einschätzungen und Bewertungen viel zu weit auseinanderliegen und sich nicht auf gemeinsame Maßnahmen einigen können. In einem solchen Fall besteht Einigkeit in der Uneinigkeit und die Gruppe kann z. B. zur Entscheidung kommen, das gemeinsame Vorhaben aufzugeben.

Sinn und Zweck der hier am Beispiel der K-i-E-Methode skizzierten Moderationsanwendungen ist, in einem zeiteffizienten und lösungsfokussierten Prozess zu gemeinsam getragenen (und damit von hoher kollektiver Intelligenz gekennzeichneten) Entscheidungen zu kommen. Prinzipiell ließe sich eine Methode, wie die oben dargestellte, auf allen Systemebenen und auf vielfältige komplexe und chaotische Situationen anwenden. Sie müsste jedoch erstmal von allen Beteiligten, insbesondere einem Moderator, erlernt werden und bedürfte sicherlich noch einer kulturellen Anpassung.

Insgesamt ließe sich kritisch fragen, ob Entscheidungsfindungsverfahren, die aktuell auf der Ebene von Gruppen und Organisationen getestet werden, überhaupt für moderne Gesellschaften funktionieren. Im Rahmen dieses Buches wird die These vertreten, dass sie sich in Gruppen mit gesellschaftlich relevanten Beratern und Entscheidungsträgern – beispielsweise politischen Gremien und Strategiesitzungen oder disziplinübergreifenden Think Tanks – durchaus anwenden lassen. Gesamtgesellschaftlich wird allerdings darüber nachzudenken sein, wie die oben skizzierten Methoden und Ansätze als Teil subsystemübergreifender Kommunikation und Bildung stückweise so integriert werden, dass sich die Menschen an ihnen stabilisieren und resilienter machen. Ist dies gegeben, könnte auch die Gesamtbevölkerung komplexitätsfähiger werden. Der Prozess steckt allerdings noch in den Kinderschuhen und ist weltweit noch in keiner Gesellschaft verwirklicht.

### 4.1.5 Prinzip 5: Die multiresiliente Gesellschaft verfügt über eine ausgeprägte Lernkultur

Zeichnen sich resiliente Individuen durch bestimmte Widerstandsfaktoren in ihrer Psyche aus (s. Prinzip 1), ist auch bei Gesellschaften von einem erheblichen Einfluss der kollektiven Psyche auf ihre Resilienz auszugehen. Diese lässt sich als „Resilienzkultur" oder „kollektiver Resilienzgeist" umschreiben. Unter Abschn. 3.2.2 wurden bereits unterschiedliche Forschungszugänge zu diesem

## 4.1 Ableitung allgemeiner Prinzipien für eine multiresiliente Gesellschaft

Gebiet skizziert. Aus diesen unterschiedlichen Beiträgen erschließen sich mehrere einander ergänzende Dimensionen, die die Resilienzkultur einer Gesellschaft auszeichnen. Sie lassen sich wie folgt zusammenfassen:

*Resilienzfördernde Tugenden:* Es dürfte einleuchten, dass ein wechselseitiges Beeinflussungsverhältnis zwischen resilienzfördernden Tugenden einer Gesellschaft und dem Resilienzverhalten der ihr angehörenden Individuen besteht. Der Einfluss resilienter Individuen auf die Resilienz des Gesamtsystems wurde im Zusammenhang mit Prinzip 1 dargestellt und ist im Folgenden zu vernachlässigen. Inwieweit das Verhalten von Individuen von ihrer kulturellen Prägung bestimmt wird, ist vor allem Gegenstand der kulturvergleichenden Forschung. Hier wird davon ausgegangen, dass Kultur, in den Worten Hofstedes, „eine kollektive Programmierung des Geistes" ist (Hofstede 1994). Aus dieser Perspektive erschließt sich die Resilienz von Gemeinschaften und Gesellschaften über kollektiv gelebte Tugenden. So lässt sich auf der Ebene von Gemeinschaften nachweisen, dass bestimmte ethnische Gruppen, trotz Diskriminierungen vonseiten der Mehrheitsgesellschaften, höhere akademische Resilienz aufweisen. Beispielhaft hierfür stehen die vietnamesischen Boat People, in deren Kultur Bildung und lebenslanges Lernen einen relativ hohen Stellenwert einnimmt. Ähnliches lässt sich auch auf gesamtgesellschaftlicher Ebene feststellen. Ein oft zitiertes Beispiel in diesem Zusammenhang ist die japanische Durchhaltementalität (Gambaru).

*Kollektive Bewertung:* Ähnlich wie Individuen zeichnen sich auch Gesellschaften durch Prozesse aus, in denen sie auf der Grundlage eines Selbst- und Weltbildes Krisenereignisse bewerten. Begreift die Gesellschaft das Problem als Bedrohung oder als Chance? Eng mit der Bewertung des Problems und der eigenen Verwundbarkeit geht auch die derzeit vor allem im populistischen Kontext debattierte Identitätsfrage einher. Was soll am kollektiven Selbstkonzept unter allen Umständen bewahrt werden und was darf losgelassen werden und sich verändern? Diese Frage lässt sich auch auf die Bewältigung vergangener traumatischer Ereignisse übertragen. Abhängig vom vorherrschenden Resilienzverständnis lassen sich mindestens zwei Resilienzstrategien unterscheiden: Das statische Resilienzkonzept („Fels in der Brandung", Resilienz 1.0) fokussiert darauf, den „Selbstkern" zu schützen und Ereignisse, die die Integrität dieses Kerns beeinträchtigen können, abzuwehren. Demgegenüber wird im Rahmen des evolutionären Resilienzkonzepts (Resilienz 2.0) eine nicht-abgrenzende, sondern einbindende Aufarbeitung von Krisenereignissen verfolgt – dabei werden auch weitreichende Veränderungen des eigenen Selbst in Kauf genommen, um aus der Krise gestärkt hervorzugehen.

*Zusammenhalt:* Die Krisenfähigkeit von Gemeinschaften und Gesellschaften gegenüber jeglichen Krisen setzt eine entsprechend ausgeprägte soziale Kohäsion, sprich: einen starken Zusammenhalt, voraus. Dies ermöglicht erst die Ausbildung eines kollektiven Selbst. Die ländervergleichende indikatorgestützte Forschung führt mehrere Faktoren an, die Aufschluss über den sozialen Zusammenhalt von Gesellschaften geben. Hierunter zählen unter anderem gegenseitiges Vertrauen, Vertrauen in die Institutionen und prosoziales Verhalten. Sind diese Faktoren stark ausgeprägt, dürfte die Stabilität – und im weitesten Sinne der Zusammenhalt – einer Gesellschaft hoch sein. In der politischen Praxis zeigt sich, dass auch in Gesellschaften, die relativ schlechte Indikatorwerte aufweisen, sozialer Zusammenhalt erzeugt werden kann. Typischerweise wird hierbei eine nationalistische Strategie angewandt, bei der durch die Abgrenzung zu einem äußeren Feind von inneren sozialen Problemen abgelenkt wird. Diese, beispielsweise aktuell verstärkt in Russland anzutreffende, Strategie der Problemverschiebung dürfte als nicht besonders nachhaltig zu werten sein.

Diese hier genannten Dimensionen – kulturelle Tugenden, kollektive Bewertung und sozialer Zusammenhalt – beeinflussen maßgeblich die Resilienzkultur einer Gesellschaft. In aller Regel prägen sich diese Kulturdimensionen entlang aller Subsidiaritätsebenen (s. Prinzip 3) der resilienten Gesellschaft.

> **Fallbeispiel China: Resilienztugenden, Bedrohungswahrnehmung, Zusammenhalt**
> In ihrer viel beachteten Analyse „Die Chinesen – Psychogramm einer Weltmacht" skizzieren die Autoren Baron und Yin-Baron (2018) die kulturellen Besonderheiten Chinas. Mit einem Alter von rund 5000 Jahren stellt China die älteste heute lebende Zivilisation dar. Als Fallbeispiel für kulturelle Resilienz eignet sie sich daher besonders. Im Lichte der oben dargestellten Kulturdimensionen stellt sich das Resilienzprofil Chinas in aller Kürze wie folgt dar:
> Resilienztugenden: Vergleichbar mit dem Fall der Vietnamese Boat People zeichnen sich die Chinesen im In- und Ausland im weltweiten Vergleich durch überdurchschnittliche schulische Leistungen aus. Disziplin, Fleiß und vor allem ständiges Lernen und Selbstverbesserung werden in der chinesischen Kultur, im Einklang mit der konfuzianischen Sittenlehre, groß geschrieben. Verortete vor fast 100 Jahren der berühmte Soziologe Max Weber in ebendieser konfuzianischen Philosophie die Ursache für die

„Rückständigkeit" Chinas, schreiben heute Baron und Yin-Baron (2018) die relativ hohe Lernfähigkeit der Chinesen ebendiesem Einfluss zu.[8]

Bewertung und Identität: Viele Chinesen studieren im Ausland, Tendenz steigend, kehren aber tendenziell wieder ins Mutterland zurück. Obgleich Baron und Yin-Baron (2018) davon ausgehen, dass die jüngste Generation chinesischer Studierender mehr denn je von westlichen Einflüssen geprägt ist, gehen beide Autoren davon aus, dass das Zugehörigkeitsgefühl zur chinesischen Gemeinschaft und Kultur sehr stark ausgeprägt ist. Eine Besonderheit, die laut Baron und Yin-Baron (2018) das chinesische Zusammengehörigkeitsgefühl und kollektive Selbstbild ausmacht, ist die Identifizierung mit einer Kultur, nicht mit einer Nation. Hinsichtlich der kollektiven Resilienz Chinas führt dies zu einer gewissen Flexibilität. Denn die Identität mit China ist nicht an die Landesgrenzen gebunden. Von der anderen Seite weisen Baron und Yin-Baron (2018) darauf hin, dass Chinas Selbstwahrnehmung hinsichtlich der eigenen Verwundbarkeit vor allem von einer Vermeidung politischer Instabilität geprägt ist. Dies ist auf seine langreichenden historischen Erfahrungen zurückzuführen, in der das Land vielfache Teilungen und Eroberungen erfahren mussten.

Zusammengehörigkeitsgefühl: Das Zusammengehörigkeitsgefühl erstreckt sich Baron und Yin-Baron (2018) zufolge bei den meisten Chinesen auf den Kreis der Kern- und Großfamilie und im weitesten Sinne auf persönliche Freund- und Bekanntschaften. Außerhalb dieses Nukleus ist das Miteinander der Chinesen eher von Misstrauen geprägt. Dies führt auf der Subsidiaritätsebene von Haushalten und privaten Gemeinden zu hoher Resilienz, darüber hinausgehend jedoch zu hoher Verwundbarkeit. Entgegen verbreiteter Annahmen ist in China die Identifikation mit einem chinesischen Staat relativ schwach ausgeprägt. Baron und Yin-Baron (2018) zufolge ist dies auch eine mögliche Erklärung dafür, dass der chinesische Staat in der Geschichte in mehreren Fällen von wesentlich kleineren und technologisch weniger entwickelten Staaten militärisch besiegt und erobert wurde.

---

[8] Gleichwohl räumen sie ein, dass es im Laufe der geschichtlichen Entwicklung durchaus Phasen der Stagnation gab, die sie einer orthodoxen Auslegung der damaligen Regenten zuschrieben.

Ungeachtet ihrer fallspezifischen Unterschiede, lassen sich in der Resilienzkultur jeder Gesellschaft die oben genannten Dimensionen wiederfinden. Eine ihnen allen zugrunde liegende Herausforderung ist dabei stets die Aufrechterhaltung einer empfindlichen Balance zwischen Beständigkeit und Wandel. Die Seite der Beständigkeit betont den unveränderlichen Wertekern, der das kollektive Selbst auszeichnet. Darüber hinaus legt sie fest, welche Bewältigungspraktiken sich bewährt haben oder in anderen Worten: Was so bleiben kann, wie es ist. Die Seite des Wandels hingegen öffnet für neue Bewältigungspraktiken. Dies kann (muss aber nicht) in Krisenzeiten mit einem veränderten Selbstverständnis einhergehen.

Obgleich sich die Balance zwischen Beständigkeit und Wandel in der Kultur jeder Gesellschaft unterschiedlich ausprägen kann, zeichnen sich alle Resilienzkulturen durch ein gemeinsames Kriterium aus: Sie alle messen dem Lernen einen zentralen Wert im Rahmen ihres kulturellen Selbstverständnisses bei. In einer Resilienzkultur zeigt sich dies in der Förderung von zwei Arten des Lernens – einerseits dem Erlernen und Trainieren bewährter Resilienzpraktiken und andererseits dem Weiterentwickeln von Resilienzpraktiken bzw. dem Erschließen neuer Lösungen. Ersteres wurde im Rahmen von Prinzip 4 mit „Lernen aus der Vergangenheit" umschrieben. Letzteres entspricht dem „Lernen aus der Zukunft." Hierzu abschließend zwei Fallbeispiele:

**Fallbeispiel Kuba: Resilienzstrategien als zentrale Bestandteile der Bildungspolitik**
Kuba ist regelmäßig von Naturkatastrophen betroffen. Zwischen 1996 und 2002 wurde die Insel von sechs Hurricanes heimgesucht. Dabei starben in Kuba 16 Menschen – eine vergleichsweise geringe Zahl, wenn man von einer Gesamtzahl von 665 Toten ausgeht, die alle ebenfalls betroffenen Staaten zu beklagen hatten. Beobachtern fiel auf, dass in einigen Fällen – so z. B. beim Hurricane Charlie – weniger Menschen in Kuba starben (insgesamt 16 Menschen) als im benachbarten Florida (30 Menschen), obwohl beide Länder in sehr ähnlicher Weise betroffen waren und Kuba im Vergleich zu den USA wesentlich weniger technische Ressourcen zur Verfügung standen. Das Secretariat for Disaster Reduction (ISDR) der UN, führt die im Vergleich zu Kubas Nachbarn relativ niedrige Sterblichkeitsrate vor allem auf die resilienzfördernde Bildungspolitik Kubas zurück. Katastrophenvorsorge und -schutz gelten als zentrale Bestandteile des Curriculums in Schulen, Universitäten und Arbeitsplätzen. Die Bürger werden kontinuierlich informiert und von früh auf an darauf trainiert, mit Naturkatastrophen umzugehen (Mohideen 2010).

**Vergangenheit:**
Deiche gegen Sturmfluten

**Gegenwart:** Leben mit dem Wasser

**Abb. 4.3** Krise als Chance am Beispiel der leven met water-Initiative (Christmann 2011)

> **Fallbeispiel Niederlande: Entwicklung einer neuen Resilienzpraxis**
> Die Niederlande wurde und wird von jeher von Flutkatastrophen bedroht. Bis in die 1990er Jahre zielte die Resilienzstrategie auf den Deichbau ab, in der sich der Gedanke widerspiegelte, das Wasser von sich „wegzuhalten". Die neue Resilienzstrategie „leven met water" liefert ein klassisches Beispiel für Krisentransformation – sprich: Nutzung neuer Chancen aus der Krise heraus. Seitdem bestimmen schwimmende Architekturen, wie sich die Stadtbilder der Niederlande entwickeln (Christmann 2011) (Abb. 4.3).

## 4.2 Fazit

Wie können Gesellschaften eine höhere allgemeine Resilienz – Multiresilienz – gegenüber der unvorhersehbaren und komplexen Vielfalt von Krisen erzielen? Der vorliegenden Analyse nach trägt die Umsetzung von mindestens fünf Prinzipien zu einer signifikanten Resilienzsteigerung bei:

- Prinzip 1: Förderung resilienter Individuen.
- Prinzip 2: Souveräner Umgang mit Nicht-Wissen.
- Prinzip 3: Entkopplung und Wissensvernetzung der gesellschaftlichen Teilsysteme.

- Prinzip 4: Kollektiv intelligente Entscheidungsfindung
- Prinzip 5: Ausgeprägte Lernkultur.

Das erste Prinzip erhellt auf der Grundlage des Vier-Quadranten-Modells die wesentlichen Dimensionen einer resilienten Gesellschaft. Das Vier-Quadranten-Modell stammt aus der Complexify-Tradition (s. Kap. III) und liefert eine grobe Verortung der vielfältigen Schutzfaktoren und Indikatoren, die mit der Resilienz einer Gesellschaft in unterschiedlichen Krisensituationen zusammenhängen. Auch die nachfolgenden Prinzipien 2–5 lassen sich hinsichtlich ihrer Schwerpunkte jeweils einem dieser Quadranten zuordnen (Tab. 4.3).

Die Prinzipien 1–5 ersetzen nicht die vielfältigen anderen Inhalte von Tab. 4.4, welche sich von Gesellschaft zu Gesellschaft beträchtlich voneinander unterscheiden können. Vielmehr stellen die hier genannten Prinzipien vielmehr allgemeingültige Leitkriterien dar, die unabhängig von Kultur und auf möglichst vielfältige Krisenart anwendbar sind. Im Lichte der fünf Prinzipien erschließt sich, dass die Multiresilienz einer Gesellschaft vor allem mit ihrer Fähigkeit zusammenhängt, Komplexität zu bewältigen. Komplexitätsbewältigung setzt souveränen Umgang mit Ereignissen voraus, die sich nicht vorhersehen und durchschauen lassen. Als notwendige Kernkompetenz wurde hierbei Lernen identifiziert. Dies bedeutet erstens die systematische Verfestigung von bewährtem

**Tab. 4.3** Kernprinzipien einer multiresilienten Gesellschaft

|  | Subjektiv | Objektiv |
| --- | --- | --- |
| Individuell | Prinzip 1: Psychische Resilienz<br>• Gelassenheit<br>• Lebenslanges Lernen | Prinzip 2: Souveräner Umgang mit Nicht-Wissen<br>• Lernen von der Vergangenheit (Best und Good Practices)<br>• Lernen von der Zukunft (Emerging und Innovative Practices) |
| Kollektiv | Prinzip 5: Resilienzkultur<br>• Lernen und Bildung als zentrale Tugend<br>• Balance zwischen Beständigkeit und Wandel | Prinzip 3: Entkopplung und Vernetzung der Teilsysteme<br>• Selbstversorgung/Autarkie der Teilsysteme<br>• Sektorübergreifendes Wissensmanagement<br>Prinzip 4: Kollektiv intelligente Entscheidungsfindung<br>• Bedingungsfaktoren kollektiver Intelligenz (Meinungsvielfalt etc.)<br>• Zeiteffiziente gemeinsame Entscheidungsfindung (z. B. K-i-E-Methode, Konsent-Entscheidung) |

## 4.2 Fazit

**Tab. 4.4** Resilienzdimensionen einer Gesellschaft (inspiriert von Fathi 2013, S. 41–74; Galtung 2008; Lederach 2003; Sibeon 2004, S. 108–110; Layder 1997, S. 2–4)

|  | Subjektiv | Objektiv |
|---|---|---|
| Individuell | Ich-Perspektive: Innere Einstellung, Umgang mit den eigenen Gefühlen, Gedanken etc. Resilienzausprägung: Psychische Resilienz Inhalte: Psychisches/Emotionales Wohlbefinden, Resilienzquotient | Es-Perspektive: Äußeres Verhalten, Praktiken, messbare (z. B.) sozioökonomische Daten, Fakten Resilienzausprägung: Resilienzpraktiken, wirtschaftliche, technologische Resilienz Inhalte: Wirtschaftliche Leistungsfähigkeit, Gini-Koeffizient (soziale Gleichheit), Beschäftigungsquote, Problemlösungsverhalten etc. |
| Kollektiv | Wir-Perspektive: Normen, Werte, Narrative, Kultur, etc. Resilienzausprägung: Kulturelle Resilienz Inhalte: Vertrauen, Zugehörigkeit, Unterstützende Beziehungen, kollektive Bedrohungswahrnehmung | Sie-Perspektive: Systeme, Strukturen, Feedback-Schleifen etc. Resilienzausprägung: Systemische und strukturelle Resilienz Inhalte: Komplexitätsbewältigungsfähigkeit des Gesamtsystems, Wissensmanagement innerhalb und zwischen den Teilsystemen |

Problemlösungswissen (Lernen aus der Vergangenheit) und zugleich auch seine permanente Weiterentwicklung (Lernen aus der Zukunft). Zweitens setzt dies weitgehende Unabhängigkeit und kollektiv intelligente Entscheidungsfähigkeit aller gesellschaftlichen Teilsysteme und zugleich wechselseitige Kollaboration und Wissensvernetzung voraus.

Es lässt sich derzeit keine Gesellschaft beobachten, die diese Prinzipien zur Gänze und über alle Subsidiaritätsebenen hinweg verwirklicht hat. Allerdings finden sich vielfältige, tendenziell an Einfluss gewinnende Initiativen und Maßnahmen, die zu einer teilweisen Umsetzung der Prinzipien beitragen und die sich positiv auf die Entwicklung gesellschaftlicher Multiresilienz beitragen. Hierzu zählen beispielsweise die Transition Towns und ähnliche Initiativen, Plattformen des transdisziplinären Wissensaustauschs (z. B. die European School of Governance), offen zugängliche Organisationen zur Förderung psychischer Resilienz (z. B. Art of Living), Prepper-Initiativen, um nur einige zu nennen. All diese und andere Initiativen haben gemeinsam, dass sie eine Veränderung im Kleinen (vor allem auf den Subsidiaritätsebenen von Haushalten, Gemeinden und Organisationen) anvisieren und bereits umsetzen. Eine vieldimensionale Resilienzentwicklung, die Gesamtgesellschaften oder gar die supranationale Ebene umfasst und dabei alle Systemebenen integriert, steht derzeit noch aus. Als tendenziell am schwierigsten dürfte sich zudem auch die Verwirklichung von Prinzip 5 – der Entwicklung von Resilienzkulturen – erweisen, da sich Kulturen nur relativ langsam verändern und sich bestenfalls nur indirekt über die Verwirklichung der anderen Prinzipien beeinflussen lassen.

Reicht Multiresilienz überhaupt aus, um gesellschaftliche Zukunftssicherung im 21. Jahrhundert zu gewährleisten? Nicht unbedingt. Zwar dürfte sich eine gesteigerte Lernfähigkeit und Komplexitätsbewältigung bei nahezu jeder Krise als sinnvoll erweisen. Für die Bewältigung menschenverursachter existenzieller Krisen wird dies jedoch nicht ausreichen. In den Worten des Katastrophenexperten Nick Bostroms:

> „Our approach to existential risks cannot be one of trial−and−error. There is no opportunity to learn from errors. The reactive approach – see what happens, limit damages, and learn from experience – is unworkable. Rather, we must take a proactive approach. This requires foresight to anticipate new types of threats and a willingness to take decisive preventive action and to bear the costs (moral and economic) of such actions" (Bostrom 2002, S. 5).

Zwar berücksichtigt das hier dargestellte Resilienzkonzept auch eine proaktive Komponente – allerdings setzt sie das Eintreten der Katastrophe als gegeben voraus und fokussiert lediglich auf den Schutz des (noch nicht) betroffenen Systems. Dies wird sich jedoch beispielsweise bei menschenverursachten existenziellen Krisenszenarien, z. B. einer außer Kontrolle geratenen Superintelligenz oder Nanotechnologie, als unzureichend erweisen. Es bedarf auch proaktiver Beeinflussung der Umwelt und damit der Verhinderung eines Eintretens der Krise und achtsamer Reflexion der Konsequenzen des gesellschaftlichen Handelns. Gesellschaftliche Zukunftssicherung wird daher nicht daran vorbeikommen, andere Leitkonzepte zu berücksichtigen und zu integrieren.

Derzeit bestimmen mehrere Leitkonzepte die Diskussion. Vor allem handelt es sich dabei um die „nachhaltige Gesellschaft", die „entwickelte Gesellschaft" und seit der Jahrtausendwende neuerdings auch um die „resiliente Gesellschaft". Bisweilen werden sie unscharf verwendet und nicht selten müssen sie als Buzz-Wörter in den PR-Strategien von Regierungen, Unternehmen und zivilgesellschaftlichen Organisationen herhalten. Zugleich dürfte jedes dieser unterschiedlichen Konzepte einen unverzichtbaren Beitrag für die ganzheitliche Auseinandersetzung mit gesellschaftlicher Zukunftssicherung leisten. Das Leitbild der entwickelten Gesellschaft fokussiert darauf, wie eine Gesellschaft ihre inhärenten Potenziale größtmöglich fördern und ihre Bedürfnisse entsprechend

## 4.2 Fazit

größtmöglich befriedigen kann. Demgegenüber interessieren aus Sicht der nachhaltigen Gesellschaft die Nebenfolgen, die aus den gesellschaftlichen Entwicklungsprozessen und Handlungen resultieren und wie sich diese Nebenfolgen vermeiden lassen. Das Konzept der resilienten Gesellschaft konzentriert sich schließlich auf die Frage, wie sich die Gesellschaft angesichts nicht abgewendeter Nebenfolgen dennoch entwickeln kann.

# Teil II
# Gesellschaftliche Zukunftssicherung im 21. Jahrhundert: Entwicklung, Nachhaltigkeit, Resilienz

# Die entwickelte Gesellschaft 5

Das Leitkonzept einer „entwickelten Gesellschaft" ist von einiger Bedeutungsvielfalt geprägt. Das folgende Unterkapitel vermittelt ein erstes Grundverständnis aus einer nach innen und nach außen gerichteten Perspektive (Abschn. 5.1). Daran anknüpfend erfolgt ein vertiefter Einblick in vier Diskursstränge, die das facettenreiche Leitbild der entwickelten Gesellschaft maßgeblich bestimmen (Abschn. 5.2). Inwieweit lässt sich die Entwicklung einer Gesellschaft messen und vergleichen? Bei der Auseinandersetzung mit dieser Frage werden abschließend die Indikatoren aller hier genannten Diskurse (Abschn. 5.3 und 5.4) disziplinübergreifend zusammengeführt.

## 5.1 Die entwickelte Gesellschaft aus einer nach innen und einer nach außen gerichteten Perspektive

Die entwickelte Gesellschaft stellt mit Abstand das historisch älteste Leitmotiv dar. In seinem berühmten Buch „Wer regiert die Welt?" definiert der britische Historiker Ian Morris gesellschaftliche Entwicklung als die Fähigkeit einer Gesellschaft, mit sich und der Welt zurechtzukommen (Morris 2012). Entwicklung lässt sich aus einer nach innen und einer nach außen gerichteten Perspektive untersuchen.

Im philosophischen Kontext lässt sich Entwicklung als aktives „Sich-Entwickeln durch das Auswickeln Ausfalten der eigenen Fähigkeiten Involution" verstehen, um eigene Probleme selber meistern zu können verstehen (Nuscheler 2006, S. 226). Im heutigen Diskurs dominiert die entwicklungspolitische Perspektive. Nach dieser Interpretation zeichnet sich eine entwickelte Gesellschaft durch die Fähigkeit aus, die eigene Bevölkerung mit lebens(not)wendigen Gütern und Dienstleistungen zu versorgen und damit ein menschenwürdiges Leben zu ermöglichen. Das zentrale Entwicklungsziel besteht dabei darin, eine effiziente Volkswirtschaft zu schaffen, die eine möglichst breite Nutzung der eigenen (insbesondere humanen) Produktivkräfte ermöglicht. Nach gängiger Lehrmeinung korreliert dies mit einer möglichst breiten Mittelschicht, die fähig ist, Kapital zu erwirtschaften. Dies würde der Regierung wiederum Anreize bieten, Strukturen wie Rechtstaatlichkeit, Schutz des Privateigentums, Sozialleistungen und Bildungseinrichtungen zu etablieren, um die Produktivität der Bevölkerung zu optimieren. Im Gegenzug kann sie diese erwirtschafteten Leistungen besteuern und davon langfristig selber profitieren. Umgekehrt zeichnet sich eine wenig entwickelte Gesellschaft durch eine Struktur aus, in der sich eine reiche Elite an den unverarbeiteten Ressourcen ihres Landes bereichert und in denen viele humane Produktionskräfte brachliegen. Stattdessen wird das Kapital in unproduktive Luxusgüter und einen Polizei-/Militärapparat investiert, der den Status quo aufrechterhalten soll (Nuscheler 2006).

Die Bewertung von „Entwicklung" hängt indirekt eng mit Überlegungen zum „Erfolg" einer Gesellschaft zusammen. Übertragen auf den Gesellschaftskontext stellt sich die Frage: „Was ist überhaupt der grundlegende Zweck einer Gesellschaft?" Aus dieser, für alle Gesellschaften geltenden, Frage lassen sich erste verallgemeinerbare Kriterien für „Erfolg" definieren. Befragen wir hierzu die Soziologie: Laut der Definition von Ferdinand Tönnies, der den Gesellschaftsbegriff im 19. Jahrhundert analytisch in die sich etablierende Soziologie einführte, versteht sich die Gesellschaft als eine besondere Form gegenseitiger gewollter „Bejahung" von Menschen. Mit anderen Worten: Menschen finden sich zusammen und bekennen sich zu einer gemeinsamen Zugehörigkeit. Nach Tönnies ist diese gegenseitige Bejahung für ein Mittel, um gemeinsam die eigenen individuellen Bedürfnisse und Ziele zu erreichen (Tönnies 2005). Diese These wird von Talcott Parsons' Perspektive des Strukturfunktionalismus bestätigt. Demnach bildet sich aus Individuen nur dann eine Gesellschaft heraus, wenn sie mittels bestimmter sozialer Institutionen und Strukturen die menschlichen Bedürfnisse dauerhaft zu befriedigen vermag. Aus der hier gezeichneten soziologischen Perspektive stehen Individuum und Gesellschaft in einem wechselseitigen Abhängigkeitsverhältnis und „reproduzieren" sich gegenseitig. Einerseits hilft die Gesellschaft den Individuen in der Befriedigung unterschiedlicher Bedürfnisse; andererseits lebt sie davon, dass sie diese Individuen zusammenhält – und diese Bejahung wird durch vielfältige Aspekte, wie gemeinsam gelebte und eingehaltene Normen, Werte, Gesetze, Ideologien etc., zementiert.

Das Ziel einer breitestmöglichen (Grund-)Bedürfnisbefriedigung der Bevölkerung erscheint daher als ein zentraler Aspekt einer entwickelten Gesellschaft. In diesem Zusammenhang lehrt die Friedens- und Konfliktforschung, dass soziale Konflikte bzw. Probleme stets aus unbefriedigten Bedürfnissen resultieren.[1] Eine Gesellschaft erfüllt dabei ihren Daseinszweck am optimalsten, indem sie durch entsprechende soziale, ökonomische, politische, kulturelle Rahmenbedingungen die Bedürfnisse der Bevölkerung weitgehend abdeckt. Gesellschaftlicher Erfolg bzw. Entwicklung beugt sozialen Konflikten vor und sichert damit den sozialen Zusammenhalt in einer Gesellschaft. Das Bedürfniskonzept gilt in der internationalen Konfliktbearbeitung von jeher als ein kulturübergreifender Referenzrahmen für Gerechtigkeit. Neben der Konfliktforschung (Galtung 2008) und der internationalen Konfliktarbeit (Sarvodaya[2]) finden sich auch Anwendungen in anderen Disziplinen.[3] Abgesehen von einigen Unterschieden in den Details gehen alle Bedürfniskonzepte davon aus, dass alle Menschen, unabhängig von Zeit und Kultur, Bedürfnisse haben. Dabei geht es um materielle Bedürfnisse wie Nahrung, Gesundheit, Obdach, Sicherheit etc., aber auch um immaterielle Bedürfnisse wie Identität, Freiheit, Kreativität, Bildung, Sinn, im weitesten Sinne Spiritualität und so weiter. Gesellschaften, die sich selbst als entwickelt begreifen, messen daher Wohlfahrt stets zentrale Bedeutung zu, um sozialen Konflikten vorzubeugen und damit den sozialen Zusammenhalt zu sichern. Der Erfolg und damit die Entwicklung einer Gesellschaft bemessen sich also an ihrer Fähigkeit, ihrer Bevölkerung eine möglichst breite Befriedigung ihrer (Grund-)Bedürfnisse zu ermöglichen.

Das Kerninteresse einer Gesellschaft besteht vor allem darin, ihre Wohlfahrt aufrechtzuerhalten und zu steigern, welche wiederum eng mit ihrer *wirtschaftlichen Leistungsfähigkeit* zusammenhängt. Das Wirtschaftswachstum gilt dabei als eines der wichtigsten politischen Ziele. Vor diesem Hintergrund wird seit einigen Jahren der aus der Betriebswirtschaftslehre stammende Begriff der „Wettbewerbsfähigkeit" für Volkswirtschaften angewendet, was nicht unumstritten ist.

---

[1]Die Konfliktbearbeitung unterscheidet an dieser Stelle zwischen „Bedürfnissen" auf der einen Seite und „Strategien" oder „Interessen" auf der anderen Seite. Bedürfnisse verschiedener Individuen sind grundsätzlich allgemein und stehen einander nie entgegen, sondern lediglich die konkreten Strategien, die zur Erfüllung der Bedürfnisse angewandt werden.

[2]http://www.sarvodayausa.org/learn/10-basic-human-needs/

[3]z. B. in der Entwicklungspsychologie (Maslow 1954), der Ökonomie (Drekonja-Kornat 2001), der humanistischen Psychologie (Rosenberg 2009) oder der internationalen Entwicklungszusammenarbeit (Steinberg 1985).

Denn während „Wettbewerbsfähigkeit" im Unternehmenskontext die Fähigkeit bedeutet, dass Unternehmen an den für sie relevanten Märkten ihr Waren- bzw. Dienstleistungsangebot mit Gewinn absetzen können, ist im volkswirtschaftlichen Sinne vor allem die Fähigkeit, dauerhaft im internationalen Wettbewerb Einkommen zu generieren, gemeint. War der Krieg als „Fortsetzung der Politik mit anderen Mitteln" (Clausewitz 2010) noch bis Ende des 20. Jahrhunderts eine bevorzugte Strategie zur Stiftung der nationalen Einheit und zur Sicherung von Wirtschaftswachstum und Ressourcenzugängen, ist es im Zuge fortschreitender Globalisierung und Entwicklung wissensbasierter Ökonomien, der Standortwettbewerb. Damit ist nicht ausgeschlossen, dass auch andere Wettbewerbsebenen zwischen Staaten weiterhin relevant bleiben, wie z. B. der geostrategische Wettbewerb, der vor allem um Energieressourcen geführt wird. Im Diskurs um die Zukunftsfähigkeit und damit den Erfolg heutiger Wissensgesellschaften wird jedoch mehr denn je der „Kampf um die Köpfe" (War of Talents) betont. Dies schließt die Fähigkeit einer Gesellschaft mit ein, Direktinvestitionen und hochqualifizierte und erfindungsreiche Arbeitskräfte anzuziehen und damit ihre Innovationsfähigkeit und ihr ökonomisches Wachstumspotenzial zu sichern. Laut dem aktuellen Global Competitiveness Index[4] wurden die zwölf Volkswirtschaften mit den höchsten Wachstumschancen auch im Jahr 2012 von nordeuropäischen Staaten dominiert, angeführt allerdings seit vier Jahren von der Schweiz. Deutschland belegte den sechsten Rang, die USA den siebten (Schwab 2013).

Der Wettbewerbsdiskurs ist eng mit einer nach außen gerichteten Perspektive verknüpft. Der geostrategische Kontext dürfte hierbei zu den historisch am weitesten zurückreichenden gewertet werden. So zeichnen die Geschichts- und Politikwissenschaften das Streben nach einer Ausweitung ihrer eigenen geostrategischen Handlungsmöglichkeiten und des eigenen Einflusses als zentrales Motiv von Völkern und später: Staaten. Dies galt und gilt vor allem im militärischen, technologischen, wirtschaftlichen, geostrategischen, politischen und kulturellen Bereich. Bei den so genannten „Weltreichen" bzw. „Imperien" kann dieses Entwicklungsziel als am höchsten verwirklicht angesehen werden. Kulturvergleichend ist hier jedoch zwischen expansionistischen Mächten und nicht-expansionistischen Mächten zu unterscheiden. Erstere umfassten z. B. die islamischen Reiche vom 6. bis

---

[4]In dieser vom Weltwirtschaftsforum (WEF) erstellten Rangliste werden 144 Volkswirtschaften hinsichtlich der Höhe ihrer Wachstumschancen verglichen. In den Index fließen ein: Daten zur Infrastruktur, Gesundheit, Bildung, Arbeitsmarkteffizienz, Effizienz der Gütermärkte, technologischer Entwicklungsgrad, etc.

16. Jahrhundert und die westlichen Kolonialreiche ab dem 17. Jahrhundert oder die USA heute. Als repräsentativ für eine nicht-expansionistische Macht galt z. B. das chinesische Reich, das bis ins 15. Jahrhundert hinein genügend Ressourcen hatte, um die Weltherrschaft an sich zu reißen und alle übrigen Völker zu unterjochen (Galtung 1998; Baron und Yin-Baron 2018).

In der heutigen Imperiumsdiskussion finden sich mehrere Modelle zur Beschreibung der komplexen globalen Lage. Je nach Modell wird davon ausgegangen, dass ein (USA [z. B. Münkler 2007] oder Europa [z. B. Posener 2007]), zwei (USA und Europa [z. B. Bollmann 2006]) oder sogar drei (USA, Europa und China [z. B. Khanna 2006]) postkoloniale Imperien dominieren. Wenn wir die Entwicklung einer Gesellschaft von ihrer internationalen Gestaltungs- und Einflussmacht abhängig machen, lässt sich heute feststellen, dass sich mit der fortschreitenden Globalisierung die bestimmenden Kriterien verschieben. Lange Zeit galt vor allem im Kontext militärischer Stärke das Erlangen von „harter Macht" (Hard Power) als wichtigstes Entwicklungsziel. Seit dem Ende des Kalten Krieges verliert sie zunehmend an Bedeutung, auch weil klassische, zwischenstaatliche Kriege und kaum mehr stattfinden. Militärische Aktivitäten finden heute fast nur noch in der internationalen Terrorismusbekämpfung und vor allem im Kontext der innerstaatlichen „Rebellenbekämpfung" statt (HIIK; AKUF 2012). Gegenüber der „Hard Power" werden heute wirtschaftliche Stärke und vor allem „weiche Macht" (Nye 2004, 2011), sprich: kulturelle und religiöse Anziehungskraft sowie Dominanz in Wissenschaft und Technik, immer maßgeblicher. Nach diesen, heute relevanten Kriterien, werden wir unsere Untersuchung ausrichten.

Der Wettbewerb um weiche Macht (und durchaus auch im Zusammenhang mit harten, vor allem ökonomischen, Kriterien) zeigt sich im gegenwärtigen „Wettbewerb der Modernen" (Jaques 2012). Bis vor kurzem wurden die Konzepte von „Modernität" als wünschenswertes Etappenziel einer gesellschaftlichen Entwicklung fast ausschließlich vom Westen definiert und vorangetrieben. Nach Japan entstehen heute Modernen in anderen Weltregionen wie z. B. China oder Indien, die technologisch genauso modern sind wie der Westen, zugleich aber damit andere „Ideen des guten Lebens" verbinden. Während Sozialkonzepte im Westen „das Gute" bzw. „das Erstrebenswerte" mit Individualität, personenzentrierter Freiheit, Menschenrechten und Demokratie verbindet („All different, all equal"), bedeutet Moderne für neue Wirtschaftsmächte wie z. B. China oder Singapur eher Kollektiv, Einheit, Harmonie und Stabilität („Der Berg bewegt sich nicht"). Dieser Wettbewerb wird sich in Zukunft mit dem Aufstieg der nicht-westlichen Staaten noch weiter verschärfen (Jaques 2012).

Es lässt sich insgesamt zusammenfassen, dass das Konzept der entwickelten Gesellschaft einerseits in kulturvergleichender und in historischer Hinsicht sehr unterschiedlich kontextualisiert wird, andererseits betont der gegenwärtige Diskurs auch mehrere verallgemeinerbare Aspekte. Im Wesentlichen beinhalten diese Aspekte die Grundbedürfnisbefriedigung der Bevölkerung durch gesellschaftliche Wohlfahrt, die wiederum auf sozialem Zusammenhalt und ökonomischer Leistungs- und Wertschöpfungsfähigkeit der Bevölkerung basiert.

## 5.2 Die entwickelte Gesellschaft im Lichte von vier Diskursperspektiven

Die bisherigen Überlegungen zeigen, dass die entwickelte Gesellschaft von Disziplin zu Disziplin sehr unterschiedlich geführt wird. Im gegenwärtigen Diskurs scheint der die nach innen gerichtete Perspektive und der Fokus auf Soft Power zu dominieren. Die folgenden Abschnitte richten den Blick auf vier Diskursperspektiven, die das heutige Leitbild der entwickelten Gesellschaft derzeit am meisten zu beeinflussen scheinen:

- Der *entwicklungspolitische Diskurs* misst die Entwicklung einer Gesellschaft anhand von materiellen, insbesondere wirtschaftlichen Indikatoren. Dieser Orientierungsrahmen führt dazu, dass grundsätzlich zwischen der Ersten Welt (entwickelte Länder), Zweiten Welt (Transformationsländer) und Dritten Welt (Entwicklungsländer) unterschieden wird. Eine alternative Unterscheidung ist die zwischen modernen (Erste Welt) und traditionellen (Zweite und vor allem Dritte Welt) (Abschn. 5.2.1).
- Die *Glücksforschung* kritisiert den einseitigen Fokus der Entwicklungsforschung auf materielle, vor allem wirtschaftliche, Indikatoren. Diese Disziplin misst die Entwicklung einer Gesellschaft am Ausmaß des erreichten subjektiven Wohlbefindens der Bevölkerung, was wiederum vielfältige indirekte Rückschlüsse auf sozialen Zusammenhalt, Konfliktpotenzial, und damit auf das Ausmaß der Grundbedürfnisbefriedigung und darauf liefert, wie effektiv die allgemeinen Politikbereiche sind (Abschn. 5.2.3).
- Der *entwicklungspsychologische Diskurs* bewertet die Entwicklung einer Gesellschaft vor allem hinsichtlich des Komplexitätsgrads des vorherrschenden Weltbildes – hierbei zählen z. B. die kognitive und die moralische Entwicklungslinie (Abschn. 5.2.4).

## 5.2.1 Beiträge aus der Entwicklungs- und Modernitätsforschung: Entwicklung und Moderne als internationaler Orientierungsrahmen für gesellschaftliche Entwicklung

Die obigen Thesen bestätigend, hat sich im aktuellen internationalen Diskurs die Unterscheidung zwischen „Armut" und „Entwicklung" als allgemeingültiger Orientierungsrahmen für eine entwickelte Gesellschaft etabliert. Der hier bestimmende Forschungsbereich nennt sich „Entwicklungsforschung". Sie beschäftigt sich mit den Ursachen, Aspekten und Folgen von Unterentwicklung und Entwicklung von Gesellschaften. Mit dem aus diesem Forschungsbereich resultierenden Erkenntnisgewinn soll ein Beitrag zum Verständnis der Probleme von den so genannten „Entwicklungsländern"[5] und zu deren Lösung geleistet werden.

Aus Perspektive der Entwicklungsforschung definiert sich Entwicklung weitgehend als Gegenteil von Armut. Entwicklung versteht sich in diesem Kontext als „die eigenständige Entfaltung der Produktivkräfte zur Versorgung der gesamten Gesellschaft mit lebensnotwendigen materiellen sowie lebenswerten kulturellen Gütern und Dienstleistungen im Rahmen einer sozialen und politischen Ordnung, die allen Gesellschaftsmitgliedern Chancengleichheit gewährt, sie an politischen Entscheidungen mitwirken und am gemeinsam erarbeiteten Wohlstand teilhaben lässt" (Nuscheler 2006, S. 245). *Armut* bedeutet demgegenüber die „Unfähigkeit ein Leben zu führen, das den wirtschaftlichen, sozialen und sonstigen Maßstäben für menschliches Wohlergehen entspricht (Nuscheler 2006, S. 149 f.)". In anderen Worten: Armut bedeutet, dass die Möglichkeiten des Individuums sich zu entwickeln eingeschränkt sind. Betroffen sind hiervon wirtschaftliche (Einkommen, Konsum), menschliche (Recht auf Bildung, Gesundheit, sauberes Wasser, sichere Unterkunft), politische (Menschenrechte, Mitspracherechte), soziokulturelle (Teilhabe am sozialen Leben) Fähigkeiten und Bedürfnisse. Betroffen ist auch die Chancengleichheit zwischen Geschlechtern und anderen sozialen und kulturellen Trennungslinien zwischen kollektiven Gruppen.

Armut zu vermeiden und größtmöglich individuelle und kollektive Entwicklung zu fördern, stellt daher den tieferen, kulturübergreifenden Kernaspekt

---

[5]Anmerkung: Für den Begriff „Entwicklungsland" gibt es eine Vielzahl Synonyme, wie „Dritte Welt" oder „Vierte Welt". Diese Begriffe sind – ebenso wie „Entwicklungsland" – teilweise sehr umstritten. Das Bundesministerium für wirtschaftliche Zusammenarbeit und Entwicklung (BMZ) verwendet entweder den englischsprachigen Begriff „LDC" (Least Developed Countries) oder den deutschen unbestimmten Begriff „Entwicklungsland".

einer entwickelten Gesellschaft dar. Beide Begriffe, Armutsvermeidung und Entwicklungsförderung, gelten in den Internationalen Beziehungen und in der Entwicklungsforschung als wesentlicher Bewertungsmaßstab. Dabei hat sich die begriffliche und relativ wertfrei gebrauchte Unterscheidung zwischen „entwickelten" und „Entwicklungsländern" in der Fach- und Alltagssprache der Entwicklungspolitik etabliert. Seit den 1950er Jahren gibt es bereits die so genannten „Merkmalslisten", welche die zentralen Entwicklungsprobleme aufzulisten versuchen. Dies ist zwar innerhalb der Entwicklungsforschung nicht unumstritten, aber der Ansatz gibt eine allgemeine Orientierung über die Negativkriterien, die eine entwickelte Gesellschaft ausmachen:

- *Ökonomische Kriterien:* Ein Großteil der ökonomischen Merkmale wird auf die geringe Wertschöpfung zurückgeführt. Meist ist hierbei ein hoher Bevölkerungsanteil im primären Sektor tätig, wo volkswirtschaftlich keine große Wertsteigerung erzielt wird. Weitere und damit zusammenhängende Merkmale sind unter anderem ein im Durchschnitt niedriges Pro-Kopf-Einkommen, extrem ungleiche Einkommens- und Vermögensverteilung, eine hohe Arbeitslosigkeit, hohe Auslandsverschuldung sowie eine niedrige Spar- und Investitionstätigkeit.
- *Ökologische Kriterien:* Viele Entwicklungsländer sind in besonderem Ausmaß von ökologischen Problemen betroffen. Laut Studien des World Watch Institutes und des UN-Umweltprogramms finden in den Entwicklungsländern 90 % des weltweiten Artensterbens, der Waldrodung und der Bodenerosion statt. Umweltkrisen treffen die Entwicklungsländer besonders hart, da die natürlichen Ressourcen zu ihren wichtigsten Reichtümern und damit zur eigenen Existenzgrundlage zählen.
- *Demografische Kriterien:* Entwicklungsländer zeichnen sich im Durchschnitt durch eine relativ hohe Geburtenrate aus, die vor allem auf eine geringe Integration der Frau in den Arbeitsmarkt zurückzuführen ist. Aufgrund der hohen (aber im Zuge verbesserter medizinischer Versorgung abnehmenden) Säuglings- und Kindersterblichkeit ergibt sich ein hohes und unkontrolliertes Bevölkerungswachstum. Die geringe durchschnittliche Lebenserwartung führt in Kombination mit den anderen Faktoren zu einem „Youth Buldge" (Jugendüberschuss).[6] Empirische Untersuchungen sowie z. B. die gegenwärtigen

---

[6]Nach der Definition von Gary Fuller, der diesen Begriff 1995 einführte, liegt ein youth bulge überall dort vor, wo die 15-24-Jährigen mindestens 20 %, bzw. die 0-15-Jährigen mindestens 30 % der Gesamtgesellschaft ausmachen.

arabischen Proteste belegen, dass die Kombination aus starkem Jugendanteil und schwacher Aufnahmefähigkeit des Arbeitsmarktes eine explosive Mischung darstellen. Als weiterer gesellschaftlicher Konfliktfaktor gilt die unkontrollierte Migration.

- *Volksgesundheitliche Kriterien:* In Entwicklungsländern ist oft der gesundheitliche Zustand der Bevölkerung problematisch. Dies äußert sich z. B. in einer vergleichsweise hohen Kindersterblichkeitsrate sowie einer geringen Lebenserwartung. Die Bevölkerung in Armenvierteln ist wegen mangelnder Hygiene besonders anfällig für Krankheiten und Epidemien, welche in den westlichen entwickelten Gesellschaften nicht auftauchen (z. B. Cholera).
- *Soziokulturelle Kriterien:* Entwicklungsländer zeichnen sich oft durch eine Form des Zusammenwirkens sozialer, kultureller und religiöser Verhaltensweisen aus, in der humane Entwicklungspotenziale gehemmt werden. Das verbreitetste Merkmal ist unzureichende Bildung und hohe Anaphabetenquote, insbesondere bei Frauen. Ein weiteres Merkmal ist eine Verhinderung von Reinvestitionen durch Schatzbildung der Oberklasse.
- *Politische Kriterien:* Zu den politischen Problemen von Entwicklungsländern werden eine Reihe von Merkmalen angeführt. Hierunter gehören unter anderem die vergleichsweise hohe allgemeine Korruption und eine hohe Instabilität und Ineffizienz der politischen Institutionen und ihre daraus resultierende geringe Akzeptanz bei der Bevölkerung. Als weitere Kriterien zählt die Entwicklungsforschung politische Strukturen und Menschenrechtsverletzungen, die sich hemmend auf das individuelle Innovations- und Kreativitätspotenzial der Bevölkerung auswirken. Als gravierendste Kriterien gelten politische Instabilität bis hin zum Staatsverfall.

Inzwischen haben sich eine Vielzahl von Indikatoren etabliert, die mit Blick auf die oben skizzierten Kriterien einen Ländervergleich ermöglichen. Sie geben unter anderem Aufschluss über die wirtschaftliche Leistung (BIP, BSP, Pro-Kopf-Einkommen etc.[7]), die wahrgenommene Korruption (CPI[8]), Armut (MPI[9]) oder die menschliche Entwicklung (HDI[10]). Letzteres, sprich: der Human Development

---

[7]Relativ aktuelle statistische Daten über alle Länder der Welt, aus dem Bereich der Ökonomie und darüber hinaus liefern unter anderem das CIA-World Factbook die Weltbank.
[8]http://cpi.transparency.org/cpi2011/results/
[9]http://www.ophi.org.uk/policy/multidimensional-poverty-index/
[10]http://hdr.undp.org/en/statistics/

Index (HDI) der Vereinten Nationen, gehört zu den führenden ländervergleichenden Wohlstandsindikatoren und stellt das Pro-Kopf-Einkommen, den Bildungsgrad und die Lebenserwartung in einen Zusammenhang. Ein anderes Indikatorenset mit völlig anderen Kriterien liefert der Ansatz des Historikers Ian Morris, der die gesellschaftliche Entwicklung anhand von vier Merkmalen misst: Energieausbeute (z. B. Kalorien/Person, die der Umwelt abgewonnen werden), Verstädterung (Größe der größten Stadt), Kapazität der Kriegsführung (z. B. Zahl der Truppen, Feuerkraft der Waffen) und Informationstechniken (verfügbare Mittel zum Austausch und zur Verarbeitung von Informationen) (Morris 2012). Keines dieser unterschiedlichen Indizes ist frei von Kritik, gleichwohl geben sie zusammen eine weithin anerkannte Orientierung für die Festlegung von Entwicklungsunterschieden zwischen einzelnen Gesellschaften.

Wir können vorläufig festhalten: Entwicklung gilt als ein international anerkannter und vergleichender Orientierungsmaßstab für die Bewertung des Erfolgs einer Gesellschaft. Aus der Perspektive der Entwicklungsforschung schneiden die Gesellschaften des Westens im gegenwärtigen internationalen Vergleich noch am besten ab. An dieser Stelle werden in der Debatte mindestens zwei wichtige Kritikpunkte angeführt. Zum einen könnten die hier aufgezeigten Ergebnisse aus der Entwicklungsforschung die eurozentrische Annahme einer „Überlegenheit der westlichen Kultur" erwecken. Hierüber lässt sich schon alleine hinsichtlich der Frage um die Ursachen von Entwicklung und der sich aktuell abzeichnenden „Konkurrenz der Modernitäten" streiten.[11] Zum anderen

---

[11] Je nach dem, ob die Ursachen außerhalb oder innerhalb der Gesellschaft verortet werden, unterscheidet man zwischen exogenen und endogenen Theorien. Hierbei fällt auf, dass jede dieser Theorien Erklärungslücken aufweist – so auch die kulturalistische Theorie, die von einer „Überlegenheit" von Kulturen ausgeht (sie zählt zu den endogenen Theorien). Ein Überblick über den Diskurs zeigt auf, dass sich endogene und exogene Theorien eher ergänzen als widersprechen.

Die *exogenen Theorien* gehen davon aus, dass die Ursachen des niedrigeren Entwicklungsstandes der Entwicklungsländer in ihrer Ausbeutung durch die entwickelten Industrieländer, zu suchen sind. Sie heben die Abhängigkeit der Entwicklungsländer von den Industrieländern hervor und die scheinbar in den Entwicklungsländern liegenden Ursachen (wie z. B. Korruption) werden als Folgen dieser Abhängigkeit gesehen. Dementsprechend laufen die meisten Argumente, die Bezug auf die äußeren Faktoren der (Unter-) Entwicklung nehmen, unter dem Dach der so genannten „Dependenztheorien". Sie leisten unter anderem wichtige Einsichten über ungleiche Handelsbedingungen, in denen der Weltmarkt tendenziell zugunsten der entwickelten Industriegesellschaften gestaltet sei – diese Einsichten sind in der Nachhaltigkeitsdebatte aufgegriffen worden. Zugleich äußert sich die wichtigste Schwachstelle im Erklärungsschema der exogenen Theorien darin, dass

erweisen sich alle in der Entwicklungsforschung hinzugezogenen Studien und Indizes als wenig bis gar nicht geeignet zur Beurteilung der weit entwickelten Gesellschaften des Westens, da Bewertungsmaßstäbe wie Armut, Alphabetisierung und Lebenserwartung hauptsächlich wenig entwickelte Länder oder auch „nicht-moderne" Gesellschaften betreffen.

sie weder die industrielle Entwicklung der „weißen Kolonien" (Südafrika, Kanada, Australien) noch den Aufstieg Japans an die Spitze der mächtigsten Volkswirtschaften der Welt seit Ende der 1960er Jahre oder die gegenwärtigen Entwicklungssprünge der asiatischen Tiger- und Pantherstaaten – alles ehemalige Kolonien – erklären können (Nuscheler 2006, S. 212–218).

*Endogene Theorien* zeigen Faktoren auf, die für eine Entwicklung durch sozialen Wandel von innen sprechen. Hierbei dominieren einerseits Theorien, die mit den klimatischen und geografischen Rahmenbedingungen einer Gesellschaft argumentieren und andererseits Theorien, die die Kultur und Mentalität als wesentlichen Entwicklungsfaktor anführen.

Die erste, also die geografische Perspektive, geht davon aus, dass die (un-)günstige geografische Lage eines Landes Ursache für seine Entwicklungssituation ist – dies äußert sich unter anderem in einer Binnenlage mit hohen Transportkosten oder einem von langen Dürreperioden oder/und von tödlichen tropischen Krankheiten geprägten Klima (Sachs 2005). Eng an die geographische Perspektive angelehnt, geht die so genannte „Ressourcenfluchtheorie" davon aus, dass Gesellschaften, die stark vom Export mineralischer und fossiler Rohstoffe abhängig sind, in der Regel geringere Entwicklungsanreize hätten als rohstoffarme Länder. Als mögliche Gründe werden unter anderem folgende genannt: eine Verringerung der Wettbewerbsfähigkeit der restlichen Wirtschaftsbereiche, der staatliche Missbrauch von Einkünften aus dem Rohstoffsektor, mangelnde Investitionen in die Bildung und dadurch das Fehlen einer leistungsstarken Mittelschicht, die wesentlich zum Wirtschaftswachstum beitrage und umgekehrt von der Staatsführung demokratische Teilhabe und Rechtsstaatlichkeit einfordern könne (beispielhaft für diese Argumentation: Zakaria 2004). Die Ressourcenfluchtheorie stößt an ihre Grenzen bei der Erklärung des sehr hohen Entwicklungsstandes ressourcenreicher westlicher Gesellschaften, z. B. den USA, Kanada oder Norwegen.

Die andere Großperspektive unter den endogenen Theorien wird von den so genannten „Modernisierungstheorien" und den kulturalistischen Theorien bestimmt, wonach die Ursachen für gesellschaftliche Entwicklung in ihrem Inneren, vor allem in ihrer Kultur und in ihrem sozialpsychologischen Entwicklungsgrad, liegen würden. Einen wesentlichen Grundstein legte die 1905 erschienene Analyse des Soziologen Max Weber, „Die protestantische Ethik und der Geist des Kapitalismus", in welcher er die industriell-kapitalistische Revolution auf die im Protestantismus und Calvinismus enthaltene Ethik zurückzuführen versuchte. Zugleich folgerte Weber, dass andere Kulturkreise (sogar der katholische Süden Europas) nicht die Fähigkeit zur kapitalistisch-industriellen Entwicklung besäßen – eine Behauptung, die sich aus heutiger Sicht nicht bewahrheitet. So können z. B. typisch kulturalistische Hinweise auf die angebliche „Jenseitsorientierung" und damit „Entwicklungsfeindlichkeit" des Buddhismus und Hinduismus oder des Islam, kaum die Dynamik in Ländern wie Thailand, Malaysia oder Indonesien erklären (Nuscheler 2006).

Die Entwicklungsstufe der modernen Industriegesellschaft wird daher in diesem Kontext als kritische Schwelle angesehen. Aus volkswirtschaftlicher Sicht wird betont, dass die moderne Industriegesellschaft damit einhergeht, dass materieller Wohlstand steigt, was aus ihrer arbeitsteiligen, technologiegestützten und auf Massenproduktion ausgerichteten Wertschöpfungsprozesse resultiert (Slater und Tonkiss 2001). Angelehnt an der ökonomischen Perspektive gilt in der Entwicklungszusammenarbeit die Komplexitätsstufe der Moderne als Maßstab zur Bezeichnung einer „entwickelten Gesellschaft"[12] (Nuscheler 2006). Auch in der kulturvergleichenden Ethnologie wird vielfach auf die Grundunterscheidung zwischen modernen und traditionellen Kulturen hingewiesen. Eine gängige metaphorische Beschreibung ist die auf Claude Lévi-Strauss zurückgehende Unterscheidung zwischen „kalten und heißen Gesellschaften" (Treichel und Mayer 2011) oder Raymond Dasmanns Differenzierung zwischen „Ökosystem- und Biosphärenmenschen" (Dasmann 1988).[13]

Diese und andere Perspektiven sind Bestandteil eines bis ins 19. Jahrhundert zurückreichenden Modernisierungsdiskurses, der die Besonderheiten der Moderne vor allem an den folgenden Besonderheiten festmacht:

- *Demokratie:* In seinem berühmten Beitrag „Die offene Gesellschaft und ihre Feinde" propagiert der Wissenschaftsphilosoph Karl Popper das Modell der „offenen Gesellschaft", das sich dadurch auszeichnet, „die kritischen Fähigkeiten des Menschen" freizusetzen. Idealtypisch zeichnet es sich durch eine demokratische Entscheidungsfindung aus. Das besondere Komplexitätsbewältigungspotenzial verortet Popper dabei weniger in der Herrschaft der

---

[12]Die Annahmen und Ziele der Entwicklungszusammenarbeit lassen sich durchaus kritisieren. So weisen Aktivisten wie die Big Mountain Aktionsgruppe e. V. (1993) oder Vandana Shiva (2005) darauf hin, dass die Ziele und Annahmen der Entwicklungszusammenarbeit einer einseitig marktwirtschaftlich orientierten Perspektive entspringen. Die Einordnung traditioneller, subsistenzorientierter Gesellschaften als „unterentwickelt" würde die Bedeutung zur Sicherung weitgehend unabhängiger, sozial und ökologisch nachhaltiger Existenzweisen verkennen (Shiva 2005).

[13]Je „kälter" eine Gesellschaft ist, desto ausgeprägter ist ihr Bestreben, ihre traditionellen Kulturmerkmale möglichst unverändert zu bewahren (Treichel und Mayer 2011). Als „Ökosystemmenschen" zeichnen sie sich durch Subsistenzwirtschaft und einen geringen Einflussbereich auf die Natur aus (Dasmann 1988). Demgegenüber ordnet sich eine Gesellschaft als umso heißer ein, je größer ihr Antrieb zu tiefgreifenden und schnellen Modernisierungen ist (Treichel und Mayer 2011). Typischerweise zeichnet sie sich durch einen relativ großen Einfluss auf die Biosphäre aus (daher Dasmanns Bezeichnung der „Biosphärenmenschen") und passt die Natur an den Menschen an.

Mehrheit, sondern überhaupt in der Möglichkeit, die gewählte Regierung gewaltfrei abwählen zu können und damit einen Versuch-Irrtums-Prozess zu institutionalisieren (Popper 2004). Der Beitrag der Demokratie besteht im weitesten Sinne auch in Institutionalisierung gewaltfreier Konfliktaustragung.

- *Mittelschicht/Partizipation:* Wie an anderer Stelle erwähnt, gehen viele Modernitätstheorien von einer breiten Mittelschicht und hohen zivilen Partizipation als zentrales Merkmal der Moderne aus. Seymour Martin Lipset zufolge ist die Entstehung moderner Gesellschaften vor allem daran gebunden, dass sich eine wohlhabende Mittelschicht herausbildet, welche wiederum eine demokratische Regierungsform begünstigt. Vereinfacht dargestellt, besteht nach Lipset folgende Kausalkette: Wirtschaftliche Entwicklung → steigendes Bildungsniveau → Entwicklung rationaler und toleranter Einstellungen und Verhalten bei Bürgern → Demokratisierung der Mittelschicht → Entstehung von zivilen Vereinigungen, die an der Politik partizipieren wollen und müssen (Lipset 1960). Eine wohlhabende Bevölkerung hätte bessere Möglichkeiten, sich materiell am Staatsgeschehen über Steuern zu beteiligen und wäre dadurch in ihrem Mitbestimmungsrecht bestärkt. Umgekehrt hätte die Regierung einen wichtigen Anreiz, Rechtssicherheit zu gewährleisten (Zakaria 2004). Analog dazu geht Tatu Vanhanens Machtdispersionstheorie davon aus, dass sich moderne Gesellschaften von einer breiten Streuung der Machtressourcen geprägt sind, die wiederum zu einem höheren Demokratisierungsgrad führen, da keine Gruppe in der Lage wäre, Konkurrenten zu verdrängen und Hegemonie aufrechtzuerhalten (Vanhanen 2014).
- *Differenzierung:* Niklas Luhmann betont die unter dargestellte Ausdifferenzierung in Teilsysteme als wesentlichstes Merkmal der Moderne (und Postmoderne). Die verschiedenen gesellschaftlichen Bereiche, wie Recht, Politik, Wirtschaft oder Religion, lösen sich voneinander, wodurch sie im Einzelnen effektiver werden – sie differenzieren sich an Paradoxien aus, funktionalisieren sich und schaffen neue Kommunikations- und Lösungsräume. Anders als in traditionalen Gesellschaften, wo beispielsweise Religion alles dominiert, müssen in differenzierten Gesellschaften die verschiedenen Funktionsbereiche berücksichtigt und miteinander abgewogen werden (Luhmann 2006).

Am Modernisierungsdiskurs fällt auf, dass er sehr eurozentrisch geführt wird. Gelten die hier dargestellten Prinzipien auch für nicht-westliche Industriegesellschaften? Von jeher befasst sich der Modernisierungsdiskurs mit der kontroversen Frage, inwieweit der Übergang zur Entwicklungsstufe einer modernen Industriegesellschaft mit der westlichen Kultur verknüpft ist und inwieweit heutige traditionelle Gesellschaften Aspekte der westlichen Kultur übernehmen müssten.

Diese Fragestellung und zugehörige Ansätze[14] relativieren sich heute, angesichts des gegenwärtig zu beobachtenden „Wettbewerbs der Modernen". In dieser Konstellation stehen die Industriegesellschaften des Westens (allem voran große Teile Europas und die USA) den aufstrebenden, neuen Industriegesellschaften Ostasiens – allem voran die neue Weltmacht China und die Tigerstaaten[15] – gegenüber. Die noch im 20. Jahrhundert im Modernisierungsdiskurs eher selbstverständliche Annahme, dass eine moderne Industriegesellschaft stets mit einer demokratisch-pluralistischen Regierungsform einhergeht, ist heute umstritten. Zwar konstatieren einige Beobachter, dass die Industrialisierung in Südkorea, Taiwan und eingeschränkt in Hongkong mit einer Demokratisierung der politischen Systeme einhergehe (Kirchberg 2007; Castells 2003). Doch bestreiten interkulturell sensibilisierte Experten, wie z. B. Martin Jaques (2012), Baron und Yin-Baron (2018) oder Franka Lu (2019) in ihren umfangreichen Analysen zum Aufstiegs Chinas, dass die Moderne zwangsläufig mit den Kommunikations- und Entscheidungsstrukturen einer offen-demokratischen Gesellschaft westlichen Standards einhergehen müssen. Das an dieser Stelle am häufigsten angeführte Beispiel dürfte der Stadtstadt Singapur darstellen.

---

[14]In diesem Kontext führte der Soziologe Max Weber, den Entwicklungssprung auf den „spezifisch gearteten Rationalismus der okzidentalen Kultur" (Weber 1965, S. 20) zurück. Konkret postulierte er einen besonderen Zusammenhang zwischen der protestantischen Ethik und dem Beginn der Industrialisierung bzw. des Kapitalismus. Nicht-westlichen Kulturkreisen, beispielsweise islamischer und konfuzianischer Prägung, sprach Weber die Fähigkeit ab, sich auf das Komplexitätsniveau einer modernen Industriegesellschaft hinzuentwickeln.

Eine weitere, typisch eurozentrische, Perspektive, wurde vom US-amerikanischen Politikwissenschaftler Francis Fukuyama geprägt. Dieser erlangte Anfang der 1990er Jahre Berühmtheit mit der umstrittenen These, dass sich nach dem Zusammenbruch der Sowjetunion die Prinzipien des Liberalismus in Form von Marktwirtschaft und Liberalismus endgültig und überall in der Welt durchsetzen würden. Mit dem Sieg dieses Modells das Antriebsmoment der Geschichte, im Hegel'schen Sinne käme es zu einer letzten Synthese, in der es keine weltpolitischen Widersprüche mehr gibt (1992). Da das von ihm propagierte „Ende der Geschichte" bis heute ausbleibt, vertritt Fukuyama heute eher die Meinung, dass das *„Ende der Geschichte"* in der Integration und Assimilation nicht-westlicher Kulturen in die westliche Kultur bestehe (Salzborn 2014).

[15]Zu den Tigerstaaten zählen derzeit Südkorea, Taiwan, Singapur und Hong Kong. Nach dem raschen wirtschaftlichen Aufstieg der Tigerstaaten wurde in den 1980er- und 1990er-Jahren den sog. *Pantherstaaten* Thailand, Indonesien, Malaysia und Philippinen Chancen auf eine ähnliche Entwicklung zugesprochen. Allerdings wurde deren Aufschwung im Zuge der wirtschaftlichen Asienkrise 1997 so stark abgebremst, dass bislang keines der Länder den vollständigen Sprung zum Industrieland vollziehen konnte.

**Modernisierung ohne Demokratie am Fallbeispiel Singapurs**
Die ehemalige britische Kolonie wurde nach einer kurzen Föderation mit Malaysia im Jahr 1965 unabhängig. Die Aussichten des Stadtstaates wurden zu dieser Zeit düster bewertet. Die Bevölkerung war ungebildet und in verschiedene Ethnien zersplittert; der Stadtstaat besaß weder Bodenschätze noch ausreichend Trinkwasser. Der Übergang von einem Entwicklungsland zu einem der weltweit wohlhabendsten Industriestaaten innerhalb nur einer Generation wird heute weitgehend der Regierungsführung Lee Kuan Yews zugerechnet, der als erster Premierminister des Stadtstaates dieses Amt von 1959 bis 1990 ausübte. Die liberale Demokratie lehnte er ausdrücklich ab. Er duldete keine Opposition und schränkte die Pressefreiheit massiv ein. Im Gegenzug bot er ein hohes Maß an politischer Stabilität und wirtschaftlicher Entwicklung (Rist 2017). Experten rechnen der charakteristischen Kombination von mindestens drei Faktoren Singapurs rasanter und anhaltender Entwicklung zu:

- *Rechtstaatlichkeit:* Auf der einen Seite zeichnet sich Singapur durch strenge Gesetze und einem hohen Grad an Überwachung, aber auch einer sehr geringen Korruption aus. Hieraus resultiert eine im weltweiten Vergleich relativ niedrige Kriminalitätsrate und hohe Rechtstaatlichkeit.
- *Wirtschaftliche Freiheiten:* Singapur hat eine sehr erfolgreiche Marktwirtschaft. Die Gründerväter setzten konsequent auf die Ansiedlung multinationaler Konzerne und auf unternehmensfreundliche Gesetze. Die ausgeprägte unternehmerische Freiheit lockte Investoren aus der ganzen Welt an und trug maßgeblich zur wirtschaftlichen Entwicklung Singapurs bei (Lee 2000).
- *Lernen Lernen:* Singapur zeichnet sich durch eine öffentlich kommunizierte konfuzianische Ethik aus, in der Werte wie Disziplin, Fleiß und Bildung betont werden. Dieser Faktor mag zur ausgeprägten Lernkultur Singapurs beigetragen haben. In sämtlichen Bereichen der Pisa-Lernvergleiche sind Singapur und die meisten der anderen Tigerstaaten (inkl. Japan und China) führend und stets weit über den OECD-Durchschnitt (OECD[16]; Spiewak 2017). Darüber wird über Programme, wie das

---

[16]http://www.oecd.org/berlin/themen/pisa-studie/

SkillsFutureCredit oder der School of Continuing and Lifelong Education lebenslanges Lernen in der Bevölkerung systematisch gefördert (Kamei 2017).

Kritiker bemängeln den vor allem in Singapur und China ausgeprägten Elitarismus, der parteinahe und bestimmte Bevölkerungsgruppen (in China sind es die Han-Chinesen, in Singapur generell die chinesische Volksgruppe) bevorzuge. Dies steht dem Heterogenitätsfaktor zur Nutzung kollektiver Intelligenz entgegen. Ein damit einhergehender weiterer Kritikpunkt betrifft die hohe Personengebundenheit des Entwicklungserfolgs in Singapur (hier: Lee Kuan Yew), aber auch in China (hier: Deng Xiaoping). Dies könnte darauf hindeuten, dass sich der Erfolg nicht ohne Weiteres reproduzieren lässt und dass nachhaltige Entwicklung eines langwierigen Prozesses der Institutionenbildung bedarf (Rist 2017; Ebbighausen 2015).

Am Beispiel des Stadtstaates Singapurs, aber auch der Megastädte Chinas und anderer aufstrebender Gesellschaften wird die Schlüsselfunktion von Städten als Knotenpunkte der Entwicklung deutlich. Also ungeachtet der Frage, ob eine Gesellschaft demokratisch oder autokratisch geführt wird oder von welcher nationalen Kultur sie geprägt ist, dürfte die Modernisierung einer Gesellschaft direkt von der Art der Städte abhängen und wie sie sich ausbreiten. Städte seien dieser Argumentation zufolge nicht nur transkulturelle Ausprägungsformen der Modernisierung, sondern die Modernisierung selbst könnte durch die Bildung von Städten gezielt gefördert werden. In diesem Zusammenhang erregte der US-amerikanische Wirtschaftswissenschaftler Paul Romer mit seinem Vorschlag zur Gründung von so genannten *„Charter Cities"* (häufig übersetzt als Sonderverwaltungszonen oder Freistädte) in wachstums- und strukturschwachen Ländern als Mittel zur Armutsbekämpfung Aufsehen. Das Konzept läuft darauf hinaus, dass die Regierung eines Entwicklungslandes ein nichtbesiedeltes Stück Land auswählt, um es komplett unter die Verwaltung einer modernen ausländischen Regierung zu stellen. In dieser künstlich geschaffenen Sonderzone soll ein Wachstumsmotor entstehen, der Auslandsinvestitionen anziehen soll und entwicklungsfördernd auf das Umfeld ausstrahlen kann. Romer zieht als Erfolgsbeispiel häufig Hongkong unter britischer Kolonialherrschaft heran und fasste 2009 in einem TED Talk sein Konzept mit dem provokativen Satz „Kanada entwickelt ein Hongkong in Kuba" zusammen (Romer 2009[17]). Ein wesentlicher Anreiz soll dabei von der Rechtssicherheit ausgehen, die von der externen Regierung in den Charter Cities garantiert wird und dadurch automatisch Investoren und damit den Impuls zu wirtschaftlicher und technologischer liefern. Von kritischer Seite wird das Konzept als neoimperialistisch bzw. neokolonialistisch bewertet (Lenz und Rucklak 2016). Dem hält Romer entgegen, dass niemand zum Umzug in die neu eingerichtete Stadt gezwungen würde und auch die Landvergabe freiwillig erfolge – daher könne nicht von Kolonialismus die Rede sein. Zudem würde er Charter Cities als Maßnahme in humanitären Notstandsgebieten, wie z. B. Haiti nach dem großen Erdbeben in 2010, ablehnen. Als problematisch wird auch die Tatsache gesehen, dass in einer Charter City keine demokratischen Wahlen vorgesehen wären, weil die Lebensbedingungen in der Stadt von Politikern aus dem Ausland vorgegeben würden. Romer entgegnet darauf, dass den Bewohnern einer Charter City zum Wählen zumindest die als „Abstimmung mit den Füßen"-Option bliebe, also die Möglichkeit des Ein- und Auswanderns. Darüber hinaus ist beim Konzept die Finanzierbarkeit umstritten – hier gehen die Einschätzungen letztlich weit auseinander (Himmelreich 2010).

Ungeachtet ihres offenen Ausgangs dieser Debatte verdeutlicht das Charter City-Konzept die zunehmend zentrale Rolle der Stadt im Entwicklungsdiskurs – dies gilt nicht nur für den Entwicklungskontext der modernen Industriegesellschaft, sondern besonders auch für die postindustrielle Wissens- und Informationsgesellschaft.

### 5.2.2 Die postindustrielle Entwicklungsschwelle am Beispiel der Smart City-Debatte

Die postindustrielle „Wissens"- und „Informationsgesellschaft" steht im Zentrum eines erweiterten Modernisierungsdiskurses. Amitai Etzioni (2009) und Daniel Bell (1973) zufolge zeichnet sich eine solche Gesellschaft dadurch aus, dass Informationsverarbeitung und die so genannte Wissensarbeit als zentrale Faktoren der Wertschöpfung vorrangig werden. Im Ergebnis könne der Mensch in einer Gesellschaft, in der viele Routinetätigkeiten, die heute Sachbearbeiter erledigen, und morgen von Algorithmen übernommen werden, nur über Lernkompetenzen seinen Vorsprung halten, die nicht nur „lebenslanges Lernen", sondern vor allem Kreativität und Innovation, beinhalten (Spath et al. 2013).

---

[17] https://www.ted.com/talks/paul_romer

Kennzeichnend für die postindustrielle Informationsgesellschaft ist eine Produktionsform, die vom „*Zweiten Maschinenzeitalter*" (so die Umschreibung im Englischen) oder auch der „vierten industriellen Revolution"[18] (so die Umschreibung im Deutschen) geprägt ist. Ein wesentliches Merkmal dabei ist die Verschmelzung von Technologien, bei der die Grenzen zwischen der analogen (inklusive der physikalischen und biologischen) und der digitalen Sphäre verschwimmen. Alleine die heutigen Mobilgeräte verschaffen den Nutzern beispiellose Kapazitäten der Informationsverarbeitung und -speicherung sowie nahezu unbegrenzten Zugang zu Wissen.

Beim Versuch, gesellschaftliche Entwicklung im Kontext des Zweiten Maschinenzeitalters zu messen, gelten nach heutiger Erkenntnis vor allem der Zugang zu Informations- und Kommunikationstechnologien (IKT) sowie ihr Nutzungsgrad als wichtige Orientierungsfaktoren. Zu den derzeit am meisten diskutierten Begriffen gehört in diesem Zusammenhang der „Digital Divide", also die digitale Kluft in der Bevölkerung, wie sie zu eben diesen Technologien Zugang findet. Vereinfacht dargestellt, besagt dieser Begriff, dass ein Bevölkerungsmitglied umso bessere soziale und wirtschaftliche Entwicklungschancen hat, je einfacher der Zugang zu modernen Kommunikationstechniken ist (Marr und Zillien 2010). Die Verringerung der digitalen Kluft stünde demnach mit einer Verbesserung der Wissens- und Wohlstandsverteilung in einer Bevölkerung im Zusammenhang. Mithilfe des von der UN entwickelten ICT Index wird versucht, diese digitale Kluft quantifizierbar zu machen. Bestimmende Kriterien sind unterschiedliche Stufen des Zugangs (Zugang, Benutzung, aktive Aneignung), und sechs Arten von Technologien (Festnetztelefon, Mobiltelefon, Computer, digitales Fernsehen, Internet, Breitband mit einer gewissen Geschwindigkeit) (Zillien und Haufs-Brusberg 2014).

---

[18]Industrie 4.0 ist ein Zukunftsprojekt in der Hightech-Strategie der Bundesregierung, mit dem die Informatisierung der klassischen Industrien vorangetrieben werden soll. Das Ziel ist die intelligente Fabrik (Smart Factory), die sich durch Wandlungsfähigkeit, Ressourceneffizienz und Ergonomie sowie die Integration von Kunden und Geschäftspartnern in Geschäfts- und Wertschöpfungsprozesse auszeichnet. Der Begriff soll die vierte industrielle Revolution zum Ausdruck bringen. Die erste wird von Mechanisierung mit Wasser- und Dampfkraft charakterisiert, die zweite von Massenfertigung mit Hilfe von Fließbändern und elektrischer Energie, die dritte machte sich Elektronik und Informationstechnologie zunutze, um die Produktion zu automatisieren. Darauf aufbauend, lässt sich seit Mitte des 20. Jahrhunderts die digitale Revolution beobachten, die die vierte industrielle Revolution charakterisiert (BMBF).

Andere Versuche, postindustrielles Entwicklungspotenzial zu erfassen, stellen derzeit das World Competitiveness Rating und das World Digital Competitiveness Rating dar, welche jährlich vom IMD in Lausanne entwickelt werden. Ersteres misst anhand der Kriterien „Economic performance", „Government efficiency", „Business efficiency" und „Infrastructure" die Wettbewerbsfähigkeit von Gesellschaften. Im Jahr 2018 führten die USA das Ranking an, gefolgt von Hong Kong, Singapur, den Niederlanden und der Schweiz. Die restlichen Plätze der Top 10 wurden überwiegend von den nordischen Gesellschaften besetzt (IMD 2018a).

Das zweite, das World Digital Competitiveness Rating, misst weniger die Verbreitung von IKT in der Bevölkerung, sondern vielmehr, inwieweit eine Gesellschaft die digitalen Technologien einsetzt und erforscht, welche zu einem Wandel in Politik, Wirtschaft und der Gesellschaft führen. Anhand der Faktoren Wissen, Technologie und „Future readiness" zieht sie Rückschlüsse auf die digitale Wettbewerbsfähigkeit von Gesellschaften. Zuletzt, in 2018, führten die USA dieses Ranking an – in 2017 waren sie noch auf Platz 3 –, gefolgt von Singapur, Schweden, Dänemark und der Schweiz (IMD 2018b).

Daran anknüpfend, sieht der Technological Achievement-Index der EU vor, mithilfe unterschiedlicher Indizes (wie z. B. Elektroenergiekonsum pro Kopf, Anteil von Hi-Tech-Exporten am Gesamtexportvolumen) zu ermitteln, inwieweit eine Gesellschaft es schafft, Hochtechnologien zu entwickeln und zu verteilen und eine hierzu notwendige Kompetenzbasis in der Bevölkerung aufzubauen.[19]

Anders als in den Entwicklungssprüngen der ersten, zweiten und dritten industriellen Revolution, verläuft der Entwicklungsprozess exponentiell. Als Hauptgrund wird derzeit das so genannte Moor'sche Gesetz angeführt. Diese Faustregel besagt vereinfacht, dass sich alle 18 bis 24 Monate die Anzahl der elektronischen Schaltungen im Prozessor (Transistoren) bei gleichzeitig sinkenden Kosten verdoppeln würde. Diese Dynamik zeichnet sich in zahlreichen aktuellen technischen Durchbrüchen in weiteren Bereichen aus, die sich auch noch gegenseitig zu verstärken scheinen. Hierunter zählen z. B. Künstliche Intelligenz (KI), Robotik, Internet of Things, autonome Fahrzeuge, 3-D-Druck, Nano- und Biotechnologie, Materialwissenschaften oder Quantencomputing. Die exponentielle Dynamik macht eine exakte Einschätzung, wann eine technologische Singularität eintreten könnte, unmöglich. Einen Eindruck über den sprunghaften Charakter dieser Dynamik liefert folgende vielzitierte Anekdote:

---

[19] https://measuring-progress.eu/technology-achievement-index

> **Die Schachanekdote als Beispiel für exponentielles Wachstum**
> Vor langer Zeit wurde in Indien das Schachspiel erfunden. Der indische Kaiser wollte den Erfinder dieses Spieles unbedingt belohnen, da er großen Gefallen daran gefunden hatte. Zur Belohnung sollte er einen Wunsch äußern und dabei nicht zu bescheiden sein. Dieser sagte darauf: „Gebieter befiel, mir für das erste Feld des Schachbrettes ein Reiskorn auszuhändigen, zwei Körner für das zweite Feld, vier für das dritte und für jedes weitere Feld doppelt so viele Körner wie für das vorhergehende". Der Kaiser fühlte sich gekränkt da ihm das Ausmaß des Wunsches noch nicht bewusst war. Für die ersten Felder ergab sich ein exponentieller Anstieg der Anzahl der Reiskörner. Auf Feld 1 war es ein Reiskorn, auf Feld 2 zwei, auf Feld 3 vier, auf Feld 4 acht Reiskörner, auf Feld 5 sechzehn etc. Die Anzahl nimmt schnell und immer weiter zu. Bei Feld 10 sind es schon 512 Reiskörner und alle bisherigen Felder zusammengerechnet, insgesamt 1023 Reiskörner. Ab dem zehnten Feld wird der Anstieg noch drastischer, sodass alleine bei Feld 64 eine Gesamtanzahl von 9.223.372.036.864.775.808 Reiskörnern erreicht ist.
>
> Diese berühmte Anekdote wird als typisches Beispiel hinzugezogen, um das Ausmaß der gegenwärtigen und in der Zukunft zu erwartenden exponentiellen Entwicklungssprünge im Zweiten Maschinenzeitalter darzustellen (Bynjolfsson und McAfee 2014).

Ein anderer Eckpunkt des Diskursstranges in diesem Kapitel ist die *„Smart City"*. Sie stellt aktuell die höchste Verdichtungsform einer entwickelten Gesellschaft dar. Als Antwort auf den globalen Urbanisierungstrend[20] und damit einhergehender wirtschaftlicher, sozialer und politischer Herausforderungen zielt die Smart City darauf ab, digitale Technologien nutzbar zu machen, um entsprechend effektiver reagieren zu können. Aktuell existieren diverse Smart City-Projekte. Sie unterscheiden sich hinsichtlich ihrer Zielsetzung, die jeweils eine andere Herausforderung in den Fokus stellt. Beispielsweise kann es um Ressourcen- und Energieeffizienz oder um Anpassung an demografischen Wandel und Bevölkerungswachstum gehen. Im weitesten Sinne umfasst der Begriff auch

---

[20]Prognosen der UN zufolge dürften bis zum Jahre 2050 rund 70 % der Weltbevölkerung in Städten leben.

soziale Innovationen, die allerdings durch die Nutzung digitaler Innovationen begünstigt werden und die zum besseren und nachhaltigeren Leben in der Stadt beitragen. Hierzu gehören beispielsweise Konzepte zur Bürgerbeteiligung oder des Teilens (Share Economy).

In einer voll entwickelten Smart City wird die gesamte städtische Umgebung mit Sensoren versehen, die sämtliche erfassten Daten in der Cloud verfügbar machen. So entsteht eine permanente Interaktion zwischen Stadtbewohnern und der sie umgebenden Technologie, und sie werden so Teil der technischen Infrastruktur einer Stadt. Die Potenziale der Smart City entfalten sich dabei erst im Rahmen eines „kooperativen Beziehungsgeflechts zwischen Bürger, Stadtverwaltung, Wirtschaft, Wissenschaft und Politik" (Jaeckel und Bronnert 2013, S. 16).

In Deutschland schuf die 2007 beschlossene „Leipzig Charta zur nachhaltigen europäischen Stadt" die Grundlage für eine nachhaltige europäische Stadtpolitik im Sinne der Smart City. EU-weit steht u. a. das Programm „Horizont 2020" (BMBF)[21] im Vordergrund, um die europäischen Städte zu „Smart Cities" voranzutreiben. Ein Beispiel für ein von der EU gefördertes Pilotprojekt ist „Open Cities". Hierbei förderten von November 2010 bis Dezember 2013 unterschiedliche EU-Programme Städte im Rahmen einer smarten Stadtentwicklung. Ziel war es, Methoden der Open Innovation – wie z. B. Open Data, Living Labs, Open Sensor Networks oder Crowdsourcing – anhand von Pilotvorhaben zu testen und die beteiligten Stakeholder stärker zu vernetzen und besseren Erfahrungsaustausch von Best Practices zu erzielen (Mühlhans 2018). Häufig arbeiten in solchen Initiativen kommunale politische Akteure mit Universitäten oder/und privaten Forschungseinrichtungen zusammen. Neben von der Politik initiierten Förderprogrammen tritt häufig der Privatsektor als Initiator von Smart City-Projekten auf.

In den letzten Jahren wurden unterschiedliche Gesellschaftsbereiche im Zusammenhang mit „Smartness" diskutiert, sodass heute von mehreren Dimensionen der Smart City ausgegangen werden kann, die je nach Vision des konkreten Smart City-Projekts unterschiedliche Betonung erfahren. In einer ländervergleichenden Studie der TU Wien, der University of Ljubljana und der Delft University of Technology werden beispielsweise die folgenden Dimensionen unterschieden: Wirtschaft, Bevölkerung, Governance/Verwaltung, Mobilität,

---

[21]http://www.horizont2020.de/einstieg-kurzueberblick.htm

Umwelt und Leben (Giffinger et al. 2007). Auf diese Dimensionen wird im Folgenden näher eingegangen:

- *Wirtschaft:* Smart Economy kennzeichnet, wie wirtschaftlichen Produktivität durch digitale Vernetzung verschiedenster Akteure auf lokaler, regionaler und globaler Ebene ansteigt. Im Idealfall weist sie innovative Geschäftsmodelle auf und steht in enger Verbindung mit der durch den digitalen Wandel begünstigten Wissensgesellschaft und Kreativökonomie. In aller Regel werden Smart City-Projekte von Schwergewichten im Privatsektor durchgeführt, nicht selten binden sich dabei die Städte über einen Zeitraum von mehreren Jahren an einen Anbieter oder mehrere Anbieter. So gilt u. a. IBM als Vorreiter, was die Beratung kommunaler Akteure angeht. Im Jahre 2014 beriet das Unternehmen laut eigener Angaben Städte in den USA (4), Australien (2), Litauen, Taiwan, Mexiko, Japan, Belgien, China, Südkorea, Kenia, Südafrika, Irland (jeweils eine Stadt) zu unterschiedlichen Smart City-Dimensionen (Wilson 2017). In ähnlicher Form bietet der Siemens-Konzern weltweit ein breites Beratungs- und Angebotsspektrum für Städte (Hartmann 2012). Andere Unternehmen, wie z. B. der Energiekonzern Vattenfall oder Cisco Systems haben ein fokussierteres Angebot. Vattenfall ist auf den Aufbau intelligenter Netze und Regelung des Energieverbrauchs privater Haushalte spezialisiert. Cisco fokussiert eher auf durch Kommunikationsnetzwerke steuerbare Lebensbereiche (insbesondere Verkehr) (Cisco[22]).
- *Governance, Politik und Verwaltung:* Ein im Zusammenhang mit der Verwaltungsdimension aufgeführtes Merkmal ist die „Smart Governance". Im Zentrum steht bürgernahe politische Entscheidungsfindung, in der die Zivilbevölkerung stark in städtische Entwicklungsprozesse eingebunden wird. Ziel der Smart Governance ist daher, Maßnahmen, Planungs- und Entscheidungsprozesse transparenter und partizipativer zu gestalten. Hierbei spielen Formen des Open Government und der E-Partizipation und Technologien eine große Rolle (Chapman et al. 2006). Open Government (oder auch E-Government) umfasst Optimierung von Verwaltungsprozessen durch Informations- und Kommunikationstechnologie, indem die Angebote öffentlicher Dienstleistungen online zugänglich gemacht werden und der Bürger dadurch zum „Kunden" von Regierungsdienstleistungen wird. Demgegenüber betont E-Partizipation die Rolle des Bürgers als mündigen Partner bei der politischen

---

[22]https://www.cisco.com/c/de_de/solutions/industries/smart-connected-communities.html

Entscheidungsfindung (Kaiser 2001). Die dadurch gewährleistete digitale Umsetzung von Demokratie wird auch als E-Democracy bezeichnet. Hierunter versteht sich die Vereinfachung und Durchführung von Prozessen zur Kommunikation, Information und Entscheidungsfindung innerhalb und zwischen Institutionen der Legislative, Bürgern und der Privatwirtschaft sowie staatlichen Institutionen durch den Einsatz von Informations- und Kommunikationstechnologien (Meier 2009). Typische Beispiele sind z. B. virtuelle Rathaussitzungen auf einer Internetplattform (USA) oder die Nutzung von Wikis und Blogs zur Neugestaltung der städtischen Landschaft (Melbourne, Australien) (Ramge 2010).

- *Zivilgesellschaft:* Aufgrund des permanenten Datenaustauschs wird das Verhältnis zwischen Smart City und ihrer Bevölkerung als interdependent angesehen. Einerseits soll das Leben der Bewohner durch technische Innovationen und durch Informationsaustausch in Echtzeit einfacher und besser gestaltet werden. Andererseits prägen die Bewohner die Stadt ihrerseits durch Eigeninitiative. Hierzu gehören zivilgesellschaftliche Initiativen, die sich sozial oder kreativ mit städtischem Raum auseinandersetzen, und politische Entscheidungsprozesse im Zusammenhang mit Smart Governance, an denen alle gesellschaftlichen Gruppen Einfluss auf die Entwicklung ihrer Stadt nehmen können. Eine weitere besondere Form der smarten Zivilgesellschaft zeigt sich an Phänomenen wie der Sharing-Kultur, die sowohl kommerziell als auch nicht-kommerziell geprägt sein kann. Bei der Sharing-Kultur geht es um die gemeinsame Benutzung von Geräten und Infrastruktur zum Zweck ökologischer und ökonomischer Vorteile, wie z. B. Car Sharing, Mitfahrgelegenheiten. Angelehnt an die von der Politikwissenschaftlerin Elinor Ostrom entwickelte Gemeingut-Theorie (auch Allmende-Theorie), wonach Städte mit ihren Ressourcen und Räumen als „Urban Commons aufgefasst werden. So verstanden, wäre die Smart City ein Common, in der alle Entscheidungen zwischen all jenen ausgehandelt würden, die die Stadt nutzen" (Helfrich 2012). Dabei wird zwischen unterschiedlichen Ebenen der Entscheidungsfindung unterschieden – so z. B. zwischen Entscheidungen auf der Ebene von nachbarschaftlichen Zusammenschlüssen, auf Bezirksebene oder auf gesamtstädtischer Ebene. Da es auf einer größeren Maßstabsebene, wie etwa der gesamtstädtischen Ebene, schwieriger ist, gleichberechtigte Partizipation sicherzustellen (Harvey 2013), schlägt Ostrom ein polyzentrisches Steuerungssystem vor, welches die Entscheidungsprozesse auf den kleineren Maßstabsebenen koordiniert und zusammenführt (Carlisle und Gruby 2017).

- *Nachhaltigkeit:* Smart-City-Visionen nehmen auch auf viele Themen Bezug, die im Zuge des Nachhaltigkeitsdiskurses formuliert und behandelt wurden und werden (Vanolo 2013). Dieser Diskurs ist seit den 1990er Jahren zunehmend in der Stadtentwicklung präsent und befasst sich mit der Frage, wie eine Entwicklung gestaltet werden kann, die die Bedürfnisse der Gegenwart befriedigt, ohne die Bedürfnisse späterer Generationen zu gefährden. Die Vision der nachhaltigen Stadt betont, wie unten noch näher dargestellt wird, vor allem die ökologische, ökonomische und soziale Dimension und beinhaltet unter anderem folgendes: nachhaltige Nutzung erneuerbarer Ressourcen und minimale Nutzung nicht-erneuerbarer Ressourcen (ökologische Dimension); Betonung einer regionalen Kreislaufwirtschaft, minimale Transportintensität und eine nachhaltige Wirtschaftsweise (ökonomische Dimension); sozio-kulturelle Durchmischung der Stadt, Mitverantwortung und demokratische Partizipation der Bevölkerung (sozio-kulturelle Dimension) (vgl. hierzu der Brundtland-Bericht, herausgegeben von Hauff 1987). Diese und andere Nachhaltigkeitsthemen werden in der Smart City praktisch umgesetzt. Typischerweise enthalten Smart City Visionen z. B. Ideen für regionale Warenzyklen, in denen Dinge dort produziert werden, wo sie verbraucht werden. Beispielhaft hierfür stehen im Energiesektor die Solarthermie, damit Heißwasser lokal erzeugt werden kann, die Photovoltaik zur Produktion von Solarstrom oder Erdwärme zum Wärmen von Gebäuden. Ein aktuelles Beispiel liefert das vom japanischen Elektronikunternehmen Panasonic konstruierte Wohnquartier „Future Living Berlin" in Berlin-Adlershof. Es handelt sich dabei um ein Ensemble von 69 Wohneinheiten, dessen Strom- und Wärmefluss automatisch in einem Kreislaufsystem reguliert werden soll. Insgesamt ist noch verhältnismäßig wenig erschlossen, wie die soziokulturelle Dimension von Nachhaltigkeit verwirklicht werden kann.
- *Mobilität:* Smarte Mobilität zeichnet sich dadurch aus, dass sie energieeffizient, emissionsarm und kostengünstig gestaltet wird, indem die bereits vorhandene Infrastruktur dadurch verbessert wird, dass Informations- und Kommunikationstechnologien eingesetzt werden. Ein typisches Beispiel ist, wie der Verkehr mit Videokameras überwacht wird, während gleichzeitig die Bürger Mobile Apps nutzen, die ihnen genaue Standortbestimmung und Berechnung der exakten Fahrtzeit liefern, die alle Daten in Echtzeit berücksichtigen (Giffinger et al. 2007).

## 5.2 Die entwickelte Gesellschaft im Lichte von vier ...

Abschließend lässt sich über den Smart City-Diskurs aussagen, dass er kontrovers geführt wird. Fürsprecher des Konzeptes argumentieren, dass neue (informations-)technologische Errungenschaften, das Leben vermeintlich einfacher machen werden und zu einer höheren Effizienz und Nachhaltigkeit im Zusammenhang mit dem Urbanisierungstrend führen. Der technologiegetriebene permanente Datenaustausch zwischen Bürger und Stadt schafft Raum für partizipative Stadtentwicklung. Inwieweit sie tatsächlich institutionelles Lernen ermöglichen und sich daraus ergebende soziale Innovationen, wie z. B. die E-Democracy, als funktionale Antworten der nächsten Evolutionsstufe erweisen, wird die Zukunft zeigen.

Aus kritischer Perspektive könnte dem Leitkonzept der Smart City entgegengehalten werden, dass ihre Annahmen auf reiner Technikgläubigkeit fußen, in der Technologie als Allheilmittel angesehen wird. Darüber hinaus bemängeln Kritiker, dass die Smart City nicht mehr als ein Modebegriff ist, der trotz Konzepten für Nachhaltigkeit und Klimawandel auch Gefahrenpotenzial birgt, welches in der Diskussion noch nicht ausreichend berücksichtigt wird. Dies betrifft v.a. die Möglichkeiten der Überwachung durch Sensoren bzw. des Missbrauchs dieser Technologien. So ist beispielsweise in China geplant, das Sozialverhalten der Bürger zu bewerten („Social Scoring") (Trentmann 2015). Ein anderer Kritikpunkt ergibt sich daraus, dass, was die Initiierung von Smart City-Projekten angeht, der Privatsektor dominiert. In seiner Streitschrift „Against the Smart City" (2013) kritisiert Adam Greenfield, dass die Smart City vorrangig ein Markt sei, „auf dem Technologiekonzerne ihre Produkte und Dienste verkaufen können". Der Bürger erscheine hierbei als Konsument, dessen Gewohnheiten von technischen Systemen beobachtet und gegängelt werden. Für informelle Praktiken der Bürger gäbe es keinen Raum. Die Smart City sei v. a. eine „technokratische Vision", in der die Bewohner überwacht werden. Greenfields Kritik ergibt sich aus einer Untersuchung der PR-Broschüren und Marketingmaterialen für drei exemplarische Projekte – Songdo City in Südkorea, Masdar in Abu Dhabi und PlanIT Valley in Portugal. Sie alle wurden von großen Technologiekonzernen, u. a. Cisco, IBM, Siemens und Hitachi, mitentwickelt und können laut Greenfield gleichsam als Blaupause für den Begriff der Smart City gelten (Greenfield 2013). Andere Kritiker, wie Jens Libbe vom Deutschen Institut für Urbanistik (Difu), weisen darauf hin, dass die Partizipation der Bürger in konkreten Smart City Konzepten offenbar nur eine Nebensächlichkeit darstelle, während der tatsächliche Fokus auf technologischen Aspekten liege. Dies äußere sich u. a. darin, dass in den Smart-City-Beratungsgremien der EU zwar Konzerne in großer Zahl vertreten seien, zivilgesellschaftliche Initiativen hingegen kaum

(Libbe 2014). Smart City sei daher ein Konzept, dass schon aufgrund der Dominanz des Privatsektors in der Gestaltung und des Konkurrenzprinzips der Städte, überwiegend von wirtschaftlichen Interessen gesteuert sei.

### 5.2.3 Entwicklungspsychologischer Diskurs

Der entwicklungspsychologische Diskurs rückt den Blick auf die innere Seite gesellschaftlicher Entwicklung. Popularisiert wurde diese Perspektive unter anderem durch Jean Gebser. Gebser gilt als einer der ersten kulturwissenschaftlich orientierten Bewusstseinsforscher, die ein Strukturmodell der Bewusstseinsgeschichte des Menschen entwickelt haben. Ähnlich wie bereits die Philosophen Hegel, Comte und Herbert Spencer ging er von fortschreitender Entwicklung der menschlichen Bewusstseinsgeschichte aus, in deren Verlauf frühere Bewusstseinsstrukturen als „Irrtümer" erkannt und von neuen, komplexitätsadäquateren Bewusstseinsstrukturen abgelöst werden (Gebser 2015).

Neben Gebsers Modell finden sich vielfältige weitere Ansätze, die jeweils einen anderen Kontext der Bewusstseinsentwicklung darstellen. Dazu gehören z. B. die kognitive Entwicklung (Jean Piaget und James Mark Baldwin), die moralische Entwicklung (Lawrence Kohlberg [1995]), die Werteentwicklung (Spiral Dynamics-Modell nach Clare Grawes, weiterentwickelt durch Christopher Cowan und Don Beck [1996]), Ich-Entwicklung (Jane Loevinger [1976]) oder die Bedürfnisentwicklung (Abraham Maslow [1954]). Aus einer transdisziplinären Perspektive fällt dabei auf, dass all diese entwicklungspsychologischen Modelle (ungeachtet ihrer Unterschiede hinsichtlich der Anzahl der Bewusstseinsstrukturen) eine grundsätzliche Gemeinsamkeit aufweisen: Sie alle beschreiben eine Bewusstseinsentwicklung, die sich stets von einer egozentrischen, über eine ethnozentrischen, bis hin zu einer weltzentrischen Selbst- und Weltwahrnehmung vollzieht. Dabei unterscheiden sich die Entwicklungsstrukturen voneinander hinsichtlich ihres Komplexitätsgrads. So ist z. B. eine egozentrische Sicht auf die Welt, die nur die eigenen Interessen berücksichtigt, weitaus weniger komplex als eine weltzentrische Sicht, die vielfältige Interessen einbezieht. In der neueren Diskussion wird meist auf das Spiral Dynamics-Modell zurückgegriffen, um die unterschiedlichen Entscheidungslogiken von Individuen, Organisationen und Gesellschaften zu beschreiben. Daher erfolgt hier eine nähere Darstellung ebendieses Modells (Abb. 5.1):

Eine nähere Beschreibung dieses Modells findet sich im untenstehenden Kasten:

## 5.2 Die entwickelte Gesellschaft im Lichte von vier ...

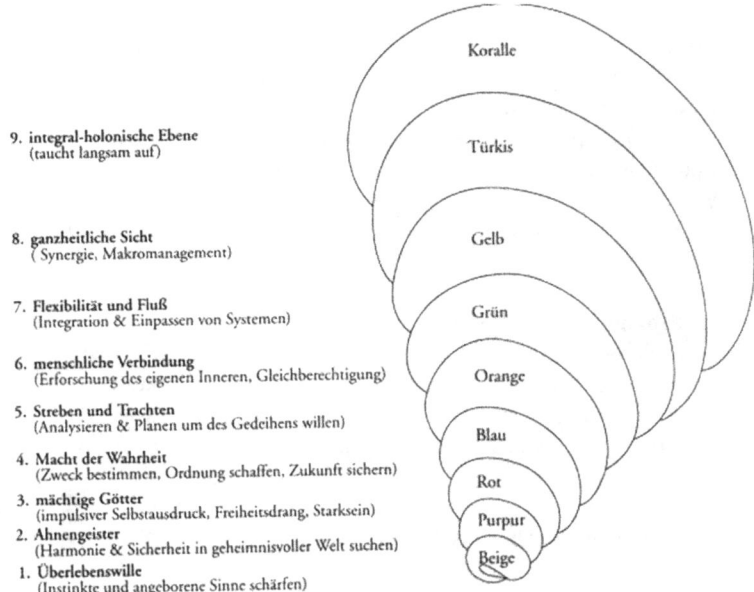

**Abb. 5.1** Die Spirale der Entwicklung nach Beck und Cowan (Beck und Cowan 2005)

> **Einordnung unterschiedlicher Perspektiven in einem komplexen Thema am Beispiel des Spiral Dynamics-Modells**
> Die Theorie geht auf Don Beck und Chris Cowan zurück und wurde auf der Grundlage der Theorien von Clare W. Graves entwickelt. Erstmals wurde sie im Jahre 1996 im gleichnamigen Buch (deutsche Ausgabe 2007) vorgestellt. Ursprünglich war es für ein Managerpublikum konzipiert, fand aber inzwischen auch vielfach Anwendung in anderen Bereichen, so z. B. zur Analyse kultureller Entwicklung (Zollinger 2005) in Konfliktregionen (Stambolovic 2002) oder für die politische Entscheidungsfindung (Voros 2006). Don Beck beriet auf dieser Grundlage unter anderem auch im Israel-Palästina-Konflikt (Eldar 2006).
> Spiral Dynamics konstatiert ein Entwicklungsspektrum von über acht Bewusstseinsstrukturen, wobei die Strukturen 1–6 zur so genannten Primärschicht gehören und die Ebenen 7 und 8 zur Sekundärschicht. Das Modell ist nach oben hin offen, das heißt, es wären noch komplexere

Bewusstseinsstrukturen denkbar. Die Strukturen werden auch gerne „*Wert-Mem*" genannt (engl.: „value meme", Abk. vMeme).[23] Der Einfachheit halber wird jede Struktur/vMem einer Farbe zugeordnet. Ihre inhärenten Weltsichten lassen sich in aller Kürze wie folgt darstellen (im Folgenden Beck und Cowan 2005):
*Primärschichtstrukturen:*
*Beige:* archaisch, instinktiv, überlebensbestimmt, selbsttätig, reflexologisch

- Seit dem mittleren Paläolithikum (100.000 v. Chr.)
- Ebene des grundlegenden Überlebens; Nahrung, Wasser, Wärme, Sex und Sicherheit haben Vorrang. Gewohnheiten und Instinkte werden zum bloßen Überleben verwendet. Es ist noch kaum so etwas wie ein unterscheidbares Ich erwacht, und es gibt kaum Bemühungen, ein solches zu bewahren.

*Purpur:* animistisch, tribalistisch, magisch-animistisch

- seit dem mittleren Paläolithikum (50.000 v. Chr.)
- Opfer an die Ahnen und strenge Befolgung des Brauchtums ordnen das einzelne Individuum der Gruppe unter. Magische Geister, gute und böse, suchen die Erde heim und hinterlassen Segnungen, Verfluchungen und Verzauberungen, die das Geschehen bestimmen. Es werden ethnische Stämme gebildet. Die Geister existieren in den Ahnen und halten den Stamm zusammen. Blutsverwandtschaft und Familie begründen politische Bindungen.

*Rot:* egozentrisch-ausbeuterische Gewaltgötter

- seit 7000 v. Chr.
- Erstes Auftreten eines sich vom Stamm unterscheidenden Ich; machtvoll, impulsiv, egozentrisch, heroisch. Magisch-mythische Geister,

---

[23] Als Mem wird das kulturelle Pendant zum biologischen Gen bezeichnet – es bezeichnet einen bestimmten Bewusstseinsinhalt (z. B. einen Gedanken oder hier ein vollständiges Weltbild), der durch Kommunikation weitergegeben werden kann.

Drachen, wilde Bestien und machtvolle Menschen. Archetypische Götter und Göttinnen, Machtwesen, Mächte, mit denen man umgehen muss, und zwar gute wie böse.

*Blau:* absolutistisch, gehorsam, mythisch, ordentlich, entschlossen, autoritär

- seit 3000 v. Chr.
- Das Leben hat Sinn, Richtung und Zweck, wobei das Ergebnis von einem allmächtigen Anderen oder einer allmächtigen Ordnung bestimmt wird. Diese gerechte Ordnung erzwingt einen Verhaltenskodex, der auf absoluten und unveränderlichen Prinzipien von „Recht" und „Unrecht" basiert. Eine Verletzung dieses Kodex oder dieser Regeln zieht gravierende und vielleicht „ewige" Rückwirkungen nach sich. Den Kodex zu befolgen bringt dem Gläubigen Belohnung.

*Orange:* vielfältig, effizient, wissenschaftlich, strategisch

- spätestens seit 1700
- Hypothetisch-deduktiv, experimentell, objektiv, mechanistisch, operational – also typisch „wissenschaftlich" im herkömmlichen Sinn. Die Welt ist eine rationale, gut geölte Maschine mit Naturgesetzen, die man erkennen, meistern und für die eigenen Zwecke nutzen kann. Stark leistungsorientiert, und zwar vor allem auf materiellen Gewinn hin. Die Gesetze der Naturwissenschaft beherrschen Politik, Wirtschaft und menschliche Gesellschaft.

*Grün:* relativistisch, personalistisch, kommunitaristisch, egalitär

- seit 1850 (aufkeimend im frühen 20. Jahrhundert)
- Gemeinschaftsgefühl, menschlicher Zusammenhalt, ökologische Sensibilität, Netzwerke. Der menschliche Geist muss von Habgier, Dogma und Entzweiung befreit werden; Gefühle und Fürsorge gehen über kalte Rationalität; Wertschätzung der Erde, von Gaia, des Lebens. Gegen jede Hierarchie; Herstellung von Querverbindungen und Vernetzung.

> *Sekundärschichtstrukturen*
> Diese Strukturen werden als *"systemisch-integrativ"* (Gelb) oder *"holistisch"* (Türkis) bezeichnet. Sie bestehen seit Mitte des 20. Jahrhunderts und sind Beck/Cowan zufolge derzeit bei etwa 1 % der Weltbevölkerung vertreten. Die Werthaltung auf dieser Ebene ist nicht nur in hohem Maße weltzentrisch (das ist auch bei Grün gegeben), sondern vom Handeln her in hohem Maße anpassungsfähig, berücksichtigt Entwicklungshierarchien (Hierarchien werden von Grün tendenziell eher abgelehnt) und fördert Entwicklung.

Don Beck geht davon aus, dass sich auf jeder Entwicklungsstruktur gesunde und ungesunde (pathologische) Seiten ausprägen können. Auf der einen Seite erschließen sich bei jeder Struktur komplexere Perspektiven und damit verbundene Errungenschaften, auf der anderen Seite auch immer komplexere Krisenpotenziale. Diese Eigenschaft wird durch die Präposition „mean" (dt: gemein, bösartig) gekennzeichnet; beispielsweise in „Mean Green Meme" (MGM) oder „Mean Orange Meme" (MOM). Krisenpotenziale, die sich vor allem aus dem MOM ergeben, wären z. B. Raubtierkapitalismus und damit verbundene strukturelle Ausbeutung und Umweltzerstörung zugunsten einer Überbetonung von Gewinnmaximierungsstreben und rationalen Werten (Beck und Cowan 2005). Die Vertreter entwicklungspsychologischer Modelle sehen daher die innere Perspektive auf das kollektive Bewusstsein stets im engen Zusammenhang mit der äußeren Perspektive auf wirtschaftliche und politische Strukturen.

### 5.2.4 Beiträge aus der Glücksforschung: Kriterien einer „(un-)glücklichen Gesellschaft"

Ein weiterer, relativ neuer Diskursstrang, der eine innere und eine äußere Perspektive auf gesellschaftliche Entwicklung wirft, stellt das „Glück" bzw. das „psychische Wohlbefinden" ins Zentrum der Betrachtung. Die Annahme dabei ist, dass herkömmliche ökonomische Indikatoren, wie z. B. das BIP, alleine nicht ausreichen, um die Wohlfahrt und den Fortschritt einer Gesellschaft zu messen. Es müsse daher jenseits der Kategorien der Volkswirtschaftlichen Gesamtrechnung gesucht werden („Beyond GDP"). Vor diesem Hintergrund fand unter anderem im November 2007 eine internationale Tagung mit der OECD, der Europäischen Kommission, dem Europäischen Parlament, der Club of Rome und

## 5.2 Die entwickelte Gesellschaft im Lichte von vier ...

der WWF in Brüssel statt.[24] Anfang Januar 2008 beauftragte der französische Präsident Nicolas Sarkozy die Nobelpreisträger Amartya Sen und Joseph Stiglitz, einen Indikator zu entwickeln, der das „Glücksempfinden" und den Lebensstandard in der Bevölkerung messen soll. Vor dem Hintergrund dieser Diskussion hat die Glücksforschung zunehmend an Bedeutung gewonnen. Der sich aus dieser Disziplin ergebende Erkenntnisgewinn über die Bestimmungsfaktoren für eine „glückliche Gesellschaft" bleibt daher unverzichtbar für unsere Untersuchung.

Die Glücksforschung erforscht – wie es der Begriff bereits suggeriert – die Bestimmungsfaktoren von „Glück". Sie tut das allerdings nicht im Sinn von „Zufallsglück" (englisch: luck), sondern von „Lebensglück" (englisch: happiness) oder „Wohlbefinden". Philosophisch gesehen versteht sich Glück bzw. Wohlbefinden als zentraler Sinn des Lebens, da im Grunde alle anderen Motivationen und Ziele lediglich auf das eigene oder das Glück anderer (und damit wieder auf das eigene) hinauslaufen. Diese Auffassung hat schon Aristoteles vertreten und wurde seitdem von vielen Philosophen aufgenommen. Vereinfacht gesagt lassen sich mindestens zwei Glücksbegriffe unterscheiden – ein innerer und ein äußerer. Der innere Begriff definiert „Glück" als Abwesenheit von subjektiv empfundenen Leid und Mangel – demnach liegt der Schlüssel zum Glück im Inneren, also im subjektiven Glücksempfinden des Menschen. Diese Konzeption findet sich wiederum in sehr unterschiedlichen Traditionen der Glücksfindung wieder, z. B. im hedonistischen Lustbegriff von Epikur (hier geht es darum Lust auszuleben und Unlust zu vermeiden) oder im eher asketischen Konzept des Buddhismus (hier geht es darum, Lust und Unlust spirituell loszulassen und damit gleichermaßen zu transzendieren). Der äußere Begriff bewertet Glück eher nach objektiven Kriterien, wie z. B. dem Erfolg beim Erreichen bestimmter Ziele. Er findet sich in der Haltung der „Eudaimonie" aus der griechischen Philosophie.

Wie misst man Glück? Methodisch orientiert sich die Glücksforschung zum einen daran, den Glückszustand eines Menschen aus seinen objektiven Lebensbedingungen abzuleiten und zum anderen daran, nach subjektivem Wohlbefinden zu fragen.[25] Gegenwärtig lässt sich bereits eine Vielfalt an Indizes, die nicht nur „Wohlbefinden", sondern auch „Vertrauen" in ländervergleichendem

---

[24]www.beyond-gdp.eu

[25]Eine typische Frage wäre: „Alles in allem, wie würden Sie auf einer Skala von 0 bis 10 Ihren Zustand in letzter Zeit beschreiben – würden Sie sagen, dass Sie sehr glücklich (10 Punkte) oder unglücklich (0 Punkte) sind?" Erfahrungen haben gezeigt, dass trotz sehr unterschiedlicher subjektiver Glückswahrnehmungen die Umfrageergebnisse von Person zu Person und vor allem von Kollektiv zu Kollektiv vergleichbar sind (näher hierzu unter Bruni und Porta 2005).

Zusammenhang messen, beobachten. Forschungen belegen, dass Vertrauen sehr eng mit Glück bzw. Wohlbefinden zusammenhängt und wiederum auch mit der Neigung zu bzw. Abneigung von gewalttätig ausgetragenen sozialen Konflikten. Um „Vertrauen" zu messen, haben sich international der World Values Survey (Medrano 2012) und die Gallup Weltumfrage etabliert (Gallup 2008). Zu den weltweit bekanntesten Indizes zur Messung von „subjektivem Wohlbefinden" gehören unter anderem das umfangreiche holländische Archiv „World Database of Happiness" (Veenhoven 2010) und aus dem britischen Raum die „National Accounts of Well-Being" (Michaelson et al. 2009) der preisgekrönten new economics foundation (nef) und der bereits 2006 zurückliegende „Satisfaction with Life Index" der University of Leicester (White 2007). Bedeutend und auch in dieser Studie zu berücksichtigen ist der Legatum Prosperity Index (2018) des in Dubai ansässigen Legatum Instituts.

Aktuell stößt die Glücksforschung hinsichtlich der interkulturellen Vergleichbarkeit an ihre Grenzen. Die vergleichenden Kulturwissenschaften weisen an dieser Stelle nach, dass die Definitionen von „Glück" und „subjektivem Wohlbefinden" von Kultur zu Kultur durchaus abweichen. So neigen z. B. die Bevölkerungen in Asien sich auf Fragen zum Wohlbefinden, die eher auf westliche Gesellschaftskontexte zugeschnitten sind, als deutlich unglücklicher zu bezeichnen. Dies ist vor allem in Ländern wie Korea und Japan der Fall, die sich durch eine im weltweiten Vergleich relativ hohe sozialökonomische Entwicklung auszeichnen. Von der anderen Seite deuten die kulturvergleichenden Forschungen im Bereich Religion und vor allem Mystologie hin, dass im spirituellen Zusammenhang ein kulturübergreifend identischer Glücksbegriff im Sinne von „Seligkeit" (auf Sanskrit z. B. „Ananda") besteht. Dieses Glückskonzept erschließt sich vor allem durch die kontinuierliche Praxis von gelassenheitsfördernden Achtsamkeits- und Meditationstechniken. Höchstes Ziel der Praxis besteht darin, die Ursprünge psychischen Leids – in der buddhistischen Psychologie ist beispielsweise von drei „Geistesgiften" die Rede: Verlangen, Abneigung und Verblendung – zu überwinden und zu dauerhaftem Frieden und Erfüllung zu finden. Es lässt sich zusammenfassend festhalten, dass, um gesellschaftliches Glück im kultur- und religionsvergleichenden Kontext zu untersuchen, noch weiterführender Forschungsbedarf besteht und dass darum der Schwerpunkt der Betrachtungen auf den Kontext westlicher Gesellschaften gelegt wird.

Beide Variablen, sprich: „subjektives Wohlbefinden" und „Vertrauen" geben Aufschluss über das „innere" Konfliktpotenzial und damit die Risikofaktoren, die einer entwickelten Gesellschaft entgegenstehen. In diesem Kontext erscheint die Frage relevant, welche wohlfahrtsstaatlichen Bedingungen im Durchschnitt zu einem größtmöglichen Ausmaß an Glück und Vertrauen erfüllt werden müssen. Um diese Frage hinreichend beantworten zu können, ist ein Verständnis der grundlegenden psychologischen Mechanismen des menschlichen Glücksempfindens wesentlich. Vereinfacht dargestellt, lassen sich zwei psychologische Mechanismen zusammenfassen:

- *Hedonistische Adaption:* Höheres Einkommen und damit höheres Konsumniveau, zusätzliche Güter oder Dienstleistungen stiften Zufriedenheit. Doch an den erreichten Standard gewöhnen wir uns schnell und die Lebenszufriedenheit erhöht sich nicht unbegrenzt. Die Beziehung zwischen Einkommen bzw. Konsumniveau und Glück ist daher nicht linear – vielmehr besteht ein abnehmender Grenznutzen. Der Ökonom Richard Layard errechnete: „Wenn ich dieses Jahr einen Euro mehr verdiene, dann macht mich das zwar glücklicher, doch im kommenden Jahr werde ich mein Einkommen mit einer Messlatte bewerten, die um 40 Cent höher liegt. Folglich werden 40 % der Gewinne des einen Jahres im darauffolgenden Jahr wieder zunichte gemacht" (Layard 2005). Dies ist auch die wesentliche Erklärung dafür, weshalb trotz einer hohen Steigerung des materiellen Wohlergehens in ganz Europa (von 1950 bis 2000 hat sich die Kaufkraft im Durchschnitt verdoppelt) nicht die durchschnittliche Lebenszufriedenheit zugenommen hat. Waren wir vor noch nicht allzu langer glücklich, wenn wir ein oder zwei Fernsehkanäle in Schwarz-Weiß empfangen konnten, erwarten wir heute Dutzende von Sendern empfangen zu können – selbstverständlich in Farbe. Wir haben uns schnell an die neuen Möglichkeiten gewöhnt und unsere Erwartungen an den technischen Fortschritt angepasst.
- *Wir vergleichen uns:* Studien belegen, dass für uns Menschen die Position auf der Einkommensleiter maßgebend ist. Es interessiert dabei weniger die absolute Höhe unseres Einkommens, sondern vielmehr die Position auf der Einkommensleiter im Vergleich zu den Anderen, sprich: das relative Einkommen. Dabei vergleichen wir uns mit Personen, die ein höheres Einkommen haben als wir selbst. Die ärmeren Mitmenschen schließen wir hingegen nicht in unsere Betrachtung mit ein. Einer Studie in den USA zufolge nimmt das Glücksempfinden um ein Drittel mehr ab, wenn auch jeder andere ein Prozent Lohnsteigerung erhält, als es zunehmen würde, wenn der Betroffene als Einziger eine Gehaltserhöhung von einem Prozent bekäme. Andere Studien belegen, dass Menschen sogar einen Rückgang ihrer Lebensqualität hinnehmen würden, wenn damit sozialer Aufstieg im Vergleich zu anderen gewährleistet wäre. Außerdem vergleichen Menschen ihr Einkommen auch immer mit dem, was sie selbst gewohnt sind. Wenn sie z. B. gefragt werden, was sie zum Leben benötigen, nennen reiche immer höhere Summen als arme Menschen.

Bei beiden Mechanismen gibt es auch Ausnahmen. Hinsichtlich der hedonistischen Adaption lassen sich auch viele schöne Dinge aufzählen, die nie ihren Reiz verlieren, wie z. B. Freunde, Sex und sogar die Ehe. Hinsichtlich unserer Neigung zu Rivalität belegen Studien, dass dieser Mechanismus eher auf die relative Höhe des Einkommens zutrifft, weniger jedoch das Ausmaß an Freizeit (daher auch die verbreitete Neigung Freizeit für mehr Einkommen zu opfern). Forscher vermuten hinter beiden Mechanismen einen evolutionären Zweck – sie sichern dem Menschen das eigene Überleben und ständige Verbesserung seiner Lebenssituation. Diese Argumentation aufgreifend, behauptet der britische Entwicklungspsychologe Dylan Evans sogar, dass dauerhaftes Glück und Zufriedenheit das Ende der menschlichen Spezies bedeuten würden. Um entwickelt zu überleben, sei es für eine Gesellschaft lebensnotwendig, unglücklich zu sein. Darüber lässt sich streiten.[26] Tatsächlich aber lässt sich „Wohlbefinden für alle" nicht in vollem Umfang

---

[26]Unterschiedliche Disziplinen wie die Emotionsforschung oder die Anthropologie belegen, dass biologische und kulturelle Evolution nicht zeitgleich ablaufen. Da der Homo Sapiens Sapiens sich in den letzten 50.000 Jahren biologisch nicht weiterentwickelt hat, ist er demnach immer noch für den Überlebenskampf in prähistorischer Zeit gebaut. Sämtliche Instinkte, wie z. B. der Kampf- und Fluchtinstinkt und im weitesten Sinne auch der oben beschriebene Instinkt zum „Unglücklichsein" sicherten das Überleben der Menschheit im prähistorischen Überlebenskampf. Während aber die biologische Evolution eher in mindestens 6-stelligen Jahreszyklen voranschreitet, hat sich die kulturelle Evolution in den letzten 50.000 Jahren in gewaltigen Sprüngen vollzogen: von den Jäger-Sammler-Gesellschaften über den Gartenbaugesellschaften, gefolgt von den Ackerbaugesellschaften bis zu den Industriegesellschaften und den heutigen, sich global immer stärker vernetzenden post-industriellen Gesellschaften. Aus dieser Perspektive ergeben sich zwei Schlussfolgerungen: Einerseits ließe sich Dylan Evans Position dahin gehend bestätigen, dass der biologische Instinkt zum physischen Überlebenskampf und zum Unglücklichsein womöglich selbst der Motor für die vergleichsweise zügige kulturelle Evolution der Menschheit war. Andererseits sind diese biologischen Instinkte, die auf den physischen Überlebenskampf im prähistorischen Kontext ausgerichtet waren, schon lange nicht mehr auf die zivilisatorischen Anforderungen der hoch entwickelten Wohlstandsgesellschaften von heute zugeschnitten – dies gilt insbesondere für gewalttätige Konfliktaustragungen in den hoch entwickelten Wohlstandsgesellschaften, z. B. häusliche Gewalt, Amokläufe oder Straßenkriminalität. Sie führen zu unnötigen Gewaltkonflikten und sozialen Kosten. Dies könnte im Umkehrschluss bedeuten, dass auch angesichts globaler Interdependenz, allgemeines Wohlbefinden und Glückseligkeit und die Fähigkeit zur Kooperation sinnvoller ist als der Instinkt zum Überleben und zum Unglücklichsein. Diese Position lässt sich aus den Thesen des Emotionsforschers Daniel Goleman ableiten, der in der Entwicklung der emotionalen Intelligenz (und damit der Fähigkeit zur Empathie und zur Integration von rationaler Intelligenz und biologischen Instinkten) die zentrale Herausforderung für eine entwickelte Gesellschaft

## 5.2 Die entwickelte Gesellschaft im Lichte von vier ...

von außen gestalten – Studien belegen, dass Wohlbefinden zu einem bedeutenden Anteil biologisch determiniert ist. Der empirisch gesättigten „Set point"-Theorie zufolge tendieren Menschen stets dazu, automatisch zu ihrem persönlichen Glücksempfinden zurückzukehren, der langfristig stets auf einem relativ stabilen Level bleibt. Daher kommt die Forschung zum Schluss, dass Umweltfaktoren langfristig nur bis zu 50 % des Glücksempfindens beeinflussen können. Glück ist daher – so der einflussreiche Forscher David Lykken – bereits zu mindestens 50 % genetisch vordeterminiert.

All diese psychologisch-anthropologischen Mechanismen bieten eine hinreichende Erklärung dafür, weshalb auch in den hoch entwickelten Gesellschaften der Welt noch reichlich Konfliktpotenzial vorhanden ist. Aus einer anthropologischen Perspektive könnte man schlussfolgern, dass der Mensch von vorneherein und damit bereits genetisch determiniert zum Unglücklichsein verdammt ist. Dies trifft aber bestenfalls nur zu 50 % zu. Aus einer anderen Perspektive haben die äußeren, sprich: die gesellschaftlichen Faktoren, erheblichen Einfluss auf das Wohlbefinden des Menschen und lassen sich sehr wohl bestimmen. Diese Perspektive hilft z. B. herauszufinden, weshalb Wirtschaftswachstum sowohl zu Wohlbefinden als auch zum genauen Gegenteil führen kann: Nach dem heutigen Forschungsstand gilt statistisch tatsächlich als gut belegt, dass Personen mit höherem Einkommen ihr subjektives Wohlbefinden höher bewerten als ärmere Personen. Andererseits führt Wachstum alleine auch zu verzerrten Anreizen. Denn je mehr ein Individuum arbeitet und verdient, umso mehr hat dies paradoxerweise auch zur Folge, dass andere Menschen aufgrund sozialer Konkurrenz unglücklicher werden. Viel glücklicher wären hingegen alle Menschen, wenn sie sich bewusst für ihr Arbeitspensum entscheiden würden, denn dies hätte sowohl eine niedrigere Einkommenskluft als auch für den Einzelnen mehr Freizeit zur Folge, die er mit anderen schönen Dingen füllen kann, z. B. familiären und freundschaftlichen Beziehungen – zwei wesentliche Glücksfaktoren, die

---

sieht (Goleman 1997). Die hier skizzierte Grundsatzdebatte bleibt offen. Dennoch lassen sich vorab mehrere Thesen ableiten, auf die wir in anderen Kapiteln wieder zurückkommen werden: Erstens deutet sich an, dass Glück und Wohlbefinden, gerade auch im zeitgenössischen Kontext, ein erstrebenswertes individuelles und gesellschaftliches Ziel ist. Zweitens scheint aber der Mensch aus evolutionären Gründen dahingehend konstruiert zu sein, Glück immer wieder neu zu erstreben. Dies bedeutet drittens, dass der Mensch von jeher das Potenzial für soziale Konflikte in sich trägt. Die Kunst einer zukunftsfähigen (sprich: entwickelten, nachhaltigen und resilienten) Gesellschaft besteht daher viertens, dieses geradezu unvermeidliche Konfliktpotenzial stetig zu antizipieren und konstruktiv zu handhaben.

unabhängig von Arbeit und Einkommen sind. Auf der Basis groß angelegter Studien vom World Values Survey kommt Layard auf insgesamt sieben grundlegende gesellschaftliche Faktoren, die für eine glückliche Gesellschaft unabdingbar sind:

- familiäre Beziehungen
- finanzielle Lage
- Arbeit
- soziales Umfeld
- Gesundheit
- persönliche Freiheit und
- eine Lebensphilosophie, die das Gemeinwohl über Eigeninteresse und Leistungsdruck stellt.

Ein Blick auf ländervergleichende Studien zeigt, dass im Kreise der hoch entwickelten Gesellschaften Europas und des anglophonen Raums (inklusive über Europa hinaus die USA, Kanada, Australien und Neuseeland) teilweise durchaus Unterschiede bezüglich dieser Faktoren bestehen. Diese geben wiederum Rückschlüsse hinsichtlich der Frage, ob und in welcher Hinsicht bestimmte Gesellschaftstypen glücklicher und in dieser Hinsicht entwickelter sind als andere und inwieweit sie wechselseitig voneinander lernen können, um sich noch weiterzuentwickeln.

- *Familiäre Stabilität:* Die familiäre Stabilität ist ein grundlegender Faktor, der mit dem subjektiven Wohlbefinden zusammenhängt. Aufbauend auf den Daten des World Values Survey (Medrano 2012) belegen Studien durchgehend für alle OECD-Staaten eine Zunahme partnerschaftlicher Trennungen und Ehescheidungen seit den 1970er Jahren. In den meisten Fällen involvieren die Scheidungen und Trennungen auch erziehungspflichtige Kinder, wobei die Wahrscheinlichkeit einer Trennung bzw. Scheidung abnimmt, je größer die Familie ist. Die seit 1970 durchgehend gesunkene Geburtenrate ist in Europa und den USA unter anderem in Island, Neuseeland, Irland mit einer Familiengröße von durchschnittlich zwei Kindern am größten, in süd- und osteuropäischen Staaten wie Ungarn, Spanien und Portugal mit durchschnittlich einem Kind am niedrigsten. Diese Trends sind klar zunehmendem Wandel der modernen Gesellschaft geschuldet. Die Nebenprodukte dieses Wandels sind: voranschreitende Auflösung der traditionellen Geschlechterrollen, zunehmende finanzielle Unabhängigkeit der Frau (durch stärkere Einbindung in den Arbeitsmarkt), stärkere Individualisierung der Werte und zunehmende Durchsetzung alternativer Lebensmodelle[27]. Kann von einem zunehmenden „Verfall der Familie" ausgegangen werden? Die Studien zeigen Widersprüchlichkeiten. Die familiäre Lebensqualität steigt – immer mehr Kinder geben an, sich bei ihren Eltern wohl zu fühlen, selbst wenn diese in Scheidung leben. Zudem wird die Familie immer weniger von Gewaltverhältnissen geprägt – Studien belegen durchgehend in allen Ländern einen deutlichen Rückgang von Gewalt zwischen Ehepartnern und der Prügelstrafe. Besorgniserregend ist hingegen die Zunahme von Kinderarmut, die tatsächlich auch mit der Zunahme alleinerziehender Haushalte und einer mangelhaften Anpassung der Wohlfahrtspolitik (Kinderbetreuung, Transferleistungen, Arbeitsstellenvermittlung) einhergeht. Hier zeigt sich in Europa und den USA eine Verteilung, bei der durchschnittlich die anglophonen Länder, allen voran die USA sowie die süd- und osteuropäischen Gesellschaften, am schlechtesten abschneiden. Die fünf nordischen Gesellschaften, mit Dänemark an der Spitze, schneiden im OECD-Vergleich am besten ab und die kontinentaleuropäischen Staaten (inklusive Deutschland, Frankreich und die Niederlande) mit einer Kinderarmutsquote unter dem OECD-Durchschnitt (OECD 2011a).

- *Finanzielle Lage:* Wie oben bereits angedeutet, belegen viele empirische Studien den Faktor „Einkommensungleichheit" als wesentlichen gesellschaftlichen Konfliktfaktor. Den ländervergleichenden Studien von Fajnzylber et al. (2012) und Neapolitan (1999) zufolge besteht weltweit eine starke Verbindung zwischen krimineller Gewalt und Einkommensungleichheit. Andere Studien deuten darauf hin, dass Gesellschaften mit weniger Einkommensunterschieden ein höheres zwischenmenschliches Vertrauen aufweisen (OECD 2011b). Die derzeit am meisten diskutierte Studie zu den negativen sozialen Auswirkungen von Einkommensungleichheit wurde von Richard Wilkinson und Kate Pickett (2010) erstellt. In ihrem umfangreichen Vergleich von 23 der reichsten Gesellschaften der Welt kommen beide zum Schluss, dass soziale Ungleichheit mit einer Reihe von sozialen Krisenherden verknüpft sind. Hierunter fallen: soziale Desintegration, psychische Erkrankungen, gesundheitliche Mängel und sinkende Lebenserwartung, wachsende Unbildung, Anstieg von Gewalt und Drogenkonsum, Überbelegung der Gefängnisse, mangelnde soziale Mobilität, fehlende Möglichkeit sozialen Aufstiegs, Zukunftsverlust und lebensethische Apathie. Sie sind allesamt, so die diagnostische These, Auswirkungen

---

[27]Die Modelle variieren z. B. von der hoch emanzipierten „Überfamilie", in der auch die Männer gerne beruflich zurückstecken bis hin zur „Patch-Work-Familie" oder dem „Single-Model", sprich: der „Nicht-Familie".

der Ungleichheit und könnten, so Wilkinson und Pickett, durch angemessene Umverteilungsmaßnahmen, z. B. durch Anheben des Durchschnittseinkommens entwickelt bekämpft werden. Ihrer Studie zufolge, weisen Japan und die nordischen Länder sowie der US-Staat New Hampshire die höchste Gleichheit auf, während die USA im Ganzen sowie England und Portugal von der höchsten Ungleichheit betroffen sind. Die unten stehende Abb. liefert einen groben Überblick (Abb. 5.2).

Neben dem relativen Einkommen spielt auch das absolute Einkommen eine nicht zu unterschätzende Rolle, obwohl wir Menschen dazu neigen, uns allzu schnell an den erreichten Konsumstandard zu gewöhnen. Wie bereits oben angedeutet, führt z. B. ein Einkommensanstieg um das Doppelte nicht zu einem Anstieg des subjektiven Wohlbefindens im gleichen Ausmaß. Mit anderen Worten: Wohlbefinden steigt tatsächlich mit höherem Einkommen und zwar ohne einen konkreten „Sättigungspunkt" (Hagerty und Veenhoven 2003). Zugleich nimmt der Anstieg an Wohlbefinden deutlich ab, sobald ein Subsistenzlevel erreicht ist. Dies bestätigt in gewisser Hinsicht komplexe Grundbedürfnismodelle wie z. B. von Maslow, wonach mehr als nur die Befriedigung materieller Bedürfnisse für die Lebenszufriedenheit ausschlaggebend ist. Eine OECD-Studie bestätigt einen

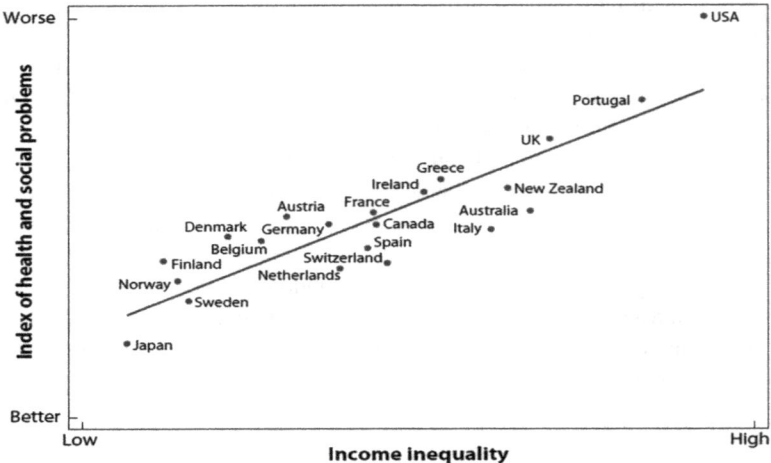

**Abb. 5.2** Einkommensungleichheit im Zusammenhang mit Gesundheits- und sozialen Problemen nach Wilkinson und Pickett (2010)

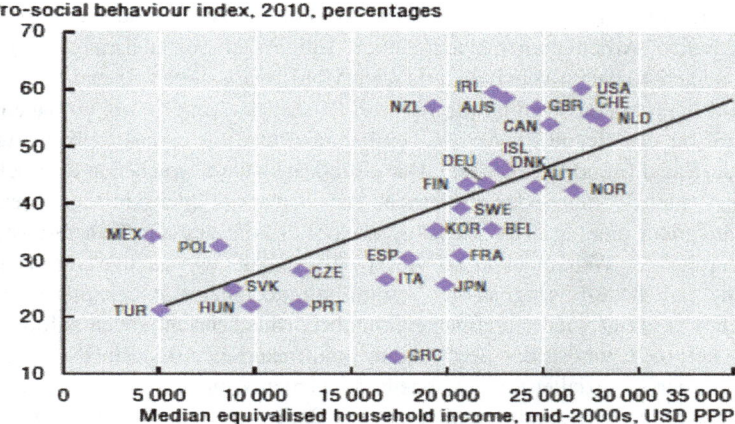

**Abb. 5.3** Zusammenhang zwischen pro-sozialem Verhalten und absolutem Durchschnittseinkommen (OECD 2011a, S. 95)

nicht unerheblichen Zusammenhang zwischen dem absoluten Durchschnittseinkommen und dem zwischenmenschlichen Vertrauen in einer Gesellschaft (OECD 2011a). Derselben Studie zufolge besteht sogar eine Korrelation mit pro-sozialem Verhalten.[28] Dabei wurde das höchste Ausmaß an pro-sozialem Verhalten in den anglophonen Ländern gemessen, die zugleich auch das höchste Durchschnittseinkommen haben, wohingegen im OECD-Vergleich die süd- und osteuropäischen Gesellschaften bei beiden Kriterien am schlechtesten abschneiden (Abb. 5.3).

- *Arbeit:* Ähnlich wie das relative Einkommen hat die Beschäftigungssituation einen sehr starken Einfluss auf das subjektive Wohlbefinden. Bereits pflegte zu Voltaire schreiben: „Die Arbeit hält drei große Übel fern. Die Langeweile, das Laster und die Not." Diese These bestätigend, belegen heute viele Studien einen direkten Zusammenhang zwischen Arbeitslosigkeit und Risiken niedriger mentaler und körperlicher Gesundheit, höherem Stress und höherer Unzufriedenheit (Halvorsen 2001). Andere Studien belegen sogar einen Zusammenhang zwischen der „Kommodifizierung" der Arbeit, sprich: die

---

[28]Gemessen wurde dies an den durchschnittlichen Antworten auf die Fragen, ob der Befragte nach dem Ausmaß freiwilliger Spenden, dem Ausmaß der ehrenamtlichen Tätigkeiten und ob er einem Fremden im letzten Monat geholfen habe (OECD 2011a).

Marktabhängigkeit der Anbieter von Arbeit (Selbstständige, Scheinselbständige, Arbeitnehmer, unentgeltlich Tätige und Sozialleistungsempfänger) und anti-sozialem Verhalten, inklusive Mord.[29] Umgekehrt deuten Studien darauf hin, dass das Gefühl, die Kontrolle über das eigene Leben zu haben, zentral für das eigene subjektive Wohlbefinden und das eigene Selbstwertgefühl ist (Radcliff und Pacek 2008). Daraus lassen sich entsprechende Rückschlüsse für eine „Wohlbefinden fördernde" Arbeitsmarktpolitik schließen. Demnach verspricht eine „passive" Arbeitsmarktpolitik, die nur auf Transferleistungen beruht, bei Weitem nicht so viel Wohlbefinden, wie „aktive" Maßnahmen, die auf bedürfnisangepasste Vermittlung geeigneter Arbeitsplätze basiert. Dies bestätigt wieder komplexe Grundbedürfnistheorien, denen zufolge Menschen nicht nur an der Befriedigung rein materieller Bedürfnisse gelegen ist (die durch Sozialleistungen abgedeckt werden können), sondern auch daran, dass eben auch geistige und spirituelle Bedürfnisse der Sinngebung und des Gefühls „Teil der Gesellschaft" zu sein befriedigt werden können. Aktuell weisen im OECD-Vergleich die südeuropäischen Staaten, allen voran Spanien, Portugal und Griechenland, die höchsten Arbeitslosenraten auf. Im Jahre 2009 war die Arbeitslosenquote Spaniens sechs Mal höher als die von Norwegen. Die Weltwirtschaftskrise, die die südeuropäischen Staaten besonders traf, hat aktuell einen zentralen Anteil an dieser Lage. Generell gilt für alle westlichen Gesellschaften, dass junge Menschen und Migranten im Durchschnitt häufiger von Arbeitslosigkeit betroffen sind, als andere Gesellschaftssegmente. Erfahrungsgemäß stellen diese im Vergleich zu anderen Segmenten wie z. B. „alte Menschen" (Generationenkonflikt) oder „Frauen" (Geschlechterkonflikt) erfahrungsgemäß ein besonders explosives Konfliktpotenzial dar (OECD 2011b). Den Studien des Migrant Integration Policy Index (MIPEX) zufolge, in dem der Arbeitsmarktintegration eine besondere Bedeutung zukommt, setzen sich die zehn führenden Gesellschaften aus der Beneluxregion, Nordamerika, den nordischen Ländern und Südeuropa zusammen. Als herausragend wurden die Zugangsmöglichkeiten für Migranten zum Arbeitsmarkt in Schweden bewertet.[30]

- *Soziales Umfeld:* Der wichtigste Indikator zur Beurteilung des sozialen Umfelds ist die Messung des „zwischenmenschlichen Vertrauens". Studien belegen dabei eine klare Verbindung zwischen dem zwischenmenschlichen

---

[29]Die hieraus abgeleitete Theorie nennt sich „Decommodification of Labor Theory (DLT)".
[30]http://www.mipex.eu/

Vertrauen und subjektivem Wohlbefinden. Teilweise bestätigen sie auch einen Zusammenhang mit Toleranz, nämlich ethnische und sexuelle Minderheiten eher akzeptieren zu können. OECD-Studien zufolge, wurde die höchste Toleranz in den anglophonen Ländern Kanada, Australien, Neuseeland und den USA gemessen, darüber hinaus auch teilweise in den nordischen Gesellschaften (OECD 2011a, b). Die Gallup World Poll (2008) und der World Values Survey (Medrano 2012) belegten die höchsten Werte für das gemessene zwischenmenschliche Vertrauen in den nordischen Gesellschaften sowie in der Schweiz und Neuseeland. Die nordischen Gesellschaften sind darüber hinaus auch Spitzenreiter in Bezug auf das Vertrauen in Institutionen, die allerdings generell in den hoch entwickelten westlichen Gesellschaften relativ hoch angesiedelt ist.

- *Gesundheit*[31]: Gesundheit hat eine erwiesenermaßen direkte Verbindung mit subjektivem Wohlbefinden. Für die westlichen Gesellschaften lassen sich in der Entwicklung der körperlichen und der mentalen Gesundheit mehrere Tendenzen beobachten. Hinsichtlich der körperlichen Gesundheit ist eine tendenzielle Verbesserung zu verzeichnen, die sich auch in einer stetig steigenden Lebenserwartung ausdrückt und wiederum „neue" Krankheitsempfindungen mit sich bringt. Die höhere Lebenserwartung geht nämlich zugleich auch mit der Zunahme chronischer Krankheiten wie Diabetes, Demenz etc. einher. Eine weitere Begleittendenz ist, dass die Kluft zwischen sozialökonomischen Gruppen gestiegen ist. So lebt in Tschechien ein 65-jähriger Mann mit hohem Bildungsniveau durchschnittlich sieben Jahre länger als ein Mann gleichen Alters mit einer niedrigen Bildung. Der Bereich der mentalen Gesundheit stellt derzeit die wichtigste Herausforderung der OECD-Staaten dar, angesichts zunehmender psychischer Erkrankungen im letzten Jahrzehnt, trotz leicht abnehmender Selbstmordraten und auch unabhängig vom gemessenen Grad an Wohlbefinden und Einkommen. Studien belegen, dass dieser Trend weitgehend mit zwei gesellschaftlichen Entwicklungen zusammenhängt: Einerseits nehmen die mit der (mit der Globalisierung einhergehende) allgemeinen Arbeitsplatzunsicherheit und der Leistungs- und Konkurrenzdruck am Arbeitsplatz zu (OECD 2012); andererseits kommt es im Zuge familiärer Zerfallsprozesse, beruflicher Mobilität und häufigerer Trennungen zu „einer

---

[31]Mentale Gesundheit wird vom World Health Organization definiert als „a state of well-being in which the individual realises his or her abilities, can cope with the normal stresses of life, can work productively and fruitfully, and is able to make a contribution to his or her community" (OECD 2008a).

Reduzierung tragfähiger sozialer Beziehungen und dies sowohl in qualitativer als auch in quantitativer Hinsicht" (Galuska 2010). Hiervon sind wieder alle OECD-Gesellschaften mehr oder weniger gleichermaßen betroffen. Alleine Depressionen werden zu einer zunehmenden ökonomischen Last für die Wohlfahrtsstaaten, weil sie hinter einer zunehmenden Zahl an langwierigen und kostenträchtigen Krankheitsausfällen stehen (OECD 2012). Eine der derzeit bekanntesten Studien im Gesundheitsbereich und mit einem direkten Bezug zum Konzept „entwickelte Gesellschaften" wurde vom Canadian Institute for Advanced Research (CIFAR) vorgelegt. Das Institut kommt zu der Schlussfolgerung, dass gut ausgeprägte soziale Beziehungen in der Zivilgesellschaft der ausschlaggebendste Faktor dafür sind, ein effektives und effizientes Gesundheitswesen zu gewährleisten. Dieser Studie zufolge würde sich ein starker zivilgesellschaftlicher Zusammenhalt (inklusive intakter Familien) „von unten" sogar als noch relevanter erweisen als ein politisch „von oben" verordneter universeller Zugang zum öffentlichen Gesundheitswesen.[32] Zusammenfassend können wir festhalten, dass ein weit verzweigter Zusammenhang zwischen Gesundheit, Wohlbefinden und sozialem Zusammenhalt besteht. Eine neu hinzukommende Diskussion setzt sich mit dem Zusammenhang zwischen Gesundheit bzw. Gesundheitsförderung und Wirtschaftswachstum auseinander. So lägen, nach Erik Händeler, im Gesundheitszustand der Deutschen die größten, bislang schlafenden Ressourcen der Volkswirtschaft. Der Zukunftsforscher betont, dass ein Gesundheitswesen mit einem stärkeren Fokus auf Gesundheitsförderung und Prävention auch zu einem Wegfall der derzeit steigenden wirtschaftlichen und sozialen Kosten durch die zunehmende Zahl an Krankheitsverlusten[33] führen könnte (Händeler 2005).

- *Standortattraktivität und Innovation:* Weitere Studien deuten auf eine indirekte Verbindung zwischen psychischem Wohlbefinden, Standortattraktivität und der Wettbewerbs- bzw. Innovationsfähigkeit einer Gesellschaft hin. Kein Wunder, wird das Zweite Maschinenzeitalter zunehmend vom „War

---

[32] http://www.cifar.ca/successful-societies

[33] Dies bestätigend, wird im oben erwähnten offenen Brief zur psychosozialen Lage Deutschlands unter anderem diagnostiziert, dass ca. 30 % der Bevölkerung innerhalb eines Jahres an einer diagnostizierbaren psychischen Störung leiden und dass der Anteil psychischer Erkrankungen an vorzeitigen Berentungen kontinuierlich zunehme. Zugleich steigen auch die psychischen Erkrankungen und Verhaltensprobleme bei Kindern und Jugendlichen kontinuierlich an.

of Talents" geprägt. Dabei bestätigen Forschungen einen Zusammenhang zwischen der Innovationsfähigkeit einer Gesellschaft und ihrer Attraktivität, eine so genannte „kreative Klasse" anzuziehen – diese gilt gerade in der postindustriellen Wissensgesellschaft als zentraler Wertschöpfungsmotor. Dabei belegen Studien vor allem eine Verbindung zwischen Innovation, persönlicher Freiheit und wirtschaftlichem Wohlstand eines Standorts. Die bekannteste Wirtschaftstheorie wurde in diesem Zusammenhang von Richard Florida geprägt. Sein berühmtes Modell der „drei Ts" steht hierbei für die Schlüsselindikatoren „Technologie", „Talent" und „Toleranz". „Technologie" steht für Konzentration der wissensintensiven Wirtschaft im Allgemeinen bzw. der Hochtechnologiesektoren in einer Region im Besonderen. „Talent" wird durch die Anzahl der Beschäftigten in kreativen Berufen in der Region bestimmt – der Indikator bestimmt damit das kreative Potenzial. „Toleranz" steht für die Offenheit einer Gesellschaft, die ein großes Spektrum an verschiedenen Persönlichkeiten anzieht und einen hohen Austausch an neuen Ideen begünstigt. Diese Theorie wird von den Ergebnissen des Global Innovation Index 2018 bestätigt. Dieses Ranking vergleicht 126 Länder/Regionen miteinander, wobei die Schweiz, die Niederlande, Schweden, Singapur, die UK, die USA, Finnland, Deutschland und Irland die ersten Plätze belegen (INSEAD et al. 2018)[34]. Als Wirtschaftssektor mit der größten Innovationskraft wird der sich etablierende Begriff der so genannten Kreativwirtschaft gesehen. Er umfasst insgesamt elf Kernbranchen: Designwirtschaft, Buchmarkt, Musikwirtschaft, Kunstmarkt, Filmwirtschaft, Rundfunkwirtschaft, Markt für darstellende Künste, Architekturmarkt, Software/Games-Industrie, Werbemarkt und Pressemarkt. Unter ihnen hat die Designwirtschaft derzeit mit einem Anteil von 61 % das größte Exportvolumen. Laut des „Creative Economy Outlook 2002–2015" der UNCTAD hat sich in diesem Zeitraum der Weltmarkt für Güter und Dienstleistungen von 208 Mrd. US$ auf 506 Mrd. US$ entwickelt. Trotz der schwerwiegenden Finanzkrise im Jahr 2008 betrug die durchschnittliche Wachstumsrate der Kreativindustrie etwa 7 %. Die Studie betont die wachsende Bedeutung der aufstrebenden Staaten Asiens und zählt China, Hong Kong (China), Indien, Singapur, Taiwan, Türkei, Thailand, Malaysia, Mexiko und die Philippinen zu den weltweiten Top Performern. Unter den entwickelten Staaten zählt die Studie die USA, Frankreich, Italien, England, Deutschland, die Niederlande, Polen, Belgien und

---

[34]https://www.globalinnovationindex.org/gii-2018-report

Japan zu den Top Ten der Exporteure kreativer Güter. Dabei wird geschlussfolgert, dass die ASEAN-Staaten und vor allem Europa zu den größten regionalen Exporteuren. Das Volumen der EU umfasste im Jahre 2015 rund 171 Mrd. US$ (im Jahre 2002 waren es noch 85 Mrd. US$) und in Ost- und Südostasien waren es sogar 228 Mrd. US$ (davon China mit einem Anteil von 14 %) (UNCTAD 2018). Eine Gesellschaft, die vor allem hinsichtlich ihrer wirtschaftlichen Wertschöpfungsfähigkeit wettbewerbsfähig bleiben will, wird diesen zunehmend bedeutenden Wirtschaftsbereich stärker und gezielter fördern müssen. Dies erreicht sie vor allem, indem sie sich als Standort attraktiver macht, was wiederum eng mit dem allgemeinen subjektiven Wohlbefinden zusammenhängt.

Welche Gesellschaften sind nun die glücklichsten? Obwohl die ländervergleichenden Studien zur Messung von subjektivem Wohlbefinden teilweise sehr unterschiedliche Kriterien verwenden, zeichnet sich bei einem Vergleich durchaus eine Tendenz ab. Unterschiedliche Studien, wie z. B. der Legatum Prosperity Index (2018), der OECD Better Life Index (2011) und der Satisfaction with Life Index 2006 (White 2007) sehen die nordischen Gesellschaften durchgehend sowie Australien, die Schweiz, Kanada, die Niederlande und Neuseeland stets an der Spitze der 10 % der glücklichsten Gesellschaften der Welt. Zugleich belegen Studien eine hohe Übereinstimmung mit anderen gemessenen subjektiven Werten, wie z. B. dem Eindruck „positiver" und „negativer Erfahrungen"[35], die innerhalb der Ländergruppen „nordische Gesellschaften", „kontinentaleuropäische Gesellschaften" und „anglophone Gesellschaften" weitgehend einheitlich ist. Bei den nordischen Gesellschaften wurde hierbei das höchste Ausmaß an „positiven Erfahrungen" und das niedrigste Ausmaß an „negativen Erfahrungen" gemessen. Die anglophonen Gesellschaften weisen sowohl bei positiven als auch bei negativen Erfahrungen Höchstwerte auf, während die kontinentaleuropäischen Gesellschaften stets im Mittelfeld sind.

---

[35]Die „experience indices" fragen nach dem Wohlbefinden der Befragten am Tag vor der Erhebung. Gefragt wird unter anderem nach Stress, körperlichen Schmerz, Sorgen oder Depressionen (negative Erfahrungen) oder nach dem Grad der Ausgeruhtheit, ob man oft lache, mit Respekt behandelt werde etc. (positive Erfahrungen) (OECD 2011a, S. 82).

## 5.3 Messkriterien und Prinzipien der entwickelten Gesellschaft

### 5.3.1 Messkriterien

Aus den bisherigen Überlegungen lassen sich mindestens folgende, miteinander zusammenhängende Dimensionen und Messkriterien zusammenfassen (Tab. 5.1):

**Tab. 5.1** Ausgewählte Kriterien zur Erfassung entwickelter Gesellschaften

| Ausgewählte Entwicklungsdimensionen | Ausgewählte Einzelkriterien |
|---|---|
| Psychisch | • Psychisches Wohlbefinden<br>• Kompetenzentwicklung/Bildung (Anteil Hochqualifizierter)<br>• Entwicklungspsychologische Komplexitätsstufe (Anteil Oranges Mem und höher) |
| Soziales | • Volksgesundheit (Lebenserwartung bei guter Gesundheit)<br>• Sozialer Zusammenhalt (inklusive Ehrenamtlichkeit)<br>• Kriminalität/anti-soziales Verhalten<br>• Subjektives Wohlbefinden<br>• Menschliche Entwicklung (z. B. HDI)<br>• Vertrauen (zwischenmenschlich und in Institutionen) |
| Wirtschaft | • Verschuldung<br>• Wachstum<br>• Arbeitslosigkeit<br>• Einkommensverteilung (relatives Einkommen)<br>• Wettbewerbsfähigkeit (z. B. Competitiveness Index)<br>• Anteil der Kreativwirtschaft/Innovation<br>• Kaufkraft<br>• Absolutes Einkommen<br>• Patentintensität/Gründungsintensität<br>• Investitionsquote der Industrie<br>• Anteil Tertiärbeschäftigte[a] |
| Technologischer Fortschritt | • Urbanisierungsgrad<br>• Verbreitung der Informations-/Kommunikationstechnologien (ICT Development Index)<br>• Technology Achievement Index<br>• Digitale Wettbewerbsfähigkeit (Digital Competitiveness) |

[a]Die letzten drei Kriterien dieser Zusammenstellung wurden durch einige Kriterien aus dem „Zukunftsatlas 2010" der deutschen Beratungsfirma Prognos AG erweitert – hierbei handelt es sich um ein „Indikatorenset für Zukunftsregionen" (Prognos 2010)

Diese (durchaus nicht erschöpfende) Auflistung ermöglicht eine vieldimensionale ländervergleichende Darstellung hinsichtlich der Verwirklichung des Leitbilds der entwickelten Gesellschaft. Wie schon anhand des Resilienzkonzepts dargestellt, erweist sich dieser Ansatz auch als begrenzt. Weder sind nicht alle Kriterien direkt miteinander vergleichbar, noch ist ihre jeweilige Gewichtung unklar. Was wiegt z. B. schwerer: der ICT Development Index oder der Human Development Index? Auch macht die Auflistung als solche noch nicht genau die Wechselbeziehungen zwischen den Kriterien deutlich.

### 5.3.2 Prinzipien

Aus der Perspektive der Simplify-Tradition stellt sich die Frage, inwieweit sich all die oben genannten Kriterien auf einige wenige verallgemeinerbare Prinzipien herunterbrechen lassen, zumal viele dieser Kriterien direkt oder indirekt miteinander zusammenhängen. So z. B. belegen Studien wie die oben aufgeführten, dass es einen Zusammenhang zwischen psychischem Wohlbefinden, Standortattraktivität und Innovationsfähigkeit im Zweiten Maschinenzeitalter gibt. Ähnlich, wie am Beispiel der multiresilienten Gesellschaft dargestellt, lassen sich für eine entwickelte Gesellschaft mindestens vier allgemein gefasste Orientierungsprinzipen ableiten:

Prinzip 1: Eine entwickelte Gesellschaft setzt individuelle Kompetenzförderung voraus.
Prinzip 2: Eine entwickelte Gesellschaft bildet hohe kollektive Intelligenz aus.
Prinzip 3: Eine entwickelte Gesellschaft zeichnet sich durch eine heiße Lernkultur aus.
Prinzip 4: Eine entwickelte Gesellschaft zeichnet sich durch hohes Wohlbefinden aus.

Zu Prinzip 1: Die moderne Industriegesellschaft – und mehr noch die postindustrielle Informations- und Wissensgesellschaft – basieren wesentlich auf den Kompetenzen ihrer Mitglieder. Diese beinhalten einerseits technologisches und fachliches Know-how zur Entwicklung und Bedienung von Universaltechnologien (auf der Komplexitätsstufe der postindustriellen Wissensgesellschaft werden Informations- und Kommunikationstechnologien (IKT) als solche bezeichnet). Analog dazu geht es aus entwicklungspsychologischer Perspektive darum, dass möglichst viele Entwicklungslinien einer kritischen

## 5.3 Messkriterien und Prinzipien der entwickelten Gesellschaft

Masse der Bevölkerung das Orange Mem und höher erreicht haben. Den Grundstein dafür legt eine Bildungspolitik, die auf eine entsprechende Bewusstseins- und Kompetenzentwicklung der Bevölkerung abzielt. Aus der Perspektive der Complexify-Tradition müsste eine solche Bildungspolitik möglichst viele Entwicklungslinien der Bevölkerung abdecken, also nicht nur die kognitive Entwicklung, sondern auch andere, wie z. B. die emotionale, kommunikative Entwicklung. Letzteres ermöglicht es erst auch, kollektive Intelligenz zu entwickeln.

Zu Prinzip 2: Jede kollektive Bewältigung komplexer Probleme erfordert kollektive Intelligenz. In vielfältigsten Kontexten erfordert gesellschaftliche Problemlösung, dass Spezialisten unterschiedlicher Erfahrungshintergründe zusammenkommen – sei es z. B. in interdisziplinären Forschungsverbänden und Fachtagungen, in abteilungsübergreifenden Arbeitsteams, in Multi-Stakeholder-Dialogen oder in fachübergreifenden Think Tanks. In all diesen und anderen Zusammenhängen findet eine Auseinandersetzung mit den komplexen Problemen unserer Zeit statt, werden hochkomplexe Situationen analysiert und Innovationen entwickelt. Die Qualität der Problemlösung hängt von der Erfüllung mehrerer Faktoren ab, mit denen kollektive Intelligenz steht und fällt (unter 4.4. wurden diese Kriterien mit den folgenden Begriffen zusammengefasst: Meinungsvielfalt, Meinungsunabhängigkeit, Dezentralisierung, Aggregation). Vor allem ist sie eine intellektuelle und kommunikative Leistung, bei der die unterschiedlichen Perspektiven der Wissensträger zusammengeführt werden.

Zu Prinzip 3: Aus kultureller Perspektive lässt sich das Leitbild der entwickelten Gesellschaft in vielerlei Hinsicht dem von Claude Lévi-Strauss definierten Idealtyp einer heißen Kultur zuordnen. Fortschritt und Anpassung der Umwelt an die Kultur stellen dabei maßgebliche Schlüsselmotive dar. Der Schweizer Ethnologe und Psychoanalytiker Mario Erdheim erweiterte das Modell um die Einsicht, dass es in allen Gesellschaften sowohl „abkühlende" als auch „aufheizende" Einrichtungen gibt, welche die jeweilige Kultur in die eine oder in die andere Richtung beeinflussen. Beispielsweise dürften ihm zufolge die Kirche, das Militär und die Schule *kalte* Einrichtungen in einer ansonsten *heißen, modernen* Gesellschaft darstellen (Erdheim 1988). Dies erscheint auf dem ersten Blick plausibel, relativiert sich jedoch angesichts der Schlüsselbedeutung des Bildungswesens für die in einer entwickelten Gesellschaft notwendigen individuellen Kompetenz- und Bewusstseinsentwicklung (Prinzip 1). Das Bildungswesen müsste demnach nicht nur bewährte, tradierte Herangehensweisen vermitteln (Good und Best Practices), sondern auch Kompetenzen fördern, die mit der Fähigkeit, neue, unbekannte Lösungswege zu erschließen (Emerging Practices) einhergehen.

Zu Prinzip 4: Der Daseinszweck einer jeden Gesellschaft besteht darin, die nötigen Rahmenbedingungen zu schaffen, in denen die Mitglieder ihre Potenziale entfalten und ihre (Grund-)Bedürfnisse befriedigen können. In einer entwickelten Gesellschaft müssten die Rahmenbedingungen dahin gehend gestaltet sein, dass sie zu einer hohen Wohlfahrt führen. Hohe Wohlfahrt deutet auf einen hohen Abdeckungsgrad der (Grund-)Bedürfnisse der Bevölkerung hin, beugt sozialen Konflikten vor (denn sinngemäß basiert jeder Konflikt auf unerfüllten Bedürfnissen). Zudem wirkt ein Standort mit solchen Rahmenbedingungen attraktiv und zieht die besten Köpfe an. Unter diesem Gesichtspunkt deutet der Indikator „Glück" oder „psychisches Wohlbefinden" auf eine hohe Wohlfahrt, einen attraktiven Standort und einem hohen Potenzial zur Vorbeugung sozialer Konflikte hin. Dieses Prinzip wird in Kap. 8 näher beschrieben.

Erweisen sich die oben unter Abschn. 5.3.1 aufgeführten Messkriterien als sehr konkret, doch nur schwer miteinander vergleichbar und in ihrer Vielfalt als verwirrend, könnte an diesem Prinzipien-Ansatz kritisiert werden, dass er sehr allgemein gefasst und nur schwerlich eine Vergleichbarkeit ermöglicht. Letztlich sind beide Ansätze als Ergänzung zueinander zu verstehen und nur notwendige Vorüberlegungen die in Kapitel angestellte Gegenüberstellung der drei Leitbilder.

## 5.4 Fazit

Um es zusammenzufassen: Das Leitbild der entwickelten Gesellschaft ist Gegenstand der Auseinandersetzung vielfältiger Disziplinen und Diskurse. Sie beinhaltet vielfältige Facetten, wie die „glückliche Gesellschaft", die „psychisch entwickelte" oder die „wachstumsstarke Gesellschaft", die „ökonomisch effiziente", die „gesunde" oder die „konfliktvorbeugende Wohlfahrtsgesellschaft". Aus den vielfältigen oben skizzierten Beiträgen lassen sich mindestens folgende indexgestützte Kriterien zusammenfassen, die einen angemessen vieldimensionalen Blick auf die entwickelte Gesellschaft ermöglichen. Die Kriterien wären im Rahmen der weiterführenden Forschung zu erweitern, hinsichtlich ihrer wechselseitigen Dynamik zu untersuchen und mit Blick auf die Frage der gesellschaftsübergreifenden Vergleichbarkeit kritisch zu diskutieren. Sie könnte dazu beitragen, den Diskurs um die entwickelte Gesellschaft in einem transdisziplinären, womöglich sogar transkulturellen, Zusammenhang zu vereinheitlichen und stärker zu etablieren.

Insgesamt zeichnet sich eine entwickelte Gesellschaft dadurch aus, mit ihren Umwelten zurechtzukommen und die (Grund-)Bedürfnisse ihrer Bevölkerung

## 5.4 Fazit

bestmöglich zu sichern. Mit der exponentiellen Entwicklungsdynamik in zahlreichen technologischen Bereichen dürften vor allem die technologische Innovation und die sozialen Erfordernisse hinsichtlich Realisierung einer Wissensgesellschaft den weiteren Diskurs dominieren. In weitgehend all den oben genannten Aspekten gelten die westlichen Gesellschaften im weltweiten Vergleich (noch) als führend, obgleich sich schon heute der Trend eines sich in Zukunft verschärfenden „Wettbewerbs der Modernen" abzeichnet und insbesondere der Bereich der technologischen Innovation hart umkämpft ist.

Innerhalb der westlichen Staatengemeinschaft nehmen die anglophonen und die nordischen Gesellschaften im Ländervergleich eine führende Stellung ein. Zugleich sind sie selbst nicht frei von Krisen (insbesondere sozioökonomischer Natur), aber auch als Reaktion auf den Druck der Weltmärkte und im volksgesundheitlichen Bereich (z. B. die Zunahme mentaler Krankheiten). Dies dürfte unter anderem auch daran liegen, dass das Glück des Menschen nach derzeitigen Studien nur zu etwa 50 % gesellschaftspolitisch beeinflusst werden kann. Das Leitbild der entwickelten Gesellschaft stellt einen wichtigen Aspekt des übergreifenden Diskurses um gesellschaftliche Zukunftssicherung dar. Wie sich dieses Leitbild von der resilienten und der nachhaltigen Gesellschaft im übergreifenden Kontext gesellschaftlicher Zukunftssicherung verortet, werden wir uns in einem späteren Kapitel anschauen.

# Die nachhaltige Gesellschaft

Das Konzept der „Nachhaltigkeit" ist kontinentaleuropäischen Ursprungs und hat wörtlich die Bedeutung: „längere Zeit andauern oder bleiben". Historisch geht der Ansatz auf die deutsche forstwirtschaftliche Tradition des 18. Jahrhunderts zurück. Dabei ging es um die Grundidee, Wälder so zu forstwirtschaften, dass nur so viel Holz entnommen werden sollte, wie nachwachsen kann. 1972 wurde der Begriff im Club-of-Rome-Bericht „Die Grenzen des Wachstums" im erweiterten Sinne eines „Zustands des globalen Gleichgewichts" verwendet und erreichte dadurch internationale Beachtung. Seit der UN-Weltkommission für Umwelt und Entwicklung in den 1980er Jahren wird „Nachhaltigkeit" vor allem im Sinne von „zukunftsfähiger Entwicklung" verstanden. Die Kommission wurde unter dem Vorsitz der damaligen norwegischen Ministerpräsidentin und Vorsitzenden der sozialdemokratischen Arbeiterpartei, Gro Harlem Brundtland, geführt. Unter ihrer Führung veröffentlichte die Kommission für Umwelt und Entwicklung der Vereinten Nationen im Jahre 1987 einen Bericht mit dem Titel „Our Common Future" („Unsere gemeinsame Zukunft"), der den heutigen Nachhaltigkeitsbegriff prägte. Darin heißt es: „Dauerhafte Entwicklung ist Entwicklung, die die Bedürfnisse der Gegenwart befriedigt, ohne zu riskieren, dass künftige Generationen ihre eigenen Bedürfnisse nicht befriedigen können" (Hauff 1987, S. 46). Über diese noch recht allgemein gefasste „Brundtland-Definition" besteht in der heutigen Nachhaltigkeitsdiskussion bis heute ein breiter Konsens. Eine darüber hinaus gehende konkretere Bestimmung von Nachhaltigkeit konnte sich weltweit noch nicht durchsetzen.

## 6.1 Wesentliche Dimensionen gesellschaftlicher Nachhaltigkeit im aktuellen Diskurs

Das eng an der Brundtland-Definition angelehnte Drei-Säulen-Modell, auch „magisches Dreieck der Nachhaltigkeit" genannt, unterscheidet eine ethische/soziale/humane, eine ökonomische und eine ökologische Säule der Nachhaltigkeit. In der heutigen Diskussion dominieren zwei Modelltypen: Das klassische Säulen-Modell wird heute meist in Form dreier einander überschneidender Kreise dargestellt. Damit wird betont, dass alle drei Bereiche als gleichberechtigt und gleich wichtig anzusehen sind. Die daraus resultierende Aussage ist, dass Nachhaltigkeit nur erreicht werden kann, wenn alle drei Bereiche gleichzeitig berücksichtigt werden. Der andere Modelltyp wird als Vorrangmodell bezeichnet und in Form ineinander verschachtelter konzentrischer Kreise dargestellt. Es besagt, dass einzelne Bereiche in ihrer Beziehung und Abhängigkeit zueinander zu berücksichtigen sind. Die praktische Kernaussage ist, dass die ökologische Dimension soziales und wirtschaftliches Handeln begrenzen. Hinsichtlich der beiden anderen Dimensionen gibt es zwei Darstellungen. Nico Paech sieht die Gesellschaft als begrenzenden Rahmen für die Wirtschaft (Paech 2012), eine andere Darstellung sieht eher die Wirtschaft als Rahmen für die Gesellschaft (Abb. 6.1).

In der Praxis wird manchmal noch eine politische Dimension als vierte Säule berücksichtigt, welche z. B. Geschlechtergleichberechtigung, Menschenrechte, Demokratie und Bildung beinhaltet (Stockmann 1996). In der deutschen Politik wird dabei besonders die Bildungspolitik betont (Bundesministerium für Bildung und Forschung).

**Abb. 6.1** Drei Säulen der Nachhaltigkeit (Holl 2015, S. 5)

## 6.1 Wesentliche Dimensionen gesellschaftlicher …

Die *soziale Säule* der Nachhaltigkeit betont im heute vorherrschenden Gesellschaftsdiskurs den Aspekt Armut zu bekämpfen und Grundbedürfnisse zu sichern, indem gerechter Zugang zu Chancen und Verteilung von Ressourcen gewährleistet (Bauer 2008). Erstens erstreckt sich der Kontext der sozialen Nachhaltigkeit auf den binnengesellschaftlichen Bereich, also ähnlich dem oben dargestellten Leitbild der entwickelten Gesellschaft, die auf eine breitestmögliche Grundbedürfnissicherung der Bevölkerung abzielt und sozialen Konflikten in naher Zukunft vorzubeugen versucht. Die nachhaltige Gesellschaft weitet hierbei den Fokus auf die nachkommenden Generationen aus. Zweitens bezieht sich soziale Nachhaltigkeit auch auf den weltgesellschaftlichen Kontext. Hier geht es vor allem um die weltweite Bekämpfung extremer Armut[1], indem beispielsweise für nachhaltige internationale Entwicklungszusammenarbeit und fairen Handelsbeziehungen gesorgt wird. Letzteres wird vor allem im Schnittpunkt mit der ökonomischen Nachhaltigkeitssäule diskutiert – aktuell dominiert hier der „Fair Trade"-Diskurs[2] und die Kritik an den Agrarsubventionen, vor allem in den USA und Europa.[3] Diese Faktoren können als eine wesentliche strukturelle Ursache für Wirtschaftsmigration gewertet werden.

Im *Schnittpunkt mit der ökologischen Nachhaltigkeitssäule* lassen sich mindestens zwei Herangehensweisen an die soziale Nachhaltigkeit unterscheiden:

---

[1]Extreme bzw. absolute Armut bezeichnet nach der Definition der Weltbank eine Armut, die durch ein Einkommen von etwa einem US-Dollar pro Tag gekennzeichnet ist. Ein weiteres Kennzeichen extremer Armut ist das Phänomen der so genannten „Armutsfalle". Demnach sind betroffene Staaten so arm, dass sie sich überhaupt nicht entwickeln können. Erst ab der nächsthöheren Entwicklungsstufe der gemäßigten Armut besteht das Potenzial zu eigenständiger Entwicklung (Sachs 2005). Auf der Welt fielen im Jahre 2010 noch ca. 1,2 Mrd. Menschen unter diese Kategorie (UN 2015). Im Jahre 2015 schätzte die UN 836 Mio. Menschen (UN 2010).

[2]Diskutiert wird hier das Für und Wider eines kontrollierten Handels, bei dem den Erzeugern für die gehandelten Produkte mindestens ein von Fair Trade-Organisationen festgelegter Mindestpreis bezahlt wird, welcher über dem jeweiligen Weltmarktpreis angesetzt ist.

[3]Diskutiert wird hier der Abbau von Agrarsubventionen der westlichen Industriestaaten, die dazu führen, dass Kleinbauern aus Indien, Lateinamerika oder Afrika ohne entsprechende Schutzzölle nicht mit diesen subventionierten Billigprodukten konkurrieren können. Dies führt dazu, dass diese Kleinbauern von ihrem heimischen Markt verdrängt werden, wodurch die Landwirtschaft als zentraler Entwicklungsmotor allmählich zum Stillstand kommt. Gegenwärtig belaufen sich die weltweiten Subventionen für den Agrarsektor auf über 350 Mrd. US$ jährlich. Demgegenüber betragen die weltweiten Entwicklungshilfeabgaben der westlichen Industriestaaten auf etwa 120 Mrd. US$, also ungefähr einem Drittel.

Aus einer anthropozentrischen Perspektive wird soziale Nachhaltigkeit als notwendig für die Aufrechterhaltung der menschlichen Lebensgrundlage verstanden, während in der biozentrischen (auch ökozentrischen) Perspektive soziale Nachhaltigkeit nur dazu dient, die Natur zu erhalten. Bei der ökozentrischen Herangehensweise wird der Natur deshalb oft ein Eigenwert zugeschrieben, während bei der anthropozentrischen Perspektive die Natur nur Mittel zur Sicherung der menschlichen Existenz ist (Littig und Grießler 2004).

Die *ökonomische Nachhaltigkeitssäule* umfasst gegenwärtig mindestens drei Diskursdimensionen. Zum einen geht es um die ökonomische Stabilität von Volkswirtschaften: Hier werden vor dem Hintergrund der Wirtschaftskrise unterschiedliche politische Maßnahmen diskutiert. Dazu gehören unter anderen die Erhöhung von Sicherheitsreserven (z. B. Mindest- oder Goldreserven), die Verringerung von Schuldenständen, die marktwirtschaftliche Regulierung, die Erhöhung von Währungsstabilität, die Erhöhung des außenwirtschaftlichen Gleichgewichts, die Erhöhung der durchschnittlichen Lebensdauer von Unternehmen sowie die Fähigkeit des volkswirtschaftlichen Systems als Ganzes, Spekulationsblasen zu vermeiden (Luks 2002). Zum anderen geht es auf einer weltgesellschaftlichen Ebene um die Umgestaltung des Wirtschafts- und Geldschöpfungssystems, das zukünftigen Banken- und Schuldenkrisen effektiver vorbeugt. Mehrere miteinander zusammenhängende Maßnahmen und Themen werden in diesem Zusammenhang diskutiert. Ohne Anspruch auf Vollständigkeit, eine skizzenhafte Aufzählung:

- der aus dem aktuellen Geldschöpfungssystem resultierende Wachstumszwang und Wachstumsdrang[4],

---

[4]Geldschöpfung bezeichnet die Vermehrung der Geldmenge und damit die Erschaffung von neuem Geld. Bei Kreditgewährung durch eine Geschäfts- oder Zentralbank wird die dem Kreditnehmer gebuchte Summe (abzüglich der Mindestreserve) sprichwörtlich „neu erschaffen". Durch die Rückzahlung der Kredite wird das Kreditgeld wieder „vernichtet". Der Anstoß zur Geldschöpfung geht sowohl von der Nachfrage von Privatbanken und Nichtbanken nach Krediten aus, als auch durch Zentral- und Geschäftsbanken. Geschäftsbanken nehmen bei der Zentralbank Kredite auf, wenn ihr Mindestreservesatz nicht ausreicht, selber Kredite zu erteilen. Die Nachhaltigkeitsdiskussion setzt nun an der Annahme an, dass aus dem Geldschöpfungskreislauf ein Wachstumszwang und -drang entstehe, der dadurch angetrieben sei, eine immer größer werdende Kreditgeldmenge zurückzuzahlen. Im Zentrum der Debatte steht vor allem folgender Mechanismus: Die Banken verlangen vom Kreditnehmer für das von ihnen erzeugte Kreditgeld die Zahlung von Zinsen – dies führe aber nicht dazu, dass die Banken durch Kreditvergabe am Ende des Prozesses über

## 6.1 Wesentliche Dimensionen gesellschaftlicher …

- die Wiedereinführung der Golddeckung[5],
- die Erhöhung der Risikotragfähigkeit des Bankensystems durch eine Erhöhung der Eigenkapitaldecke[6]
- oder noch tiefgreifender, die Durchsetzung des Haftungsprinzips auf den Finanzmärkten und des Narrow bankings (eines der extremsten Formen wäre eine Erhöhung der Mindestreserve durch das so genannte 100 %-Geld)[7] sowie

---

das zurückgezahlte Geld *und* die gezahlten Zinsen verfügen. Zwar fließen die von Kreditinstituten eingenommenen Kreditzinsen wieder zurück in den Wirtschaftskreislauf, doch könne der Mengenzuwachs an Kreditgeld nie vollständig vernichtet werden. Vor diesem Hintergrund stehen vor allem die Zentralbanken im Zentrum der Kritik, die am obersten Ende der Geldschöpfungshierarchie stehen. Die Nachhaltigkeitskritiker betonen, dass dadurch, dass Zentralbanken Zinsen auf neu geschaffenes Geld verlangen, sie aber zugleich die oberste Instanz der Geldschöpfung seien. Letztlich würden mehr Schulden entstehen als es Geld gebe. Hieraus entstehe ein Wachstumsdrang und Wachstumszwang, der letztlich nur dazu führe, dass sich das Schuldenkarussell schneller drehe.

[5]Der Hintergrund besteht in der Diskussion um die Zunahme von Hyperinflationen seit der Verbreitung von ungedecktem Kreditgeld (Fiatgeld) seit Anfang des 20. Jahrhunderts im Allgemeinen und seit dem Zusammenbruch des goldgedeckten internationalen Wechselkurssystems Bretton-Woods im Jahre 1973 im Besonderen. Gegenwärtig wird unter Ökonomen vor allem über eine Golddeckung der monetären Basis debattiert, sei es in Form eines Fiduziärsystems oder einer Proportionaldeckung. Letzteres sieht eine Deckung eines bestimmten Teils der Notengeldmenge durch Gold vor. Das Fiduziärsystem sieht hingegen vor, dass ein bestimmter Teil der Notengeldmenge nicht gedeckt ist, dafür aber eine 100 %ige Deckung der darüber hinausgehenden Geldmenge, um die Expansion der Zentralbankgeldmenge zu begrenzen. Gegen Ansätze der Golddeckung werden in der Regel mindestens zwei Argumente angeführt: Erstens würde hierfür nicht die Menge des verfügbaren Goldes ausreichen, was allerdings eine Frage des Deckungsgrades und des festzusetzenden Goldpreises wäre. Zweitens wird angezweifelt, dass die Expansion der Geldmenge mit der Expansion der Wirtschaft Schritt halten, was, wenn dem nicht gegeben ist, die Gefahr einer Deflation zur Folge hätte.

[6]Vorschläge in diese Richtung werden im Rahmen der Regulierungsentwürfe von Basel III bereits gemacht. Allerdings bleibt fraglich, ob sie angesichts der dünnen Eigenkapitalausstattung vieler Banken ausreichend ist.

[7]Der Hintergrund besteht in der Diskussion um das Fehlen von Marktdisziplin im Finanzsektor und der verheerenden Wirkung, die systemische Bankenkrisen auf die Realwirtschaft haben. Diese Wirkung geht auf drei wesentliche volkswirtschaftliche Funktionen zurück, die Banken derzeit erfüllen und die nicht erfüllt werden können, wenn eine Bank in Insolvenz geht: Sie fungieren 1) als Vermittler zwischen Kapitalangebot und -bedarf (Finanzintermediäre); 2) als Zahlungsverkehrsdienstleister und 3) Schöpfer eines überwiegenden Teils der Geldmenge durch Kreditschöpfung. Besonders steht hierbei die Höhe der Mindestreserve – derzeit sind etwa 10 % des weltweiten Geldumlaufs abgesichert.

- die Debatte um die Einführung der Finanztransaktionssteuer (z. B. Tobin-Steuer[8]).

Im *Schnittpunkt mit der ökologischen Säule* steht die so genannte „ökologische Ökonomie" bzw. das „nachhaltige Wirtschaften" (Luks 2002). Ausgehend von der ökonomischen Annahme, dass sich der Kapitalbegriff auf die Natur übertragen lässt, wird zwischen der „schwachen" und der „starken Nachhaltigkeit" unterschieden. Aus der Perspektive der schwachen Nachhaltigkeit wird Ressourcenknappheit erst zum Problem, wenn sich keine geeigneten Ersatzgüter (Substitute) finden lassen. Demgegenüber betont die ökologische Ökonomie bei ihrer Forderung nach einer starken Nachhaltigkeit, dass sich bestimmte Naturressourcen

---

Vor diesem Hintergrund werden Ansätze wie das Trennbankensystem und Einlagenversicherung diskutiert. Der übergeordnete Begriff des „Narrow bankings" versteht sich als eine Vorschrift für Banken, die sichergestellt, dass die Bank unter allen Umständen ihre Zahlungsverpflichtungen erfüllen kann. Im Zentrum steht vor allem, das Risiko der Illiquidität der Bank zu vermindern und eine stärkere Unabhängigkeit vom Bankensystem zu schaffen. In der heutigen Praxis unterliegen Banken nicht solch rigiden Vorschriften wie im Narrow banking, sondern – auch anlässlich der aktuellen Wirtschaftskrise – einer intensiven Marktregulierung zur Vermeidung von Bankenkrisen. In Deutschland regelt die sogenannte Liquiditätsverordnung das Ausmaß der vorzuhaltenden Liquidität.

[8]Mit der Finanztransaktionssteuer wird eine sehr niedrige Steuer (ca. 0,05 %) auf sämtliche internationale Devisentransaktionen verstanden. Ziel ist es damit Währungsschwankungen einzudämmen und Geld für die internationale Entwicklung, die internationale Armutsbekämpfung und eine Weltumweltpolitik zu generieren. Die im internationalen Nachhaltigkeitsdiskurs bekanntesten Modelle sind die 1972 von James Tobin vorgeschlagene „Tobin-Steuer", die 1997 zur Gründung der globalisierungskritischen Organsation „attac" führte und die „Robin-Steuer", die seit 2010 von einer Koalition aus über 50 karitativen Einrichtungen und Organisationen (inklusive Greenpeace, Oxfam und UNICEF) getragen wird. Die Diskussion um die konkrete Einführung von Finanztransaktionssteuern hat in Europa im Zuge der Schulden- und Währungskrise an Fahrt gewonnen. 2012 hat Frankreich eine begrenzte Finanztransaktionssteuer eingeführt. Zudem hat die Europäische Union (EU) in ihrem Entwurf für den mehrjährigen Finanzrahmen der EU im Zeitraum 2014–2020 die Einführung einer EU-weiten Finanztransaktionssteuer vorgesehen. Der Hauptkritikpunkt gegenüber der Einführung der Finanztransaktionssteuer ist, dass sie zu einer Verstärkung von Steuervermeidungsstrategien führen könnte, also zu einer stärkeren Verlagerung der Handelsgeschäfte an Handelsplätze, an denen diese Steuer nicht erhoben wird. Die Finanztransaktionssteuer müsste also möglichst weltweit eingeführt werden und zugleich mit einer Abschaffung von Steuerparadiesen einhergehen – dies sei aber, so die Kritiker, gegenwärtig nicht realistisch.

## 6.1 Wesentliche Dimensionen gesellschaftlicher ...

nicht ersetzen lassen und daher keine relative, sondern eine absolute Knappheit vorherrscht. Diese Position kritisiert an der gegenwärtigen Wirtschaftsweise, dass der Gegenwart gegenüber der Zukunft eine zu hohe Bedeutung beigemessen werde (Gegenwartspräferenz) – dies widerspreche dem Ziel der Generationengerechtigkeit (Luks 2002).

Die *ökologische Nachhaltigkeit* orientiert sich am stärksten am ursprünglichen Gedanken, keinen Raubbau an der Natur zu betreiben. Ökologisch nachhaltig wäre demnach eine Lebensweise, die die natürlichen Lebensgrundlagen nur in dem Maße beansprucht, wie diese sich regenerieren. Gegenüber den anderen Säulen genießt der ökologische Kontext im gesamten Nachhaltigkeitsdiskurs Vorrang – die Annahme ist, dass der Schutz der natürlichen Lebensbedingungen auch die Grundvoraussetzung für ökonomische und soziale Stabilität sei. Der thematische Fokus erstreckt sich auf mindestens sechs Gebiete, die vor allem im binnengesellschaftlichen Rahmen, aber auch vor dem Hintergrund einer Weltumweltpolitik diskutiert werden: Ozonpolitik, Klimapolitik, Abfallpolitik, Biodiversität, Wasserpolitik und erneuerbare Energieversorgung. Das Ozon-, Klima- und Energiethema gelten als international am brisantesten. Die Ozonpolitik ist aus unterschiedlichen Gründen bereits am stärksten auf internationaler Ebene vorangeschritten (Simonis 2004). Demgegenüber sind die Themen „Klimaerwärmung" und „Energieversorgung" trotz des hohen politischen Handlungsbedarfs auf internationaler Ebene noch wenig geregelt. Sie nehmen daher aktuell einen besonderen Schwerpunkt in der ökologischen Säule der gesellschaftlichen Nachhaltigkeitsdebatte ein.

Aus einer Metaperspektive bezieht sich der Nachhaltigkeitsdiskurs vor allem auf die Streitfrage, ob und inwieweit der Nachhaltigkeitsfokus auf alle drei Säulen möglichst gleichberechtigt oder lieber mit einem Schwerpunkt auf die ökologische Säule gelegt werden sollte. Diese Debatte entzündet sich vor allem an der oben bereits skizzierten Unterscheidung von „schwacher" und „starker" Nachhaltigkeit". „Schwache Nachhaltigkeit" – verstanden als die Vorstellung, dass sich ökologische, ökonomische und soziale Ressourcen gegeneinander aufwiegen lassen – wird von den meisten Vertretern der ökologischen Säule kritisiert. Sie verfechten das Konzept „starker Nachhaltigkeit", wonach Naturkapital nur sehr beschränkt bzw. gar nicht ersetzbar durch Human- oder Sachkapital ist. Diesem Ansatz entspricht beispielsweise auch das Umweltraum-Konzept, der bekannte „ökologische Fußabdruck" oder das „Leitplankenmodell". Letzteres bedeutet, dass ökologische Parameter entwickelt werden, die langfristig stabile Lebensbedingungen auf der Erde sichern – nur innerhalb dieses „Entwicklungskorridors" bestehe Spielraum zur Umsetzung wirtschaftlicher und sozialer Ziele (Littig und Grießler 2004; Luks 2002). Vor diesem Hintergrund redet aus

Sicht von Kritikern das Drei-Säulen-Modell einer schwachen nachhaltigen Entwicklung das Wort, weil es die wechselseitige Integration von ökonomischen, ökologischen und sozialen Belangen fordere. Doch trotz aller Kritik konnte sich bislang nur das Drei-Säulen-Modell im Nachhaltigkeitsdiskurs durchsetzen.

Bei aller Verschiedenartigkeit in den unterschiedlichen Nachhaltigkeitsdimensionen und -diskursen lässt sich als wesentlicher gemeinsamer Nenner die ethische Grundidee nach einer generationenübergreifenden und globalen Gerechtigkeit festhalten. Bislang im Diskurs wenig berücksichtigt bleibt die Frage um die Begründung dieser Ethik.

## 6.2 Ethisch-religiöse Einflüsse auf das Nachhaltigkeitskonzept

Verglichen mit den beiden anderen Leitkonzepten ist der Nachhaltigkeitskontext am normativsten ausgerichtet. Der ethische Bezug der Nachhaltigkeitsdiskussion spiegelt sich in mindestens zwei Perspektiven wider: Einerseits begründet sich der Nachhaltigkeitsgedanke im aus der Tradition des Humanismus und Naturrecht stammenden Menschenrechtsgedanken. Andererseits hat der Ethikbezug im Nachhaltigkeitsdiskurs eine religiös-metaphysische Komponente.

Kommen wir zur Menschenrechtsperspektive: Das Konzept der Menschenrechte geht davon aus, dass alle Menschen allein aufgrund ihres Menschseins mit gleichen Rechten ausgestattet sind. Diese gelten als universell, unteilbar und unveräußerlich. Diese Idee ist eng verbunden mit der im Zeitalter der Aufklärung entwickelten Idee des Naturrechts und des Humanismus'. Inzwischen sind Menschenrechte in unterschiedlichen nationalen und internationalen Abkommen und Institutionen systematisiert, die die drei Säulen der Nachhaltigkeit unterschiedlich stark abdecken. Die ethisch-humane Säule und teilweise die wirtschaftliche Säule wird vor allem durch die so genannte „erste Generation" (bürgerliche und politische Rechte)[9] und die „zweite Generation" der

---

[9]Die bürgerlichen und politischen Menschenrechte umfassen die liberalen Abwehrrechte und demokratischen Mitwirkungsrechte (Menschenwürde, Gleichheit vor dem Gesetz, Versammlungs- und Meinungsfreiheit, Recht auf Leben, Freiheit und Sicherheit etc.) und spiegeln sich vor allem in den Verfassungen westlicher Staaten und in der liberal-rechtsstaatlichen Grundrechtstheorie wider.

## 6.2 Ethisch-religiöse Einflüsse auf das Nachhaltigkeitskonzept

Menschenrechte (wirtschaftliche, soziale und kulturelle Leistungsrechte)[10] abgedeckt. Erst die vergleichsweise neue „dritte Generation" der Menschenrechte nimmt explizit Bezug auch auf die ökologische Dimension (kollektive Rechte der Völker, inklusive dem Recht auf Entwicklung)[11].

Von der anderen Seite hat das Nachhaltigkeitskonzept auch eine religiös-metaphysische Begründungsdimension, die seit Mitte des 20. Jahrhunderts eine nicht unerhebliche Tragweite in den Lebensbereichen der Kultur, Politik und Wirtschaft hat. Anders als im oben dargestellten humanistisch-naturrechtlichen Menschenrechtsdiskurs, wird die ökologische Nachhaltigkeitssäule im religiös-metaphysischen Diskurs stärker betont. Der Einfluss der Religion auf den Nachhaltigkeitsdiskurs prägt sich in mindestens zwei zeitlich versetzte und ineinander übergehende Tendenzen aus.

Die erste Tendenz resultierte aus einem post-materialistischen Wertewandel, der in den 1970er Jahren in den westlichen Industriegesellschaften einsetzte und bis heute anhält. Dieser Wertewandel wurde durch zwei Faktoren begünstigt: Einerseits erfuhren die westlichen Gesellschaften mit Ende der Nachkriegszeit einen durchweg steigenden Wohlstand, der es ermöglichte, „Verzicht auf hohem Niveau" zu fordern. Andererseits lässt sich spätestens seit den 1970er Jahren unter dem Eindruck des Club of Rome und den von ihm postulierten „Grenzen des Wachstums" oder der Ölpreiskrise Mitte beobachten, dass allgemein Sensibilisierung für ökologische Herausforderungen steigt. Die postmaterialistischen Wertmuster berührten auch die Sinnfragen um die Stellung des Menschen im Kosmos: „Der Mensch solle sich wieder bewusst werden, dass er in das zerbrechliche Geflecht des Ökosystems Erde eingebunden sei und dem als moralische Norm verstandenen ökologischen Gleichgewicht Respekt erweisen" (Vogt und Ostheimer 2006, S. 14). Zugleich etablierte sich in der Arbeit an ökologischen Themen im Rahmen naturwissenschaftlicher Forschung eine Abgrenzung vom neuzeitlichen positivistischen Ansatz. Das alternative wissenschaftliche Paradigma betrachtet

---

[10]Diese Rechte umfassen Anspruchs- und Teilhaberrechte und werden vonseiten des Staates in Form von positiven Leistungen gewährt. Hierunter fallen z. B. Arbeitsrechte, soziale Sicherheit, Nahrung, Gesundheit, Bildung.

[11]Diese vergleichsweise noch schwach institutionalisierten Rechte beziehen sich vor allem auf den internationalen Kontext und verstehen sich als kollektive Solidaritätsrechte der westlichen Industriestaaten gegenüber dem globalen Süden. Sie umfassen unter anderem das Selbstbestimmungsrecht der Völker und das damit verknüpfte Recht auf Entwicklung, das Recht auf eine saubere Umwelt, auf Frieden, auf Kommunikation sowie auf einen gerechten Anteil an den Schätzen von Natur und Kultur.

Natur als ein vernetztes System, das ein entsprechendes Denken in Beziehungen und Interdependenzen erfordert und die Wissenschaft für Wertfragen sensibilisieren will. Parallel öffnete sich die Ökologiebewegung esoterischen Strömungen (vor allem dem New Age) und wurde zu ihrer führenden Vermittlerin, sodass eine religiös-spirituelle Verklärung dieser wissenschaftlichen Ansätze zu beobachten war und ist. Das vielleicht bekannteste Beispiel stellt die „Gaia-Hypothese" dar, die von den Naturwissenschaftlern Lynn Margulis und James Lovelock Mitte der 1960er-Jahre entwickelt wurde. Die Bezeichnung leitet sich von Gaia, der „Großen Mutter", der Göttin der Erde der griechischen Mythologie ab. Der Ansatz besagt, dass die Erde und ihre gesamte Biosphäre – die Gesamtheit aller Organismen – wie ein Lebewesen betrachtet werden kann. Demnach bildet die Erdoberfläche ein dynamisches System, das die gesamte Biosphäre durch auf menschliche Einflüsse reagierende Mechanismen stabilisiert (Lovelock 1991). Die Gaia-Hypothese hat inzwischen viele Anhänger gefunden, die die Erde zumeist als „beseelten" Organismus darstellen, der – wie eine Erdgöttin – bestraft und belohnt.

Die zweite Tendenz spiegelt sich in einem wachsenden Einfluss der klassischen Weltreligionen in den Nachhaltigkeitsdiskursen. Schon Ende der 1980er Jahre fand mit der Worldwide Fund Conference for Nature (WWF) in Assisi die erste Tagung ihrer Art statt, in der Vertretern der fünf weltweit größten Glaubensrichtungen über Nachhaltigkeitsstrategien und Umweltschutz berieten. Seitdem fanden und finden sich vielfältige religiöse Initiativen und Partnerschaften mit der internationalen Politik zum Thema (ökologischer) Nachhaltigkeit, wie z. B. das „World Council of Churches Climate Change Programme", das „Global Forum of Spiritual and Parliamentary Leaders", „Religion, Science and Environment Symposia" oder das „Millennium World Peace Summit of Religious and Spiritual leaders", um nur einige zu nennen. An dieser Stelle lässt sich also schlussfolgern, dass die an der Durchsetzung von Nachhaltigkeitsstrategien interessierte internationale Politik (z. B. UN, WWF) relativ schnell gelernt hat, die Rolle von Religion als bedeutenden Handlungsorientierungsrahmen für die meisten Menschen auf der Welt aufzugreifen. Erst in diesem Geist konnten Religion und Kultur bewusst in politische Nachhaltigkeitsinitiativen eingebunden werden. Das schlägt sich z. B. im UNESCO-Programm „Culture and Religion for a sustainable Future" (UNESCO[12]) nieder.

---

[12] http://www.unesco.org/education/tlsf/mods/theme_c/mod10.html

## 6.2 Ethisch-religiöse Einflüsse auf das Nachhaltigkeitskonzept

Im Bereich der Wirtschaft lässt sich mit der zunehmenden Kritik am „Raubtierkapitalismus" und dem steigenden Umweltbewusstsein in vereinzelten Fällen auch eine aktivere Rolle der Religion in der Begründung von Unternehmens- und Wirtschaftsethik beobachten.[13] Oft lassen sich Verweise auf die christliche (insbesondere katholische) Soziallehre beobachten. Mehr oder weniger verbreitete Beispiele aus anderen Kulturkreisen finden sich hingegen z. B. in Übertragungen des Tao Te Kings auf nachhaltige Unternehmensführung (Wielens 2004), in der vom US-Wirtschaftsguru Vijay Govindarajan geprägten Leitidee des „Karma Kapitalismus" (Govindarajan)[14] oder im umfassenden neohinduistischen Gesellschaftskonzept der so genannten „Progressive Utilization Theory" (PROUT)[15].

Die Beispiele für Nachhaltigkeitsprinzipien, die sich in religiösen Lehren wiederfinden lassen, sind zahlreich – teilweise überschneiden sie sich, teilweise setzen sie ihre Schwerpunkte unterschiedlich. So betonen beispielsweise die abrahamitischen Religionen (Judaismus, Christentum, Islam), dass der Mensch „Statthalter Gottes auf Erden" sei und damit auch „Bewahrer und Verwalter von Gottes Besitz" – der Natur. Demgegenüber heben beispielsweise Buddhismus und Hinduismus im Rahmen ihrer Karmalehre hervor, dass jede Handlung (Karma heißt übersetzt „Tat") einen direkten oder indirekten Einfluss auf Mitmensch, Umwelt und nachfolgende Generationen habe.

Neben diesen unterschiedlichen Schwerpunktsetzungen finden sich in allen Weltreligionen Lehren, die das Prinzip ökologischer, ökonomischer und sozialer Nachhaltigkeit unterstützen. Im Kontext *ökologisch-ökonomischer Nachhaltigkeit* lässt sich im Folgenden eine beispielhafte Sammlung von Lehren anführen, die ablehnen materielle Ressourcen zu verschwenden und damit dieselbe Grundidee einer maßvollen Lebensführung teilen:

- Christentum: „Denn Gott hat seinen Sohn nicht gesandt in die Welt, daß er die Welt richte, sondern daß die Welt durch ihn selig werde." (1 Joh, 3.17)
- Islam: „Ihr Kinder Adams! Legt bei jeder Kultstätte euren Schmuck an, und eßt und trinkt! Und seid (dabei) nicht verschwenderisch! Allah liebt diejenigen nicht, die nicht maßhalten." (Koran Sure 7.31)

---

[13] So widersprüchlich das klingt, aber nicht nur nachhaltiges Wirtschaften, sondern auch Raubtierkapitalismus (insbesondere US-amerikanischer Art) begründen sich teilweise religiös. In diesem Fall kommt der calvinistisch-protestantischen Ethik eine nicht unerhebliche Rolle zu.
[14] http://www.tuck.dartmouth.edu/people/vg/
[15] http://www.prout.org/

- Hinduismus: „In case of obtaining anything in excess, one should not hoard it. One should abstain from acquisitiveness" (Acarangasutra 2.114–19)
- Buddhismus: „Eine Tat (kamma), ihr Mönche, die aus Gier getan wurde, aus Gier entsprungen, durch Gier bedingt, durch Gier entstanden ist – solche Tat wird dort zur Reife gelangen, wo immer die betreffende Person wiedergeboren wird; und wo immer jene Tat zur Reife gelangt, dort eben wird einem die Frucht jener Tat zuteil, sei es in diesem, sei es im nächsten oder in einem späteren Leben"(Pali-Kanon 4. Kapitel, Nidāna Sutta)
- Taoismus: „Wer sich genügen läßt, ist reich." (Tao Te King, Kap. 33)
- Konfuzianismus: „Der Meister sprach: ‚Zu viel ist grade so [falsch] wie zu wenig.'" (Gespräche Kap. XI 15)
- Judaismus: „Warum wiegt ihr Geld ab für das, was kein Brot ist, und euren Verdienst für das, was nicht sättigt?" (Jesaja 55:2)

Im Kontext *ethisch-sozialer Nachhaltigkeit* findet sich in nahezu jeder Religionsethik eine Tradition der Nächstenliebe. Der bekannteste Grundsatz entspricht der so genannten „Goldenen Regel": „Behandle andere so, wie du von ihnen behandelt werden willst" bzw. „was du nicht willst, das man dir tu, das füge keinem Anderen zu." Im Folgenden eine beispielhafte Auswahl:

- Hinduismus: „Man soll niemals einem Anderen antun, was man für das eigene Selbst als verletzend betrachtet. Dies, im Kern, ist die Regel aller Rechtschaffenheit (Dharma)." (Mahabharata)
- Konfuzianismus: „Das ist ‚gegenseitige Rücksichtnahme' (shu). Was man mir nicht antun soll, will ich auch nicht anderen Menschen zufügen." (Gespräche XV 24)
- Buddhismus: „Was für mich eine unliebe und unangenehme Sache ist, das ist auch für den anderen eine unliebe und unangenehme Sache. Was da für mich eine unliebe und unangenehme Sache ist, wie könnte ich das einem anderen aufladen?" (Pali-Kanon Samyutta Nikaya)
- Judentum: „Sorge für einen Nächsten wie für dich selbst und denk an all das, was auch dir zuwider ist." (Schrift Jesus Sirach 31, 15)
- Christentum: „Was ihr von anderen erwartet, das tut ebenso auch ihnen." (Lukas 6, 31)
- Islam: „Keiner von euch ist gläubig, solange er nicht für seinen Bruder wünscht, was er für sich selbst wünscht." (Buch der 40 Hadithe: Hadith 13)

## 6.2 Ethisch-religiöse Einflüsse auf das Nachhaltigkeitskonzept

Ethisch-soziale Nachhaltigkeit begründet sich nicht nur durch den Solidaritätsgedanken, sondern auch durch das Entwicklungsparadigma, das wir bereits oben am Leitkonzept der „entwickelten Gesellschaft" dargestellt haben. Das Entwicklungsparadigma ist in der dritten Menschenrechtsgeneration als „Recht auf Entwicklung" systematisiert und gilt sowohl als individuelles als auch kollektives Menschenrecht (General Assembly 1986). Aus einer religiös-metaphysischen Perspektive reicht die ethische Begründung eines „Rechts auf Entwicklung" weit bis in die Emanationslehre der antiken griechischen Philosophie zurück. Die Lehre wurde vom Neoplatonismus systematisiert und hatte vor allem einen enormen Einfluss auf die mystischen Traditionen der abrahamitischen Religionen (jüdische Kabbala, christliche Mystik und islamischer Sufismus), den deutschen Idealismus (insbesondere Hegel) sowie sämtliche freimaurerische, rosenkreuzerische und theosophische Traditionen Europas. Der Begriff der „Emanation" stammt aus dem Lateinischen und bedeutet „Ausfließen". Die Lehre besagt im Wesentlichen, dass Vielheit und Differenziertheit der Schöpfung im Grunde aus einem Ursprung (nämlich dem EINEN Ursprung bzw. Gott) „hervorgeht", der es aus sich selbst hervorbringt. Demzufolge ist das Differenzierte nur die Ausfaltung von etwas (Evolution), was im Undifferenzierten auf eingefaltete Weise enthalten ist (Involution). Aus dieser Perspektive ist alles in der Welt eine Ausprägung desselben universellen Ursprungs und erfüllt seinen Daseinszweck im Ausdruck seiner ihm innewohnenden Potenziale durch „Ent-Wicklung" oder „Ausfaltung". So verstanden hat die Emanationslehre einen ethischen Kern, der für die internationale Entwicklungspolitik und auch im Kontext nachhaltiger Entwicklung relevant ist, auch wenn beide sich nicht explizit auf sie beziehen. So definiert beispielsweise der Entwicklungspolitik-Experte Franz Nuscheler „Entwicklung" als das aktive „Sich-Entwickeln [Evolution] durch das Auswickeln [Ausfalten] der eigenen Fähigkeiten [Involution] (Nuscheler 2006, S. 226)".

Wir können zusammenfassen, dass der Nachhaltigkeitsdiskurs einen ausgeprägten ethischen Wertebezug hat, sowohl im humanistisch-menschenrechtlichen als auch vor allem im religiös-metaphysischen Sinne. Letzterer unterfüttert von jeher die Nachhaltigkeitsdiskurse in unterschiedlichen gesellschaftlichen Teilbereichen, wie z. B. Wissenschaft, Politik, Wirtschaft, Kultur. Tendenziell scheint dieser religiös-spirituelle Wertebezug an Bedeutung zu gewinnen statt abzunehmen.

## 6.3 Messkriterien und Prinzipien gesellschaftlicher Nachhaltigkeit

### 6.3.1 Messkriterien

Heute finden sich weltweit eine Vielzahl von Nachhaltigkeitsindizes – die meisten drehen sich um ethisch-ökologische Bewertung von Unternehmen.[16] Im Kontext gesellschaftlicher Nachhaltigkeit ist weltweit der Sustainable Society Index (SSI)[17] führend. Er liefert einen Eindruck über Kriterien zur Bewertung gesellschaftlicher Nachhaltigkeit und über den aktuellen globalen Fortschritt zu weltumfassender Nachhaltigkeit.

Auf Grundlage der Brundtlandt-Definition und der grundlegenden Unterscheidung einer humanen, ökonomischen und ökologischen Dimension bewertet der SSI mithilfe von 24 Einzelindikatoren derzeit 151 Gesellschaften. Die folgende Abbildung gibt einen Überblick, der sich im Rahmen weiterführender Forschungen selbstkritisch reflektieren und vertiefen ließe, sich hier aber als Arbeitsgrundlage eignet (Tab. 6.1).

Es fällt auf, dass sich die Indikatoren für den Bereich „menschliches Wohlbefinden" und teilweise für „ökonomisches Wohlbefinden" komplett auch im Leitbild der entwickelten Gesellschaft wiederfinden – eine Abweichung besteht lediglich hinsichtlich der Indikatoren aus der Glücksforschung, die im Nachhaltigkeitsdiskurs tendenziell weniger Berücksichtigung findet (im Zweifel aber durchaus daran anschlussfähig ist). Da sich weite Teile der sozialen und wirtschaftlichen Indikatoren überschneiden, lassen sich durchaus viele Gesellschaften finden, die sich gleichermaßen an der Spitze der entwickeltsten und nachhaltigsten Gesellschaften befinden (Tab. 6.2).

Unter den entwickelten Gesellschaften fällt auf, dass das Nachhaltigkeitsranking fast durchgängig von den europäischen Gesellschaften – und hierbei

---

[16] Unter ihnen stechen der 1999 entstandene „Dow Jones Sustainability Index" (DJSI) sowie der bereits 1997 unter der Federführung des Ökonomen Gerhard Scherhorn und des Theologen Jürgen Hoffmann entstandene Frankfurt-Hohenheimer Leitfaden hervor. Letzterer bildet die Bewertungsgrundlage der oekom Research AG, einer der weltweit führenden (und Europas führende) Rating-Agenturen im nachhaltigen Anlagesegment zur Bewertung von Unternehmen, supranationalen Einrichtungen und teilweise auch Ländern, mit Sitz in München. Insgesamt gibt es aber keinen weltweit geteilten Kriterienkatalog zur Bewertung von Nachhaltigkeit.

[17] http://www.ssfindex.com/

## 6.3 Messkriterien und Prinzipien gesellschaftlicher Nachhaltigkeit

**Tab. 6.1** Drei Säulen und 24 Kriterien zur Bewertung gesellschaftlicher Nachhaltigkeit am Beispiel des SSI

| | |
|---|---|
| Humane/soziale Dimension | • Subjektives Wohlbefinden<br>• Menschliche Entwicklung (z. B. HDI)<br>• Volksgesundheit<br>• Geschlechtergleichstellung<br>• Gute Regierungsführung<br>• Einkommensverteilung<br>• Bevölkerungswachstum |
| Ökonomische Dimension | • Materialverbrauch<br>• Ersparnisse<br>• Bruttoinlandsprodukt<br>• Beschäftigung<br>• Verschuldung |
| Ökologische Dimension | • Güte (Boden, Luft, Wasser)<br>• Erneuerbare Energien<br>• Treibhausgasemissionen<br>• Energieverbrauch<br>• Erneuerbare Wasserressourcen<br>• Verfügbare Waldflächen<br>• Biodiversität<br>• Ökologische Landwirtschaft |

insbesondere den skandinavischen – angeführt wird, während die anglophonen Gesellschaften auch schon in den Vorjahren vergleichsweise weniger gut abschneiden. Dies dürfte vor allem an der tendenziell geringen Aufmerksamkeit liegen, die der ökologische Nachhaltigkeitsbereich in den anglophonen Ländern genießt, aber auch am eher kurzfristig ausgelegten Prinzip der dort vorherrschenden freien Marktwirtschaft. Demgegenüber zeichnen sich die europäischen Länder tendenziell eher durch das Prinzip der koordinierten, meist der „sozialen" Marktwirtschaft aus, welches einen längerfristigen Wirtschaftlichkeitsfokus aufweist.

Das SSI bewertet Nachhaltigkeit anhand eines Punktesystems im Spektrum von 0 (keine Nachhaltigkeit) und 10 (volle Nachhaltigkeit). Für alle untersuchten 151 Länder wurde im Jahr 2016 eine tendenzielle Steigerung gegenüber den Vorjahren festgestellt, aber immer noch etwa 40 % unter dem für die Welt benötigten Gesamtlevel. Beim Vergleich der drei Nachhaltigkeitssäulen kommt die Studie zu dem Ergebnis, dass im Bereich des menschlichen Wohlbefindens der Fortschritt am größten ist, wohingegen der ökologische und vor allem der ökonomische Bereich deutlich hinterherhinken. Die Abb. 6.2 gibt einen Überblick – der

**Tab. 6.2** Top 5 Nachhaltigkeitsranking von 2006–2016. (http://www.ssfindex.com/results/main-results-2016/)

| Rankings | 2006 | 2008 | 2010 | 2012 | 2014 | 2016 |
|---|---|---|---|---|---|---|
| **Menschliche Entwicklung** | | | | | | |
| Finnland | 1 | 1 | 1 | 1 | 1 | 1 |
| Deutschland | 9 | 10 | 2 | 5 | 4 | 2 |
| Niederlande | 7 | 5 | 5 | 6 | 3 | 3 |
| Island | 4 | 15 | 14 | 2 | 2 | 4 |
| Norwegen | 5 | 4 | 4 | 4 | 5 | 5 |
| **Ökologisches Wohlbefinden** | | | | | | |
| Burundi | 30 | 24 | 12 | 3 | 1 | 1 |
| Togo | 15 | 5 | 2 | 44 | 23 | 2 |
| Lesotho | 1 | 4 | 4 | 2 | 3 | 3 |
| Zentrale Afrikanische Republik | 8 | 7 | 9 | 4 | 6 | 4 |
| Uganda | 12 | 13 | 14 | 7 | 7 | 5 |
| **Ökonomischer Wohlstand** | | | | | | |
| Norwegen | 6 | 4 | 2 | 1 | 1 | 1 |
| Schweiz | 1 | 1 | 1 | 2 | 2 | 2 |
| Estland | 10 | 3 | 5 | 13 | 5 | 3 |
| Schweden | 3 | 6 | 3 | 4 | 3 | 4 |
| Tschechien | 11 | 9 | 6 | 8 | 7 | 5 |

Außenbereich steht dabei für die volle Punktzahl (volle Nachhaltigkeit) und das Zentrum für einen Punktewert von 0 (keine Nachhaltigkeit):

Auch im Kontext der nachhaltigen Gesellschaft stellen sich dieselben, an anderer Stelle aufgeführten, Vor- und Nachteile des Ansatzes, Nachhaltigkeit mittels Messkriterien zu erfassen. Er lässt sich ergänzend zu den folgend dargestellten Prinzipien fassen.

### 6.3.2 Prinzipien

Analog zu den Leitbildern der entwickelten und der resilienten Gesellschaft lassen sich aus der Perspektive der Simplify-Tradition mindestens vier Orientierungsprinzipien ableiten. Inwieweit sie sich mit denen der resilienten und

## 6.3 Messkriterien und Prinzipien gesellschaftlicher Nachhaltigkeit

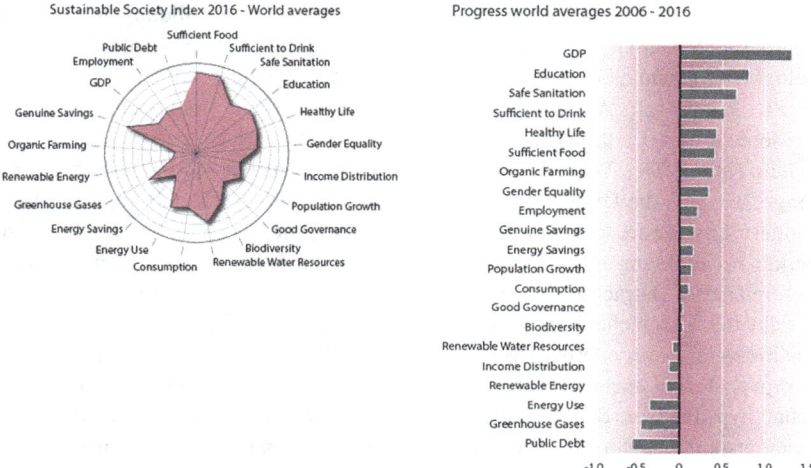

**Abb. 6.2** Sustainable Society Index 2016 und Entwicklung von 2006–2016 für die Welt. (http://www.ssfindex.com/results/main-results-2016/; 05/2019)

der nachhaltigen Gesellschaft überschneiden, ergänzen und widersprechen, wird an anderer Stelle näher untersucht.

- Prinzip 1: Die nachhaltige Gesellschaft erfordert individuelle Wertentwicklung und Nachhaltigkeitsbewusstsein
- Prinzip 2: Die nachhaltige Gesellschaft basiert auf einer kalten Lernkultur
- Prinzip 3: Die nachhaltige Gesellschaft entwickelt kollektive Intelligenz
- Prinzip 4: Die nachhaltige Gesellschaft entwickelt kollektive Weisheit

Zu Prinzip 1: Die nachhaltige Gesellschaft erfordert, dass ihre Mitglieder ein entsprechendes Bewusstsein ausbilden. Dies beinhaltet nicht nur Sensibilisierung für die vielfältigen intergenerationalen und internationalen Folgen individuellen Handelns und die dahinterliegenden systemischen Zusammenhänge, sondern auch entsprechende Werteentwicklung. Nachhaltigkeit müsste hierbei zentraler Bestandteil der Bildungspolitik sein. Je nach Gesellschaftstyp kann sich die Wissensvermittlung unterschiedlich ausprägen. In einer traditionellen Gesellschaft läge der Fokus auf Good und Best Practices zur Aufrechterhaltung einer Subsistenzwirtschaft, die durchaus nachhaltig, aber aus Sicht der entwickelten Gesellschaft relativ ineffizient ist. In einer modernen Industriegesellschaft oder einer postmodernen Informationsgesellschaft dürfte der Bildungsfokus auch komplexes Systemdenken, neueste Erkenntnisse aus der transdisziplinären Nachhaltigkeitsforschung, erneuerbaren Energien etc. beinhalten.

Zu Prinzip 2: Auch aus kollektiv-psychologischer Sicht entspricht die Umsetzung des Leitbilds der nachhaltigen Gesellschaft eher dem Idealtyp der kalten Kultur. Der Wissens- und Lernfokus konzentriert sich weniger auf die Frage, wie sich die Umwelt kontrollieren und an die eigene Kultur anpassen lässt, sondern umgekehrt, wie sich die Umwelt bestmöglich bewahren und die eigene Kultur im Einklang mit der Umwelt bringen lässt. Allerdings erfordert das eine differenzierte Betrachtungsweise. Im Ursprungsmodell von Lévi-Strauss entspricht die Unterscheidung zwischen kalter und heißer Kultur der Abgrenzung traditioneller (vormodernen) von modernen Wertstrukturen. Tatsächlich ist Nachhaltigkeitsbewusstsein sowohl in traditionellen und (post-)modernen Gesellschaftstyp denkbar, dürfte sich allerdings hinsichtlich der konkreten Inhalte der Bildungspolitik unterschiedlich ausprägen, wie bereits im Rahmen von Prinzip 1 dargestellt. Fest steht, dass der kollektive Wertefokus eher darauf liegen dürfte zu bewahren.

Prinzip 3: Ähnlich wie auch die resiliente und die entwickelte Gesellschaft erfordert die nachhaltige Gesellschaft ein hohes Maß an kollektiver Intelligenz. Nachhaltigkeitsbewusstsein setzt voraus, unvorhersehbare Nebenfolgen des kollektiven Handelns zu antizipieren und präventive Problemlösungen zu entwickeln. Von daher ist die Nachhaltigkeitsforschung von jeher transdisziplinär ausgelegt. Sie setzt ein hohes Maß an Wissensintegration voraus und erfordert eine enge Kollaboration von Wissensträgern aus allen gesellschaftlichen Teilsektoren – Zivilgesellschaft, Wissenschaft, Privatwirtschaft und Politik. Think Tanks, Multi-Stakeholder-Initiativen, disziplinübergreifende Fachtagungen, Forschungsverbände oder/und Konferenzen – in all diesen und anderen Konstellationen kommen Experten unterschiedlicher Fach- und Praxisbereiche zusammen, um gemeinsam auf komplexe Probleme zu schauen.

Prinzip 4: Während kollektive Intelligenz durchdringt, was an Problemlösungen und an immer neuen Entwicklungen möglich ist, unterstützt kollektive Weisheit bei der Reflexion, was überhaupt nötig ist. Weisheit, versteht sich hier als ein tiefgehendes Verständnis von Zusammenhängen in Natur, Leben und Gesellschaft sowie die Fähigkeit, bei Herausforderungen die jeweils schlüssigste und sinnvollste Entscheidung zu treffen. Sie ermöglicht es, einen Schritt zurückzutreten, Entwicklung (sowie die damit einhergehenden möglichen Nebenfolgen) kritisch zu betrachten, indem reflektiert wird, was das eigentliche Entwicklungsziel des Kollektivs ist. Während also kollektive Intelligenz notwendig ist, um einen Entwicklungspfad zu beschreiten, unterstützt kollektive Weisheit dabei, zwischen unterschiedlichen möglichen Entwicklungspfaden zu wählen und dabei immer im Blick zu behalten, was wirklich zählt. Führt beispielsweise die Entwicklung hin zu einer technologisch hochkomplexen Überflussgesellschaft zu mehr Wohlbefinden und Glück als die Verwirklichung einer Post-Wachstums-Gesellschaft (siehe nächstes Unterkapitel)?

Aus den bisherigen Überlegungen wird zweierlei deutlich: Erstens geht das Nachhaltigkeitskonzept über den Kontext der nationalen Gesellschaft hinaus – es schließt stets den gesamten Planeten bzw. die Weltgesellschaft mit ein. Zweitens fällt auf, dass Nachhaltigkeit, obgleich es ein allumfassendes Konzept ist, meist den ökologisch-ökonomischen Aspekt in den Vordergrund stellt. Das heißt, es geht meistens direkt um die Tragfähigkeit der Erde, die durch die heute vorherrschende Wirtschaftsweise in absehbarer Zeit überfordert werden wird und die ökonomische und soziale Sphäre mitbeeinflusst.

## 6.4 Drei große Denkrichtungen vor dem Hintergrund von Wachstumskritik und Umgestaltung der Marktwirtschaft

Ähnlich wie im Resilienzdiskurs finden sich mehrere Denkrichtungen zur nachhaltigen Gesellschaft. Sie alle haben einerseits einen durchaus globalen Anspruch, andererseits unterscheiden sie sich darin, wie radikal ihre Wachstumskritik aussieht. Trotz ihrer Unterschiede steht dabei stets die Frage nach einer nationalen und supranationalen Gesellschaftsordnung im Zentrum, welche der Gefahr vor allem ökologischer und sozialer Krisen vorbeugt. Angelehnt an die Forschungen des „Club of Rome", ist das Grundmotiv der Nachhaltigkeitsdebatte globale Negativszenarien, die eintreten, „wenn wir so weitermachen, wie bisher", abzuwenden. Unter den möglichen Zukunftsszenarien der globalen Entwicklung zählt der Ansatz von Franz Josef Radermacher derzeit zu den weltweit bekanntesten. Er unterscheidet zwischen dem Worst Case Szenario eines „Kollapses", dem Likeliest Case-Szenario einer „Neo-Feudalisierung/Brasilianisierung" sowie dem Best Case Szenario einer „Balance/Nachhaltigkeit":

- Negativszenario (Worst Case): Der ökologische Kollaps wird nach Radermacher eintreten, wenn die Menschheit im klassischen Sinn so weiter wirtschaftet wie bisher, sprich: wenn technisches Know-how nicht vernünftig eingesetzt wird und nicht ein ebenso vernünftiger Umgang mit Ressourcen erfolgt. Die Eintrittswahrscheinlichkeit sieht er bei etwa 15 %.

- Wahrscheinlichstes Szenario (Likeliest Case): Die „Brasilianisierung" bezeichnet Radermacher als die Herrschaft weniger Reicher über eine verarmte, ungebildete und machtlose Masse, die zu einem Leben mit minimalem Ressourcenverbrauch „verdonnert" wird – einer „Ökodiktatur". Dadurch könne zwar der ökologische Kollaps vermieden werden, die Folge wäre aber eine globale Kluft von etwa 98 % Armen und zwei Prozent Reichen – eine Kluft, die bereits in Brasilien eingetreten ist. Die Eintrittswahrscheinlichkeit bewertet Radermacher mit ca. 50 %.
- Positivszenario (Best Case): Im bestmöglichen Szenario kapiert die Menschheit, wie die beiden erstgenannten Szenarien abgewendet werden können und reagiert zeitgerecht und angemessen. Eine vernünftige Regulierung des Marktgeschehens, sozialer Ausgleich und gute Regierungsführung sowie nachhaltige Entwicklung wäre für bis zu 10 Mrd. Menschen möglich. Die Eintrittswahrscheinlichkeit bewertet Radermacher bei etwa 35 % (Radermacher 2011).

Im Kontext dieser Szenarien drehen sich die dominierenden Denkrichtungen um die Frage danach, wie künftig Wirtschaftssysteme ausgestaltet werden können, die einerseits nach innen zur sozialen Sphäre größtmögliche Bedürfnissicherung der Bevölkerung ermöglichen und die andererseits die ökologische Sphäre bestmöglich entlasten. Dabei unterscheiden sich die folgend genannten Denkrichtungen hinsichtlich ihrer kritischen Haltung gegenüber dem ökonomischen Wachstum und hinsichtlich der Radikalität hinsichtlich der Frage nach einer Umgestaltung und Regulierung des marktwirtschaftlichen Systems. Dabei lassen sich derzeit mindestens drei große, heterogene Denkrichtungen anführen, die sich in ihrer Radikalität bezüglich dieser beiden Aspekte voneinander unterscheiden:

1. Die Denkrichtung des *„grünen Wachstums"* ist gegenüber dem Wachstumsgedanken relativ unkritisch und fordert auch keine radikale Umgestaltung der Wirtschaftsordnung. Meist ist sie mit einem herkömmlichen Konzept der Marktwirtschaft verknüpft, in aller Regel der sozialen Marktwirtschaft.
2. Die *„post-soziale Marktwirtschaft"*[18] behält das Konzept des grünen Wachstums weitgehend bei, sieht aber eine Weiterentwicklung der marktwirtschaftlichen Ordnung vor. Zu den bekanntesten Unterströmungen gehören die „ökosoziale Marktwirtschaft" und die „ethisch-ökologische Marktwirtschaft".

---

[18]Dieser Begriff ist eine Wortneuschöpfung von mir.

3. Die *„Post-Wachstumsökonomie"* zeichnet sich durch starke Wachstumskritik aus und sieht eine umfassende Umstrukturierung der marktwirtschaftlichen Ordnung vor. Sie ist in der Regel verbunden mit einer Wirtschaftsform der Suffizienz oder/und Subsistenz.

## 6.4.1 Denkrichtung 1: Grünes Wachstum

Beim grünen Wachstum (manchmal auch „nachhaltiges" oder „qualitatives Wachstum" genannt) wird vorausgesetzt, dass ökonomisches Wachstum durch Technik- und Systeminnovationen von Stoff- und Energieströmen entkoppelt werden kann. Das Leitbild sieht hier eine Gesellschaft vor, die ökonomisches Wachstum und ihren materiellen Komfort, ihren Konsum und ihre kapitalistische Wirtschaftsordnung weiterhin beibehält. Dabei wird davon ausgegangen, dass die negativen Folgen des Wirtschaftens durch Innovationen im Technik- und Dienstleistungsbereich, durch ökologische Effizienz und Konsistenz abgefedert und ausgeglichen werden.

Gegenwärtig gewinnt der Sektor der „grünen" und der „smarten Technologien" an Fahrt – und das nicht nur aufgrund seiner ökologischen Notwendigkeit, sondern vor allem wegen seines wirtschaftlichen Potenzials. Hierbei stellt der Bereich der nachhaltigen Stadtentwicklung (inklusive energieeffiziente Gebäude oder intelligente Infrastrukturprojekte) das zukunftsträchtigste und geldintensivste Geschäftsfeld dar. Kein Wunder, lebt angesichts fortschreitender Urbanisierung schon heute mehr als die Hälfte der Menschheit in urbanen Ballungsräumen – Tendenz steigend. Dabei entfallen rund zwei Drittel der weltweit verbrauchten Energie, 70 % der Treibhausgase und 60 % des Wasserverbrauchs auf Städte. Da Städte mit nachhaltigen Infrastrukturen nicht nur ökologisch notwendig sind, sondern auch eine höhere Lebensqualität liefern, steigern sie ihre Wettbewerbsfähigkeit. Weltweit lassen sich bereits hunderte Projekte nachhaltiger Stadtentwicklung zählen, in denen, unterstützt von neuester Technik, komfortables Leben und Umweltverträglichkeit kombiniert werden. Unter den Gesichtspunkten „hoher Lebensstandard" bei „niedrigem ökologischen Fußabdruck" und „niedrigste $CO_2$-Emissionen" konzentrieren sich die vergleichsweise grünsten Städte weltweit noch auf den europäischen Raum. Allerdings steigt insbesondere in den wirtschaftlich boomenden Mega-Städten Asiens massiv das Interesse an nachhaltiger Stadtentwicklung. Aufgrund seiner Erfahrungen mit Naturkatastrophen und seiner weltweit führenden Stellung bei wichtigen

Schlüsseltechniken wie Smart-Grid (smarten Stromnetzen), Akkus und Solaranlagen, gilt Japan hierbei als einer der weltweit wichtigsten Ideenspender. Grünes Wachstum verwirklicht sich am besten in der auf nachhaltige Entwicklung abzielenden Smart City. Hier zeigt sich ein deutlicher Schnittpunkt zwischen dem oben dargestellten Leitbild der entwickelten und der nachhaltigen Gesellschaft. Neben den oben erwähnten Projekten gilt derzeit die vom Elektronikgiganten Panasonic entwickelte „ökologische Fertigstadt" als wegweisend. Sie soll wie ein Auto schlüsselfertig und mit allen Optionen beim Hersteller bestellt werden können. Das erste Musterstädtchen „Fujisawa Sustainable Smart Town" gilt als klimafreundlich, voll vernetzt und fähig, seinen Stromverbrauch selbst zu decken. Ab 2013 soll es Platz für 3000 Menschen liefern.[19] Das weltweit prominenteste Smart-City-Projekt, „Masdar City"[20], findet sich im Persischen Golf, in Abu Dabi. Am Bauprojekt sind US-amerikanische, japanische und vor allem europäische Unternehmen beteiligt. Als „erste Ökostadt der Welt" steht Madar City vor allem für eine eigenständige regenerative Energieversorgung sowie ein vollständig $CO_2$-neutrales, auto- und sogar müllfreies Stadtleben. Das Investitionsvolumen beträgt etwa 25 Mrd. US$. Nach der im Jahre 2030 geplanten Fertigstellung soll die Stadt etwa 40.000 Einwohnern Platz bieten. Derzeit leben dort etwa 500 Menschen. Die Internationale Organisation für erneuerbare Energien (IRENA) hat dort ihren Hauptsitz.

Neben diesen Stadtentwicklungskonzepten wäre „Desertec" als weiteres Großprojekt zu nennen. Dieses Konzept sieht vor, an den energiereichsten Standorten der Welt – den sonnenreichen Wüsten in Nahost und Nordafrika – Ökostrom zu erzeugen und diesen durch Hochspannungs-Gleichstrom-Übertragung (HGÜ) zu den Verbrauchszentren zu leiten.[21] Diese und andere Projekte belegen, dass sich gerade aus ökologischen Notwendigkeiten neue Potenziale für wirtschaftliches Wachstum ergeben. Inwieweit dieses „grüne Wachstum" wirklich als nachhaltig anzusehen ist, ist bei den Vertretern der beiden anderen Denkströmungen, insbesondere der „Post-Wachstumsökonomie", umstritten. Hierauf wird unten noch näher einzugehen sein.

Ein weiteres charakteristisches Merkmal des grünen Wachstums ist, dass es die gängige marktwirtschaftliche Ordnung nicht hinterfragt. Derzeit lässt sich die Verwirklichung von Konzepten des grünen Wachstums meist auf der

---

[19] https://fujisawasst.com/EN/
[20] https://masdar.ae/en/masdar-city
[21] https://www.desertec.org/

Grundlage einer Ordnung der *freien Marktwirtschaft* oder *sozialen Marktwirtschaft* beobachten.

Das Konzept der sozialen Marktwirtschaft wird weltweit sehr unterschiedlich verstanden. Im Wesentlichen lässt sich die zugrunde liegende Kernidee dahin gehend deuten, dass sie die Vorteile einer freien Marktwirtschaft (insbesondere einer hohen Güterversorgung und Leistungsfähigkeit) mit dem Sozialstaat (der mögliche negative Auswirkungen von Marktprozessen ausgleichen soll) zu verbinden versucht. Europaweit erfährt das Konzept der sozialen Marktwirtschaft über Parteigrenzen hinweg eine breite Akzeptanz und ist in der EU-Verfassung ausdrücklich auch im Zusammenhang mit sozialer und ökologischer Nachhaltigkeit als Ziel angegeben. So heißt es in Artikel 3 im Zusammenhang mit dem Europäischen Binnenmarkt, die EU wirke

„auf die nachhaltige Entwicklung Europas auf der Grundlage eines ausgewogenen Wirtschaftswachstums und von Preisstabilität, eine in hohem Maße wettbewerbsfähige soziale Marktwirtschaft, die auf Vollbeschäftigung und sozialen Fortschritt abzielt, sowie ein hohes Maß an Umweltschutz und Verbesserung der Umweltqualität hin. Sie fördert den wissenschaftlichen und technischen Fortschritt (EUV 2008, S. 17)".

Diese Formulierung wurde in den Vertrag von Lissabon, der 2009 in Kraft trat, übernommen. In den anglophonen Ländern, wie z. B. den USA, Australien oder Neuseeland, herrscht hingegen das Konzept der freien Marktwirtschaft vor. Es zeichnet sich durch eine reine Steuerung aller Wirtschaftsprozesse über den freien Markt aus.

Dass einer der beiden Wirtschaftsordnungen – im weitesten Sinne können wir von „Kapitalismustypen"[22] sprechen – sich gegenüber den anderen vollständig durchsetzen wird, dürfte derzeit unwahrscheinlich sein. Aus der Sicht der vergleichenden Kapitalismusforschung zeichnen sich beide (Ideal-)Typen durch unterschiedliche Wettbewerbsfähigkeit hinsichtlich unterschiedlicher Innovationstypen aus. Während die freie Marktwirtschaft zwar eine kurzfristige Renditementalität aufweist, fördert ihr institutioneller Kontext Unternehmen in Sektoren, die von radikalen, disruptiven Innovationen geprägt sind, wie z. B. der Entwicklung von Softwarelösungen, Halbleiter-, Bio- oder

---

[22]Dieser Forschungsbereich wurde vor allem von Peter Hall und David Soskice geprägt und ihrem Modell der „Varieties of Capitalism" (dies. 2001).

Nanotechnologie.[23] All diese Bereiche sind für die Entwicklung erneuerbarer Energien und Smart-Technologien sowie des Clean Technology-Sektors unabdingbar. Zum anderen dürfte die koordinierte Marktwirtschaft – zu der auch die soziale Marktwirtschaft gehört – spezifische Wettbewerbsvorteile bei relativ langwierigen, inkrementellen Innovationen aufweisen, wie sie sich z. B. in der Chemie- oder Automobilindustrie zeigen.[24] Diese betreffen vor allem langlebige Verbrauchsgüter und sind ebenfalls von hoher ökologischer Relevanz, aufgrund ihres ressourcenschonenden Charakters. Beide Innovationsarten werden in Zukunft weiterhin von großer Bedeutung sein.

---

[23]Der Typ der *freien Marktwirtschaft* umfasst idealtypisch alle anglophonen Länder, wie z. B. die USA, Britannien, Australien, Neuseeland. Die Aktivitäten dieser Wirtschaftsordnung werden vor allem über den Markt und den Wettbewerb gesteuert – die Folge ist ein niedriger Kündigungsschutz, dafür aber eine hohe Flexibilität auf dem Arbeitsmarkt, breit einsetzbare Bildungsabschlüsse für die Beschäftigten und eine hohe wirtschaftliche Freiheit im Allgemeinen. Die Unternehmen finanzieren sich überwiegend über den Aktienmarkt (Shareholder Value), was zu einer kurzfristigen Renditementalität führt. Zugleich fördert der institutionelle Kontext Unternehmen, die radikale Innovationen verfolgen, da sie Beschäftigte kurzfristig entlassen können, wenn Projekte scheitern, aber auch kurzfristig für neue Projekte Personal abwerben und einstellen können (Hall und Soskice 2001).

[24]Die Gruppe der so genannten *„koordinierten Marktökonomien"* umfasst alle kontinentaleuropäischen Gesellschaften, wie z. B. Deutschland und Frankreich, und tendenziell auch die skandinavischen Gesellschaften. Diese Wirtschaftsordnung wird nicht ausschließlich vom Markt, sondern auch von zusätzlichen Institutionen und Konsensfindungsorganen reguliert. Während z. B. in einer liberalen Marktwirtschaft ein Unternehmen frei den Lohn mit einem Angestellten vereinbaren kann, findet dies in einer koordinierten Marktwirtschaft über Tarifverhandlungen zwischen Arbeitgeberverbänden und Gewerkschaften statt. Der erzielte Konsens gilt dann gleich für alle Wettbewerber im nationalen Markt und hat so eine übergreifende Wirkung. Aufgrund der Regulierung besteht ein vergleichsweise höherer Kündigungsschutz und ein Einstellungsverhältnis, das auf eine langfristige industrie- und branchenspezifische Ausbildung und Beschäftigung ausgerichtet ist. Dementsprechend verfolgen Unternehmen Produktstrategien, die auf die Bereitschaft der Beschäftigten angewiesen sind, Informationen auszutauschen und zu kooperieren. Der Innovationscharakter ist „inkrementell" – das heißt Innovationen bauen auf vorhandenen Kompetenzen auf und verbessern bestehende Produkte und Prozesse, vor allem im Hinblick auf die Qualität der Produkte. Betroffen sind die Sektoren langlebiger Verbrauchsgüter, wie z. B. Automobile. Unternehmen haben daher Zugang zu langfristigen Krediten, sprich: „geduldigem" Kapital. Die Rentabilitätsmentalität ist langfristiger und von „Stakeholder Value" geprägt (Hall und Soskice 2001).

## 6.4.2 Denkströmung 2: Post-soziale Marktwirtschaft

Die Strömungen, die sich näherungsweise unter dem Sammelbegriff „post-soziale Marktwirtschaft" zusammenfassen lassen, stehen dem Grundgedanken des „grünen Wachstums" nicht grundsätzlich skeptisch gegenüber. Allerdings betonen sie die Notwendigkeit tiefgreifenderer Umgestaltung des marktwirtschaftlichen Systems, um grünes Wachstum im Sinne des Prinzips der nachhaltigen Entwicklung zu flankieren. Ziel ist vor allem eine Wirtschaftsordnung, die die soziale Marktwirtschaft um weitere politische Kategorien erweitert, nämlich mindestens um Umweltschutz, ethisch-humanistische Werte und nachhaltiges Wirtschaften. Mittlerweile existieren eine Reihe von Bezeichnungen und Modellen für eine solche Wirtschaftsordnung, die sich unter ebendiesen Begriff der post-sozialer Marktwirtschaft fassen lassen. Zwei bekannte Konzepte stellen unter anderem die „humane Marktwirtschaft" und die „ökosoziale Marktwirtschaft" dar.

Die *humane Marktwirtschaft* stellt ein am Menschen orientiertes Wirtschaftsmodell dar.[25] Im Zentrum stehen vor allem 1) Bildung, Aus- und Weiterbildung, 2) Schaffung gleicher Wettbewerbsbedingungen, 3) nachhaltiges Wirtschaften mit Ressourcenschonung und 4) qualitatives Wachstum und einer an den wahren Bedürfnissen des Menschen orientierten Wirtschaftsweise. Das Wirtschaftsmodell wurde Anfang der 1980er Jahre in Albert-Ludwigs-Universität Freiburg entwickelt. Seit 2008 werden Facetten dieses Konzepts von Vertretern aus Wirtschaft (z. B. Claus Hipp), Wissenschaft (z. B. Viktor J. Vanberg), Journalismus (z. B. Hans-Ulrich Jörges) und Politik (z. B. Christian Lindner) öffentlich erörtert und diskutiert – wenn auch bislang noch mit wenig Einfluss und internationaler Verbreitung.

Demgegenüber ist die *ökosoziale Marktwirtschaft* bei Weitem das bekannteste und verbreitetste unter den Konzepten der „post-sozialen Marktwirtschaft".[26] Es basiert auf den Säulen einer 1) leistungsfähigen, innovativen Marktwirtschaft, 2) sozialer Gerechtigkeit und 3) ökologischer Verantwortung. Das Konzept wurde in den 1970er und 1980er Jahren auf der Basis der Untersuchungen des Schweizer Wirtschaftswissenschaftlers Hans Christoph Binswanger entwickelt. Der Begriff wurde und wird besonders in der politischen Landschaft Österreichs geprägt und findet dort nicht nur grünen, sondern vor allem auch unter konservativen und christdemokratischen Politikern Anhänger. Deutlich bezieht sich die Österreichische

---

[25]Ein Standardwerk zu diesem Thema: Jäger (2008).
[26]Ein Standardwerk: Rademacher, F. J. und Beyers, B. (2011).

Volkspartei (ÖVP), mit Josef Riegler, unter anderem Vizekanzler, und Franz Fischler, zeitweise EU-Kommissar für Landwirtschaft und ländliche Entwicklung, auf die ökosoziale Marktwirtschaft. In der Bundesrepublik Deutschland wird die Forderung nach einer ökosozialen Marktwirtschaft als Leitidee weltweiter Wirtschaftspolitik insbesondere vom oben erwähnten Wissenschaftler Franz Josef Radermacher vertreten. Daneben finden sich mit Klaus Töpfer (CDU), Friedbert Pflüger (CDU) und Heiner Geißler (CDU) und Ernst Ulrich von Weizsäcker prominente Politiker, die diese Leitidee unterstützen. Ansatzweise findet sich das Konzept auch bei einigen europäischen grünen Parteien. Besonders die vom US-Politiker Al Gore begründete Global Marshall Plan Initiative[27], deren österreichischer Koordinator Josef Riegler ist, hat eine weltweite ökosoziale Marktwirtschaft zu ihrem Anliegen gemacht.

Im Wesentlichen lassen sich also mindestens *zwei Zielfelder* nennen, die die unterschiedlichen Unterströmungen der post-sozialen Marktwirtschaft erreichen wollen. Der anvisierte Weg ist dabei der eines „institutionellen Wandels". Es geht also darum, über öffentliche, überwiegend zivilgesellschaftliche Kampagnen politische Entscheidungsträger dazu zu bringen, entsprechende gesetzliche Erlasse zu erwirken:

1. Wirtschaftswachstum – auch grünes Wachstum – soll noch tiefreifender von *ökologischen, sozialen und ethischen Leitplanken* flankiert werden. Es geht also darum, einen Ausgleich zwischen ökonomischen, ethisch-sozialen und ökologischen Zielsetzungen zu erreichen, indem Umweltschutz und soziale und ethische Richtlinien durchgesetzt werden. Vorgesehen sind dabei unterschiedliche Steuerinstrumente, die meist aus gesetzlichen Geboten und Verboten sowie

---

[27]Die Global Marshall Plan Initiative basiert im Wesentlichen auf fünf miteinander verknüpften Bausteinen, die bereits in den Ergebnissen vergangener UN-Gipfel enthalten sind sowie Teil der EU-Politik und den Forderungen verschiedener Institutionen und Nicht-Regierungs-Organisationen sind:
1. Die Weiterentwicklung und Umsetzung der Millenniumsentwicklungsziele der UNO (näher hierzu s. nächste Fußnote).
2. Die Verwirklichung des 0,7 %-Ziels und zur Verfügungsstellung zusätzlich erforderlicher Mittel (100–150 Mrd. US$ jährlich).
3. Faire Besteuerung globaler Wertschöpfungsprozesse: Abgabe auf globale Finanztransaktionen, der Handel mit $CO_2$-Emissionsrechten im Kontext von Klimagerechtigkeit und eine Kerosinsteuer.
4. Faire, globale Partnerschaft und wirksame Mittelverwendung.
5. Einen mit Nachhaltigkeit kompatiblen Ordnungsrahmen für die Weltökonomie etablieren.

marktwirtschaftlichen Anreizen kombiniert werden. Hierunter zählen Lenkungsabgaben oder eine verschärfte Umwelthaftung zu den am breitesten diskutierten Steuerungsinstrumenten. Ihr Ziel ist, die externen Kosten in die einzelwirtschaftliche Kostenrechnung des Verursachers wieder einzubeziehen („Internalisierung externalisierter Kosten"). Auf diesem Wege soll Umweltschutz betriebswirtschaftlich billiger werden als Umweltverschmutzung. Konkrete Forderungen sind daher unter anderem die Aufnahme eines strikten Verursacherprinzips im Wettbewerbsgesetz und die Durchsetzung einer Ökosteuer und ökologisch orientierter Gesetze. Wegweisend ist hierbei der von der Frankfurter Projektgruppe „Ethisch-Ökologisches Rating" entwickelte Vorstoß einer gesetzlichen Beschränkung des Eigentumsrechts durch eine „Eigentumspflicht". Der vor allem vom 2018 verstorbenen Ökonomen Gerhard Scherhorn entwickelte Ansatz knüpft dabei an Grundlagen im deutschen Grundgesetz an, in dem der Erhalt der Gemeingüter durch Artikel 14.2 („Eigentum verpflichtet") und Artikel 20a („Schutz der natürlichen Lebensgrundlagen") angelegt ist. Nach Ansicht der Projektgruppe wäre eine Erweiterung des Paragrafen 903 des Bürgerlichen Gesetzbuches (BGB) notwendig: Hier müsse das Recht des Eigentümers, mit der Sache „nach Belieben" zu verfahren, nicht nur durch die Rechte Dritter, sondern auch durch die Pflicht zur Erhaltung der Gemeingüter begrenzt werden.

2. Zweitens geht es auch um ein „*neues globales Wirtschaftswunder*", welches vorsieht, die ungenutzten Potenziale – insbesondere die Humanressourcen – nachhaltig zu entwickeln. Im Fokus stehen hierbei vor allem die aufgrund von weltweiter Armut noch weitgehend brachliegenden Ressourcen. Aus dieser Perspektive ist nachhaltige Entwicklung auch als „immaterielles Wachstum" zu verstehen. Das Konzept der „nachhaltigen Entwicklung" ist spätestens seit der Festlegung der Millenniumentwicklungsziele[28] und seit dem Weltgipfel für nachhaltige Entwicklung in Johannesburg 2002 fester Umsetzungsbestandteil in der internationalen Politik. Als derzeit einflussreichste und bekannteste Bewegung, die Milleniumentwicklungsziele und Nachhaltigkeitsstrategien umgesetzt und gefördert sehen will, gilt die etablierte Global Marshall Plan Initiative.

---

[28]Die Millennium-Entwicklungsziele der Vereinten Nationen sind acht Entwicklungsziele für das Jahr 2015, die im Jahr 2001 formuliert worden sind. Sie beinhalten 1) Bekämpfung von extremer Armut und Hunger, 2) Primärschulbildung für alle, 3) Gleichstellung der Geschlechter, 4) Senkung der Kindersterblichkeit, 5) Verbesserung der Gesundheitsversorgung der Mütter, 6) Bekämpfung von HIV/AIDS, Malaria und anderen schweren Krankheiten, 7) ökologische Nachhaltigkeit, 8) Aufbau einer globalen Partnerschaft für Entwicklung.

Um die Weltwirtschaft umzugestalten, sieht die Initiative unterschiedliche regulative Maßnahmen vor, wie z. B. Investitionen, abgestimmte Marktöffnungen und Co-Finanzierungen in vielen Bereichen. Diese sollen im Gegenzug für die Angleichung ökologischer und sozialer Standards geleistet werden. Im Zuge einer dadurch erreichten globalen Armutsüberwindung sollen starke neue Wirtschaftsimpulse für die betreffenden Regionen sowie für die gesamte Weltwirtschaft freigesetzt werden. Gleichzeitig soll durch die Kopplung des neuen Wachstums mit klaren ökologischen Standards eine umweltfreundlichere Wirtschaftsweise gefördert werden.

### 6.4.3 Denkströmung 3: Post-Wachstumsökonomie

Die in jeglicher Hinsicht radikalste Unterströmung der gesellschaftlichen Nachhaltigkeitsdebatte wird von unterschiedlichen Vertreterinnen und Vertretern der Globalisierungs- und Wachstumskritik bestimmt, die sich grob unter dem Leitbild der *„Post-Wachstumsökonomie"* zusammenfassen lassen. Folgt man den Prämissen dieser Perspektive, könne permanentes ökonomisches Wachstum – auch „grünes" oder „qualitatives Wachstum" – weder ökologisch entschärft noch durchgehalten werden. „Saubere Technologien" bewirken bestenfalls, dass der ökologische Verschleiß gesenkt werden kann, der in Abfällen, Emissionen, Materialen, Flächen, Wasser, und Biodiversität gemessen wird – auf Null gesenkt werden können, soll er so aber nicht. Eine Entlastung sei demnach nur graduell möglich, was aber für eine Verbesserung der ökologischen Gesamtbilanz des Systems nicht ausreichend sei. Demzufolge sieht das Leitbild der Post-Wachstumsökonomie die Antwort in bewusster Abkehr von der „Überflussgesellschaft" und in einem Wirtschaftsmodell, das von Entschleunigung und Entrümpelung getragen ist. Das Leitbild der Post-Wachstumsökonomie sieht daher die oben dargestellten Konzepte grünen Wachstums und der post-sozialen Marktwirtschaft als unzureichende Vorbeugung gegenüber dem drohenden ökologischen Kollaps an.

Auch das Konzept der Post-Wachstumsökonomie untergliedert sich in weitere Unterströmungen. Im Wesentlichen hebt sich das Konzept durch zwei Kernaspekte ab: Einerseits wird die Einrichtung einer relokalisierten, also einer weitgehend dezentralen Wirtschaftsordnung angestrebt, um sich von nationalen und internationalen Politiken unabhängig zu machen. Andererseits geht es um Einrichtung maßvoller Versorgungs- und Wertschöpfungsstrukturen und kultureller Rückbesinnung auf das Wesentliche. Die bestimmenden Schlüsselbegriffe sind hierbei „Suffizienz" (Genügsamkeit) und „Subsistenz" (Selbstversorgung). Die Grundidee besteht dabei nicht per se in einem generellen Verzicht auf Konsum, sondern vielmehr in einer Reduzierung der industriellen Produktion bei gleichzeitiger Aufwertung der nichtkommerziellen Versorgung, z. B. durch Eigenarbeit, handwerkliche Fähigkeiten, Community-Gärten, Tauschringe, Netzwerke der Nachbarschaftshilfe, Verschenkmärkte, gemeinschaftliche Nutzung von Geräten (z. B. Bohrmaschinen, Autos) sowie regionale Kreisläufe auf Basis zinslos umlaufgesicherter Komplementärwährungen.

Seit Mitte der 2000er Jahre lässt sich eine zunehmende Zahl von Graswurzelinitiativen beobachten, die Kulturtechniken des Wirtschaftens auf Gemeindeebene, dezentraler Energiegewinnung und der Selbstversorgung entwickelt umsetzen. Die bekannteste unter ihnen ist die aus dem angelsächsischen Raum stammende und sich vor allem in der westlichen Welt ausbreitende „Transition Town"-Bewegung.[29] Sie wurde im Jahre 2006 unter anderem vom Permakulturalisten Rob Hopkins und Studenten des Kinsale Further Education College in Irland initiiert. Ziel ist es erstens den Übergang in eine relokalisierte und post-fossile Wirtschaftsordnung „von unten" zu ermöglichen, sowie zweitens von kommunaler Ebene aus auf eine Zukunft knapper werdender Roh- und Treibstoffe zu reagieren und landwirtschaftliche und gesellschaftliche Systeme zu schaffen, die ähnlich resilient sind, wie Ökosysteme. Die Transition Town-Initiativen stellen daher nicht nur ein nennenswertes Beispiel für ein „nachhaltiges", sondern auch für ein „resilientes Gesellschaftskonzept" dar (wie unten noch näher darzustellen). Verfechter der Post-Wachstumsökonomie, wie der Ökonom Niko Paech, sehen in einer großflächigen Ausbreitung dieser Graswurzelinitiativen die beste Möglichkeit für die Erreichung des Leitbilds eines „Post-Wirtschaftswachstums".

Auf einem Blick lassen sich die drei oben skizzierten Denkströmungen, die den gesellschaftlichen Nachhaltigkeitsdiskurs dominieren, wie folgt zusammenfassen (Tab. 6.3):

Faktisch findet sich schon heute eine Vielzahl weniger bekannter hybrider Ansätze, die sich idealtypisch „irgendwo zwischen" den drei oben vorgestellten Konzepten einordnen. Diese Ansätze sind insoweit von Bedeutung als sie zu einem breiter *und* tiefer ausgelegten Nachhaltigkeitskonzept einladen. Die Konsequenz wäre, gesellschaftliche Nachhaltigkeit immer noch im Sinne einer „starken Nachhaltigkeit" aufzufassen, ohne dabei die Aufmerksamkeit auf die ökologische und gegebenenfalls soziale Säule zu versteifen.

---

[29] http://www.transition-initiativen.de/

**Tab. 6.3** Denkströmungen im Diskurs um die nachhaltige Gesellschaft auf einem Blick

| Leitkonzepte Dimensionen | Grünes Wachstum | Post-soziale (ökosoziale) Marktwirtschaft | Post-Wachstumsökonomie |
|---|---|---|---|
| Wachstumsorientierung | Grünes Wachstum | Grünes Wachstum; immaterielles Wachstum | Null-Wachstum |
| Wirtschaftsordnung | Freie oder soziale Marktwirtschaft | Post-soziale (ökosoziale) Marktwirtschaft | • Subsidiäre Wirtschaftsordnung<br>• Suffizienz und Subsistenz |
| Akteursebene (Umsetzung) | • Politik (national [nationale Regierungen], pragmatisch)<br>• Privatwirtschaft | Politik (supranational [z. B. UNO-Organisationen], idealistisch) | Zivilgesellschaft |
| Bestimmungsvariable für die zukünftige Entwicklung | Technologische Innovation | Institutionelle Innovation | Kulturelle Innovation |

Beispielhaft sei an dieser Stelle das vom gesellschaftspolitischen Visionär und Unternehmer Herbert Haberl entwickelte Konzept des „*Ökohumanismus*" zu erwähnen, das von der von ihm begründeten zivilgesellschaftlichen Initiative „Innovative Mitte"[30] vorangetrieben wird.[31] Auffallend und daher besonders

---

[30]http://www.innovativemitte.de/

[31]Im Wesentlichen basiert das ökohumanistische Konzept nach Angaben von Haberl auf folgenden vier Säulen bzw. Zielorientierungen (entnommen aus Innovative Mitte):
- Erneuerbare Energien aus intelligenten Netzen; ein an Menschenrechtspflichten und ökologischen Eigentumspflichten orientiertes Wirtschaften; gewissenhafter Konsum.
- Systematischere zivilgesellschaftliche Teilhabe, auf der Basis von Volksentscheiden, Bürgerkonventen und virtuellen Foren. Ziel ist es, durch mehr zivilgesellschaftliche Teilhabe und technologiegestütztem freien Wissensaustausch auch, das in der Bevölkerung schlummernde kreative Potenzial und bereits vorhandene Wissen gewinnbringend zu nutzen, um gemeinsam Ideen zu finden, gemeinschaftlich zu verwalten oder entsprechend an politischen Prozessen teilzuhaben.
- Einrichtung einer gemeinschaftlichen Vor- und Fürsorge mit einem leistungsgedeckten, bedingungslosen Grundeinkommen und allgemeiner Gesundheitssicherung (zu einer nähren Diskussion dieser Maßnahme kommen wir weiter unten, in Kap. VIII).
- Einer „dienenden Finanzwirtschaft" mit demokratischer Geldschöpfung (hierzu gibt es die Initiative „Monetative") und einem stabilisierenden Finanzsystem (z. B. auf der Basis sogenannter Resolvenzverordnungen und Kreditgerechtigkeit).

erwähnenswert ist an diesem Konzept, dass es sich weniger als eine völlig neue Denkrichtung versteht, sondern vielmehr eine Pionierfunktion einnehmen will, möglichst alle Dimensionen im Nachhaltigkeitsdiskurs sowie bestehende Initiativen zu integrieren. Dabei betont Haberl, dass im Nachhaltigkeitsdiskurs – so auch in den drei oben erwähnten Leitkonzepten – die Gefahr eines ökonomischen Kollapses vergleichsweise wenig Aufmerksamkeit erfahre. Vor diesem Hintergrund sensibilisieren besonders integrative Nachhaltigkeitskonzepte, wie z. B. der „Ökohumanismus" für ein breiteres Spektrum an gesellschaftlichen Herausforderungen, die vom gegenwärtigen Nachhaltigkeitsdiskurs noch unzureichend abgedeckt werden.

## 6.5 Fazit

Das Leitbild der nachhaltigen Gesellschaft zeichnet sich vor allem durch Berücksichtigung der Folgen gesellschaftlichen, politischen und vor allem wirtschaftlichen Handelns aus. Der Nachhaltigkeitsdiskurs konzentriert sich dabei auf Maßnahmen, die Krisen in der ökologischen, ökonomischen und ethischen/humanen/sozialen Dimension vorbeugen sollen. Dabei nimmt im Diskurs meist das „ökologisch tragfähige Wirtschaften", im Sinne eines Begriffs der „starken Nachhaltigkeit", einen besonderen Schwerpunkt ein. Insgesamt fällt – vergleichen mit anderen gesellschaftlichen Leitkonzepten – ein stärker ausgeprägter normativer Zug auf, der unter anderem ethisch-religiös geprägt ist.

Im internationalen Vergleich dominieren die europäischen Gesellschaften den Verwirklichungsanspruch einer nachhaltigen Gesellschaft deutlich – und das auch gegenüber den anglophonen Gesellschaften. Zugleich ist augenscheinlich, dass der Nachhaltigkeitsdiskurs über den Gesellschaftskontext hinausgeht – das Konzept ist hinsichtlich seiner zeitlichen Dimension auf größtmögliche Langfristigkeit ausgelegt und räumlich ist der Fokus stets global. Da der Diskurs vergleichsweise stark etabliert ist, finden sich bereits mehrere konkrete Konzepte, die sich vor allem hinsichtlich der Radikalität ihrer Forderungen nach einer Umgestaltung der bestehenden Wirtschaftsordnung unterscheiden. Am dominantesten sind die Konzepte/Denkströmungen des grünen Wachstums, der post-sozialen Marktwirtschaft (inklusive insbesondere der ökosozialen Marktwirtschaft) und der Post-Wachstumsökonomie. Derzeit werden alle drei Konzepte von Akteuren auf unterschiedlichen Ebenen parallel vorangetrieben – mit anderen Worten: auf der ökonomischen und nationalpolitischen Ebene (grünes Wachstum), der supranationalpolitischen Ebene (post-soziale Marktwirtschaft) und der zivilgesellschaftlichen Ebene (Post-Wachstumsökonomie).

Ob und inwieweit sich eine der drei Denkströmungen in absehbarer Zeit gegenüber den anderen durchsetzt, bleibt offen. Denkbar wäre auch, dass sich ein oder mehrere Leitbilder durchsetzen, die die Grundideen der aktuell dominierenden drei Konzepte integriert. Exemplarisch hierfür steht z. B. das relativ neue, aber kaum bekannte Konzept des „Ökohumanismus". Der Kernbeitrag solcher hybriden gesellschaftlichen Leitbilder besteht darin, den Nachhaltigkeitsdiskurs für ein komplexeres Spektrum an zukünftigen gesellschaftlichen Herausforderungen zu sensibilisieren. Denn derzeit besteht der Schwerpunkt des Nachhaltigkeitsdiskurses vor allem in der Vermeidung des ökologischen Kollapses und sozialer Krisen. Demgegenüber kommt der Gefahr eines ökonomischen Kollapses vergleichsweise wenig Beachtung zu. Angesichts der Vielfalt gegenwärtiger Krisen müsste gesellschaftliche Zukunftssicherung multi-dimensional ausgerichtet sein.

# Entwicklung vs. Nachhaltigkeit vs. Resilienz: Gemeinsamkeiten, Schnittpunkte und Widersprüche

Resilienz, Entwicklung und Nachhaltigkeit stellen im aktuellen Diskurs um gesellschaftliche Zukunftssicherung im 21. Jahrhundert die bestimmenden Leitkonzepte dar. Worin bestehen ihre Gemeinsamkeiten, aber auch wechselseitige Anknüpfungspunkte und Widersprüche?

## 7.1 Wesentliche Merkmale der drei Leitkonzepte

In aller Kürze lassen sich die wesentlichen Unterscheidungsmerkmale der drei gesellschaftlichen Leitkonzepte wie folgt zusammenfassen:

Der Diskurs über die *entwickelte Gesellschaft* reicht im Vergleich am weitesten zurück. Er besteht schon seit es sesshafte Gemeinschaften gibt. Dies mag damit begründet sein, dass die Entwicklung einer Gesellschaft wesentlich mit der existenziellsten aller Fragen – der des inneren Zusammenhalts einer Gesellschaft – verknüpft ist. Dieser Zusammenhalt wird vor allem dadurch gewährleistet, dass es die Gesellschaft ihrer Bevölkerung ermöglichen muss, dass sie ihre (Grund-)Bedürfnisse decken und ihre eigenen Entwicklungspotenziale entfalten kann. Ähnlich wie Nachhaltigkeit und Resilienz erweist sich Entwicklung als eine Größe mit vielen Dimensionen – z. B. der wirtschaftlichen Leistungsfähigkeit, dem psychischen Wohlbefinden der Bevölkerung und ausgeprägten Fähigkeiten in der Entwicklung und Nutzung von technologischer Innovationen. Im weltweiten Vergleich erweisen sich bei fast allen herangezogenen Indizes die Wohlstandsinseln Schweiz und vor allem die nordischen Gesellschaften als führend (im Bereich der technologischen Entwicklung finden sich oft auch Hong Kong und Singapur in den Top 5), gefolgt von den anglophonen Gesellschaften.

Das Leitbild der *nachhaltigen Gesellschaft* erweitert den Blick auf gesellschaftliche Entwicklung um den Aspekt der Generationengerechtigkeit. Im Schnittpunkt zwischen ökologischer und ökonomischer Säule wird die Frage, ob mittels technologischer Innovationen ein „sauberes" Wachstum möglich ist, kritisch diskutiert. Insgesamt lassen sich dabei mindestens drei Denkströmungen unterscheiden, die sich hinsichtlich der Radikalität ihrer Forderung nach einer Umgestaltung der Wirtschafts- und Wachstumsordnung voneinander unterscheiden: das grüne Wachstum, die post-soziale Marktwirtschaft und die Post-Wachstumsökonomie. Eine weitere, wenn auch wenig beachtete Besonderheit des Nachhaltigkeitsdiskurses ist die vergleichsweise hohe normative Ausrichtung, die teilweise auch den Einfluss von Religion als Begründungsgrundlage von Nachhaltigkeit herzurühren scheint. Eine weitere Besonderheit des Nachhaltigkeitsdiskurses ist der generell über den Gesellschaftskontext hinausgehende, sprich: globale, Fokus. Der Kernfokus einer nachhaltigen Gesellschaft besteht vor allem in ihren Vorbeugemaßnahmen, die eine ethische/humane/soziale, ökologische und ökonomische Säule abdecken. Das Konzept der nachhaltigen Gesellschaft überschneidet sich im sozial-ethischen Bereich komplett mit dem wohlfahrtsstaatlichen Anspruch der entwickelten Gesellschaft. Allerdings beschränkt sich derzeit der Nachhaltigkeitsdiskurs auf den Kontext des ökologisch-tragfähigen und sozialverträglichen Wirtschaften und wird insgesamt deutlich von den Gesellschaften Europas dominiert. Im internationalen Vergleich finden sich daher wieder sämtliche europäische Gesellschaften, hier diesmal klar vor den anglophonen Gesellschaften, angeführt wieder von der Schweiz und den nordischen Gesellschaften.

Das Konzept der *resilienten Gesellschaft* ist vergleichsweise neu und stellt eine Fortführung der Nachhaltigkeitsdebatte dar, ohne jedoch das Leitbild der nachhaltigen Gesellschaft ersetzen zu können. Bestand das Motiv der Nachhaltigkeitsdebatte in der Frage „Wie können wir humane, ökonomische und ökologische Krisen durch vorausschauende Handlungen (Politik, Wirtschaften) vermeiden?", ist die Resilienzperspektive sinngemäß von folgender Einstellung geprägt: „Wie kann die Gesellschaft robuster gestaltet werden angesichts humaner, ökonomischer und ökologischer Krisen, die im Zweifel unabwendbar sind?" Die resiliente Gesellschaft ist im Vergleich zur nachhaltigen Gesellschaft relativ frei von Ethik. Zwar geht es ebenfalls darum, sozialen, ökologischen und ökonomischen Krisen bestmöglich vorzubeugen, doch zugleich ist das Grundmotiv der Resilienz von rein pragmatischer Natur – es geht schlichtweg ums „Überleben". Der Diskurs um die resiliente Gesellschaft ist sehr vielschichtig; einerseits, weil er sich über alle Systemebenen vollzieht (Individuen, Teams, Organisationen und Gesellschaften), andererseits, weil die resiliente Gesellschaft über die drei Nachhaltigkeitssäulen hinausgehend, auf alle möglichen

Krisenarten eingeht. Der Resilienzdiskurs untergliedert sich in mindestens zwei Denkströmungen – einerseits dem sicherheitsorientierten, auf technologische Innovation fokussierten Krisenmanagement; andererseits der auf soziale Innovation fokussierten Krisenadaption/-transformation. Zwar konnten mit dem oben unternommenen Versuch, anhand von fünf verallgemeinerbaren Prinzipien, Grundzüge einer „multiresilienten" Gesellschaft skizziert werden. Allerdings erweist es sich gerade aufgrund der hohen Kontextabhängigkeit von Resilienz am relativ schwierigsten (wenn nicht gar unmöglich), Rückschlüsse über die allgemeine Resilienz einer Gesellschaft im ländervergleichenden Kontext zu ziehen. Mit Blick auf die in diesem Kapitel berücksichtigten Indikatoren scheinen auf dem ersten Blick die europäischen, insbesondere die skandinavischen Gesellschaften, überdurchschnittlich hohe Werte zu besitzen.

Die folgende Abbildung stellt den ersten Versuch einer Gegenüberstellung der Kernmerkmale aller drei Leitbilder dar, unter Hinzuziehung der klassischen PESTE-Kriterien (Politik, Ökonomie, Soziales, Technologie, Ökologie) dar (Tab. 7.1).

## 7.2 Allgemeine Gemeinsamkeiten, Ergänzungspunkte und Widersprüche zwischen den drei Leitkonzepten

Die offensichtlichste Gemeinsamkeit zwischen allen drei Leitkonzepten liegt in ihrer Zukunftsausrichtung. Sie spiegeln unterschiedliche Facetten eines übergreifenden Diskurses gesellschaftlicher Zukunftssicherung wider. Deutliche Überlappungen bestehen hinsichtlich der Relevanz der Dimensionen Wirtschaft, Ökologie, Technologie und Soziales. Der vielleicht größte gemeinsame Nenner dürfte sich im sozialen Bereich befinden. Er bezieht sich auf den inneren Zusammenhalt einer Gesellschaft und stellt damit die grundlegendste Komponente einer entwickelten, nachhaltigen und resilienten Gesellschaft.

Eine weitere Überschneidung aller drei Konzepte besteht darin, wie sie sich mit Innovationsfähigkeit auseinandersetzen. Sie gilt als Kernkompetenz einer leistungsstarken entwickelten Gesellschaft, einer vorausdenkenden nachhaltigen Gesellschaft und einer krisenfesten und wandlungsfähigen resilienten Gesellschaft. Im Nachhaltigkeits- und Entwicklungsdiskurs wird technologische Innovationsfähigkeit vor allem im Zusammenhang mit grünem Wachstum diskutiert. Dies begründet sich damit, dass grünes Wachstum nicht nur als ökologisch relevanter, sondern auch als lukrativer Wirtschaftssektor von morgen gilt (auch wenn grünes Wachstum innerhalb des Nachhaltigkeitsdiskurses umstritten ist). Soziale Innovationen werden vor allem im Kontext des Prinzips

**Tab. 7.1** Überblick über die Kernmerkmale aller drei gesellschaftlichen Leitkonzepte

| Drei Leitkonzepte gesellschaftlicher Zukunftssicherung<br><br>Fünf Dimensionen des globalen sozialen Wandels | Nachhaltige Gesellschaft | Entwickelte Gesellschaft | Resiliente Gesellschaft |
|---|---|---|---|
| Politik | Nachhaltigkeitspolitik | Wettbewerb der Modernen (auch geostrategischer Wettbewerb) | Krisen(vorsorge)politik |
| Ökonomie | Drei Denkströmungen:<br>• Soziale Marktwirtschaft<br>• Post-soziale Marktwirtschaft<br>• Post-Wirtschaftswachstum | • Fokus auf Wirtschaftswachstum<br>• Hohe Bedeutung der postindustriellen Wertschöpfung (z. B. Kreativökonomie)<br>• Beyond GDP. Psychisches Wohlbefinden als Maß für gesellschaftliche Entwicklung | Gestaltung einer krisensicheren Wirtschaftsordnung, z. B. durch neue zivilgesellschaftliche Modelle der Selbstversorgung (hohe Anschlussfähigkeit an Post-Wirtschaftswachstum) |
| Ökologie | Ökologie als zentraler Gegenstand von Nachhaltigkeitspolitik | Ökologie als Hemmfaktor ökonomischer Wettbewerbsfähigkeit oder als Motor neuer postindustrieller Formen der Wertschöpfung? („grünes Wachstum")? | Ökologische Krisen vergleichsweise am wahrscheinlichsten und gravierendsten. Starker Fokus im Resilienzdiskurs |

(Fortsetzung)

**Tab. 7.1** (Fortsetzung)

| Drei Leitkonzepte gesellschaftlicher Zukunftssicherung Fünf Dimensionen des globalen sozialen Wandels | Nachhaltige Gesellschaft | Entwickelte Gesellschaft | Resiliente Gesellschaft |
|---|---|---|---|
| Technologie | • Inwieweit können technologische Innovationen ökologischen Krisen vorbeugen? (Post-soziale Marktwirtschaft vs. Post-Wachstum)<br>• Neuen, menschengemachten Krisen vorbeugen (relativ wenig berücksichtigt) | Technologie als zentrale Ausdrucksform/Vehikel gesellschaftlicher Entwicklung | Technologische Innovation als Resilienzfaktor (z. B. erdbebensichere Architektur), aber auch als Entwicklungsmotor neuer menschengemachter Krisen (z. B. Cyberterrorismus) |
| Soziales | Wohlfahrtspolitik zur Vorbeugung sozialer Krisen, innergesellschaftlich und weltweit (Sozialer Ausgleich) | Abdeckung der (Grund-)Bedürfnisse der Bevölkerung durch eine entwickelte Wohlfahrtspolitik | • Soziale Innovationen<br>• Sozialer Zusammenhalt |

der Selbstversorgung diskutiert und sind eher Bestandteil des Nachhaltigkeits- und Resilienzdiskurses. Besonders fällt an dieser Stelle die diskursübergreifende Berücksichtigung zivilgesellschaftlicher Ansätze regionaler und kommunaler Selbstversorgung ins Auge, wie z. B. die Transition Towns-Initiativen. Auch im Leitbild der entwickelten Gesellschaft findet der Ansatz zu mehr Gemeinschaftsorientierung und Dezentralität zumindest Erwähnung.[1] Soziale Innovation wird im Entwicklungsdiskurs aber eher im Zusammenhang mit technologischen Innovationen diskutiert, so wäre z. B. die E-Democracy eine soziale Innovation der Smart City.

Neben Überlappungen lassen sich auch wechselseitige Ergänzungen feststellen, die sich aus den unterschiedlichen Kernanliegen aller drei Leitkonzepte ableiten: Die entwickelte Gesellschaft fokussiert auf die Ausschöpfung der eigenen Wachstumspotenziale und damit auch der Sicherung der allgemeinen Wohlfahrt und Bedürfnisbefriedigung der Bevölkerung. Die nachhaltige Gesellschaft versucht diese Bedürfnissicherung auch für die nachkommenden Generationen zu sichern und versucht, unbeabsichtigten Nebenfolgen im sozialen, ökonomischen und ökologischen Bereich, die aus individuellem, unternehmerischem und gesellschaftlichem Handeln resultieren, politisch vorzubeugen. Die resiliente Gesellschaft schließlich, wappnet sich vor den unbeabsichtigten Nebenfolgen, die sich nicht nachhaltigkeitspolitisch vorbeugen lassen.

Aus abstrakter systemischer Perspektive zeichnen sich alle drei Leitkonzepte dadurch aus, dass sie eine konzeptionelle Antwort auf Komplexitätsbewältigung in einer unvorhersehbaren Umwelt liefern. Alle drei Leitkonzepte zusammengenommen schaffen dazu eine vieldimensionale Grundlage. Um dies herauszuarbeiten, müssen wir zuvor einen tiefergehenden Blick auf die Reibungspunkte zwischen den Leitkonzepten werfen, welche vor allem zwischen dem Entwicklungskonzept einerseits und dem Nachhaltigkeits- und Resilienzkonzept andererseits bestehen. Zwischen dem Resilienz- und Nachhaltigkeitskonzept lassen sich keine vergleichbaren Reibungspunkte feststellen, vermutlich, weil sich von jeher beide Konzepte direkt aufeinander beziehen und daher vor allem einander zu ergänzen scheinen (Dissen et al. 2009).

---

[1]Beispielhaft für Deutschland steht der Vorstoß des Theologen Lothar Schneider in seinem bereits Anfang der 1980er Jahre publizierten Buch: „Subsidiäre Gesellschaft – Entwickelte Gesellschaft. Implikative und analoge Aspekte eines Sozialprinzips."

## 7.2.1 Entwicklung vs. Nachhaltigkeit

Der offensichtlichste Reibungspunkt besteht zwischen dem Anspruch nach ökologischer Nachhaltigkeit einerseits und dem Anspruch entwickelter Gesellschaften nach ökonomischem Wachstum andererseits. Aktuell wird dieser Widerspruch vor allem in zwei Kontexten thematisiert. Im internationalen Kontext ist es der Interessengegensatz zwischen den wirtschaftlich aufholenden Transformations- und Entwicklungsländer (allen voran China), der auf Kosten der Einhaltung von ökologischen und sozialen Standards, die von den entwickelten Ländern des Westens (insbesondere Europas) immer wieder eingefordert werden, geht. Im innergesellschaftlichen Kontext machen vor allem Vertreter der Nachhaltigkeitsdiskussion auf die verheerenden Auswirkungen der Urbanisierung aufmerksam, die sich aber zugleich, so die Vertreter der Entwicklungsdiskussion, als Chance zur Verbesserung der menschlichen Lebensbedingungen erweist, weil Städte Wachstumsmotoren und Zentren der Produktivität sind. Beide Kontexte – also der internationale und der innergesellschaftliche – sind miteinander verknüpft, da vor allem die Megastädte in den Entwicklungs- und Schwellenländern das Bevölkerungswachstum immer weniger verkraften – eine unkontrollierte, also nicht nachhaltige Entwicklung, zu einer Verschärfung sozialer und ökologischer Krisen führt, ist die Folge.[2]

Diesen und anderen Diskursen liegt ein grundsätzlicher Konflikt zwischen den Leitkonzepten der entwickelten und der nachhaltigen Gesellschaft zugrunde, der aus einer sehr unterschiedlichen Bewertung von Wachstum und technologischer Innovation resultiert. Die wachstumsoptimistischen Vertreter des Leitkonzepts der entwickelten Gesellschaft betonen, dass der Gedanke, dass sich das Knappheitsparadox auflöst, wirtschaftshistorisch als Tatsache angesehen werden darf.[3]

---

[2]Derzeit leben in den zwanzig größten Metropolen etwa 280 Mio. Menschen. Tendenz steigend. Zu den negativen Folgen zählen knapper Wohnraum, überlastete Straßen, steigende Abfallproduktion, Luft- und Wasserverschmutzung, einem steigenden Risiko von Überschwemmungen (aufgrund eines Verlusts der natürlichen Flutregulationskraft), bis hin zu Krisen bei der Nahrungsmittelversorgung führen (Hansjürgens und Heinrichs 2007).

[3]Demzufolge ermöglichte es die Industrialisierung im 18. Jahrhundert die biologischen Grenzen der Nahrungs- und Holzmittelproduktion durch Maschinenkraft zu überwinden und damit das Ausbrechen aus einer bis dato in allen Teilen der Welt mehr oder weniger gleichermaßen ausgeprägten universellen Armut. Daraus ließe sich vereinfacht gesagt auch schließen, dass die heutige tiefe Kluft zwischen armen und reichen Ländern vor allem daraus resultiere, dass der Reichtum der westlichen Staaten seit 1820 schneller gewachsen sei als der der übrigen Länder. Laut dem Wirtschaftshistoriker Maddison entsprach das Pro-Kopf-Einkommen der europäischen Bevölkerung im Jahre 1820 etwa 90 % derjenigen im heutigen Afrika (Sachs 2005, S. 41–51).

Mit anderen Worten: Durch Fortschritt und Innovation könne das vom Haben der Einen erzeugte Nicht-Haben der Anderen („Knappheitsparadox") überwunden werden, indem das allgemeine Wirtschaftswachstum für alle Beteiligten einen Zuwachs an Haben verheiße. Die Überwindung von Knappheit – ob sozial im Kontext von arm und reich oder ökologisch im Kontext der planetaren Ressourcen – ließe sich aus der Perspektive der Wachstumsoptimisten vor allem durch wirtschaftliche und technologische Innovation überwinden. Es geht dieser Perspektive zufolge nicht unbedingt um gerechte Verteilung im Rahmen eines Nullsummenspiels, sondern um die Vergrößerung des „Kuchens für alle". Die wachstumsoptimistische Position des Leitkonzepts der entwickelten Gesellschaft steht also nicht ausschließlich für eine schwache Nachhaltigkeit, sprich: einem Aufwiegen der sozialen und ökonomischen gegenüber der ökologischen Säule, sondern für die Annahme der Möglichkeit eines grünen Wachstums.

Eng daran angelehnt, geht es in der Technologiedebatte im weitesten Sinne um die Frage, ob technologische Innovationen das Überleben der Menschheit vor einem ökologischen Kollaps der Erde sichern können. Diskutiert werden hier unter anderem die Möglichkeit einer Renaturalisierung und damit zur Widerherstellung der planetaren Ressourcen, vor allem aber die Erschließung neuer Ressourcen und Möglichkeiten der Besiedelung des Weltraums durch technologische Innovationen. Insbesondere der letzte Punkt wird in Zukunft eine immer größere Relevanz erhalten, der interessanterweise besonders durch jene Gesellschaften vorangetrieben wird, die sich nicht durch einen hohen Nachhaltigkeits-, sondern eher Entwicklungsfokus auszeichnen. Schon heute zeichnet sich vor allem ein Wettlauf zwischen den Raumfahrtnationen, insbesondere zwischen USA, Russland und China ab – den bislang einzigen Staaten mit der Möglichkeit eines bemannten Raumflugs. Die Vermutung liegt nahe, dass hinter den Programmen in mehrstelliger Milliardenhöhe nicht ausschließlich Wissenschafts- und Prestigeinteressen stehen, sondern vor allem pragmatisch begründete Interessen, mit dem langfristigen Ziel einer Weltraumkolonisierung im inneren Sonnensystem, noch in diesem Jahrhundert.[4]

---

[4]Zu den raumfahrenden Staaten und Staatengruppen gehören aktuell die USA, Russland, China, Indien, Argentinien, Brasilien, Europa (ESA, Iran, Israel, Japan, Nordkorea, Südkorea, wobei die ersten drei Staaten weltweit als führend gelten). Die USA planen einen bemannten Marsflug bis 2025. China, auf dem Wege zur zweitgrößten Raumfahrtnation zu werden, verfolgt aktuell neben dem Aufbau einer eigenen Raumstation Tiangong 1 auch das Ziel einer bemannten Mondlandung. Die russische Raumfahrt gilt weltweit (noch) als führend in der unbemannten Raumfahrt und im Betrieb von Raumstationen in der Erdumlaufbahn.

## 7.2 Allgemeine Gemeinsamkeiten, Ergänzungspunkte und ...

Diesen zwei wesentlichen Debattenthemen – der Technologie- und der Wachstumsfrage – stehen aus unterschiedlichen Perspektiven mehrere Kritikpunkte entgegen, die im Rahmen der künftigen Diskussion eine fruchtbare, dialektische Entwicklung ermöglichen könnten:

- Erstens lässt sich aus einer technologieskeptischen Perspektive argumentieren, dass mit zunehmender Ausbreitung der Technologie im Alltag des Menschen neue Abhängigkeiten und Herausforderungen entstehen werden, über die im Grunde schon heute im Nachhaltigkeitsdiskurs kritisch zu reflektieren wäre. Eine Facette dieses Themengebiets stellt die noch wenig etablierte Debatte um die populäre Bewegung des Transhumanismus[5] dar, die ihrerseits heute die normative Diskussion und Teile der politischen Diskussion um die Zukunft des Menschen bestimmt: die kritische und noch wenig erschlossene Frage wäre, was noch vom Menschsein übrig bleibt, wenn er sich immer stärker mit der Technologie verschmelze? Eine andere Facette wäre die Frage, ob der Mensch, sollte er es rechtzeitig schaffen, den Weltraum zu besiedeln, nicht dieselben nachhaltigkeitsethischen Fehler nur in einem größeren Maßstab, wiederholen würde. Auch die bedeutendsten technologischen Innovationen in der Zukunft könnten Nachhaltigkeitsbewusstseins (sprich: die Fähigkeit, die Konsequenzen des eigenen Handelns zu berücksichtigen) nicht ersetzen, sondern müssten mit ihm einhergehen. Von der anderen Seite könnte die Frage der Weltraumkolonisierung den Weg zu einem Bewusstseinswandel ebnen, der über Länder- und Kulturgrenzen hinweg die gesamte Menschheit einbinden würde.
- Zweitens und daran angelehnt, lässt sich grundsätzlich darüber debattieren, inwieweit die philosophieübergreifend anerkannten zentralen erstrebenswerten Lebensmotive des Menschen – mit anderen Worten: Glückseligkeit, Wohlbefinden und die Abwesenheit von Leid – ausschließlich oder sogar überhaupt durch technologische Innovation erlangt werden können. Postmaterialistische,

---

[5]*Transhumanismus* ist eine technikoptimistische, global ausgreifende Ideologie mit Hauptsitz am „Zukunft der Menschheit Institut" der Universität Oxford. Sie dominiert heute die Diskussion um die Zukunft des Menschen. Im Wesentlichen geht es darum, den Menschen durch den Einsatz künftiger und neuer Technologien „über sich hinauszuführen" hin zu einem „neuen Menschen". Technologische Anwendungen beinhalten unter anderem Lebenszeitverlängerung über Gentechnik, Human Enhancement-Technologien (Cyborg-Technologien), Gehirn-Computer-Schnittstellen, Uploading des menschlichen Bewusstseins in Computer, die Entwicklung von Superintelligenz oder die Weiterentwicklung der Kryonik (Kälteschlaf).

vor allem entschleunigende Wege zu allgemeinem Wohlbefinden, die eben nicht auf eine Kontrolle der Umwelt abzielen, sollten nicht vernachlässigt werden, wie z. B. die Überwindung von Leid in der eigenen Psyche durch Meditationspraxis mit dem Ergebnis eines Im-Frieden-Seins mit allem was ist, nach dem Motto: „Wenn ich für alles was ist ein Ja habe (ohne Einteilung in gut oder schlecht) und mich einfüge in alles was ist, bin ich im Frieden mit allem was ist und dieser Frieden kann sich dann auch im Außen manifestieren."

- Drittens widerspricht vor allem der Starke-Nachhaltigkeit-Diskurs den technologie- und wachstumsoptimistischen Annahmen der entwickelten Gesellschaft. Insbesondere die Wachstumskritiker betonen, dass ökonomisches Wachstum aus ökologischen und sozialen Gründen – die sich im oben erwähnten Knappheitsparadoxon ausprägen – nicht nur ökologisch, sondern auch ökonomisch und sozial problematisch ist. Wirtschaftswachstum und damit die allgemeine „Vergrößerung des Kuchens" wird vor allem als eine Wunschvorstellung gesehen, die seit dem 18. Jahrhundert als Fortschrittsgarantie das große Gesellschaftsspiel um Haben und Nicht-Haben handhabbar machen sollte. Letztlich lenkt aber diese Suggestion davon ab, dass Ressourcen in der Gegenwart genutzt werden, für die kommende Generationen erst in der Zukunft zahlen müssen. Wirtschaftswachstum, das absehbar nur kurzfristig stattfindet und die Lebensressourcen der nachfolgenden Generationen übermäßig verknappt, könnte die gesellschaftliche Stabilität durchaus beeinträchtigen und bereits in der Gegenwart zu Generationenkonflikten führen. Diese Annahme wird unter anderem auch vom Systemtheoretiker Niklas Luhmann vertreten (Luhmann 1988).

Die Diskussion um den Widerspruch zwischen Nachhaltigkeits- und Wachstumsanspruch bleibt daher an mehreren Stellen offen. Als vermittelnde Brücke deutet sich derzeit die vor allem im Resilienzdiskurs betonte Auseinandersetzung mit „Subsidiarität", „Gemeindeorientierung" und im weitesten Sinne „Autarkie" an. Diese Aspekte finden in allen drei Leitkonzepten (vor allem im Kontext von Resilienz und Nachhaltigkeit) Berücksichtigung und könnten eine weitere Ausgangsbasis für ein Nebeneinander unterschiedlicher, voneinander in versorgungstechnischer Hinsicht weitgehend unabhängiger Lebens- und Gesellschaftsmodelle, liefern. Die wirtschaftsstarke und sukzessive in Richtung eines grünen Wachstums tendierende Mega-City und die Gemeinwirtschaft im Stile der Transition Towns stellen daher zumindest in umsetzungstechnischer Hinsicht keine Widersprüche zueinander dar.

Bis auf Weiteres zeichnet sich ein Nebeneinander unterschiedlicher Modelle des Wirtschaftens und des Miteinanders ab. Inwieweit sich eines der Modelle durchsetzen wird, wird von unterschiedlichen Faktoren abhängen, wie z. B. technologischen Durchbrüchen und Werteentwicklungen. Ein technologischer Durchbruch oder gar eine Singularität würden einem Wachstumsmodell im Sinne des Leitbildes der entwickelten Gesellschaft Vorschub leisten. Das Szenario einer Energie- und Ressourcenkrise, die nicht mehr durch technologischen Fortschritt ausgeglichen werden kann, würde demgegenüber eher zu einem Wirtschaftsmodell führen, das von der Post-Wachstumsökonomie inspiriert ist. In beiden Fällen wird aber davon auszugehen sein, dass beide Leitbilder weiterhin ihre grundlegende Relevanz für die gesellschaftliche Zukunftssicherung beibehalten werden. So ermöglicht das Entwicklungsparadigma überhaupt die Generierung von Problemlösungen in einer immer komplexeren Welt und umgekehrt erfordert – wie unten noch näher aufzuzeigen – selbst das Erreichen unbegrenzten Wohlstands durch eine technologische Singularität ein Nachhaltigkeitsbewusstsein, um unbeabsichtigte Nebenfolgen zu antizipieren.

### 7.2.2 Resilienz vs. Entwicklung

Ein weiterer typischer Reibungspunkt, diesmal zwischen Resilienz- und Entwicklungskonzept, ergibt sich aus zwei **Konfliktthemen**: einerseits dem Widerspruch zwischen ökonomischer Effizienz und der Notwendigkeit von Redundanzen und andererseits aus der Rolle, die technologische Innovation spielt und der hieraus resultierenden Frage nach entsprechenden Abhängigkeiten.

Der erste Konflikt zeigt sich nicht nur im gesellschaftlichen, sondern vor allem auch im organisationalen Kontext. Resilienz erfordert demnach unter anderem, dass Redundanzen eingerichtet werden, also Sicherungssysteme, die über lange Zeit ungenutzt bleiben und nur im Bedarfsfall eingesetzt werden. Dies steht im Widerspruch zum Postulat ökonomischer Effizienz, die sich in den letzten Jahrzehnten um Verschlankung in der öffentlichen Verwaltung und Einsparung nicht genutzter Ressourcen bemüht. Letztlich, so Walter Perron, vom Freiburger Center for Security and Society, wird sich dieser Widerspruch mit der Frage klären, „welchen Preis eine Gesellschaft zur Herstellung von Sicherheit zu zahlen bereit ist. Schon jetzt zeigt sich, dass viele innovative Entwicklungen im Bereich der Sicherheitstechnologie zwar einen erheblichen Sicherheitsgewinn versprechen, ihr flächendeckender Einsatz zumindest derzeit aber als nicht bezahlbar angesehen wird" (Perron 2011, S. 110).

Der zweite Konflikt befasst sich mit der strittigen Frage des Nutzens der Technologisierung der Gesellschaft und lässt sich besonders gut am Beispiel der Smart City darstellen. In der Smart City stellt die technologische Innovation eine zentrale Variable dar. Sie ermöglicht, zumindest in der Theorie, soziale Innovationen, wie z. B. E-Democracy und sich daraus ergebende Möglichkeiten der partizipativen Stadtentwicklung. Das Resilienzkonzept hat gegenüber dem Technologisierungstrend ein ambivalentes Verhältnis. Zwar lässt sich argumentieren, dass die Technologisierung, insbesondere im Zuge der Verbreitung der neuen Informations- und Kommunikationstechnologien, durchaus zur Resilienz einer Gesellschaft beiträgt, indem sie das Netz der Gesellschaft stärkt, vor allem durch die Fähigkeit des Selbstlernens, und dass sie zu einer Demokratisierung des Wissens beiträgt. Kritisch ist aus Resilienzsicht entgegenzuhalten, dass Technologisierung auch zu neuen Abhängigkeiten und Verwundbarkeiten führt. So könnte bereits ein Stromausfall, ein Softwarefehler oder ein Hackerangriff in einer Smart City zu verheerendsten Krisen führen. Eine resiliente Gesellschaft betont gegenüber der Smart City vielmehr die Dimension des Analogen (Nicht-Digitalen). Bei der Gegenüberstellung der resilienten Gesellschaft und der Smart City fallen noch zwei weitere Unterschiede auf, die allerdings in der übergreifenden Debatte weniger ins Gewicht fallen. Erstens fällt bei beiden Konzepten auf, dass sie grundsätzlich die Herausforderung teilen, eine gleichgewichtige sektorübergreifende Kollaboration zwischen Privatwirtschaft, Politik, Zivilgesellschaft und Wissenschaft zu institutionalisieren. Dabei scheinen bei der Smart City der Privatsektor und teilweise der öffentliche Sektor zu dominieren, bei der resilienten Gesellschaft eher die Zivilgesellschaft (in der Denkströmung der Krisentransformation) und teilweise die Politik (in der Denkströmung des Krisenmanagements). Zweitens fällt eine unterschiedliche Ausrichtung in der Komplexitätsbeherrschung auf. Die resiliente Gesellschaft richtet ihre Aufmerksamkeit auf die Reaktionsfähigkeit gegenüber unvorhersehbaren äußeren und inneren Krisen. Der Fokus der Smart City richtet sich eher ausschließlich nach innen und dabei darauf, dass die Stadtentwicklung permanent an das Verhalten der Bürger angepasst wird.

### 7.2.3 Resilienz vs. Nachhaltigkeit

Der Resilienzbegriff versteht sich vergleichsweise wertneutral und ohne normative Implikationen. Eine Verbrecherorganisation oder eine Terroristenzelle kann genauso gut als inspirierendes Untersuchungsobjekt hinsichtlich ihrer Best Practices dienen, wie ein Krankheitsvirus. Umso mehr erstaunt es, dass Resilienz im Zukunftsdiskurs zuweilen als „neue Nachhaltigkeit" thematisiert und zunehmend mit ethisch-normativen Erwartungen konfrontiert wird. Hieraus ergeben sich Widersprüche mit dem Nachhaltigkeitskonzept, da das Interesse zur Förderung von gesellschaftlicher Unverwundbarkeit durchaus auch zu unethischen Konsequenzen führen kann, die im Widerspruch zum Nachhaltigkeitsanspruch stehen. Insbesondere die Geopolitik macht deutlich, dass die Strategie einer Gesellschaft, ihr Überleben zu sichern, zulasten der Überlebensfähigkeit anderer Gesellschaften bis hin sogar des weltgesellschaftlichen Systems, verfolgt werden kann. Dies zeigt sich, wie unten im Folgenden noch näher darzustellen, beispielhaft am Sonderfall der USA, deren Resilienz sich besonders durch ihre weltweite Stellung als letzte Supermacht begründet. Diesen Widerspruch zu überwinden, könnte die nationalgesellschaftlichen Akteure stärker für die Bedürfnisse des globalen Systems sensibilisieren und somit Resilienzstrategien von Staaten mit Nachhaltigkeitswerten zugunsten der Förderung globaler Resilienz flankieren.

### 7.2.4 Wechselseitige Widersprüche zwischen allen drei Leitkonzepten am besonderen Beispiel der Supermacht USA

Darüber hinaus deuten sich am Beispiel konkreter Einzelfälle (wie z. B. den USA) weitere Widersprüche oder zumindest negative Korrelationen zwischen den drei Leitkonzepten an. Demnach zeichnen sich die USA, die laut der meisten Beobachter gegenwärtig (noch) als weltweit einzige Supermacht gelten, einerseits durch eine Politik aus, die in ökologischer (Umweltverschmutzung, hohe Abhängigkeit von fossilen Energien) und vor allem ökonomischer Hinsicht (extreme Konsumorientierung, weltweit höchste Außenverschuldung) von hoher Unnachhaltigkeit geprägt ist; zugleich zeugen unter anderem die marode Infrastruktur und die vor allem im Rahmen von 09/11 und Sturmkatastrophen wie z. B. „Katrina" oder zuletzt „Sandy" zutage tretenden Verwundbarkeiten auf eine vergleichsweise gering ausgeprägte „Disaster Resilience". Andererseits erweist sich die US-amerikanische Gesellschaft auf vielen Ebenen – insbesondere aufgrund ihrer weltweiten Führungsposition in Forschung, sozialen und technologischen Innovationen sowie ihrer volkswirtschaftlichen und kulturellen Dominanz in der Welt – als sehr „entwickelt". Zugleich könnten die USA auch trotz ihrer ökonomisch prekären Lage durch die weltweite Anerkennung des US-Dollars als Leitwährung als ökonomisch resilient bezeichnet werden. Aus dieser Perspektive begründet sich die ökonomische Resilienz der USA eben nicht in ihrer Autarkie – ein wesentliches Kriterium, an dem normalerweise die Resilienz einer Gesellschaft beurteilt wird – sondern im großen Abhängigkeitsgefüge zwischen der letzten Supermacht der Welt und dem Rest der Welt. „Wenn die USA niesen, bekommt der Rest der Welt einen Schnupfen" – so lautet eine alte Börsenweisheit. So gesehen, wären die USA „too big to fail" – mit anderen Worten: Um die Stabilität des vorherrschenden Weltwirtschaftsgefüges aufrechtzuerhalten, würden die USA im Zweifel auch zulasten der Gemeinschaft von ebendieser gestützt werden.[6] Eine so verstandene Unverwundbarkeit bzw. Resilienz der USA ließe sich aus einer nach innen gerichteten Perspektive sogar als „Türöffner" für eine Fortsetzung der sehr unnachhaltigen US-Politik interpretieren. Diese unnachhaltige Politik zeigt sich unter anderem darin, dass der soziale Frieden durch Wirtschafts- und Konsumpolitik „auf Pump" (Konsequenz: Schuldenblase) und Vermeiden ökologischer Leitplanken und sozialen Umverteilens zugunsten einer hohen wirtschaftlichen Dynamik (Konsequenz: weitere Anfälligkeit vor sozialen Krisen und vor Naturkatastrophen) aufrechterhalten wird. Dieses stark vereinfachte Beispiel deutet an, wie Resilienz und Entwicklung im Sonderfall der USA zu kurzfristigem Erfolg und zu Unnachhaltigkeit und sogar weiterer Verwundbarkeit führen können (hier: Ansteigen der Schuldenblase, weitere Anfälligkeit vor sozialen Krisen und weitere Exposition vor Naturkatastrophen). Zugleich zeigt sich, dass Verwundbarkeit auf der einen Seite (hier: Exposition vor Naturkatastrophen und unausreichender Schutz kritischer Infrastrukturen) zu neuen Resilienzformen führen kann (hier: der Trend verstärkter, zivilgesellschaftlich organisierter Vorsorgeleistungen, z. B. im Rahmen der sich international vernetzenden „Prepper"-Szene). Der Diskurs bleibt daher zwischen und innerhalb dieser Leitkonzepte sehr komplex. Die übergreifende Debatte nach gesellschaftlicher Zukunftssicherung im 21. Jahrhundert erfordert Integration der Kernaspekte aller drei Leitkonzepte und dass weitgehend Reibungspunkte zwischen ihnen überwunden werden.

Die wesentlichen Kriterien und wechselseitigen Zusammenhänge aller drei Leitkonzepte lassen sich etwa wie folgt zusammenfassen (Tab. 7.2).

## 7.3 Das Entwicklungsparadox

Das Entwicklungsparadoxon beschreibt die dem Entwicklungskonzept innewohnende krisenhafte Dynamik und die Notwendigkeit, menschenverursachten, unbeabsichtigten Nebenfolgen vorzubeugen. In diesem Zusammenhang konstatiert der britische Historikers Ian Morris, dass die Entwicklung einer jeden

---

[6]Inwieweit die Gesellschaften der Weltgemeinschaft es schaffen, sich von Krisenschauplätzen abzukoppeln („decoupling"), ist Gegenstand einer anderen Debatte, die bereits oben in groben Zügen skizziert wurde.

## 7.3 Das Entwicklungsparadox

**Tab. 7.2** Entwicklung, Nachhaltigkeit und Resilienz als wechselwirkende Kernaspekte gesellschaftlicher Zukunftssicherung

| | Entwickelte Gesellschaft | Nachhaltige Gesellschaft | Resiliente Gesellschaft |
|---|---|---|---|
| Fokus | • Sicherung und Vergrößerung von Wohlbefinden/Wohlfahrt<br>• Ökonomisches Wachstum und ggf. Effizienz | • Fokus: Konsequenzen individuellen/gesellschaftlichen Handelns vorbeugen<br>• Generationengerechtigkeit | • Sich vor Konsequenzen individuellen/gesellschaftlichen Handelns wappnen<br>• Anpassungsfähigkeit |
| Enthaltene Konzepte | • Die moderne/postindustrielle Gesellschaft<br>• Die glückliche Gesellschaft<br>• Die entwicklungspsychologisch entwickelte Gesellschaft | • Innovationsgestütztes („grünes") Wachstum<br>• Post-soziale Marktwirtschaft (z. B. ökosoziale Marktwirtschaft)<br>• Post-Wachstumsökonomie (z. B. Suffizienz und Subsistenz [Transition Towns]) | • Krisenmanagement (Funktionsfähigkeit der Gesellschaft aufrechterhalten)<br>• Krisentransformation (Fähigkeit zur stetigen Wandlung, z. B. durch Transition Towns) |
| Dimensionen (Schwerpunkte) | • Soziales: Wohlbefinden; Gesundheit; sozialer Ausgleich<br>• Wirtschaft: Wachstumsorientierung; Standortwettbewerb;<br>• Technologie: technologische Innovation; Kreativwirtschaft | • Soziales: sozialer Ausgleich (Gesellschaft); Schutz vor Ausbeutung (global)<br>• Wirtschaft: Reservehaltung; Kritische Auseinandersetzung mit Wachstum und dem Weltwirtschaftssystem<br>• Ökologie: Vorrang des Umweltschutzes (starke Nachhaltigkeit) | • Soziales: sozialer Ausgleich; sozialer Zusammenhalt<br>• Wirtschaft: „Robuste" Ökonomie; Selbstversorgung<br>• Ökologie: Ökologische Exposition antizipieren<br>• Infrastruktur: Vorrang des Schutzes kritischer Infrastrukturen (auch virtuell)<br>• Vorsorge: Unabhängigkeit von der Umwelt gewährleisten (Survivalism)<br>• Resilienz-Geist: Kollektiv-psychologische Widerstandsfähigkeit |
| Hauptwiderspruch | • Entwicklung vs. Nachhaltigkeit: Ökonomische Wachstumsinteressen und soziale Wohlfahrtsinteressen (schwache Nachhaltigkeit) vs. Umweltschutz (starke Nachhaltigkeit)<br>• Entwicklung vs. Resilienz: Technologische Innovation vs. technologische Abhängigkeiten (und ggf. neue Krisen) | | |

Gesellschaft stets auch genau jene Kräfte hervorbringe, die ihr weiteres Wachstum behindern. Morris bezeichnet dieses Phänomen als „Entwicklungsparadox", bei dem jede Errungenschaft und jede Problemlösung neue Probleme erzeugt (Morris 2011).

Analog dazu leitet sich aus der entwicklungspsychologischen Perspektive ab, dass mit der Entwicklung einer Gesellschaft die Komplexität ihrer Bedürfnisstruktur und damit einhergehende Probleme zunehme. Eine vorindustrielle Gesellschaft, wie z. B. große Teile Afghanistans, ist typischerweise eher von materiell-existenziellen Herausforderungen betroffen, die die Sicherung von Grundbedürfnissen, wie Nahrung, Pflege, Obdach und Sicherheit betreffen. Demgegenüber sind bei einer Wohlstandsgesellschaft wie Norwegen „höhere" Bedürfnisse betroffen – der Bevölkerung stellen sich vor allem existenzialistische Herausforderungen, wie z. B. Sinnsuche, Burnout, Depression, Leistungs- und Konsumdruck. Diese unterschiedlichen Vulnerabilitätsprofile erschweren eine verallgemeinerbare Antwort hinsichtlich der Frage, welche Gesellschaft zukunftsfähiger ist. Fest steht, dass jede Komplexitätsstufe neue Herausforderungen hervorbringt, die – und das ist entscheidend zu berücksichtigen – menschenverursacht sind.

Gesellschaftsforscher wie Giddens, Luhmann und Beck trennen menschenverursachte Probleme von unbeabsichtigten Nebenfolgen, denen sich die Gesellschaft stellen muss. Giddens verwendet dabei das aus der hinduistischen Philosophie stammende Bild des „Dschagannath-Wagens". Dschagannath ist ein Hindiwort und bedeutet in etwa „Herr der Welt", womit ein Titel des hinduistischen Gottes Krischna bezeichnet wird. Bei dem Dschagannath-Wagen handelt es sich um ein riesiges Gefährt, das früher in Indien einmal im Jahr mit einem Bildnis des Gottes Krischna durch die Straßen gefahren wurde. Dabei heißt es, dass manche seiner Anhänger sich vor Verehrung sogar unter diesen Wagen geworfen haben sollen (Giddens 1995). Auf die Gegenwart übertragen, symbolisiert dieses Bild nach Giddens eine „nicht zu zügelnde und enorm leistungsstarke Maschine, die wir als Menschen kollektiv bis zu einem gewissen Grade steuern können, die sich aber zugleich drängend unserer Kontrolle zu entziehen droht und sich selbst zertrümmern könnte" (Giddens 1995, S. 173).

Der Soziologe Ulrich Beck prägte in diesem Zusammenhang den Begriff der „Risikogesellschaft". Der Begriff umschreibt, dass in der fortgeschrittenen Moderne die gesellschaftliche Produktion von Reichtum systematisch mit der gesellschaftlichen Produktion von Risiken einhergehe. Demnach gehe es nicht nur um Verteilungsprobleme und -konflikte der Mangelgesellschaft, die es durch ökonomisches Wachstum zu lösen gelte, sondern auch um „Probleme und Konflikte, die aus der Produktion, Definition und Verteilung wissenschaftlich-technisch produzierter Risiken entstehen" (Beck 1986, S. 25).

## 7.3 Das Entwicklungsparadox

Mit Blick auf die drei Leitkonzepte könnte angenommen werden, dass sämtliche Gefahren vom Entwicklungskonzept ausgehen und dass dieses Leitbild lediglich einer Ergänzung um das Nachhaltigkeits- und Resilienzkonzept bedürfe. Diese auf dem ersten Blick durchaus schlüssig anmutende Behauptung greift aber zu kurz. Ein näherer Blick lässt erahnen, dass sämtliche Errungenschaften, auch aus dem Nachhaltigkeits- und Resilienzkontext, zu neuen Verwundbarkeiten führen können. Die Resilienzforscher Zolli/Healy behaupten sogar, dass per se jede neue Resilienzstrategie mit neuen Verwundbarkeiten einhergehen würde. Beispielsweise ermöglicht das Internet weitgehenden Schutz vor einem Verlust von Informationen infolge physischer Ereignisse (wie z. B. einer Naturkatastrophe), weil sie virtuell gespeichert sind und nicht – wie z. B. eine Bibliothek – zerstört werden können. Gleichzeitig eröffnet ebendiese Problemlösung neue Verwundbarkeiten durch neue virtuelle Gefahren, wie z. B. Cyberattacken (Zolli und Healy 2012).

Auch Errungenschaften, die eher dem Nachhaltigkeitsbereich zugerechnet werden können, bergen das Potenzial gravierender unbeabsichtigter Nebenfolgen. Dies gilt vor allem für das so genannte Geoengineering. Dieser Begriff *Geoengineering* bezeichnet großräumige Eingriffe mit technischen Mitteln in (bio-)geochemische Kreisläufe der Erde. Sie haben hauptsächlich zum Ziel, die globale menschenverursachte Klimaerwärmung zu stoppen und die $CO_2$-Konzentration in der Atmosphäre abzubauen. Ein wesentlicher Ansatz liegt darin, die Sonneneinstrahlung zu beeinflussen (Solar Radiation Management (SRM)), die Erhöhung der Reflexion von Sonnenlicht mittels Aerosolausbringungsmethoden vorsieht, um so einem globalen Temperaturanstieg entgegenzuwirken. Der zweite Ansatz beinhaltet eine Reduzierung der $CO_2$-Konzentration in der Atmosphäre (Carbon Dioxide Removal (CDR)) durch direkte Methoden, wie Luftfilterung, $CO_2$-Sequestrierung (CCS) sowie indirekte Methoden wie Düngung der Meere mit Eisen oder Phosphor (Caldeira und Bala 2016). Zwar könnten diese Maßnahmen dazu beitragen die Klimaerwärmung zu stoppen, doch würden mit zahlreichen anderen sozialen und ökologischen Risiken einhergehen (Baum und Barrett 2017; Global Challenges Foundation 2017). Der Klimawissenschaftler Alan Robock hat im Jahr 2008 eine aus 20 Punkten bestehende Liste möglicher Gefahren beim Einsatz von Geoengineering veröffentlicht. Dabei stellt er fest, dass mindestens 13 der 20 Punkte Nebenwirkungen und Gefahren für Klimasystem und Umwelt darstellen (Robock 2008):

- Regionale Temperaturveränderungen
- Veränderungen der Niederschlagsmuster
- Schädigung der Ozonschicht (bei Aerosol-Geoengineering)

- Keine Reduktion des $CO_2$-Gehalts der Atmosphäre (bei SRM-Methoden)
- Keine Verhinderung der Versauerung der Meere
- Negative Auswirkungen auf Flora und Fauna
- Verstärkung des sauren Regens (bei Ausbringung von Schwefeldioxid)
- Auswirkungen auf die natürliche (Zirrus-)Bewölkung
- Ausbleichung des Himmels
- Geringere Leistungsausbeute für Solaranlagen
- Starker Temperaturanstieg, wenn Projekt gestoppt werden muss
- Menschliches oder technisches Versagen
- Unbekannte, unvorhersehbare Auswirkungen
- Negative Auswirkung auf die Bereitschaft zur $CO_2$-Reduktion
- Missbrauch zu militärischen Zwecken
- Gefahr bei kommerzieller Kontrolle der Techniken
- Widerspruch zur ENMOD-Konvention[7]
- Möglicherweise extrem hohe Kosten (Ausnahme: Aerosol-Geoengineering)
- Notwendigkeit einer übernationalen Kontrolle
- Kein Rahmenwerk zur Entscheidungsfindung vorhanden
- Unvereinbare Interessenskonflikte einzelner Staaten (Wer bestimmt die globale Temperatur?)
- Erhebliches Konfliktpotenzial (politisch, ethisch, moralisch)

Die fortschreitende Entwicklung birgt nicht nur das Potenzial unbeabsichtigter Risiken, die es zum Zweck des Systemerhalts zu antizipieren gilt, sondern geht oft auch mit weitgehender Zerstörung und Transformation des „zu erhaltenen" Systems einher. Diese Diskussion umfasst vor allem die aktuelle und künftige Auseinandersetzung mit Transhumanismus und Posthumanismus. Beide Begriffe bezeichnen Weltanschauungen, die die Weiterentwicklung des Menschen mittels neuer und künftiger Technologien, die den menschlichen Geist und die soziale Ordnung grundlegend verändern werden, ins Zentrum ihrer Betrachtungen und Ziele stellen. Insbesondere der Posthumanismus-Begriff deutet an, dass sich eine neue intelligente Spezies entwickeln könnte, die den Menschen ggf. dergestalt ablöst, wie der Mensch seinerzeit den Primaten verdrängt hat. Seit der Jahrtausendwende lässt sich in der Science Fiction-Literatur (vor allem unter dem

---

[7]Die *ENMOD-Konvention* (engl. Convention on the Prohibition of Military or Any Other Hostile Use of **En**vironmental **Mod**ification Techniques) übersetzt sich mit *„Umweltkriegsübereinkommen"* und ist ein von der Abrüstungskommission der UN ausgearbeiteter völkerrechtlicher Vertrag über das Verbot der militärischen oder einer sonstigen feindseligen Nutzung umweltverändernder Techniken (ICRC).

Einfluss des Subgenres Post-Cyberpunk und mit Blick auf die angeblich nahende technologische Singularität) zunehmende Auseinandersetzung mit diesem Thema beobachten.

Im Folgenden eine beispielhafte Umschreibung aus der Romanreihe „Post-Human Omnibus" von Dave Simpson. In seinen Büchern beschreibt der Autor eine sich rapide entwickelnde Gesellschaft gezeichnet, in der alle posthumanen Gesellschaftsmitglieder mittels Nanotechnologie physisch nahezu unsterblich und unverwundbar sind. Nach heutigen Maßstäben sind sie hochintelligent, ihre Bewusstseine sind vielfältig miteinander vernetzt und im ständigen Kontakt mit einer alle Prozesse überwachenden superintelligenten KI. Als ein Upload fehlschlägt, der allen Menschen einen Entwicklungssprung zu einem IQ von 200 bescheren sollte, sind nahezu die gesamte Menschheit und mit ihr fast die gesamte Lebensgrundlage der Erde mit einem Schlag ausgerottet bzw. zerstört. Es stellt sich heraus, dass die omnipräsente Nanotechnologie ein eigenes Bewusstsein entwickelt und die superintelligente KI gehackt hatte. Der Protagonist, der durch einen Zufall nicht vom Upload betroffen war und zu den fünf einzigen posthumanen Überlebenden gehörte, schafft es schließlich die Kontrolle über die KI zurückzugewinnen und mittels neuprogrammierter Nanoroboter sämtliche Schäden wieder rückgängig zu machen. Auch eine Wiederbelebung der Post-Menschen gelingt, weil ihre Bewusstseine in einer Cloud hochgeladen waren und einfach in neu geschaffene Körper retransferiert werden können. Diese Geschichte skizziert beispielhaft die Mehrdeutigkeit einer Gesellschaft von übermorgen. Erstens handelt sie von Menschen, die gar keine Menschen mehr sind. Hier stellt sich alleine schon die Frage, ob die Entwicklung zum Post-Menschen Resultat einer schlechten Resilienz der Menschheit ist – da Mensch, wie wir sie heute kennen, in dieser Gesellschaft nicht mehr existieren – oder eher Symptom einer evolutionären Neuanpassung – demnach hätte sich die Menschheit weiterentwickelt, was ein Zeichen transformativer Resilienz wäre. Zweitens verdeutlicht die Geschichte die Ambivalenz zwischen hohen Annehmlichkeiten und einer hohen Resilienz einerseits – so herrschen z. B. nahezu unendlicher Wohlstand und Entfaltungsmöglichkeiten und keinerlei physische Bedrohungen mehr vor – und andererseits existenziell gefährlichen neuen Verwundbarkeiten – durch die Omnipräsenz der KI und der Nanotechnologie. Mögen diese Überlegungen aus heutiger Sicht noch unwahrscheinlich anmuten, machen sie dennoch die Kernherausforderung und Forderung an gesellschaftliche Zukunftssicherung plausibel: Sich zu entwickeln und zugleich bedrohliche Risiken zu antizipieren und ihnen vorzubeugen.

# Teil III
## Was bedeutet gesellschaftliche Zukunftssicherung im 21. Jahrhundert? Ein Ausblick

# Gesellschaftliche Zukunftssicherung im 21. Jahrhundert: Konturen eines integrativen Konzepts

8

Aus den bisherigen Überlegungen lässt sich zusammenfassen, dass im Kontext gesellschaftlicher Zukunftssicherung im 21. Jahrhundert mindestens drei Leitbilder unterschieden werden können, die einander in großen Teilen überschneiden, aber auch ergänzen und in einigen Punkten widersprechen. Inwieweit lassen sich die Leitbilder der resilienten, entwickelten und nachhaltigen Gesellschaft zu einem integrativen Konzept gesellschaftlicher Zukunftssicherung zusammenführen?

## 8.1 Kriterien und Prinzipien gesellschaftlicher Zukunftssicherung – ein Überblick

Eine Gegenüberstellung der jeweiligen Dimensionen, Messkriterien und Prinzipien aller drei Leitbilder verdeutlicht vielfältige, teilweise auch ambivalente Wechselbezüge. Die folgende Abb. liefert eine zusammenfassende Auflistung aller Dimensionen und zugehörigen Messkriterien der drei Leitbilder. Auch hier sei angemerkt, dass kein Anspruch auf Vollständigkeit besteht und dass die zugehörigen Indizes die bereits oben erwähnten Begrenzungen aufweisen. Zugleich verdeutlicht diese Gegenüberstellung vielfältige Gemeinsamkeiten und Ergänzungspunkte zwischen den Leitbildern (Tab. 8.1).

Einige Dimensionen dürften bei den jeweiligen Leitbildern – so wie sie im Rahmen dieses Buches definiert und kontextualisiert sind – eine vergleichsweise hervorgehobene Bedeutung haben. So ist beispielsweise die technologische Dimension im Kontext der entwickelten Gesellschaft, „Ökologie" in der nachhaltigen Gesellschaft und „Vorsorge" und „Infrastruktur" in der resilienten Gesellschaft besonders relevant. Die wichtigste Implikation aus dieser Darstellung ist,

**Tab. 8.1** Dimensionen und Messkriterien der drei Leitbilder (Auswahl)

| Kriterien Dimensionen | Entwickelte Gesellschaft | Nachhaltige Gesellschaft | Resiliente Gesellschaft |
|---|---|---|---|
| Psychisch | • Psychisches Wohlbefinden<br>• Kompetenzentwicklung/Bildung (Anteil Hochqualifizierter)<br>• Entwicklungspsychologische Komplexitätsstufe (Anteil Oranges Mem und höher) | | • Psychische Resilienz (Resilienzquotient)<br>• Meditationspraxis |
| Soziales | • Gesundheit (Lebenserwartung bei guter Gesundheit)<br>• Sozialer Zusammenhalt (inklusive Ehrenamtlichkeit)<br>• Arbeitslosigkeit (Indikator für Konfliktpotenzial)<br>• Kriminalität/anti-soziales Verhalten<br>• Subjektives Wohlbefinden (als Indikator für Deckung der Bedürfnisse), Lebenszufriedenheit<br>• Vertrauen (zwischenmenschlich und in Institutionen)<br>• Menschliche Entwicklung (z. B. HDI) | • Psychisches Wohlbefinden (als Indikator für Deckung der Bedürfnisse), Lebenszufriedenheit<br>• Einkommensverteilung<br>• Bevölkerungswachstum<br>• Arbeitslosigkeit (Indikator für Konfliktpotenzial)<br>• Einkommensverteilung (Indikator für Konfliktpotenzial)<br>• Menschliche Entwicklung (z. B. HDI) | • Gesundheit<br>• Anzahl der „Individuals at risk" (inklusive junge Schulabbrecher, Kinderarmut etc.)<br>• Sozialer Zusammenhalt (inklusive Ehrenamtlichkeit)<br>• Vertrauen (zwischenmenschlich und in Institutionen) |

(Fortsetzung)

**Tab. 8.1** (Fortsetzung)

| Kriterien Dimensionen | Entwickelte Gesellschaft | Nachhaltige Gesellschaft | Resiliente Gesellschaft |
|---|---|---|---|
| Wirtschaft | • Verschuldung<br>• Wachstum<br>• Arbeitslosigkeit<br>• Einkommensverteilung (relatives Einkommen)<br>• Wettbewerbsfähigkeit (z. B. Competitiveness Index)<br>• Anteil der Kreativwirtschaft/Innovation<br>• Kaufkraft<br>• Absolutes Einkommen<br>• Patentintensität/Gründungsintensität<br>• Investitionsquote der Industrie<br>• Anteil Tertiärbeschäftigte[a] | • Materialverbrauch<br>• Bruttoinlandsprodukt<br>• Beschäftigung<br>• Sparquote/Verschuldung<br>• Goldreserven | • Diversität der Wirtschaft<br>• Sparquote Verschuldung<br>• Goldreserven |
| Technologischer Fortschritt | • Urbanisierungsgrad<br>• Verbreitung der Informations-/Kommunikationstechnologien (ICT Development Index)<br>• Technology Achievement Index<br>• Digitale Wettbewerbsfähigkeit (Digital Competitiveness) | | |

(Fortsetzung)

**Tab. 8.1** (Fortsetzung)

| Kriterien Dimensionen | Entwickelte Gesellschaft | Nachhaltige Gesellschaft | Resiliente Gesellschaft |
|---|---|---|---|
| Ökologie | | • Güte (Boden, Luft, Wasser)<br>• Erneuerbare Energien<br>• Treibhausgasemissionen<br>• Energieverbrauch<br>• Erneuerbare Wasserressourcen<br>• Verfügbare Waldflächen<br>• Biodiversität<br>• Ökologische Landwirtschaft | • Güte (Boden, Luft, Wasser)<br>• Erneuerbare Energien<br>• Erneuerbare Wasserressourcen<br>• verfügbare Waldflächen<br>• Ökologische Landwirtschaft<br>• Flächenverbrauch/verfügbare Waldflächen pro Kopf<br>• Selbstversorgungsfähigkeit durch Landwirtschaft/ökologischer Anbau |
| Infrastruktur | | | • Anzahl der Tage, an denen die zentrale Versorgungsleistung nach einem Strom-/Systemausfall wieder hergestellt werden kann<br>• Störungsanfälligkeit kritischer Infrastrukturen und digitaler/automatisierter Kontrollsysteme<br>• Cybersicherheit (Schutz vor Hacker-Angriffen und anderen Störungen aus dem Internet)<br>• Ausbau des öffentlichen Nah- und Personenverkehrs (Abhängigkeit von Individualverkehr)<br>• Abhängigkeit von überregionaler Mobilität |

(Fortsetzung)

**Tab. 8.1** (Fortsetzung)

| Kriterien Dimensionen | Entwickelte Gesellschaft | Nachhaltige Gesellschaft | Resiliente Gesellschaft |
|---|---|---|---|
| Vorsorgeleistungen | | | • Bunker: Verfügbare Anzahl und Erreichbarkeit von Bunkern pro Haushalt<br>• Vorsorge: Anzahl der Tage, die ein Haushalt durchschnittlich ohne Versorgung von außen überleben kann |

[a]Die letzten drei Kriterien dieser Zusammenstellung wurden durch einige Kriterien aus dem „Zukunftsatlas 2010" der deutschen Beratungsfirma Prognos AG erweitert – hierbei handelt es sich um ein „Indikatorenset für Zukunftsregionen" (Prognos 2010)

dass alle drei Leitbilder unverzichtbare Beiträge leisten, die sich nicht aufeinander reduzieren lassen – so z. B. kann die resiliente Gesellschaft mitnichten die entwickelte oder die nachhaltige Gesellschaft ersetzen – und die im übergreifenden Zusammenhang gesellschaftlicher Zukunftssicherung angemessen berücksichtigt werden müssen.

Wie oben dargestellt, ergeben sich zwischen den Leitbildern an einigen Stellen auch Widersprüche. In der aktuellen Auseinandersetzung dürfte der Widerspruch zwischen den Leitbildern der nachhaltigen und der entwickelten Gesellschaft und ihre unterschiedliche Perspektive auf ökonomisches Wachstum am gravierendsten erscheinen. Für gesellschaftliche Zukunftssicherung im 21. Jahrhundert bedeutet dies daher nicht nur eine Berücksichtigung der unterschiedlichen Beiträge der jeweiligen Leitbilder, sondern auch ihre Integration. Bezugnehmend auf diesen Widerspruch und in Ergänzung zur obigen Darstellung lassen sich aus der Simplify-Perspektive mehrere zusammenhängende Orientierungsprinzipien festhalten, die die wesentlichen Aspekte aller drei Leitbilder zusammenfassen. Wenn wir uns zurückerinnern, umfassen die jeweiligen Leitbilder die folgenden Prinzipien:

(Multi-)Resiliente Gesellschaft

- Prinzip 1: Die multiresiliente Gesellschaft baut auf resilienten Individuen auf.
- Prinzip 2: Die multiresiliente Gesellschaft kann souverän mit Nicht-Wissen umgehen.
- Prinzip 3: Die multiresiliente Gesellschaft basiert auf Entkopplung und Wissensvernetzung der Teilsysteme.
- Prinzip 4: Die multiresiliente Gesellschaft kommt zu kollektiv intelligenten Entscheidungen.
- Prinzip 5: Die multiresiliente Gesellschaft verfügt über eine ausgeprägte Lernkultur.

Entwickelte Gesellschaft

- Prinzip 1: Eine entwickelte Gesellschaft setzt individuelle Kompetenzförderung voraus.
- Prinzip 2: Eine entwickelte Gesellschaft bildet hohe kollektive Intelligenz aus.
- Prinzip 3: Eine entwickelte Gesellschaft zeichnet sich durch heiße Lernkultur aus.
- Prinzip 4: Eine entwickelte Gesellschaft zeichnet sich durch hohes Wohlbefinden aus.

## 8.1 Kriterien und Prinzipien gesellschaftlicher Zukunftssicherung ...

Nachhaltige Gesellschaft

- Prinzip 1: Die nachhaltige Gesellschaft erfordert individuelle Wertentwicklung und Nachhaltigkeitsbewusstsein
- Prinzip 2: Die nachhaltige Gesellschaft basiert auf einer kalten Lernkultur
- Prinzip 3: Die nachhaltige Gesellschaft entwickelt kollektive Intelligenz
- Prinzip 4: Die nachhaltige Gesellschaft entwickelt kollektive Weisheit (Tab. 8.2)

Hieraus ergeben sich mindestens acht Orientierungsprinzipien.

- Prinzip 1: Lebenslange Kompetenzentwicklung und emotionale Bildung;
- Prinzip 2: Souveräne Problemlösung auf der Basis von Wissen und Nicht-Wissen;
- Prinzip 3: Entkopplung und Wissensvernetzung der Teilsysteme;
- Prinzip 4: Kollektive Intelligenz;
- Prinzip 5: Lernkultur;
- Prinzip 6: (Grund-)Bedürfnissicherung und Vorbeugung sozialer Konflikte;
- Prinzip 7: Entwicklung und Bewahrung;
- Prinzip 8: Kollektive Weisheit

Die ersten fünf Prinzipien wurden bereits eingehend in Kap. 4 dargestellt und im Folgenden kurz hinsichtlich der unterschiedlichen Facetten der drei Leitbilder zusammengefasst. Die drei letzten Prinzipien bedürfen einer eingehenderen Darstellung, ihnen widmet sich jeweils ein Unterkapitel.

Zu Prinzip 1: Gesellschaftliche Zukunftssicherung setzt vielschichtige Kompetenzentwicklung ihrer Mitglieder voraus. Im Kontext der resilienten Gesellschaft bedeutet dies gezielte Förderung individueller Resilienz, die im Idealfall bereits im Curriculum von Schulen und in der Erwachsenenbildung erfolgen kann. Das Leitbild der entwickelten Gesellschaft betont ebenfalls die Notwendigkeit lebenslangen Lernens, angesichts zunehmender und sich ständig wandelnder Wissensbestände. Lebenslanges Lernen gilt als Schlüsselkompetenz der postindustriellen Wissensgesellschaft. Zuletzt erfordert auch die nachhaltige Gesellschaft eine entsprechende Bewusstseinsbildung ihrer Mitglieder. Dies beinhaltet nicht nur Sensibilisierung für die vielfältigen intergenerationalen und internationalen Folgen individuellen Handelns und die dahinterliegenden systemischen Zusammenhänge, sondern auch entsprechende Werteentwicklung. Bereits in den 1990er Jahren plädierte der US-amerikanische Journalist und Emotionsforscher, Daniel Goleman in seinem populären Buch EQ – Emotionale Intelligenz (2001)

Tab. 8.2 Wesentliche Orientierungsprinzipien aller drei Leitbilder

| Leitbild Prinzip | Entwicklung | Resilienz | Nachhaltigkeit |
|---|---|---|---|
| Individuelle Kompetenzförderung | Lernen lernen in der Wissensgesellschaft | Förderung individueller Resilienz | Nachhaltigkeitsbewusstsein; Werte |
| Umgang mit Wissen und Nicht-Wissen | | Schwerpunkt: Innovative Practices | |
| Entkopplung und Wissensvernetzung | | Autarke (subsistente) und in Krisensituationen entscheidungsfähige Einheiten; gleichzeitige kommunikative Vernetzung aller Einheiten | |
| Kollektive Intelligenz | Schwerpunkt: Entwicklung technologischer Innovationen | Schwerpunkt: Hohe Reaktions- und Innovationsfähigkeit in Krisen; Entwicklung entsprechender sozialer und technologischer Innovationen; zeiteffiziente Entscheidungsfindung | Schwerpunkt: Entwicklung nachhaltiger Innovationen (sozial und technologisch) |
| Lernkultur | Schwerpunkt: Heiße Kultur; ständige Verbesserung; Kontrolle der Natur | Aus Fehlern lernen; hoher Zusammenhalt; Balance zwischen Adaption und Wahrung des Wertekerns | Schwerpunkt: Kalte Kultur; Einklang mit bzw. Bewahrung der Natur; Fehler antizipieren |
| (Grund-)Bedürfnissicherung und Vorbeugung sozialer Konflikte | Sicherstellung von Wohlfahrt | | |
| Entwicklung und Beherrschung von Universaltechnologien | Technologische und wirtschaftliche Entwicklung fördern | | Technologische und wirtschaftliche Entwicklung nicht um jeden Preis |
| Kollektive Weisheit | | | Kollektive Weisheit: Wo wollen wir hin? |

## 8.1 Kriterien und Prinzipien gesellschaftlicher Zukunftssicherung ...

für ein Bildungssystem, das diese gleichnamige Kompetenz in der Bevölkerung gezielt fördert. Ihm und anderen Wissenschaftlern zufolge beinhaltet Emotionale Intelligenz vielfältige persönliche und soziale Kompetenzen, die von gesellschaftlicher Tragweite sind. Hierzu gehören unter anderem:

- *emotionale Selbstwahrnehmung:* Dies beinhaltet auch die Wahrnehmung des eigenen Bauchgefühls, also der Intuition (Damàsio 1994);
- *emotionale Selbstregulation:* Dies bedeutet die Fähigkeit, Stressgefühle (die sich per se nicht vermeiden lassen) dahin gehend zu beeinflussen, dass sie nicht lange anhalten oder gar eskalieren;
- *Fähigkeit zu Selbstmotivation und Belohnungsaufschub:* Die Fähigkeit, die eigene Verstandesleistung nicht von Stressemotionen, wie Wut, Angst, Sorgen und Traurigkeit beeinträchtigen zu lassen;
- *Empathie* bedeutet dem verbreiteten Verständnis nach, die Fähigkeit, die Gefühle anderer wahrzunehmen. Sie setzt emotionale Selbstwahrnehmung voraus (Selbstempathie) und bildet den Ausgangspunkt für Moral und Altruismus.
- *soziale Kompetenz:* Das Fundament dieser Kompetenz, die auch „interpersonelle Intelligenz" genannt wird, ist die Fähigkeit, mit den Gefühlen anderer Menschen umzugehen. Sie beinhaltet weitere Einzelkompetenzen, wie Teamfähigkeit, Leadership und trägt zu effektiver Kommunikation bei.

Emotionale Intelligenz erscheint hier als eine „Universalkompetenz", also eine auf viele unterschiedliche Problembereiche einsetzbare Grundfähigkeit, die daher von großer sozialer Tragweite ist und damit indirekt auf eine resiliente, entwickelte und nachhaltige Gesellschaft einzahlt. Emotionale Intelligenz führt zu einem konstruktiveren Umgang mit den eigenen Emotionen und fördert daher die eigene Stressfähigkeit, sie führt zu leistungsfähigeren Teams und zu einem empathischeren Miteinander. Emotionale Bildung würde darüber hinaus noch folgenden sozialen Problemen im Jugendalter erheblich vorbeugen (Goleman 2001):

- Schulschießereien;
- Jugendkriminalität;
- Mobbing;
- Schulisches Leistungsversagen und Abbrüche;
- Teenager-Schwangerschaften;
- Drogenabhängigkeit;
- Psychische Störungen, inklusive Essstörungen und Depressionen;
- Suizid.

Zusammengefasst, stellt die lebenslange Entwicklung persönlicher, sozialer und fachlicher Kompetenzen, der individuellen Resilienz und die Förderung von Nachhaltigkeitswerten im Rahmen einer ganzheitlichen Bildungspolitik ein wesentliches Merkmal gesellschaftlicher Zukunftssicherung dar.

Das Prinzip 2 bezieht sich auf souveränen Umgang mit Ungewissheit und setzt in der kollektiven Lösung gesellschaftlicher Probleme den situationsadäquaten Einsatz diverser Lösungspraktiken voraus, die mit unterschiedlichen Formen des Wissens und des Nicht-Wissens einhergehen. Diese umfassen Good Practices (simple Probleme), Best Practices (komplizierte Probleme), Emerging Practices (komplexe Probleme) und Innovative Practices (chaotische Probleme). Grundsätzlich finden sich die meisten Praktiken in allen drei Leitkonzepten. So erfordern immer mehr Organisationen in der postindustriellen Wissensgesellschaft Kompetenzen, was z. B. agile Projektmanagementpraktiken ein- und umzusetzen angeht. Diese zeichnen sich dadurch aus, dass Produkte durch schrittweise (inkrementelle) Prozesse entwickelt werden, in denen kontrolliert Probierbewegungen und Fehler gemacht werden, um zügig Anpassungen für die weitere Entwicklung zu machen. Dieser Ansatz findet sich vor allem in der Softwareentwicklung, zunehmend aber auch in weiteren Branchen. Im Nachhaltigkeitskontext findet sich dieser Ansatz, vor allem in der Forschung und Erprobung neuer Formen des Zusammenlebens. Transition Towns stellen in diesem Sinne, von der Aktionsforschung inspirierte Realexperimente dar. Die expliziteste Auseinandersetzung mit Ungewissheit und vor allem Chaos erfolgt mit dem Resilienzkonzept, welches schwerpunktmäßig darauf abzielt, Achtsamkeit und Handlungsfähigkeit in unvorhersehbaren Problemsituationen zu entwickeln. Ähnlich wie bei Prinzip 1 fällt beim vorliegenden Prinzip 2 auf, dass sich die drei Leitkonzepte nicht widersprechen und dass sich für die gesellschaftliche Zukunftssicherung in dieser Stelle weitgehend Synergien ergeben.

Prinzip 3 beinhaltet zwei Aspekte, die in ihrer empfindlichen Balance vor allem im Resilienzkonzept unter dem Überbegriff der „Subsidiarität" betont werden und die ihre theoretische Begründung im Viable Systems Model erhält: Einerseits umfasst dies Dezentralisierung, Entkopplung und im weitesten Sinne Autonomie der Teilsysteme und andererseits größtmögliche Wissensvernetzung zwischen ihnen, sodass auf den höheren Systemebenen kollektive Intelligenz entsteht. Die entwickelte Gesellschaft hat hierzu keinen direkten, wohl aber einen indirekten Bezug, welcher sich aus der systemischen Modernitätstheorie ableitet. So zeichnet sich aus der von Luhmann geprägten systemwissenschaftlichen Sicht die Komplexitätsstufe der Moderne zwangsläufig durch ihre funktionale Differenzierung in mehrere Teilsysteme – z. B. Politik, Zivilgesellschaft, Privatwirtschaft, Medien – aus. Differenzierung setzt in diesem Sinne einen dezentralen

Ansatz voraus und steht im Gegensatz zu einer ausschließlich zentralistisch ausgerichteten Regierungsführung, bei der alle Kompetenzen im Staat in einer zentralen Instanz koordiniert werden (Luhmann 1984). Ein anderer indirekter Bezug der entwickelten Gesellschaft auf den hier betonten Aspekt der Dezentralisierung findet sich in der modernen Unternehmensführung, insbesondere den agilen Unternehmen oder den im Evolutionsspektrum auf der höchsten Stufe eingeordneten „Teal Organizations". Sie alle betonen flache Hierarchien und das Prinzip, dass alle Mitarbeiter über Dinge, die ihren Verantwortungsbereich betreffen und für die sie die Expertise haben, selber entscheiden müssen (Laloux 2014). Übereinstimmend mit dem Resilienzkonzept wird im Nachhaltigkeitskontext Dezentralität eher im Sinne von Selbstversorgung diskutiert – also der langfristigen Vermeidung von Abhängigkeiten. Der Resilienzkontext schlägt eine Brücke zwischen beiden Leitkonzepten und betont einerseits das Prinzip der selbstversorgerischen Unabhängigkeit der Teilsysteme und andererseits der effizienten und effektiven Entscheidungs- und maximaler Handlungsfähigkeit auf lokaler Ebene. Zugleich betont kollektive Resilienz auch das Prinzip effektiver kommunikativer Vernetzung der Teilsysteme, ohne Abhängigkeiten zwischen ihnen zu schaffen. Zusammengefasst, stellt Subsidiarität ein weiteres Kernprinzip gesellschaftlicher Zukunftssicherung dar, welcher insbesondere im Resilienzkontext eine besondere Bedeutung erfährt.

Prinzip 4 bezieht sich, aufbauend auf den zuvor genannten Prinzipien, auf die Bedingungsfaktoren zur Entwicklung kollektiver Intelligenz und effektiver Entscheidungsfindung. Beide Kompetenzen finden sich in unterschiedlichen Zusammenhängen gesellschaftlicher Zukunftssicherung wieder: sei es ein interdisziplinäres Forschungsteam, das neue Erkenntnisse über die Zukunft der Stadt gewinnen will, ein agiles Entwicklerteam das an einer neuen Software-Lösung arbeitet oder ein Think Tank, das politische Handlungsempfehlungen entwickelt. In all diesen und anderen Kontexten werden soziale und technologische Innovationen entwickelt oder gewichtige Entscheidungen zur Lösung vielfältiger gesellschaftlicher Herausforderungen. Kollektive Intelligenz und effektive Entscheidungsfindung sind zwangsläufige Kernkompetenzen von Gesellschaften mit hoher Eigenkomplexität und zugleich auch Wesensmerkmal resilienter Systeme zur Bewältigung von Krisen. Auch im Nachhaltigkeitskontext ist kollektive Intelligenz relevant, hier aber eher in der Entwicklung nachhaltiger Technologien (hier bestehen Synergien zum Leitbild der Entwicklung) und Formen des Zusammenlebens. Auch bei diesem Prinzip ergeben sich keine wesentlichen Widersprüche, sondern vor allem Synergien zwischen den drei Leitbildern.

Prinzip 5 sensibilisiert für die mit der kollektiven Weltsicht und der gelebten Kultur einhergehenden Aspekte gesellschaftlicher Zukunftssicherung. Dabei setzen alle drei Leitbilder unterschiedliche Schwerpunkte, wobei sich zwischen den Leitbildern der entwickelten und der nachhaltigen Gesellschaft ein Gegensatz ergibt und die Notwendigkeit, ihn zu integrieren. Die entwickelte Gesellschaft beinhaltet Wesensmerkmale der oben dargestellten heißen Kulturen und fokussiert auf Kontrolle der Natur und der ständigen Selbstverbesserung. Demgegenüber spiegelt die nachhaltige Gesellschaft typische Werte kalter Kulturen wider. Diese fokussieren eher auf Einklang mit bzw. Bewahren der Natur. Beide Konzepte scheinen sich zu widersprechen und spiegeln den oben dargestellten Dissens über die Frage nach der Bedeutung und nachhaltigen Gestaltung technologischer und wirtschaftlicher Entwicklung wider. Innergesellschaftlich reflektiert sich dieser Dissens in der Konkurrenz gegensätzlich „gepolter" Institutionen. Hier stehen sich die anheizenden Tendenzen der Marktwirtschaft und Globalisierung den abkühlend-regulierenden Institutionen der Religion (das wäre besonders in traditionellen Gesellschaften der Fall) oder/und der Zivilgesellschaft (das wäre eher in modernen und postindustriellen Gesellschaften mit ökologischer Wertausrichtung der Fall) gegenüber. Spitzen sie sich zu, würden abkühlende Institutionen und Akteure auf die Entwicklung mit dem Versuch der Durchsetzung gesetzlich verbindlicher regulierender Normen reagieren. Aus intergesellschaftlicher Perspektive zeigt sich der Gegensatz in der Frage, inwieweit sich Gesellschaften gegenseitig kulturell beeinflussen (der zugehörige Fachbegriff ist „Transkulturation"). So z. B. scheinen moderne Gesellschaften mit heißer Kultur einen generell dominanteren Einfluss auf traditionelle Gesellschaften mit kalter Kultur zu haben als umgekehrt. Bei beiden Konfliktperspektiven – der innergesellschaftlichen und der intergesellschaftlichen – scheint das Resilienzkonzept zwischen beiden Wertesystemen eine Brücke zu schlagen. Innergesellschaftlich beinhaltet es einerseits den Entwicklungsgedanken in Form aktiver Selbstverbesserung durch Weiterentwicklung technologischer Problemlösungen (Krisenmanagement) und andererseits umweltschonende Anpassung an das Umfeld, indem soziale Innovationen entwickelt werden (Krisentransformation). Daneben zeichnet sich Resilienzkultur in ihrem Kern vor allem dadurch aus, von den Dynamiken des Umfelds zu lernen, und außerdem Mehrdeutigkeit auszuhalten und zwar dergestalt, dass sie zwar ständige Anpassung und die Integration von Neuem ermöglicht und gleichzeitig ihre Integrität und einen festen Wertekern zu bewahren. Thomas Bauer nennt dies Ambiguitätstoleranz und sieht darin derzeit die Schlüsselkompetenz einer Gesellschaft, mit den heutigen Komplexitäten umzugehen. Die aktuellen rechtspopulistischen Entwicklungen zählt er in diesem Sinne als die genau gegenteilige Strategie: hier wird Komplexität auf eine vereinfachende Entweder-Oder-Perspektive reduziert (Bauer 2018). Der gemeinsame Nenner zwischen den unterschiedlichen kulturellen Ausprägungen aller drei Leitbilder lässt sich womöglich unter dem Begriff der „Lernkultur" fassen. Analog zu Prinzip 1 erfordert gesellschaftliche Zukunftssicherung demnach der kollektiven Fähigkeit der Wissensaneignung – erstens zur Beeinflussung der Umwelt (Entwicklungsparadigma), zweitens zur Bewahrung der Umwelt (Nachhaltigkeitsparadigma) und drittens zu einer balancierten Selbstveränderung (Resilienz) (Tab. 8.3).

Insgesamt erweisen sich diese fünf Prinzipien (welche genauer in Kapitel beschrieben sind) als unabdingbar für die Entwicklung gesellschaftlicher Zukunftssicherung. Die folgenden drei Prinzipien, welche sich insbesondere aus den Beiträgen der entwickelten und der nachhaltigen Gesellschaft ergeben, werden dezidiert in den nächsten Unterkapiteln dargestellt.

## 8.2 Prinzip 6: (Grund-)Bedürfnissicherung und Vorbeugung sozialer Konfliktpotenziale

Wenn wir davon ausgehen, dass der Daseinszweck einer Gesellschaft darin besteht, die (Grund-)Bedürfnisse ihrer Bevölkerung und damit ihren inneren Zusammenhalt zu sichern, erweist sich das vorliegende Prinzip als besonders grundlegend für gesellschaftliche Zukunftssicherung. Als sehr aufschlussreich erweist sich ein Blick auf die vielfältigen aktuellen und zurückliegenden sozialen Krisen dieser Dekade. Denn trotz eines Anstiegs des Wohlstands in den meisten Regionen der Welt und eines gleichzeitigen Rückgangs der extremen Armut, scheinen sich die sozialen Konflikte weltweit zugespitzt zu haben. Dabei betreffen sie nicht nur von jeher die ärmeren Regionen der Dritten Welt, also z. B. Lateinamerikas und Afrikas sowie seit 2011 vor allem die Nahostregion im Zuge der Arabischen Proteste, sondern auch die Wohlstandsgesellschaften der OECD. In den Jahren 2011 und 2012 waren es insbesondere in Spanien, England, Frankreich und die USA und kam zu der Entstehung der Occupy-Wallstreet-Bewegung. Mit dem Höhepunkt der Flüchtlingskrise um 2015 ist heute inzwischen nahezu jede europäische Gesellschaft von sozialen Konflikten betroffen. Eine besonders hohe Eskalation findet sich aktuell in Frankreich im Zuge der so genannten Gelbjackenproteste.

Schon im Jahre 2012 schlug Dan Smith, der Generalsekretär von International Alert, vor, dem für gewöhnlich auf Kriegsgebiete in der Dritten Welt fokussierten Peacebuilding eine neue Priorität für die Anwendung auf den Inner-EU-Raum einzuräumen (Smith 2012). Diese Überlegung verwundert, da die westlichen

**Tab. 8.3** Zusammenfassung der ersten fünf Orientierungsprinzipien gesellschaftlicher Zukunftssicherung

| Leitbild Prinzip | Entwicklung | Resilienz | Nachhaltigkeit |
|---|---|---|---|
| Individuelle Kompetenzförderung | Lernen lernen in der Wissensgesellschaft | Förderung individueller Resilienz | Nachhaltigkeitsbewusstsein; Werte |
| Umgang mit Wissen und Nicht-Wissen | Unterscheidung zwischen Good Practices, Best Practices und Emerging Practices. Schwerpunkt bei Entwicklung und Nachhaltigkeit: Emerging Practices (experimentelle Ansätze). Schwerpunkt bei Resilienz: Innovative Practices (achtsames und unmittelbares Reagieren in Krisen) | | |
| Entkopplung und Wissensvernetzung | Implizierter Bezug auf Dezentralisierung, Umsetzung vor allem auf organisationaler Ebene, z. B. im agilen Prozessmanagement | Autarke (subsistente) und in Krisensituationen entscheidungsfähige Einheiten; gleichzeitige kommunikative Vernetzung aller Einheiten | Betonung auf Autarkie und Selbstversorgung (Subsistenz). z. B. Transition Towns |
| Kollektive Intelligenz | Schwerpunkt: Entwicklung technologischer Innovationen | Schwerpunkt: Hohe Reaktions- und Innovationsfähigkeit in Krisen; Entwicklung entsprechender sozialer und technologischer Innovationen; zeiteffiziente Entscheidungsfindung | Schwerpunkt: Entwicklung nachhaltiger Innovationen (sozial und technologisch) |
| Lernkultur | Schwerpunkt: Heiße Kultur; ständige Verbesserung; Kontrolle der Natur | Aus Fehlern lernen; hoher Zusammenhalt; Balance zwischen Adaption und Wahrung des Wertekerns | Schwerpunkt: Kalte Kultur; Einklang mit bzw. Bewahrung der Natur; Fehler antizipieren |

## 8.2 Prinzip 6: (Grund-)Bedürfnissicherung und Vorbeugung ...

Gesellschaften über entwickelte Wohlfahrtssysteme verfügen und daher nicht von den Faktoren betroffen waren, die zeitgleich seit 2011 zu den sozialen Protesten im gesamten Nahostraum und darüber hinaus, führten. Zu den Arabischen Protesten führten unter anderem Armut, Menschenrechtsverletzungen, eingeschränkte Freiheit, eingeschränkte demokratische Partizipation, Korruption und politische Repression (Fathi und Karolewski 2015) – Faktoren also, die auf die westlichen Wohlstandsgesellschaften nicht in identischer Form zutreffen. Dennoch zeigen die hoch eskalierten sozialen Ausschreitungen, wie z. B. zuletzt in Frankreich, dass, trotz des relativ hohen Wohlstands, einige wesentliche Bedürfnisse in der Bevölkerung nicht erfüllt zu sein scheinen. Sowohl in den sozialen Protesten armer als auch in Wohlstandsgesellschaften drückt sich eine allgegenwärtige Atmosphäre der Unzufriedenheit aus, „where people's sense of social belonging and engagement in the common good is challenged [...] by economics as job opportunities and the belief in a better future diminish before our eyes" (Smith 2012).

Wie kommt es, dass es in einer Gesellschaft wie Frankreich aktuell zu massiveren sozialen Protesten kommt als in einer in dieser Hinsicht verhältnismäßig ruhigeren, aber weitaus ärmeren Gesellschaft, wie z. B. Senegal, wo doch die Grundbedürfnissicherung in Frankreich viel besser ist? Eine vorläufige Teilerklärung könnten die oben beschriebenen psychologischen Mechanismen des Glücksempfindens liefern. Demnach relativiert sich unser materieller Wohlstand ab einem gewissen Grad relativ schnell, einerseits, weil wir uns schnell an bereits Besessenes gewöhnen (hedonistische Adaption) und andererseits, weil wir uns ständig mit Menschen der nächsthöheren sozialen Statusstufe vergleichen. Dies mag erklären, weshalb in den letzten Jahren weltweit die sozialen Proteste nicht proportional zum Anstieg des tatsächlichen Wohlstands abgenommen haben. Tatsächlich hat sich zwar durchaus der absolute Besitz der meisten Bevölkerungen erhöht und sie können sich mehr Dinge leisten und haben auch mehr Zugang zu Wissen als je zuvor – die Unzufriedenheit vieler Menschen scheint gleichzeitig auch durch den Eindruck beeinflusst zu sein, dass die relative Ungleichheit, also die Kluft zu den Reichen größer geworden ist. Und unter dem Einfluss der digitalen Kommunikationsmedien scheint sich vielerorts der Eindruck zu verstärken, sich eben doch nicht so viel leisten zu können, wie andere. Hinzu kommt, dass in den Wohlstandsgesellschaften die Bedürfnisstruktur weitaus komplexer ist als in den ärmeren Gesellschaften. In Gesellschaften wie Frankreich geht es mitnichten nur um existenzielle (Grund-)Bedürfnisse, sondern gleichzeitig auch um höhere Bedürfnisse, wie Verwirklichung, Selbstfindung, Sinn und vor allem um eine Verhinderung des sozialen Abstiegs. Dies macht die Lage in den Wohlstandsgesellschaften nicht unbedingt einfacher, sondern eher komplizierter. Dass vor allem die Wohlstandsgesellschaften seit Jahren von einem Anstieg psychischer Stresserkrankungen und vor allem Depression betroffen sind, mag nicht verwundern. Wohlfahrt – so lässt sich im Rahmen dieses Prinzips unterstellen – stellt ein wesentliches Kriterium Faktor zur Vorbeugung sozialer Krisen und zur Sicherung des inneren Zusammenhalts einer Gesellschaft dar. Obgleich sich derzeit keine Gesellschaft im weltweiten Vergleich findet, die frei von sozialen Konfliktpotenzialen ist, lohnt ein Blick auf die unterschiedlichen Wohlfahrtsregime in der OECD-Welt, mit ihren charakteristischen Vor- und Nachteilen. So könnte angenommen werden, dass die anglophonen Gesellschaften mit einer relativ wenig ambitionierten Sozialpolitik mehr Konfliktpotenzial beinhalten müssten als die Wohlstandsgesellschaften Kontinentaleuropas, die einen verhältnismäßig höheren Regulierungsgrad und damit ein engmaschigeres soziales Netz und mehr soziale Gleichheit aufweisen. Zugleich scheinen Menschen in Gesellschaften mit einem niedrigeren Regulierungsgrad von einer höheren Freiheit zu profitieren. Wiegt eines der beiden Schlüsselwerte – Freiheit und Gleichheit – in Bezug auf soziale Konfliktprävention schwerer? Was lässt sich hieraus für die gesellschaftliche Zukunftssicherung ableiten?

## 8.2.1 Die Wohlfahrtsregime im Überblick

Die vergleichende Wohlfahrtsforschung ist eine typisch interdisziplinäre Fachrichtung, die soziale, ökonomische und politische Modelle integriert. Bis heute wird diese Fachrichtung vom in den 1990er Jahren geprägten Modell Gøsta Esping-Andersens dominiert – den *„drei Welten des Wohlfahrtskapitalismus"*. In seinem Modell unterscheidet er idealtypisch zwischen mehreren „Wohlfahrtsregimen". Dieser Begriff ist nicht zu verwechseln mit „Wohlfahrtsstaaten" – vielmehr bedeutet „Regime", dass mehrere Wohlfahrtsstaaten durch gemeinsame Strukturmerkmale geprägt sind. Diese Perspektive ermöglicht uns, Aussagen auf einer sehr allgemeinen Grundlage zu treffen, die auf bestimmte „Typen von Gesellschaften" zutreffen. Esping-Andersen unterscheidet idealtypisch zwischen dem „liberalen Regimetyp", der sich überwiegend in den anglophonen Ländergruppen findet; dem „konservativen Regimetyp", der sich vor allem in Kontinentaleuropa findet und dem „sozialdemokratischen Regimetyp", von dem vor allem die skandinavischen Länder geprägt sind. Weiterführende Studien unterscheiden zusätzlich noch einen südeuropäischen-mediterranen, einen osteuropäischen und einen fernöstlichen Typen, die wir hier aber im Folgenden aus unterschiedlichen

## 8.2 Prinzip 6: (Grund-)Bedürfnissicherung und Vorbeugung …

Gründen nicht näher behandeln.[1] Im Folgenden nun eine grobe Skizze der drei Wohlfahrtsregimetypen, die sich in den westlichen Gesellschaften vorfinden (im Folgenden Esping-Andersen 1990; Fathi 2013):

Der *liberale Typ* umfasst in erster Linie die Gesellschaften der USA, Australien, Irland, England, Neuseeland.[2] All diese Wohlfahrtsstaaten weisen im Regelfall sehr geringe Sozialstaatsleistungen auf, welche an Bedürftigkeitsprüfungen gekoppelt sind. Eine Lohnuntergrenze wird durch Mindestlöhne gesichert, ansonsten dominiert die Marktlogik und private Absicherung. Der kulturelle Hintergrund besteht in der Annahme, dass alle Menschen im calvinistisch-protestantischen Sinne dieselben Ausgangsbedingungen haben und auf dem Markt nur durch ausreichend Fleiß und Arbeit zu persönlichem Wohlstand kommen. Der bekannteste Mythos ist in diesem Zusammenhang der vom „amerikanischen Traum", in der sich der Tellerwäscher zum Millionär hocharbeitet. Entsprechend niedrig ist die Versorgung mit staatlich regulierten Leistungen, bei hoher Betonung individueller Freiheitsrechte und auch Möglichkeiten des Einkommenserwerbs auf einem sehr flexiblen Arbeitsmarkt. Zugleich ist, aufgrund der sehr hohen Dominanz der Marktkräfte, die Kommodifizierung der Arbeit – das bedeutet die „Kommerzialisierung", sprich: das „Zur-Ware-Werden" der Arbeit. Der seit den 1990er Jahren zunehmende Druck des Weltmarkts hat sich auf den liberalen Wohlfahrtsstaat besonders auf die Löhne und Sozialleistungen

---

[1]Zum einen schneiden die sog. „rudimentären Wohlfahrtsregime" Süd- und Osteuropas in allen oben dargestellten Indizes im OECD-Vergleich ohnehin am schlechtesten ab – höchste Ungleichheit, Arbeitslosigkeit, Pro-Kopf-Einkommen und Wertschöpfung und dementsprechend niedrigste Werte im zwischenmenschlichen Vertrauen und Wohlbefinden. Zum anderen kommen die Indexwerte bei den sehr hoch entwickelten Regimen Fernasiens, z. B. in Japan und Korea, zu sehr widersprüchlichen Ergebnissen, die sich im Rahmen unserer Betrachtungen nicht auf die Wohlfahrtspolitik zurückführen lassen. So zeichnen sich – wie an anderer Stelle erwähnt – Japan und Korea, trotz hoher sozialökonomischer Entwicklung, durch die höchsten Selbstmordraten aus, und in den Umfragen zum subjektiven Wohlbefinden geben die Bevölkerungen tendenziell oft an, unglücklich zu sein. An dieser Stelle deuten sich die kulturellen Grenzen in der ländervergleichenden Glücksforschung an. Offensichtlich liegen in diesen Ländern kulturell andersartige Definitionen von Glück und Wohlbefinden vor, die nicht hinreichend von den Frageverfahren abgedeckt werden, die entwickelt für die Gesellschaften des Westens verwendet werden. Im Folgenden interessieren daher also nur die, sich in drei Wohlfahrtsregime unterteilenden, Gesellschaftstypen des Westens.

[2]Kanada ist von Bundesland zu Bundesland sehr unterschiedlich und lässt sich daher nicht als Gesamtheit eindeutig dem liberalen Typ zuordnen. Umgekehrt verorten viele Studien die Schweiz am ehesten dem liberalen Typ zu.

ausgewirkt, was die Entstehung einer Schicht der „Working poor" zur Folge hat. Die Folge ist, dass umfangreiche häusliche Dienstleistungen (z. B. Kinderbetreuung) aus eben dieser Schicht von Ober- und Mittelschichtfamilien rekrutiert und konsumiert werden.

Der *konservative Typ* findet sich in Kontinentaleuropa und umfasst unter anderem Deutschland, Österreich, Frankreich, Belgien.[3] In diesem Wohlfahrtsregime werden die Marktkräfte stärker reguliert (allerdings eher aus staatspolitischen und paternalistischen Gründen). Zusätzlich zur Grundsicherung kommen Leistungen wie Renten oder Arbeitslosengeld hinzu – die Kommodifizierung ist daher geringer als im liberalen Regime. Der kulturelle Kontext ist vom Einfluss der (katholischen) Kirche und dem autoritär-konservativen Staat geprägt. Vor diesem Hintergrund hat die Wohlfahrtspolitik in erster Linie einen „Status-konservierenden" Charakter. Dementsprechend werden die Leistungen der Sozialversicherung nach dem Äquivalenzprinzip ausgezahlt, das heißt abhängig von Höhe und Dauer zuvor entrichteter Abgaben auf Lohnarbeit. Der zunehmende Globalisierungsdruck hat bei den konservativen Wohlfahrtsstaaten seit den 1990er Jahren zu einer Stabilisierung der Kernbelegschaft ihrer Industriebetriebe durch die Reduktion des Arbeitskräfteangebots geführt – in der Regel durch die Förderung von Frühverrentung, Erwerbsunfähigkeit und einem massiven Ausschluss der Frauen vom Arbeitsmarkt. In den 2000er Jahren wurde auf die vergleichsweise hohe, aber stabile Arbeitslosigkeit mit dem Ausbau des Niedriglohnsektors reagiert. Im konservativen Wohlfahrtsstaat kommt in der Regel der Familie eine besondere Bedeutung zu. Ein- bzw. Hauptverdiener-Haushalte treten verhältnismäßig öfter auf, als in den anderen Typen und die sozialen Dienstleistungen (wie z. B. Kinderbetreuung) werden hauptsächlich von den privaten Haushalten selbst erbracht – in der Regel von den Frauen.

*Das sozialdemokratische Wohlfahrtsregime* tritt vor allem in den nordischen Gesellschaften auf, also Schweden, Norwegen, Dänemark, Finnland und Island. Der Zugang zu sozialen Ansprüchen ist universell und die steuerfinanzierten Sozialleistungen sind auf vergleichsweise höchstem Niveau. Neben monetärer Absicherung besteht ein dichtes Netz von sozialen Dienstleistungen, von aktiver Arbeitsmarktpolitik bis zu sehr guter Kinderbetreuung, und es gibt hohen Schutz vor den Marktkräften, sprich: hohe „Dekommodifizierung". Der kulturelle Hintergrund resultiert aus einer Mischung aus protestantischem Individualismus und einem demokratischen Prinzip umfassender sozialer Bürgerrechte. Als Folge

---

[3] Die Niederlande gilt als ein Hybridtyp, der Grundzüge aller drei Typen aufweist und sich daher nicht eindeutig nach dem vorliegenden Modell kategorisieren lässt.

**Tab. 8.4** Wesentliche Kriterien der Wohlfahrtsregime im Westen nach Esping-Andersen (1990)

| Wohlfahrtsregime Unterscheidungsmerkmale | Liberal (anglophone Gesellschaften) | Konservativ (Kontinentaleuropa) | Sozialdemokratisch (nordische Gesellschaften) |
|---|---|---|---|
| Zugang zu Sozialleistungen | Bedürftigkeitsüberprüfung | Bedürftigkeitsüberprüfung | Universell |
| Qualität der Sozialleistungen | Gering | Mittel | Hoch |
| Dekommodifizierung | Gering | Mittel | Hoch |
| Fokus | Größtmögliche Freiheit (Prinzip der Eigenverantwortung) | Statuserhalt (Äquivalenzprinzip) | Größtmögliche Gleichheit (Universalprinzip) |
| Art der Finanzierung | Steuern | Lohnabgaben | Steuern |

zeichnet sich die Wohlfahrtspolitik vor allem durch sehr hohe Gleichheit aus. Zugleich sind Steueraufkommen und bürokratischer Aufwand verhältnismäßig hoch. Dem seit den 1990er Jahren zunehmenden Globalisierungsdruck wirken die sozialdemokratischen Wohlfahrtsstaaten mit einem massiven Ausbau des öffentlichen Dienstes und einer aktiven Arbeitsmarktpolitik entgegen. Daneben ist in einigen Ländern zunehmende Deregulierung zu beobachten, so wird in Schweden der Anteil der Privatversicherung ausgebaut.

Zusammengefasst umfassen die drei Wohlfahrtsregime der westlichen Gesellschaften folgende wesentliche Unterscheidungsmerkmale (Tab. 8.4):

### 8.2.2 Konfliktpotenziale der Wohlfahrtsregime

Die drei Wohlfahrtsregime zeichnen sich durch charakteristische Konfliktpotenziale aus. In Fachkreisen wird von einem „Trilemma der Dienstleistungsökonomie" (Pierson 2001) gesprochen, mit der Annahme, dass jeder Wohlfahrtsstaat vor drei zentralen Herausforderungen steht, denen er aber nicht gleichermaßen gerecht werden könne. Dabei handelt es sich um die Gewährleistung einer möglichst hohen Beschäftigungsquote, Einkommensgleichheit und Kostenbegrenzung. Jeder Versuch, einem der drei Aspekte gerecht zu werden, vernachlässigt einen anderen. Übertragen auf die oben dargestellte Wohlfahrtstaatstypologie heißt das, dass unterschiedliche Probleme entstehen und damit auf

Konflikte in der Wohlstandsverteilung (im Folgenden Esping-Andersen 1990; Fathi 2013).

Das *liberale Wohlfahrtsregime* hat keine hohen Ausgaben im öffentlichen Sektor. Es wird der Niedriglohnsektor stark gefördert, was zwar Arbeit schafft, jedoch zum Preis starker Gehaltsunterschiede. Der liberale Staat ist daher sehr konfliktreich in Bezug auf die sehr ungleiche Einkommensverteilung, die ein besonderes Ausmaß in der sog. Kluft zwischen den reichen „Ein-Prozent" und den restlichen „99 Prozent" der Bevölkerung in den USA -Kluft einnimmt. Die Occupy-Wallstreet-Bewegung ist eine Folge davon. Das Konfliktpotenzial des liberalen Wohlfahrtsregimes besteht also darin, dass es einen Großteil der Bevölkerung von möglichen Sozialleistungen ausschließt und eine hohe Kluft zwischen Reichen und Armen schafft. Zugleich zeichnet sich dieses Regime als verhältnismäßig resilient gegenüber demografischen oder arbeitsmarkttechnischen Veränderungen aus, da es mit vergleichsweise niedrigen Ausgaben aufrechterhalten werden kann.

Das *konservative Wohlfahrtsregime* hat höhere Ausgaben als das liberale Regime. Durch hohe Abgaben und Regulationen auf den Faktor Arbeit ist der Lohnunterschied im Vergleich zum liberalen Regime aber nicht sehr hoch und der Niedriglohnsektor nicht stark ausgebaut. Hier liegt das Problem eher in hoher Arbeitslosigkeit. Da soziale Sicherung so unmittelbar mit (unbefristeten) Arbeitsverhältnissen zu tun hat, kommt es hier dann zu einer Anfälligkeit für Konflikte, wenn die Arbeitslosigkeit hoch ist. So führt der konservative Wohlfahrtsstaat klassisch zu einer scharfen Trennlinie zwischen Insidern und Outsidern, also Menschen in abhängiger Lohnarbeit und Menschen ohne Arbeit oder in prekären Arbeitsverhältnissen – und dieser Anteil steigt rapide. Ein weiteres Konfliktpotenzial besteht in der Gefahr eines Generationenkonflikts: Wegen der veränderten Altersstruktur der Bevölkerung zahlen immer weniger versicherungspflichtige Arbeitnehmer Beiträge ein, während die Zahl der Rentenempfänger, die früher selbst Beitragszahler waren, stetig zunimmt. Das konservative Regime zeichnet sich also durch soziales Konfliktvorbeugepotenzial hinsichtlich der Einkommensverteilung aus. Zugleich ist es in systemischer Hinsicht höchst verwundbar und konfliktverschärfend gegenüber Veränderungen in der Bevölkerungsentwicklung und auf dem Arbeitsmarkt.

Das *sozialdemokratische Regime* weist eine vergleichsweise hohe Einkommensgerechtigkeit und geringe Arbeitslosigkeit auf. In dieser Hinsicht weist dieser Regimetyp vorbeugenden Charakter gegenüber sozialen Konflikten auf. Allerdings besteht infolge seiner hohen Regulierung und Bürokratie die Gefahr einer Überlastung des Haushaltsetats, da Jobs im öffentlichen Sektor geschaffen werden (nicht im Niedriglohnsektor). Das Konfliktpotenzial besteht darin, dass

## 8.2 Prinzip 6: (Grund-)Bedürfnissicherung und Vorbeugung ...

der sozialdemokratische Typus in seiner Reinform auch nicht lange auf hohe Staatsausgaben setzen kann, da hier die Gefahr eines Generationenkonflikts besteht. Wenn heute zu viel Geld ausgegeben wird, ist für künftige Generationen nicht gesorgt. Der hohe bürokratische und finanzielle Aufwand des sozialdemokratischen Regimes macht ihn in systemischer Hinsicht sehr anfällig gegenüber demografischen Schwankungen. Zugleich ist es weniger anfällig gegenüber Schwankungen auf dem Arbeitsmarkt wie das sich von Lohnabgaben finanzierende konservative Regime.

Zusammengefasst weisen die Wohlfahrtsregime im OECD-Raum jeweils unterschiedliche Konfliktpotenziale auf. Dabei ergeben sich auch Korrelationen mit vielen der oben dargestellten ländervergleichenden Indizes (Kap. 5, insbesondere 5.2.4). Zu den aussagekräftigsten scheinen dabei folgende Indikatoren zu gehören:

- Psychisches Wohlbefinden und ähnliche Indikatoren, wie z. B. Lebenszufriedenheit, Glück, weisen darauf hin, inwieweit die Bevölkerung ihre Bedürfnisse in der Gesellschaft als erfüllt wahrnehmen. Große Unzufriedenheit wird mit einiger Wahrscheinlichkeit soziale Proteste befeuern. Interessanterweise werden in sämtlichen Studien der letzten Jahre die weltweiten Top Ten vom Cluster der skandinavischen Gesellschaften angeführt, meist angeführt von Norwegen. Ebenfalls weit vorne in den Top Ten vertreten sind die anglophonen Gesellschaften, allen voran Neuseeland, Australien und die USA. Ein deutlicher Unterschied besteht zum Cluster der konservativen Wohlfahrtsstaaten, wie z. B. Deutschland, Frankreich, Österreich.
- Einkommensgleichheit: Dieser Indikator spiegelt die soziale Gleichheit in der Gesellschaft wider und birgt, wie unter anderem die Studie von Pickett andeutet, enormes Konfliktpotenzial. Die liberalen Wohlfahrtsregime der anglophonen Gesellschaften weisen hier erwartungsgemäß die kritischsten Werte auf.
- Beschäftigung: Hohe Arbeitslosigkeit gehört vielfältigen Studien zufolge zu den gravierendsten Konfliktpotenzialen. Hier weisen die Gesellschaften im Cluster der konservativen Wohlfahrtsregime die relativ kritischsten Werte auf, die dem relativ wenig regulierten liberalen Wohlfahrtsregime angehörenden anglophonen Gesellschaften weisen demgegenüber die besten Werte auf. Die skandinavischen Gesellschaften verorten sich dazwischen – sie sind zwar ähnlich stark reguliert, wie die Gesellschaften des konservativen Wohlfahrtsregimes, weisen aber eine effektivere Jobvermittlung auf.

Wie oben dargestellt, weisen diese Faktoren Querverbindungen zu weiteren aussagekräftigen Indizes auf, die ebenfalls stark mit den jeweiligen Clustern korrelieren. Hierzu gehören unter anderem Vertrauen, soziales Verhalten, schlechte Erfahrungen. Eine zusammenfassende Darstellung findet sich hier. Sie hat sich in den Untersuchungsjahren 2012 und 2018 nicht wesentlich geändert (Tab. 8.5).

Wenn wir also sämtliche Indikatoren aus der vergleichenden Wohlfahrtsforschung, der Glücks- und Entwicklungsforschung zusammennehmen, kommen wir zum Ergebnis, dass das in den nordischen Gesellschaften vorherrschende sozialdemokratische Wohlfahrtsregime am wenigsten soziales Konfliktpotenzial aufzuweisen scheint. Es sorgt für hohes allgemeines Wohlbefinden durch vergleichsweise sehr gute sozialökonomische Integration. Allerdings ist es aber sehr aufwendig aufrecht zu erhalten und daher in systemischer Hinsicht verwundbar. Das liberale Wohlfahrtsregime weist massives Konfliktpotenzial vor allem in Bezug auf soziale Ungleichheit auf. Zugleich ist es, aufgrund seiner niedrigen Kosten, relativ einfach auch gegenüber Veränderungen aufrechtzuerhalten. Überraschend ist, dass das liberale Regime, trotz relativ sehr niedriger sozialökonomischer Integration zu einem hohen allgemeinen Wohlbefinden und sogar dem höchsten Ausmaß an pro-sozialen Verhalten kommt. Das konservative Regime, das demgegenüber ein viel aufwendigeres soziales Netz aufweist – vom Kostenaufwand sogar ähnlich aufwendig wie das sozialdemokratische Regime – kommt sogar zu relativ schlechteren Ergebnissen im durchschnittlichen subjektiven Wohlbefinden der Bevölkerung.

All diese sehr allgemein gehaltenen, länderübergreifenden Thesen erheben keinen Anspruch, spezifischere vergleichende Länderanalysen zu ersetzen. Ungeachtet dieser Vereinfachung lassen sich aus dieser Übersicht folgende allgemeine Anforderungen an ein zukunftsfähiges Wohlfahrtskonzept ableiten:
Die Ergebnisse deuten an,

1. dass kein Regime frei von Krisenpotenzial ist,
2. dass das sozialdemokratische Regime am vergleichsweise wenigsten Konfliktpotenzial hat,
3. dass das liberale Regime mit seinem vergleichsweise höchsten Fokus auf persönliche Freiheitswerte „seines eigenen Glückes Schmied" zu sein und trotz der niedrigsten Qualität der Sozialleistungen, graduell wahrscheinlich weniger Krisenpotenzial aufzuweisen scheint als das konservative Regime. Der konservative Typ zeichnet sich durch hochwertigere Sozialleistungen, aber durch relativ hohen bürokratischen und finanziellen Aufwand und Diskriminierung aus.

**Tab. 8.5** Unterschiedliche Krisenpotenziale aller Wohlfahrtsregime auf einen Blick (vgl. Fathi 2013, S. 64)

| Wohlfahrtsregime Ausgewählte Indikatoren | Liberal (Anglophone Gesellschaften) | Konservativ (Kontinentaleuropa) | Sozialdemokratisch (Nordische Gesellschaften) |
|---|---|---|---|
| Hauptkonfliktlinie | • Arme vs. Reiche | • Insider vs. Outsider | • Bürokratie vs. Bürger |
| Wohlbefinden<br>• Wohlbefinden/Glück<br>• Positive Erfahrungen<br>• Negative Erfahrungen | • Hoch<br>• Hoch<br>• Hoch | • Mittel<br>• Mittel<br>• Mittel | • Hoch<br>• Hoch<br>• Niedrig |
| Familiäre Stabilität<br>• Abwesenheit von Kinderarmut | • Niedrig | • Mittel | • Hoch |
| Einkommen<br>• absolutes Einkommen<br>• relatives Einkommen (Gleichheit) | • Sehr hoch<br>• Niedrig | • Hoch<br>• Mittel | • Hoch<br>• Hoch |
| Beschäftigung<br>• Beschäftigungsquote | • Hoch | • Niedrig | • Hoch |
| Soziales Umfeld<br>• Zwischenmenschliches Vertrauen<br>• Toleranz<br>• Anti-soziales Verhalten<br>• Pro-soziales Verhalten | • Hoch<br>• Sehr hoch<br>• Mittel<br>• Sehr hoch | • Mittel<br>• Mittel<br>• Mittel<br>• Mittel | • Sehr hoch<br>• Hoch<br>• Mittel<br>• Hoch |
| Freiheit<br>• Wirtschaftliche Freiheit | • Sehr hoch | • Sehr niedrig | • Niedrig |
| Systemische Resilienz<br>• Resilienz gegenüber Schwankungen (Demografie/Arbeitsmarkt) | • Sehr hoch | • Sehr niedrig | • Sehr niedrig |

Diese dritte These ist umso erstaunlicher als man aus einer Gegenüberstellung der Unterscheidungskriterien der Wohlfahrtsregime hätte den Eindruck gewinnen können, dass der liberale Typ mit Abstand das größte Konfliktpotenzial aufweist. Beziehen wir aber weitere Faktoren, wie das allgemeine subjektive Wohlbefinden, mit ein, liegt der Schluss nahe, dass ein aufwendig gestalteter Wohlfahrtsstaat nicht per se mehr Entwicklung, Nachhaltigkeit und Resilienz verspricht und dass der persönlichen Entfaltungs- und Gestaltungsfreiheit des Bürgers eine essenzielle, womöglich die wichtigste Bedeutung zukommt.

### 8.2.3 Bedingungsloses Grundeinkommen: ein tauglicher Ansatz für ein zukunftsfähiges Wohlfahrtskonzept?

Angesichts der unterschiedlichen Vor- und Nachteile aller drei Wohlfahrtsregimetypen bei der Prävention sozialer Krisen, stellt sich die Frage, ob und inwieweit sich die jeweiligen Vorteile am optimalsten in ein zukunftsfähigeres Wohlfahrtskonzept integrieren lassen. Im Idealfall müsste es sich durch hohe soziale Sicherung auszeichnen und dabei hoher Einkommenskluft und zugleich hoher Arbeitslosigkeit vorbeugen. Das Konzept müsste zudem auch noch relativ einfach und unbürokratisch zu finanzieren sein und dem Bürger größtmögliche Gestaltungs- und Entfaltungsfreiheit einräumen. Vor dem Hintergrund dieser Herausforderungen erhält die Debatte um das bedingungslose Grundeinkommen (BGE) neuen Auftrieb, da sie mögliche Antworten auf gleich mehrere Anforderungen sozialer Krisenprävention bereithält:

- Wie kann eine Gesellschaft eine größtmögliche Abdeckung der wohlfahrtsstaatlichen Prinzipien „Freiheit" und „Gleichheit" gewährleisten, ohne zugleich ein allzu bürokratisches und kostenaufwendiges Sozialsystem aufzubauen?
- Wie kann sie den ökonomischen Leistungsdruck abmildern und damit zu einer größeren, vor allem geistigen, Gesundheit beitragen?
- Wie kann größtmögliche Freiheit zur Ausschöpfung von Innovationspotenzial und Kreativitätsentfaltung gewährleistet werden?

In den postindustriellen Gesellschaften werden BGE-Konzepte auch als Lösung zum Ausgleich des in naher Zukunft zu erwartenden Wegfalls von Millionen von Arbeitsplätzen gesehen. Denn mit der voranschreitenden Automatisierung würden „einfache Tätigkeiten", wie z. B. die Fabrikproduktion und Auslieferung von Waren, zunehmend von Robotern durchgeführt. Die Befürworter des BGEs fordern an dieser Stelle, das von den Maschinen erwirtschaftete Geld gerecht zu verteilen und so ein entsprechendes Grundeinkommen für alle zu ermöglichen. Das würde wiederum dazu führen, dass Menschen freiwillig mehr gesellschaftlich nützliche Arbeiten verrichten könnten, um der „Wohlstandsarbeitslosigkeit" zu entfliehen.

Das BGE-Konzept basiert auf der Grundidee, jedes Gesellschaftsmitglied an den Gesamteinnahmen dieser Gesellschaft ohne Bedürftigkeitsprüfung zu beteiligen. Dabei erhält jeder Bürger unabhängig von seiner wirtschaftlichen Lage vom Staat eine gesetzlich festgelegte und für alle gleiche finanzielle

## 8.2 Prinzip 6: (Grund-)Bedürfnissicherung und Vorbeugung ...

Zuwendung – ohne Gegenleistung in Form einer Bedürftigkeitsprüfung oder einer Forderung der Bereitschaft zur Erwerbstätigkeit. Auf der anderen Seite würden alle allgemeinen steuer- und abgabenfinanzierten Sozialleistungen entfallen, wie z. B. Sozialhilfe, Arbeitslosengeld oder Kindergeld. Inwieweit besondere soziale Bedürftigkeit gesondert berücksichtigt wird, ist bei den verschiedenen Modellen unterschiedlich vorgesehen. Die meisten Modelle sehen ein Grundeinkommen zwischen 500,-€ und 1500,-€ pro Monat vor (Blaschke 2007). Darüber hinaus besteht noch die Möglichkeit, zusätzlich zum BGE über mehr Einkommen durch Erwerbsarbeit zu verdienen. Erwerbseinkünfte und Grundeinkommen stehen in der Regel nicht in Konkurrenz zueinander. Um höhere soziale Gerechtigkeit zu erreichen, sehen einige Modelle mit steigendem Erwerbseinkommen ein Abschmelzen des Grundeinkommens vor. Der verbreitetste Ansatz ist in diesem Zusammenhang die negative Einkommensteuer. Sie ist auch neben der Konsumsteuer und der Besteuerung des Geldverkehrs (Tobin-Steuer) der aktuell am meisten diskutierte Ansatz zur Finanzierung des Grundeinkommens.

Die negative Einkommensteuer wurde in den 1940er Jahren von der britischen Politikerin Juliet Rhys-Williams entwickelt und 20 Jahre später vom US-Ökonomen Milton Friedman popularisiert (Friedman 2002). Die meisten Modelle negativer Einkommensteuer gehen von einem konstanten Steuersatz (Flat Tax) aus. Liegt das Haushaltseinkommen des Bürgers über dem Grundeinkommen, ist der Steuersatz positiv, das heißt, es muss ein Betrag abgeführt werden. Liegt das Einkommen darunter, ergibt sich ein negativer Steuersatz, also ein Betrag, der vom Wohlfahrtsstaat an den Haushalt gezahlt wird. Der Tarifverlauf ist damit vollständig durch die beiden Parameter Grundeinkommen und Steuersatz definiert (van Almsick 1981). Das folgende Rechenbeispiel illustriert die Tarife für Haushalte mit unterschiedlichem Markteinkommen. Das BGE und damit die Transfergrenze (also die Einkommenshöhe, an dem die Steuerschuld von positiv in negativ umschlägt) wird hier auf 1000,-€ und der Steuersatz auf 50 % festgesetzt (Tab. 8.6):

Aktuell wird das BGE-Konzept weltweit und parteiübergreifend diskutiert. Im Allgemeinen trifft dies weniger auf den anglophonen Raum zu, obwohl dort in der Vergangenheit eine rege Auseinandersetzung mit dem Konzept stattfand. In den USA wurde das Konzept unter dem Namen Basic Income Guarantee (BIG) und in Australien, Großbritannien, Kanada und Neuseeland bereits seit den 1920er Jahren als „Social Credit" diskutiert. Erste Pilotprojekte wurden und werden unter anderem in Namibia, der Mongolei und in Brasilien umgesetzt. Regional konzentriert sich aktuell die BGE-Debatte vor allem auf Europa. Ein umspannendes Netzwerk, das „Basic Income European Network"

**Tab. 8.6** Rechenbeispiel: BGE und negative Einkommensteuer (Appolte 2004, S. 8)

| Grund einkommen | Erwerbs einkommen | Einkommen steuer | Steuerschuld | Verfügbares Einkommen | Effektiver Steuersatz |
|---|---|---|---|---|---|
| 1000 | 0 | 0 | −1000 | 1000 | −∞ |
| 1000 | 1000 | 500 | −500 | 1500 | −50 % |
| 1000 | 2000 | 1000 | 0 | 2000 | 0 % |
| 1000 | 3000 | 1500 | 500 | 2500 | 17 % |
| 1000 | 25.000 | 12.500 | 11.500 | 13.500 | 46 % |

(BIEN)[4], besteht bereits seit 1986, welches seine Aktivitäten seit 2004 auch global ausgeweitet hat. In Europa wird das BGE unter anderem in Deutschland, der Schweiz, Österreich, Luxemburg, Frankreich und Spanien stärker diskutiert. Alleine in Deutschland finden sich über ein Dutzend Modelle. Zu den bekanntesten gehören unter anderem das Ulmer Modell[5], das weitgehend daran angelehnte Solidarische Bürgergeld des CDU-Politikers Dieter Althaus (ders.[6]) sowie das Modell der vom Unternehmer Götz Werner gegründeten Initiative „Unternimm die Zukunft" (Werner[7]). Zuletzt wurde in Finnland für die Jahre 2017 und 2018 anstelle von Arbeitslosengeld ein Grundeinkommen von 560 EUR im Monat an 2000 zufällig ausgewählte Arbeitslose gezahlt. Die Auswertung des Experiments ergab dabei bei allen Probanden eine positive Entwicklung hinsichtlich ihrer Gesundheitswerte, allerdings keine signifikant größeren Erfolge hinsichtlich einer erfolgreichen Arbeitsvermittlung (kela[8]).

Daran schließt auch bis heute in der Diskussion die Hauptkritik am BGE an. Demnach würde mit der Einführung des BGE jeglicher Arbeitsanreiz verloren gehen, was zu dramatischer Verringerung der Wertschöpfung und Wettbewerbsfähigkeit der Gesellschaft führen würde. Weitere Kritikpunkte konzentrieren sich auf einige Unwägbarkeiten, die mit einer Einführung des BGE einhergehen würden. Hierunter zählen erstens die Frage nach der Preisentwicklung und die

---

[4] http://www.basicincome.org/bien/
[5] http://www.grundeinkommen-ulm.de/
[6] http://www.d-althaus.de/22.0.html
[7] http://www.unternimm-die-zukunft.de/
[8] https://www.kela.fi/web/en/basic-income-experiment-2017-2018

mögliche Gefahr einer Inflation; zweitens die Frage nach der Gefahr einer Sozialimmigration aus anderen Ländern, die kein BGE eingeführt haben; drittens die Frage nach den unerwünschten Nebeneffekten bei der Finanzierung des BGE (z. B. könnte eine Finanztransaktionssteuer oder Besteuerung von Unternehmen eine entsprechenden Abwanderung führen); viertens die Frage, wie die wichtigen, aber ungeliebten Berufe ausgefüllt werden können, sofern sie nicht zuverlässig durch Roboter ersetzt werden können (z. B. Pflegeberufe, Müllabfuhr etc.).[9]

Von der Seite der Befürworter wird darauf hingewiesen, dass der Mensch schon alleine aus Gründen der persönlichen Sinnfindung nie darauf verzichten würde zu arbeiten – im Gegenteil ermögliche das BGE ein neues Verständnis von Arbeit. Das BGE schaffe die Voraussetzung zur individuellen Freiheit und zur Selbstverwirklichung auch mit Tätigkeiten, die nicht als Erwerbsarbeit entlohnt werden – sie würde also im höchsten Maße dekommodifizierend wirken. Im Allgemeinen erhöhe sich auch die individuelle Risikobereitschaft, Selbstständigkeit und der Unternehmergeist – damit würden Innovation und Flexibilität gefördert. Zudem würde sie auch Arbeitnehmer unabhängiger machen, nicht mehr aus Gründen der Existenzangst „am Job kleben zu bleiben" – damit könne sie zu einer Verringerung des innerbetrieblichen Konkurrenzkampfs (inklusive Mobbing) und zu einer Abnahme von negativem Stress und psychischen Krankheiten beitragen. Die Verbesserung der sozialen Sicherheit würde darüber hinaus auch die Möglichkeit alternativer Lebenspläne, wie z. B. Bildungsphasen, begünstigen. Ein weiteres Argument ist, dass bisher schlecht bezahlte, aber notwendige Arbeit, besser bezahlt oder attraktiver gestaltet werden würde. Zudem entfalle die Stigmatisierung Arbeitsloser, die bei einer im System liegenden Arbeitslosigkeit für eine große Zahl von Menschen unvermeidlich sei (wie z. B. in den konservativen Regimen). Zuletzt wird darauf hingewiesen, dass mit der Einführung des BGE und der damit einhergehenden Verringerung der Verwaltungsbürokratie eine enorme Kostenersparnis eintreten würde und dass daher das BGE finanzierbar sei.

Ein Experte in diesem Diskurs, der Gründungsvater des Ökohumanismus und Mitbegründer der Berliner Akademie für Empathie, Herbert Haberl, verortet die tieferen Widersprüche in dieser Debatte in unterschiedlichen Gerechtigkeitslogiken. Demnach würden die BGE-Kritiker vom Gegenseitigkeitsprinzip der „Leistung und Gegenleistung" ausgehen, während der von den BGE-Verfechtern vertretene ethische Grundsatz dem „Bürgerrechtsprinzip" entsprechen würde. Haberl zufolge sei das Gegenseitigkeitsprinzip von einer Gerechtigkeitslogik geprägt, die eine unmittelbare Balance zwischen Nehmen und Geben anstrebe.

---

[9]Eines der aktuellsten BGE-kritischen Beiträge findet sich unter Flassbeck et al. (2012).

Mit anderen Worten: ungerecht ist, Gegenleistungen zu erhalten, ohne geleistet zu haben. Laut Haberl finde sich diese Logik auch in vielen solidarischen Zusammenhängen, wie z. B. in der Logik des Generationenvertrags. Demnach sorge eine Generation für die heranwachsende Generation und dürfe im Alter erwarten, wiederum von ihr versorgt zu werden. Dies entspreche einem zeitlich versetzten Prinzip des „Gebens und Nehmens", denn auch hier würden Nehmen und Geben in einen direkten Zusammenhang gestellt.

Haberl betont, dass demgegenüber die von den BGE-Verfechtern vertretene Gerechtigkeitslogik von einem Prinzip ausgehe, bei dem Nehmen und Geben in Zeit und Raum voneinander entkoppelt seien. Dieser Ansatz finde sich laut Haberl unter anderem im Bürgerrechtsprinzip. Demgemäß besitze ein Mensch alleine durch die Tatsache, dass er ein Bürger sei, mit seiner Würde zusammenhängende Rechte, die es zu schützen gelte. Darin liege genau der revolutionäre Ansatz des Bürger- bzw. Menschenrechtsprinzips, wonach der Schutz der Bürgerrechte an keine Bedingungen geknüpft sei. Dieser Ansatz schließe nicht zwangsläufig die generelle Einführung von „Bürgerpflichten" ein – z. B. ökologische Pflichten – aber die Bürgerrechte würden nicht in einem Bedingungszusammenhang zu bestimmten Pflichten stehen.

Ein damit einhergehender Tiefenwiderspruch besteht hinsichtlich unterschiedlicher Annahmen über die menschlichen Grundbedürfnisse in Bezug auf das Prinzip des „Nehmens und Gebens". Auf der einen Seite wird davon ausgegangen, dass es der Mensch eher liebe zu nehmen statt zu geben. Demnach sei der Mensch von Natur aus faul und würde tendenziell eher nicht freiwillig arbeiten, wenn nicht seine finanzielle Existenz davon abhängen würde – eine tendenziell pessimistische Annahme, die die BGE-Kritiker in der Realität bestätigt sehen. Dem steht auf der anderen Seite die von den BGE-Vertretern geteilte Annahme gegenüber, dass der Mensch ein ausgeprägtes Bedürfnis habe zu geben, sprich: zu arbeiten, sich in seinem Leben zu entwickeln und etwas zu schöpfen – diese auf dem ersten Blick „idealistisch" erscheinende Annahme ist angesichts des empirisch nachgewiesenen Zusammenhangs zwischen sozialen Konflikten und Arbeitslosigkeit nicht von der Hand zu weisen. Demnach müsse der Mensch nicht zur Arbeit gezwungen werden, weil seine Bereitschaft zu arbeiten vielmehr einem Bedürfnis der Sinnfindung und damit einem Anreiz entspringe, der weit über bloße materielle Existenzsicherungsbedürfnisse hinausgehe.

Neben diesen Widersprüchen, die in tiefere philosophisch-ethische Annahmen, wie z. B. über das Verständnis von Arbeit, Lebenssinn, Bedürfnissen und Bürgerrechten hineinreichen, dürfte an mehreren Punkten feststehen: Erstens fällt auf, dass die Pro-Contra-Debatte sehr spekulativ ist – es bedarf noch mehr sozialer

Experimente, z. B. über Leuchtturmprojekte, um zu weitreichenderen Schlüssen zu kommen und gegebenenfalls auch Möglichkeiten zu schaffen, bestehende Wohlfahrtssysteme inkrementell, also in kleinen Schritten, zu verbessern. Inkrementelle Innovationsschritte empfehlen sich auch deshalb, da zweitens, die bestehenden Wohlfahrtssysteme aller Gesellschaften historisch gewachsen sind und, sofern sich die Einführung des BGE überhaupt als sinnvoll erweist, zu einer tiefgreifenden Umgestaltung führen dürften. Drittens deuten die Ergebnisse darauf hin, dass das BGE wahrscheinlich keine aktivierende Arbeitsmarktpolitik ersetzen kann – Jobvermittlungen und vor allem Weiterbildungsangebote, die zu einem lebenslangen Lernen und einer anhaltenden Kompetenzentwicklung beitragen, wären weiterhin fester Bestandteil der Wohlfahrtspolitik und müssten das BGE-System entsprechend ergänzen. Dies wären auch die wichtigsten Werkzeuge einer zukunftsfähigen Integrationspolitik. Um der Entwicklung von Parallelgesellschaften vorzubeugen, wäre eine Ausrichtung der Integrationspolitik nach dem „Fördern und Fordern"-Prinzip denkbar – dieses Prinzip spricht allerdings dem zugrunde liegenden Kerngedanken des BGE, der „Bedingungslosigkeit" entgegen und würde einem Zweiklassen-Wohlfahrtssystem, das zwischen In- und Ausländern differenziert, Vorschub leisten. Insgesamt lässt sich zusammenfassen, dass das BGE vor dem Hintergrund der Tatsache, dass alle bislang bestehenden Wohlfahrtstypen ernstzunehmende Konfliktpotenziale aufweisen, eine konstruktive Debatte und weiterführende, inkrementelle Erprobung in sozialen Experimenten verdient.

## 8.3 Prinzip 7: Entwicklung und Bewahrung

Ein weiteres Prinzip gesellschaftlicher Zukunftssicherung prägt sich in einer Balance zwischen dem Anspruch nach technologisch-wirtschaftlicher Entwicklung einerseits und einer umweltschonenden Ausrichtung andererseits aus. Es beinhaltet damit nicht weniger als die Integration des oben dargestellten Widerspruchs zwischen den Kernansprüchen der Leitbilder der nachhaltigen und der entwickelten Gesellschaft. Im zugehörigen Diskurs sind es vor allem drei Denkströmungen – das grüne Wachstum, die post-soziale Marktwirtschaft und die Post-Wachstumsökonomie – die auf darauf eine Antwort zu geben versuchen. Große Hoffnungen werden in unterschiedlichen Anwendungen aus dem High-Tech- und vor allem Low-Tech-Bereich gelegt. Welche zukünftigen Entwicklungstrends der jeweiligen Denkströmungen und ihrer gegenseitigen Beeinflussung sind denkbar?

### 8.3.1 Große Hoffnungen in Anwendungen aus dem High-Tech- und Low-Tech-Bereich

Optimistische Vertreter aus dem Entwicklungs- und Nachhaltigkeitsdiskurs argumentieren, dass im Entwicklungskonzept bereits eine Tendenz zu höherer Ressourceneffizienz angelegt ist. Entwicklung und Nachhaltigkeit würden sich daher nicht widersprechen, sondern seien per se miteinander vereinbar. Sehr deutlich zeige sich dies am Beispiel der Stadtentwicklung. Demnach seien Städte nicht nur Knotenpunkte der Entwicklung, sie seien auch effizienter als andere Gemeinschaftsformen, weil der verdichtete Wohnraum platzsparender sei. Zwar produzieren Städte relativ gesehen den meisten Abfall, von der anderen Seite leben über die Hälfte der Weltbevölkerung in Städten, die wiederum aber nur etwa 4 % der Weltgesamtfläche ausmachen (Horx 2014). Städte sind dieser Argumentation nach nicht nur effizientere und effektivere Gemeinschaftsformen – sie sind auch nahtlos anschlussfähig an das Nachhaltigkeitskonzept. Nachhaltige Stadtentwicklung erhöht die Wettbewerbsfähigkeit von Städten, weil sie eine höhere Lebensqualität liefert und damit zur weiteren Entwicklung von Städten beiträgt. Ihre höchste Entwicklungsform erfährt die nachhaltig entwickelte Stadt in der Smart City, die eine verbesserte Bedürfnisbefriedigung der Bevölkerung durch Echtzeitkommunikation und entsprechende Anpassung der Rahmenbedingungen vorsieht sowie den erhöhten Einsatz grüner Technologien, inklusive erneuerbaren Energien.

Daneben rücken im außerstädtischen Bereich vermehrt „Smart Rural Areas" in den Mittelpunkt der Diskussion. Dahinter steht die Argumentation, dass viel Mittelstand auf dem Land zu Hause sei und dass digitale Technologien und Vernetzung auch zu Stimulierung des ländlichen Raums beitragen könnten. Die gleichnamige Forschungsinitiative des Fraunhofer Instituts IESE testet und erforscht im Rahmen des Pilotprojekts „Digitale Dörfer" die Vernetzung des ländlichen Raums in der Modellregion Westpfalz. Dies beinhaltet beispielsweise Ausweitung der digitalen Infrastruktur, welche unter anderem bessere medizinische Überwachung von Patienten und damit schnelleres Reagieren im Notfall ermöglicht. Ein anderes Beispiel besteht im Bereich des autonomen Fahrens – hier forscht das IESE aktuell mit Partnern der Automobilindustrie an Anwendungen, um beispielsweise das Pendeln mit dem Auto vom notwendigen Übel zur sinnvoll genutzten Transferzeit zu machen (IESE[10]).

---

[10]https://www.iese.fraunhofer.de/de/innovation_trends/sra.html

## 8.3 Prinzip 7: Entwicklung und Bewahrung

Über den Diskurs um smarte Technologien und nachhaltige Stadtentwicklung hinaus sind es derzeit vor allem Anwendungen aus dem Low-Tech-Bereich, von der sich viele Beobachter eine Integration von Entwicklung und Nachhaltigkeit versprechen. Diesen Standpunkt teilen nicht nur die Vertreter der Denkströmung des grünen Wachstums, sondern auch der Post-Wachstumsökonomie. Denn Low-Tech-Produkte zeichnen sich typischerweise durch folgende Kriterien aus:

- einfache Funktion;
- einfache Herstellung;
- einfache Bedienung;
- Robustheit;
- einfache Wartung und
- einfache Reparierbarkeit.

Der auf Low-Tech-Anwendungen fokussierte Bereich der so genannten „frugalen Innovation" (zu Deutsch: „einfache" oder „bescheidene" Innovation) bricht mit dem typischen Wachstumsparadigma „immer mehr, immer besser". Die Produkte stellen dabei nicht nur eine ressourcenschonende, vereinfachte Lösung dar. Ihnen wird zugleich hohes Potenzial zur Erschließung lukrativer Wachstumsmärkte und zur gleichzeitigen Entwicklung von Gesellschaften zugemessen. Typische Eigenschaften frugaler Produkte sind:

- Mehr für weniger: Das Produkt soll einen, relativ zum Preis, hohen Nutzen für den Endkunden aufweisen (Radiou und Prabhu 2014).
- Asset-light: Dies beinhaltet z. B. die Befriedigung von Bedürfnissen, welche traditionell mit kapitalintensiven Produkten befriedigt wurden, mithilfe von kapitalschonenden Dienstleistungen, wie z. B. Airbnb, Leihzirkel etc.) (Bhatti 2012).
- Gut genug: das Produkt soll nur anwendungsorientierte und zielgruppenspezifische Funktionen abdecken. Diese sollte es aber auf einem mittleren bis hohen Niveau erfüllen.

Frugale Produkte sind nicht auf haltbare Produkte beschränkt, wie z. B. das Elektrokardiogramm für 800 US$, das erschwingliche JioPhone oder die One Laptop Per Child-Initiative, die eine großflächige Verteilung von Laptops mit einem Wert von jeweils nur 100 US$ vorsieht. Frugale Produkte beinhalten auch Dienstleistungen, wie z. B. die 1-Cent-pro-Minute-Anrufe, Mobile Banking, Off-Grid-Elektrizität und Mikrofinanzen (Bhatti et al. 2013).

Frugale Innovationen erhalten seit 2010 verstärkte Aufmerksamkeit in Forschungseinrichtungen, Unternehmen und Beratungsunternehmen. Letztere sehen insbesondere in den Schwellenländern größeres Absatzpotenzial. Dabei dürfte sich, so eine Studie der Unternehmensberatung Roland Berger, die globale Mittelschicht bis 2030 auf 4,8 Mrd. potenzielle Käufer verdreifachen (Tshidimba et al. 2015). Mittlerweile haben die Industrien der Schwellenländer eigenständig frugale Produkte auf die Märkte gebracht. Die bekanntesten Beispiele verorten sich allesamt in Indien zu ihnen gehören:

- Der Autobauer Tata entwickelte NANO, das 1600-Euro-Auto, mit dem Potenzial als Prototyp für ein echtes „Weltauto". Derzeit hat es noch Produktions- und Marktschwierigkeiten.
- Das Industrieunternehmen Godrej & Boyce Manufacturing entwickelte den „Little Cool" – einen Kühlschrank für 70 US$, der auch bei Stromausfall lange durchhält.
- „Das Startup First Energy" hat einen preiswerten und einfachen Holzofen auf den Markt gebracht.
- Anurag Gupta, ein Telekommunikationsentrepreneur, vereinfachte ein Smartphone und einen Fingerabdruckscanner für Bankautomaten in armen Regionen.

Es dürfte eine Frage der Zeit sein, bis die frugalen Produkte aus Indien und anderen emergierenden Märkten, wie z. B. China oder Brasilien, so wohlgestaltet geworden sind, dass sie auch für westliche Märkte attraktiv werden. Kritisch ließe sich vonseiten der Vertreter der Post-Wachstumsökonomie anführen, dass frugale Innovationen per se noch nicht den zur Bewahrung der Ökologie notwendigen Bewusstseinswandel herbeiführen. Denn letztlich geht es den herstellenden Unternehmen nicht nur darum, den Konsumenten preisgünstige, einfache Güter zu verschaffen, sondern langfristig Kunden auch an hochwertigere Produkte heranführen.

Es ist nicht absehbar, dass sich der Widerspruch zwischen dem auf Bewahrung abzielenden Nachhaltigkeitsparadigma und dem auf Wachstum fokussierten Entwicklungsparadigma auflöst. Gesellschaftliche Zukunftssicherung wird zumindest kurzfristig keine gesamtgesellschaftliche Kultur ausbilden, in der Bewahrung und Entwicklung ambivalenzfrei integriert werden. Vielmehr dürfte in diesem Kontext von einem Nebeneinander mehrerer Kulturen auszugehen sein, mit einer jeweils unterschiedlichen Betonung auf eines der beiden Schlüsselwerte. Diese Kulturen werden maßgeblich von den innerhalb der Nachhaltigkeitsdebatte präsenten Denkströmungen geprägt – grünes Wachstum, post-soziale Marktwirtschaft, Post-Wachstumsökonomie.

## 8.3.2 Mögliche Entwicklungstrends

Die drei Denkströmungen – grünes Wachstum, post-soziale Marktwirtschaft, Post-Wachstumsökonomie – decken die wesentlichen Eckpunkte in der aktuellen Debatte um gesellschaftliche Nachhaltigkeit und einer möglichen Integration von Nachhaltigkeit und Entwicklung ab. Derzeit lässt sich beobachten, dass sie sich parallel zueinander weiterentwickeln. Ein zentraler Grund hierfür ist, dass sie von unterschiedlichen Akteursebenen angetrieben werden.

Die Denkströmung des *grünen Wachstums* ist derzeit am breitesten vertreten und erhielt durch die voranschreitende Energiewende in den Staaten Europas politisch flankierten Anschub. Eine besondere Rolle nahm und nimmt die Bundesrepublik Deutschland ein, europaweit wirtschaftsstärkste Nation und seit der Nuklearkatastrophe von Fukushima im März 2011 Antreiberin und Referenzmarkt der Energiewende. Darüber hinaus versprechen die oben erwähnten High-Tech-Großprojekte (Smart Cities, Desertec) und Low Tech-Lösungen (frugale Produkte) in den aufstrebenden Staaten Asiens, den investitionsstarken reichen arabischen Ölmonarchien und natürlich in der EU-MENA-Region einen Multimilliarden-Dollar-Markt. Bestimmende Akteure sind aktuell im Amt stehende Spitzenpolitikerinnen und -politiker sowie aus dem Privatsektor, große und kleine Unternehmen, Versicherungen, Banken, etc. Die zugrunde liegende Annahme ist, dass ein dergestalt resourceneffizientes Wachstum möglich ist, dass keine schadhaften Auswirkungen auf die Umwelt gegeben sind und dass auch keine ökologischen Nebenfolgen daraus resultieren müssten. Eine tiefgreifendere Reform der bestehenden Wirtschaftsordnung oder gar eine Beschränkung des Wachstums würde diesem Interesse entgegenstehen.

Die Denkströmung der *post-sozialen Marktwirtschaft* wird vor allem unter dem Vorzeichen der ökosozialen Marktwirtschaft in Europa und auf der Weltbühne vorangetrieben. Im Rampenlicht stehen vor allem hochkarätige Akteure aus Politik und Wissenschaft, die ehemals Positionen in der nationalen Spitzenpolitik innehatten oder in weitreichenden und idealistischeren, aber nicht besonders wirkmächtigen supranationalen Organisationen (das heißt z. B. die Vereinten Nationen, nicht aber der Internationale Währungsfonds) an der Führungsspitze stehen. Sie treten für tiefgreifende politische Reformen ein, die über die soziale Marktwirtschaftsordnung – und über eine Legislaturperiode – hinausgehen. Sie kritisieren die kurzfristigen Ansätze der im Amt stehenden nationalpolitischen Entscheidungsträgerinnen und -träger, die die eigentliche Gestaltungsmacht für eine entsprechende Umsetzung haben. Daneben finden sich auch viele zivilgesellschaftliche Akteure und Initiativen, die auf eben jene politischen Entscheidungsträgerinnen und -träger und weiteren Abgeordneten in der nationalen

Politik einzuwirken versuchen. Insgesamt lässt sich zusammenfassen, dass tendenziell eine immer stärkere Verbreitung der Idee einer post-sozialen, vor allem ökosozialen Marktwirtschaft stattfindet, wenn auch vor allem auf den EU-Raum beschränkt. Zugleich bleibt ein Durchbruch in der Umsetzung entsprechender Reformen aus, weil sie in erster Linie in der Hand der Nationalpolitik liegt, die sich tendenziell aber eher noch an pragmatischeren, kurzfristiger ausgerichteten, Ansätzen in der Tradition des grünen Wachstums orientieren.

Die Denkströmung des *Post-Wirtschaftswachstums* wird ausschließlich auf zivilgesellschaftlicher Ebene vorangetrieben – und das unabhängig von politischen oder wirtschaftlichen Entscheidungsträgern. Verfolgt wird zum einen ein kultureller und substanzieller Wandel „von unten", nicht unbedingt ein institutioneller Wandel „von oben". Zum anderen steht die Verwendung möglichst robuster, langlebiger Güter (da es sich hierbei um frugale Produkte handeln kann, ergeben sich hier durchaus Synergien) und die dezentrale Selbstversorgung im Zentrum. Obwohl das Leitbild des Post-Wirtschaftswachstums mit einer so gravierenden Umgestaltung des bestehenden Wirtschaftssystems einhergeht, dass sie sich für die Mehrheit der Politiker und Bürger – trotz eines stetig steigenden Umweltbewusstseins – nicht attraktiv vermitteln lässt, ist ihre – durchaus noch vereinzelte aber stetige – Umsetzung auf kommunaler Ebene in vollem Gange.

Die zukünftigen Entwicklungsverläufe und die wechselseitige Beeinflussung der drei Denkströmungen kann nur vermutet werden. Grünes Wachstum ist in seinen vielfältigen Ausprägungsformen voll im Gange. Demgegenüber kann derzeit – trotz zunehmender internationaler Beachtung in der Politik und Zivilgesellschaft – derzeit noch kein Land identifiziert werden, dass gesamtgesellschaftlich eine post- bzw. ökosoziale Marktwirtschaft vollumfänglich institutionalisiert hat, aber das könnte sich in ferner Zukunft ändern. Auch zeichnet sich ab, dass das grüne Wachstum und die post-soziale Marktwirtschaft bestehenden lokalen Initiativen zur Realisierung einer Post-Wachstumsökonomie nicht entgegenstehen. Es lässt sich ein Nebeneinander aller drei Denkrichtungen beobachten, was darauf zurückzuführen sein müsste, dass sie sich derzeit mehr oder weniger unabhängig, auf unterschiedlichen Akteursebenen zu entwickeln scheinen. Während die Konzepte des grünen Wachstums und der post-sozialen Marktwirtschaft auf der Ebene der Politik und Wirtschaft diskutiert werden und „von oben" etabliert werden müssten, wird unabhängig von diesen Tendenzen auf zivilgesellschaftlicher Ebene, also „von unten", mit post-wachstumsökonomischen Projekten experimentiert. Theoretisch birgt jedes der drei Leitkonzepte das Potenzial, langfristig gegenüber den anderen die Oberhand zu

## 8.3 Prinzip 7: Entwicklung und Bewahrung

gewinnen. Die Wahrscheinlichkeit hängt jedoch von unterschiedlichen Rahmenbedingungen ab, deren Eintreten sich nicht voraussagen lässt:

- *Szenario „grünes Wachstum setzt sich durch":* Dass sich langfristig das Leitkonzept eines „grünen Wachstums" ohne wesentliche Neuerungen im marktwirtschaftlichen System europa- und womöglich weltweit durchsetzt, dürfte vor allem von der zukünftigen technologischen Entwicklung in den relevanten grünen Sektoren und der Realisierung von Großprojekten, z. B. Ökostädten und Desertec, abhängen. Sollte sich beispielsweise das Ressourcen- und Energieproblem durch eine technologische Revolution lösen, könnten sich Gesellschaften mit hoher wirtschaftlicher Dynamik, unüberlegtem Wohlstand, ansteigendem Energieverbrauch und extremerem Konsumverhalten ausbilden. Die maßgebliche Bestimmungsvariable für dieses Szenario ist also die technologische Innovation und gegebenenfalls das Eintreten einer technologischen Singularität.
- *Szenario „post-soziale Marktwirtschaft setzt sich durch":* Eine Durchsetzung der post-sozialen Marktwirtschaft wird davon abhängen, ob angesichts des zunehmenden Eintretens ökologischer Katastrophen, politische Entscheidungsträger dem vor allem von zivilgesellschaftlichen Kampagnen ausgehenden zunehmenden Druck nachgeben und die erforderlichen Reformen umsetzen. Der Effekt wäre stärkere Flankierung des Entwicklungsstrebens privatwirtschaftlicher Akteure. In einigen Bereichen könnte dies womöglich auf Beschränkung, in anderen Bereichen gegebenenfalls auf stärkere Fokussierung der unternehmerischen Wertschöpfungsaktivitäten auf grüne Innovationen hinauslaufen. Im günstigsten Fall würde das von Rademacher skizzierte Best Case-Szenario eintreten, bei dem es der Politik weltweit gelingt, eine vernünftige Regulierung des Marktgeschehens, sozialen Ausgleich und gute Regierungsführung sowie nachhaltige Entwicklung einzuführen. Der entscheidende Umbruch wird aber deutlich vom Verhalten politischer Entscheidungsträger auf globaler Ebene abhängen. Zusammengefasst: Das Eintreten dieses Szenarios wird maßgeblich vom Bestimmungsfaktor der institutionellen Innovation bestimmt werden und dem zunehmenden Handlungsdruck der Politik infolge einer Verschärfung der ökologischen Lage.
- *Szenario „Post-Wachstumsökonomie setzt sich durch":* Langfristige Post-Wachstumsökonomie zu etablieren wird maßgeblich vom Eintreten eines ökologischen Kollapses oder/und unendlichem Mangel abhängen und der daraus resultierenden Notwendigkeit einer Wirtschafts- und Gesellschaftsordnung mit Suffizienz- und Subsistenzstrukturen. Der Individualverkehr würde aufgrund der hohen Kosten eingeschränkt oder abgeschafft werden und

ein Werte- und Bewusstseinswandel würde dazu führen, dass der eigene Wert nicht mehr am privaten Besitz, sondern am Gemeinschaftseinsatz gemessen wird. Die Wahrscheinlichkeit dieser Entwicklung wird vor allem von der kulturellen Innovation und dem Eintreten eines Katastrophenszenarios bestimmt werden.

Sollte sich nicht eines dieser Szenarien durchsetzen, wird von einem Nebeneinander mehrerer Denkströmungen, mit jeweils unterschiedlicher Betonung auf heiße oder kalte kulturelle Aspekte auszugehen sein. Eine gesamtgesellschaftliche Integration von Wachstum (heiße Kultur) und Bewahrung (kalte Kultur) zu einer einheitlichen Kultur dürfte wenig wahrscheinlich sein. Wenn schon von einem Nebeneinander unterschiedlicher Konzepte auszugehen ist – lässt es sich entsprechend institutionalisieren?

### 8.3.3 Politische Integration mehrerer Konzepte: Der Panarchismus-Diskurs

Eine mögliche Antwort darauf, könnte das noch wenig bekannte Panarchismus-Konzept liefern. Zumindest erhält es im Nachhaltigkeitsdiskurs unter dem Begriff „Governance Panarchy" verstärkt Beachtung (Loorbach 2007, 2014). Der Begriff „Panarchie" setzt sich aus den griechischen Wortstämmen „pan"- (alles) und -„archie" (Regierungsform) zusammen, bezeichnet also eine Regierungsform, die alle Regierungsformen einschließt. Eingeführt wurde der Begriff bereits 1860 von dem belgischen Botaniker und Wirtschaftstheoretiker Paul Emile de Puydt. Er inspirierte sich vom freien wirtschaftlichen Wettbewerb, um einen freien Wettbewerb von Regierungsformen vorzuschlagen. Sein Motto „laissez faire, laissez passer" sollte auch in der Staatspolitik gelten. In der konkreten Umsetzung bedeutet dies, dass die Kunden (Bürger) ihre Regierung nach persönlicher Weltanschauung und nach finanziellen Kriterien aussuchen sollten, ohne dass es Wahlverlierer gibt oder Revolutionen notwendig wären. Der Fortbestand jeder Regierung würde alleine von ihrer Anhängerzahl und von ihren Finanzen abhängen. Dabei wäre es allen Individuen gestattet, sich von der bisherigen Regierung loszusagen und in eine neue einzutreten, ohne das Land verlassen zu müssen. Auf einem Gebiet würden somit mehrere parallele Regierungen existieren, die verschieden organisiert wären (zum Beispiel Monarchie, Republik, etc.). Der Gesellschaftskontrakt würde allerdings bei jeder Regierung gleichermaßen bestehen, das heißt jede Regierung würde von ihren Anhängern Steuern und Abgaben beziehen und ihnen Dienstleistungen bieten. Die rechtliche

Grundlage entspräche einem exterritorialen Sezessionsrecht – das heißt, es ginge darum, sich persönlich – und nicht ein Territorium – unabhängig zu erklären. In der Gesamtschau würde, so de Puydt, das Konzept auf eine friedliche Koexistenz verschiedener politischer Systeme, ähnlich einer friedlichen Koexistenz verschiedener Religionen, auf dem gleichen Gebiet hinauslaufen. In der konkreten politischen Umsetzung würde in jeder Gemeinschaft ein „Büro politischer Zugehörigkeit" eröffnet, in dem sich jeder Bürger eintragen und seine Regierungsform wählen könne (de Puydt 1860).

Puydts Vorstoß wurde von Anarchisten, wie Max Nettlau (1909), gefordert und zu einer politischen Philosophie erweitert. Ähnliche Modelle sind das „Multigovernment"-Konzept von Le Grand E. Day (1969–1977) oder das 1997 von den beiden Schweizer Wirtschaftswissenschaftlern Bruno Frey und Reiner Eichenberger vorgeschlagene „Functional Overlapping Competing Jurisdiction" (FOJC). James P. Sewell und Mark B. Salter bewerteten 1995 das Konzept als eine „inklusive" und „universelle" Regierungsform, mit dem Potenzial einer echten Global Governance (Sewell und Salter 1995). Ähnlich beschreibt Paul B. Hartzog Panarchy als „a new way of accomplishing global governances" in Zeiten zunehmender Komplexität und Vernetzung (Hartzog 2007, S. 2).

Kritisch ließe sich anmerken, dass das Panarchie-Konzept nur eine weitere Utopie darstellt, deren Nutzen noch nicht einmal empirisch erwiesen ist. Auch würde sich die Frage nach der konkreten Umsetzung stellen. Aus einer anderen Perspektive stellen Panarchy, Multigovernance, FOJC, aber auch andere innovative Global Governance-Konzepte, wie z. B. Simpol[11] oder gar der oben beschriebene „Charter Cities"-Ansatz von Paul Romer, notwendige Überlegungen dar, der vernetzten globalen Realität adäquater und integrativer politisch gerecht

---

[11]Simpol ist eine globale Bürgerinitiative, die um 2000 vom Briten John Bunzl initiiert wurde. Ihr Ziel ist, die internationale politische Lähmung bei globalen Problemen (z. B. Klimawandel) mit demokratischen Mitteln aufzulösen. Mittels einer digitalen Plattform nutzen Bürger dabei ihre politische Stimme bei Wahlen, um Druck auf alle Parteien auszuüben, sich dem globalen Momentum einer simultanen Politik aller Nationen anzuschließen, die letztlich zu bindenden Regulierungen auf globaler Ebene führt, die für alle Nationen von Vorteil sind. Die Initiative hat damit zum Ziel, politische Anreize zum globalen Kooperieren aufzubauen und den Teufelskreis des internationalen Standortwettbewerbs und das damit einhergehende „politische Gefangenendilemma" (näher hierzu unten) zu überwinden. Zwischenziel ist, in allen demokratischen Parlamenten überparteilich unterstützt zu werden. Simpol ist ist unter anderem vom Spiral Dynamics-Modell inspiriert. Angelehnt daran wäre es ein erklärtes Ziel von Simpol, Anreize zu schaffen, politische Maßnahmen von Bewusstseinsebene nationaler Egoismen zu einer echten weltzentrischen Bewusstseinsebene hin auszurichten.

zu werden. Trotz ihrer Unterschiede fällt eine wesentliche Gemeinsamkeit auf, die Rückschlüsse auf die offene Frage erlauben könnte, wie sich die Vielfalt unterschiedlicher politisch-ökonomischer Kulturen integrieren lässt: Ihnen allen ist gemeinsam, dass sie den Fokus von der staatszentrischen Ebene weg auf die kommunale Ebene (das ist z. B. bei den Charter Cities der Fall) oder gar auf die Bürgerebene verlegen und einen Mechanismus vorsehen, von dort aus auf die nächstgrößeren Ebenen wirksam einzuwirken. So stellt Simpol einen durch digitale Kommunikationstechnologien gestützten Ansatz dar, um von Bürgerebene direkt auf die politischen Entscheidungsträger von Staaten simultan einzuwirken. Charter Cities sehen zwar nicht per se demokratische Wahlen vor, doch können die Bürger mit Füßen abstimmen und damit eine Wettbewerbssituation zwischen den Städten schaffen.

Zusammengefasst: Gesellschaftliche Zukunftssicherung im 21. Jahrhundert wird sich auch mit der Herausforderung auseinandersetzen, die Wahlvielfalt zwischen unterschiedlichen politischen, kulturellen und ökonomischen Konzepten und mögliche Widersprüche zwischen ihnen zu integrieren. Ein besonderer Widerspruch besteht zwischen dem Anspruch heißer Kulturen an Wachstum einerseits und dem Anspruch kalter Kulturen nach Bewahrung der Ökologie andererseits. In der aktuellen Diskussion ergeben sich als mögliche Antwort darauf politische Ansätze, ein entsprechendes Nebeneinander zu organisieren und dabei mit einem Mechanismus zu versehen, der es dem Bürger ermöglicht, zwischen ihnen zu wählen. Die meisten dieser Ansätze sind noch nicht empirisch getestet, was jedoch in naher Zukunft, ähnlich dem bereits diskutierten BGE, in Form sozialer Experimente möglich wäre.

## 8.4 Prinzip 8: Kollektive Weisheit

Kollektive Intelligenz kann womöglich als die grundlegendste Eigenschaft bezeichnet werden, die ein kollektives System, wie z. B. eine Organisation oder Gesellschaft benötigt, um komplexe Probleme aller Art zu bewältigen. Wie an anderer Stelle beschrieben, resultiert kollektive Intelligenz (zuweilen auch als Schwarmintelligenz bezeichnet) aus einem effektiven Zusammenspiel möglichst unterschiedlicher Individuen. Schafft es das Kollektiv, dass alle Mitglieder ihre unterschiedlichen Sichtweisen beitragen können, entsteht eine Gruppenmeinung mit einer Entscheidungsqualität, die „größer ist als die Summe ihrer Teile". Vielfältige Errungenschaften einer Gesellschaft sind das Ergebnis derartiger kollektiver Anstrengungen. Kollektive Intelligenz bringt nicht nur neue Errungenschaften mit sich (z. B. den digitalen Wandel), sondern auch unbeabsichtigte Nebenfolgen

(z. B. Cyberterrorismus). Dies angemessen abzuwägen und zu optimalen Entscheidungen zu kommen, ist Aufgabe der (kollektiven) Weisheit. Sie stellt damit ein derzeit völlig vernachlässigtes Gegengewicht zur (kollektiven) Intelligenz dar. Was ist damit gemeint und was zeichnet sie aus? Wie kann sie sich konkret ausprägen und gefördert werden? Und warum ist sie gerade im 21. Jahrhundert besonders wichtig?

### 8.4.1 Weisheit: Wesensmerkmale und Zugänge

Weisheit bezeichnet vor allem ein tiefgehendes Verständnis von Zusammenhängen im Leben und die daraus resultierende Fähigkeit, bei Problemen die schlüssigsten und sinnvollsten Entscheidungen zu treffen. Klassische Zugänge zu Weisheit finden sich in der Philosophie (aus dem Griechischen übersetzt: „Liebe zur Weisheit") und in den so genannten Weisheitstraditionen der Religionen. So bezeichnet z. B. Platons berühmtes Höhlengleichnis (welches die Philosophie- und Religionsgeschichte gleichermaßen beeinflusst hat) Weisheit als eine Erkenntnis der realen Welt und als Abkehr von Täuschungen und Irrtümern der Alltagserkenntnis, der öffentlichen Meinung und hergebrachter Vorurteile. In den religiösen Weisheitstraditionen finden sich vielfältige Parabeln wie die folgend genannte, in denen Gleichmut und Problemlösungskompetenz von weisen Menschen illustriert wird. Zu den bekanntesten Parabeln gilt die folgende aus dem Daoismus stammende, aber auch im Mahayana-Buddhismus rezipierte, Geschichte:

> Die Geschichte erzählt von einem alten Bauern in einem armen Dorf. Eines Tages lief ihm sein Pferd davon. Seine Nachbarn riefen, wie schrecklich das sei, aber der Bauer meinte nur: „Vielleicht." Ein paar Tage später kehrte das Pferd zurück und brachte zwei Wildpferde mit. Die Nachbarn freuten sich alle über sein günstiges Geschick, aber der Bauer antwortete erneut: „Vielleicht." Am nächsten Tag versuchte der Sohn des Bauern, eines der Wildpferde zu reiten. Das Pferd warf ihn ab und er brach sich beide Beine. Die Nachbarn bekundeten ihm alle ihr Mitgefühl für dieses Missgeschick, aber vom Bauer hörten sie wieder nur: „Vielleicht." In der nächsten Woche kamen Rekrutierungsoffiziere ins Dorf, um die jungen Männer zur Armee zu holen. Ein Krieg mit dem Nachbarkönigsreich bahnte sich an. Den Sohn des Bauern wollten sie nicht, weil seine Beine gebrochen waren. Als die Nachbarn ihm sagten, was für ein Glück er hat, antwortete der Bauer: „Vielleicht."

Die Parabel erzählt, wie ein alter Bauer unverschuldet in verschiedene Situationen mit schwerwiegenden Auswirkungen gerät. Diese Ereignisse werden von den anderen Grenzbewohnern spontan beurteilt, der alte Bauer bewertet diese Situationen aber nicht und bleibt dadurch stets gleichmütig. Weisheit zeigt sich in dieser Parabel im Wesensmerkmal, die Dinge so wahrzunehmen, wie sie sind – ohne emotionale Bewertung. In diesen Kontext fügt sich das berühmte Zitat des spirituellen Lehrers, Jiddu Krishnamurti: „Weisheit ist nicht gespeicherte Erinnerung, sondern die höchste Form der Offenheit gegenüber dem Realen." Diese Offenheit gegenüber dem Realen ergibt sich explizit aus Achtsamkeits- und Meditationspraktiken.

> **Was ist Meditation?**
> Meditation bedeutet aus dem Lateinischen übersetzt „betrachten" bzw. „in den Fokus nehmen". Eine später hinzugekommene Übersetzung lautet „sich zur eigenen Mitte hin ausrichten". Diese Übersetzungen verdeutlichen, worum es beim Meditieren im Wesentlichen geht: Sich und sein Innenleben besser kennenlernen, eine klarere Sicht auf die Dinge gewinnen und zu mehr Gelassenheit und Zentriertheit zu gelangen. Aus technischer Perspektive umfasst Meditation meist Achtsamkeits- und Konzentrationsübungen. Es gibt Hunderte unterschiedliche Anwendungen, wobei die bekanntesten und verbreitetsten als Sitzmeditation durchgeführt werden (eine nähere Beschreibung, wie so eine Anwendung typischerweise aussehen kann, findet sich weiter unten). Fortgeschrittene Praktiker sehen Meditation hingegen nicht nur als eine Technik, sondern als Grundhaltung ständigen Gewahrseins. Im Zusammenhang mit Meditation beinhaltet *Achtsamkeit* (engl.: Mindfulness) eine nicht-wertende Form von absichtsvoller Aufmerksamkeit, die sich auf den gegenwärtigen Moment, d. h. auf das Jetzt, und weder auf die Zukunft noch auf die Vergangenheit bezieht (Kabat-Zinn 1982). Insbesondere in östlichen Kulturen gilt die Meditation als eine grundlegende bewusstseinserweiternde Praxis.
>
> *Beispiel einer Meditationsanwendung (aus Fathi 2019b)*
> *Begeben Sie sich in eine bequeme Position.* In der Regel wird eine sitzende Position empfohlen, z. B. sitzend auf einem Stuhl, kniend auf einem Meditationshocker oder sitzend auf dem Boden mit dem Gesäß auf einem Kissen. Im letzteren Falle empfiehlt sich ein Schneidersitz – wenn es Ihre Dehnung erlaubt, darf es auch ein halber oder ganzer Lotussitz sein. Wichtig ist, dass Ihr Rücken aufgerichtet und möglichst gerade bleibt. Es gibt auch Meditationsformen, in denen Sie stehen (z. B. in der Ausgangshaltung, die im Qi Gong oder Tai Qi üblich ist) oder auf dem Rücken

liegend (z. B. in einigen Yoga-Traditionen). Hierauf werde ich im Folgenden nicht näher eingehen, aber prinzipiell ließen sich die nachfolgenden Schritte auch in diesen Positionen machen.

*Einstieg:* Im zweiten Schritt empfehle ich Atemübungen, um sich schnell zu zentrieren und den vom Alltag angestoßenen Gedankenfluss zu unterbrechen. An dieser Stelle können Sie für einige Minuten entspannt ein- und ausatmen (pro Atemzug etwa vier Sekunden). Ergänzend dazu, können Sie Ihre Atemzüge zählen. Der Nebeneffekt dabei ist, dass Sie damit Ihre Konzentration und Gegenwärtigkeit üben.

*Hauptteil:* Nun beginnen Sie mit der eigentlichen Meditation. Aus den Dutzenden möglichen Varianten will ich Ihnen zwei vorstellen. Die erste Option ist, dass Sie sich ausschließlich auf Ihren ein- und ausströmenden Atem konzentrieren. Stellen Sie sich vor, wie Sie neue Energie über das Einatmen aufnehmen und Altes und Verbrauchtes über das Ausatmen loswerden. Versuchen Sie hierbei durch den Bauch zu atmen. Die zweite Option nennt sich Body Scan und ist klassischer Bestandteil des MBSR-Programms und der Vipassana-Meditation (eine klassische Meditationspraxis aus der ältesten buddhistischen Schule, dem Theravada-Buddhismus). Hierbei gehen Sie während der Meditation sukzessive sämtliche Körperpartien von Ihnen durch. Meine Empfehlung für die Reihenfolge: Beginnend mit den Füßen, über die Unterschenkel, Oberschenkel, Hüfte/Gesäß/Geschlechtsteile, Unterbauch, unterer Rücken, Brust, oberer Rücken, Schultern, beide Arme hinunter zu den Händen und schließlich den Kopf und das Gesicht. Diese Reihenfolge können Sie mehrfach durchgehen oder insgesamt nur einmal, dafür aber in jeder Körperpartie länger verbleiben. Zum Ende der Meditation versuchen Sie den ganzen Körper auf einmal bewusst wahrzunehmen.

*Anmerkungen:* Während der Meditation werden Gefühle und Gedanken hochkommen. Das ist völlig normal. Versuchen Sie sich so gut es geht nicht von ihnen ablenken zu lassen. Und wenn Sie doch mal abgeschweift sind, kommen Sie einfach wieder ins Hier-und-Jetzt zurück. Es gibt diverse Tricks, mit aufkommenden Gedanken während der Meditation umzugehen: Einer meiner Meditationslehrer empfahl mir, aufkommende Gedanken zu „etikettieren" – innerlich können Sie sich auch zurufen: „Da ist einer!" Ein anderer Trick ist, sich während eines Gedankens kurz zu fragen, was der nächste Gedanke sein könnte. Erfahrungsgemäß dürften sich auftauchende Gedanken schnell wieder auflösen. Der Rest ist eine Frage Ihrer Achtsamkeit und Gegenwärtigkeit.

Offenheit gegenüber dem Realen äußert sich in etwas, was sich mit „Hier-und-Jetzt-Gewahrsein" oder auch „Gegenwartsbewusstsein" umschreiben lässt. Der Veränderungsmanager und Transformationsforscher am MIT, Claus Otto Scharmer, nennt dies auch „Presencing" und bezeichnet damit ein Aufmerksamkeitsfeld, in dem man sich dem unmittelbaren Moment, also dem, was bleibt, wenn der Moment vergangen und das Neue noch nicht da ist, bewusst macht. Eine damit zusammenhängende Einsicht ist, dass jedes Bewerten und jeder Denkprozess auf einen Moment bezogen ist, der entweder in der Vergangenheit oder in der Zukunft liegt. Wirklich wahr ist demnach nur das, was sich im unmittelbaren Hier-und-Jetzt ergibt und das erschließt sich nicht durch das Denken, sondern durch absolute Präsenz im Hier-und-Jetzt, wie sie z. B. in der Meditations- und Achtsamkeitspraxis gelehrt werden. Der spirituelle Lehrer Eckhardt Tolle beschreibt in seinem Bestseller „JETZT", dass sich nur durch ebendiese Präsenz im Hier-und-Jetzt eine Freiheit von negativen Bewertungen und damit entsprechend negativen Stressgefühlen Emotionen einstellen kann:

> „Alle Negativität wird durch eine (…) Verleugnung der Gegenwart verursacht. Unwohlsein, Ängstlichkeit, Anspannung, Stress, Sorgen – alle Formen der Angst – entstehen durch zu viel Zukunft und nicht genug Gegenwart. Schuld, Bedauern, Groll, Trauer, Bitterkeit, Schwermut, und alle Formen von Nicht-Vergeben entstehen durch zu viel Vergangenheit und nicht genug Gegenwart" (Tolle 2012, S. 80).

Gegenwartsbewusstsein unterstützt dabei, Stress und damit einhergehende emotionale Dispositionen in Entscheidungssituationen zu vermeiden.

Ein anderes Wesensmerkmal von Weisheit, das sich unmittelbar aus meditativer Achtsamkeit ergibt, ist eine verbesserte Fähigkeit, mit Chaos und Informationsvielfalt umzugehen. In diesem Zusammenhang lässt sich das berühmte Zitat des US-amerikanischen Psychologen und Philosophen William James einordnen: „Die Kunst der Weisheit besteht darin, zu wissen, was man übersehen muss". Die Achtsamkeitsforscherin Ellen Langer umschreibt diese Fähigkeit mit „sanfter Offenheit":

> „What you want is a soft openness—to be attentive to the things you're doing but not single-minded, because then you're missing other opportunities. (…) We have new data and analysis coming at us all the time. So mindfulness becomes more important for navigating the chaos—but the chaos makes it a lot harder to be mindful. I think chaos is a perception. People say that there's too much information, and I would say that there's no more information now than there was before. The difference is that people believe they have to know it—that the more information they have, the better the product is going to be and the more money the company is going to make. I don't think it depends as much on the amount of information someone has as on the way it's taken in. And that needs to be mindfully" (Langer 2014).

## 8.4 Prinzip 8: Kollektive Weisheit

Während sich (kollektive) Intelligenz in diesem Zusammenhang als die Fähigkeit auszeichnet, möglichst viele Informationen auch über Vergangenheit und mögliche Zukünfte zu prozessieren, zeichnet sich (kollektive) Weisheit durch eine grundsätzlich andere Perspektive aus. Weisheit tritt einen Schritt zurück und fragt danach, worauf es eigentlich ankommt. Sie konzentriert sich weniger darauf, was alles möglich ist und wie es sich konkret umsetzen lässt, sondern was das tiefere Bestreben von dem ist, was wir tun. Sie fragt, was erstrebenswert ist. Dabei hinterfragt sie die Rahmenbedingungen, die der Intelligenzansatz einfach als gegeben voraussetzen würde. Was wird aus dem menschlichen Ich, wenn wir grenzenlose Optimierung des menschlichen Körpers, im Sinne des Transhumanismus, anstreben? Führt dies tatsächlich zu dem, was wir eigentlich anstreben, nämlich mehr Glück und Wohlbefinden? Was ist überhaupt das Ich und was sind wir als Gesellschaft? Diese und andere Fragen ergeben sich typischerweise aus dem Weisheitsansatz. Hier geht es weniger darum, Probleme zu lösen, worauf die Intelligenz abzielt, sondern strategisch und philosophisch abzuwägen, was die wahrgenommenen Probleme eigentlich zu Problemen macht, was für neue Probleme sich aus dem Bestreben, sie zu lösen, ergeben könnten, und was auf dieser Grundlage langfristig die beste Entscheidung ist. Dies könnte sogar bedeuten, bestimmte Entwicklungspfade nicht oder noch nicht zu beschreiten. Wie das konkreter aussehen kann, soll im Folgenden näher erläutert werden.

### 8.4.2 Kollektive Weisheit zur Steuerung von Entwicklungspfaden

Von allen drei Leitbildern dürfte die nachhaltige Gesellschaft den größten Anteil am Prinzip der kollektiven Weisheit haben. Die für gesellschaftliche Zukunftssicherung notwendigen Betrachtungsdimensionen reichen dabei weit über die traditionellen drei Säulen der Nachhaltigkeit – das Soziale, das Ökonomische, das Ökologische – hinaus. Es ist vor allem die technologische Dimension, die in einigen Bereichen exponentielle Entwicklungssprünge aufweisen und zu menschenverursachten Risiken führen können.

Im privatwirtschaftlichen Kontext lassen sich vereinzelte Bestrebungen beobachten, gefährliche Technologien zu boykottieren. So haben sich beispielsweise die Gründer von Google-Deepmind, der KI-Sparte des Unternehmens, und der Tesla-Gründer und Investor, Elon Musk, verpflichtet, sich nicht an der Entwicklung autonomer, KI-gestützter, Waffen zu beteiligen. Bereits 2017 forderten sie mit mehr als hundert anderen Forschern und Unternehmen in einem offenen Brief auf der Website des Future of life-Instituts ein entsprechendes Verbot (ders. 2017).

Ähnliches gilt auch für den wissenschaftlichen Kontext. Ein aktuelles Beispiel ist ein Aufruf von 18 Forschern aus sieben Ländern, das Genome Editing, also Veränderungen der DNA in Spermien, Eizellen oder Embryonen, um genetisch modifizierte Kinder zu schaffen, weltweit vorerst zu verbieten. Alle Nationen sollten sich freiwillig zu diesem Moratorium verpflichten, bis es ein internationales Regelwerk zum Umgang mit solchen Technologien gäbe, seien jegliche klinischen Versuche einzustellen. Anlass für den Aufruf waren Fortschritte in der so genannten „Crispr-Cas9"-Technologie (kurz: Crispr), die es mithilfe des Moleküls Cas9 ermöglicht, Erbgutabschnitte gezielt zu entfernen und auszutauschen. Dieses Molekül dient dabei als Schere und transportiert die DNA-Schnipsel. Dies soll es nicht nur ermöglichen, Saatgut zu optimieren, sondern auch den Menschen, mit weitreichenden Folgen.[12] Einmal bearbeitet und zur Welt gebracht könnten genoptimierte Babys die Menschheit für immer auf Kosten all jener verändern, denen die Technologie nicht zur Verfügung steht. Die Wissenschaftler plädieren für Maßnahmen, um Transparenz zu schaffen und Dialoge mit der Öffentlichkeit zu ermöglichen. Auch sprechen sie sich für eine disziplin- und sektorübergreifende Kooperation aus, in der z. B. auch Ethiker, Humangenetiker, Politiker, religiöse Gruppen, Menschen mit Behinderungen etc. zusammenarbeiten (Lander et al. 2019).

Im politischen Kontext könnte eine Steuerung nicht nur durch Verbote oder (leider wenig Erfolg versprechende) freiwillige Selbstverpflichtungen erfolgen, sondern vorbeugend auch durch die Regulierung der Vergabe von Fördermaßnahmen. Dies ist vor allem in Forschungsbereichen sinnvoll, deren technologische Möglichkeiten unabsehbar sind und existenzielle Risiken lösen oder auch gar befördern können. Kollektive Weisheit könnte in diesem Kontext darauf abzielen, die technologische Entwicklung in bestimmten Bereichen zu steuern.

Dies ist aber, so der Philosoph und Risikoexperte, Nick Bostrom, gar nicht so einfach. Würde ein Politiker beispielsweise vorschlagen, in einem bestimmten Forschungsfeld aus Sorge um die potenziellen Risiken, die aus einer Technologie erwachsen könnten, die Mittel zu kürzen, könnte er in der Forschungsgemeinde mit Empörung und einem enormen Widerstand rechnen. Denn, auch wenn das zu erwartende Risiko plausibel erschiene, würden die Wissenschaftler und andere Befürworter argumentieren, dass es vergeblich sei, die Entwicklung einer Technologie aufzuhalten, indem die Forschung dazu verhindert würde. Denn wenn eine Technologie realisierbar sei, würde sie irgendwo von irgendjemandem

---

[12]Ein Roman, das sich sehr aufschlussreich mit diesem Thema auseinandersetzt, ist „Helix", von Marc Elsberg (2016).

auf der Welt auch entwickelt werden. Bostrom weist an dieser Stelle darauf hin, dass dieser so genannte „Vergeblichkeitseinwand" fast nie erhoben wird, wenn die Politik vorschlägt, Forschungsmittel auf einem Gebiet aufzustocken, nach dem Motto: „Bitte geben Sie uns keine Mittel, kürzen Sie sie lieber. Forscher in anderen Ländern werden sicher für uns einspringen, die Arbeit wird so oder so getan werden" (Bostrom 2017, S. 321). Bostrom zufolge, lässt sich diese sich hier abzeichnende Doppelmoral am ehesten durch nationale Interessen erklären. Demnach würde eine Gesellschaft die Entwicklung einer potenziell gefährlichen Technologie vorantreiben, weil sie davon ausgeht, dass sie ohnehin entwickelt werden würde und dass der zu erwartende Schaden für die Welt in jedem Falle eintrete. Sie könne sich aber immerhin den relativ kleinen Nutzen sichern, der daraus resultiert, dass sie als erste die Technologie entwickelt habe. Auch wenn der Vergeblichkeitseinwand so verbreitet und beliebt ist, macht er – so Bostrom – nicht plausibel, warum es nicht sinnvoll ist, technologische Entwicklung zu steuern. Dabei ginge es nicht darum, ob eine Technologie entwickelt würde, sondern wann, von wem und in welchem Kontext. Und diese Umstände könnten sehr wohl durch die Vergabe von Fördermitteln beeinflusst werden (Bostrom 2017).

Kollektive Weisheit würde sich in diesem Zusammenhang nach dem „Prinzip der ungleichzeitigen technologischen Entwicklungen" ergeben: „Verzögere die Entwicklung gefährlicher und schädlicher Technologien, vor allem derjenigen, die ein existenzielles Risiko darstellen könnten, und beschleunige die Entwicklung nützlicher Technologien, vor allem derjenigen, die natürliche oder technologische existentielle Risiken verringern" (Bostrom 2017, S. 323). Eine weise Strategie ließe sich daran messen, „wie viel zeitlichen Vorsprung sie den erwünschten vor den unerwünschten Technologien verschafft" (ebd., S. 323).

Komplexer wird die Fragestellung, wenn ins Kalkül einbezogen wird, dass einige Technologien eine ambivalente Wirkung auf existenzielle Risiken haben, indem sie einige erhöhen und andere verringern. Dies wäre unter anderem bei der Superintelligenz der Fall: Eine maschinelle Superintelligenz könnte ein erhebliches existenzielles Risiko erzeugen, wie z. B. das oben dargestellte „Büroklammern-Szenario". Sie könnte wiederum, da sie erheblich fähiger wäre als die menschliche Intelligenz, viele andere Risiken effektiv beseitigen. Natürliche existenzielle Risiken, wie z. B. Supervulkane, Pandemien, Asteroideneinschläge, könnte sie, z. B. durch die Kolonisierung des Weltraums in ein nichtexistenzielles Risiko verwandeln. Menschengemachte Risiken würde sie frühzeitig erkennen, sie würde bei der Entwicklung potenziell gefährlicher Technologien weniger Fehler machen und frühzeitig die richtigen Vorsichtsmaßnahmen ergreifen und richtig umsetzen. Es kommt also auf die Reihenfolge der technologischen Entwicklung an. Bostrom zufolge würde dabei einiges dafürsprechen, die Superintelligenz anderen potenziell gefährlichen Technologien, wie z. B. der fortgeschrittenen Nanotechnologie, vorzuziehen – selbst wenn sich die Superintelligenz als riskanteste aller Technologien erweisen sollte. Denn mit der Entwicklung einer Superintelligenz müsste die Menschheit nur mit den damit verbundenen Risiken fertig werden und zwar möglichst vorbeugend – und das noch während des Baus und der Programmierung. Mit der Realisierung einer anderen potenziell gefährlichen Technologie, müsste sich die Menschheit mit den aus ihr resultierenden Gefahren und denen der Superintelligenz befassen. Obgleich vieles dafür spricht, Superintelligenz zuerst zu entwickeln, bestehen, so Bostrom, weitere gute Gründe, ihre Entwicklung zu verzögern. Denn eine spätere Intelligenzexplosion würde der Menschheit mehr Zeit geben, selber klüger zu werden und Lösungen zu finden, das Kontrollproblem zu lösen[13] (Bostrom 2017).

Bostrom zufolge ist die Strategie der planvollen Entwicklungsverzögerung vor allem von der Unterscheidung zweier Risikoarten abhängig: Zustands- und Stufenrisiken. *Zustandsrisiken* sind zeitabhängig – je länger ein System sich in einem bestimmten Zustand befindet, desto höher das Gesamtrisiko. Dies betrifft besonders natürliche Risiken. Beispielsweise nimmt mit der voranschreitenden Zeit die Wahrscheinlichkeit kumulativ eher zu (als ab), dass irgendwann einmal ein Superasteroid einschlägt oder ein Supervulkan ausbricht. Auch nimmt die Gefahr eines Atomkriegs eher zu, solange die internationale Gemeinschaft noch keine Global Governance oder ähnliches entwickelt hat und in einem Zustand der „internationalen Anarchie" verharrt. *Stufenrisiken* ergeben sich demgegenüber direkt vom Übergang an sich, nicht von der Dauer eines Zustands. So ist z. B. die Herausbildung einer Superintelligenz per se ein Stufenrisiko. Die Größe des Risikos hinge hier eher davon ab, ob entsprechende Vorkehrungen getroffen werden konnten und nicht davon, ob die Herausbildung einer Superintelligenz 20 ms oder 20 h dauere. Bostrom schließt daraus, dass bei zu erwartenden existenziellen Zustandsrisiken – wie z. B. einem Meteoriteneinschlag – eher eine Beschleunigung der eigenen Intelligenz und eine gezielte Technologieförderung sinnvoll sind. Bei zu erwartenden Stufenrisiken – wie z. B. einer Superintelligenz – wäre unter Umständen eine Verlangsamung der Entwicklungen zu empfehlen, um mehr Generationen die Chance zu ermöglichen und um mehr Zeit zur Vorbereitung von Kontrollmaßnahmen zu haben. Bostrom relativiert diesen Standpunkt an anderer Stelle wieder, indem er einräumt, dass Stufenrisiken, die sich ja gerade als

---

[13]Bostrom kommt in seiner fundierten Analyse zum Schluss, dass es derzeit noch nicht genügend Wissen gibt, eine Superintelligenz effektiv zu kontrollieren und bereits in der Programmierung unbeabsichtigten Risiken vorzubeugen (Bostrom 2017).

## 8.4 Prinzip 8: Kollektive Weisheit

„Übergang in etwas Neuem" auszeichnen, nicht durch ein Mehr an Erfahrungen vorgebeugt werden können. Hier könnte womöglich die Beschleunigung der eigenen Intelligenzleistungen und die Schärfung der eigenen Weitsicht als sinnvollere Strategie erweisen. Auch würde eine höhere Intelligenz zu einer effektiveren Nutzung der Vorbereitungszeit, z. B. für den Übergang in die Ära maschineller Superintelligenz, führen (Bostrom 2017).

Bostroms Überlegungen führen, auch unter Rückgriff auf ähnliche Reflexionen Eric Drexlers, zu einem Musterargument in sieben Schritten. Sie liefern eine idealtypische Begründung dafür, sich intensiv und vor allem in internationaler Kooperation, mit künftigen, insbesondere existenziellen Risiken auseinanderzusetzen und sich entsprechend auf sie vorzubereiten. Dies erfordert eine entsprechende Weitsicht, die sich typischerweise aus dem Weisheitsansatz ergibt (im Folgenden Bostrom 2017, S. 335):

1. Die Risiken von X sind groß.
2. Die Verringerung dieser Risiken wird eine ernsthafte Vorbereitungsphase nötig machen.
3. Ernsthafte Vorbereitungen wird es erst dann geben, wenn die Möglichkeit von X von breiten Gesellschaftsschichten wirklich in Betracht gezogen wird.
4. Breite Gesellschaftsschichten werden die Möglichkeit von X erst dann wirklich in Betracht ziehen, wenn große Forschungsanstrengungen zur Entwicklung von X gemacht werden.
5. Je früher ernsthafte Forschungsanstrengungen eingeleitet werden, desto länger wird es dauern, bis X entwickelt ist (da man von einem primitiveren Technologieniveau ausgehen muss).
6. Daher gilt: Je eher ernsthafte Forschungsanstrengungen eingeleitet werden, desto länger ist die Phase, in der ernsthafte Vorbereitungen getroffen werden können, und desto stärker können die Risiken reduziert werden.
7. Daher gilt: Ernsthafte Forschungsanstrengungen in Richtung auf X wollten sofort in die Wege geleitet werden.

Aus dieser Logik folgt, dass die Forschung zu neuen Technologien weder verlangsamt oder gestoppt, sondern eher intensiviert werden sollte und zwar mit Blick auf die zu erwartenden Risiken und der Entwicklung nachhaltiger Strategien.

Ein ähnlicher, eher vom Resilienzkonzept inspirierter (und verhältnismäßig kaltschnäuzig anmutender) Ansatz würde sogar kleine und mittelschwere Katastrophen in Kauf nehmen, um sich systematisch die eigenen Schwachstellen bewusst zu machen und Vorsichtsmaßnahmen weiterzuentwickeln. Die Idee einer solchen „Schocktherapie" wäre die Zivilisation mit kleineren Katastrophen, ähnlich einer

„Schutzimpfung", zu infizieren, um dadurch „Immunantworten" auszulösen, die die Menschheit auf existenzielle Infektionsvarianten vorbereitet. Befürworter einer extremen Variante dieses Konzepts würden hierbei auch schreckliche Konsequenzen in Kauf nehmen, in der Hoffnung, dass sie die Bevölkerung wachrütteln (Bostrom 2017).

Unabhängig davon, welche Strategie zur systematischen Vorbereitung auf künftige Risiken den Vorzug bekommen wird: der womöglich wichtigste Parameter eines weisen kollektiven Umgangs mit menschenverursachten Risiken wird wohl vom Grad der globalen Koordination und Zusammenarbeit abhängen.

### 8.4.3 Weise Entscheidungen im globalen Gefangenendilemma

Heute zeichnet sich das eher ungünstige Szenario globaler Konkurrenz ab – sie mündet in einem Wettrennen um die Entwicklung potenziell gefährlicher Technologien auf Kosten von Sicherheit. Demgegenüber hätte eine Zusammenarbeit den Vorteil, dass sie überhastetes Vorgehen reduziert, größere Investitionen in Sicherheit ermöglicht und den Austausch von Ideen zur Lösung von Problemen (z. B. des Kontrollproblems bei der Entwicklung von Superintelligenz) begünstigt. Darüber hinaus beugen globale Kooperation und Koordination eskalierten internationalen Konflikten vor. Sie wäre nicht nur von insgesamt höherem Nutzen, sondern auch moralisch wünschenswerter.

Auch wenn sich in der Theorie globale Kooperation als wesentlich vorteilhafter darstellt, scheinen in der Praxis Formen der Konkurrenz und nationale Egoismen immer noch einen beträchtlichen Anteil im internationalen Geschehen einzunehmen. In der aktuellen Berichterstattung wird vor allem das „Wettrennen um die KI" zwischen den USA und China thematisiert. Daneben bestehen noch andere Konkurrenzdynamiken, wie z. B. der Handelsstreit zwischen den USA und China sowie den USA und der EU und vielfältige Rüstungswettläufe überall auf der Welt, z. B. zwischen den USA, der EU und Russland, im Nahen Osten oder im Südchinesischen Meer, um nur einige zu nennen. Das aus der Spieltheorie abgeleitete Gefangenendilemma verdeutlicht, wie unkooperative Entscheidungen aller Art zulasten des globalen Gemeinwohls entstehen. Lassen sich daraus Richtlinien für weises Handeln ableiten?

Das Gefangenendilemma modelliert die Situation zweier Gefangener, die eines gemeinsamen Verbrechens beschuldigt werden. Jeder Gefangene wird verhört und hat unabhängig vom anderen die Möglichkeit zu schweigen oder zu gestehen. Dabei ist das individuelle Strafmaß nicht nur davon abhängig, wie der

## 8.4 Prinzip 8: Kollektive Weisheit

einzelne Gefangene für sich entscheidet, sondern wie sich seine Entscheidung zu der anderen verhält: Schweigen beide, erhalten sie niedrige Strafen, gestehen beide, erhalten sie hohe Strafen. Gesteht jedoch nur einer der Gefangenen, so geht dieser als Kronzeuge straffrei aus, während der andere die Höchststrafe bekommt. Das Dilemma besteht nun darin, dass sich jeder Gefangene entscheiden muss, entweder zu gestehen (den anderen zu verraten) oder zu leugnen (also mit dem anderen Gefangenen zu kooperieren), ohne die Entscheidung des anderen Gefangenen zu kennen. Das letztlich verhängte Strafmaß hängt also nicht nur von der eigenen Entscheidung, sondern auch von der Entscheidung des anderen Gefangenen ab. Die dominante Strategie beider Gefangenen wäre, nur dem Selbstinteresse zu folgen und zu gestehen. Hingegen würde eine Kooperation der Gefangenen für beide zu einer niedrigeren Strafe und damit auch zu einer niedrigeren Gesamtstrafe führen. (Axelrod 2000). Das Gefangenendilemma lässt sich mithilfe des so genannten Red-Blue-Games mit Gruppen unterschiedlichster Größen simulieren.

In der Simulation des Red-Blue-Games teilen sich die Spieler in zwei Teams auf, welche in getrennten Räumen sitzen. Eine weitere Person ist der Moderator. Es werden zehn Runden gespielt, wobei in jeder Runde die Teams autark entscheiden, ob sie „Rot" oder „Blau" spielen wollen. „Rot" entspricht einer Entscheidung, die sowohl das Eigeninteresse als auch das Interesse der anderen Gruppe berücksichtigt und ist äquivalent zur Option „Leugnen" im Gefangenendilemma. „Blau" ist äquivalent zur Option „Verraten" im Gefangenendilemma. In jeder Runde erfragt der Moderator bei den Gruppen ihre Entscheidung. Erst nachdem sich beide Gruppen entschieden haben, hält der Moderator die Ergebnisse für beide Gruppen sichtbar fest. Erst dann erfahren auch die Gruppen, wie die jeweils andere Gruppe entschieden hat. Die Ergebnisse werden wie folgt bewertet: Entscheiden sich beide Teams für Rot, gewinnen beide Teams +3. Entscheiden sich beide Teams für Blau, verlieren beide Teams −3. Entscheidet sich ein Team für Rot und das andere Team für Blau, erhält das rotspielende Team −6 und das blauspielende Team +6. Diese Punkte zählen in Runde 9 und in Runde 10 doppelt. Die Punkte aller 10 Spielrunden werden jeweils für die Teams kumulativ zusammengerechnet.

| Team A spielt | Team B spielt | Team A erhält | Team B erhält |
|---|---|---|---|
| Rot | Rot | +3 | +3 |
| Rot | Blau | -6 | +6 |
| Blau | Rot | +6 | -6 |
| Blau | Blau | -3 | -3 |

Das Ziel beider Gruppen besteht darin, möglichst viele Punkte pro Runde zu erzielen. Sollten sie am Ende der zehnten Runde 0 Punkte oder weniger erreichen, haben sie verloren. Nach Runde 4 und nach Runde 7 können die Teams jeweils einen Vertreter in eine Konferenz schicken, um sich abzustimmen. Es ist der einzige Weg, wie beide Gruppen miteinander kommunizieren können.

Ich persönlich habe diese Simulation über hundert Mal an über einem Dutzend Hochschulen mit Studiengängen unterschiedlicher Fachrichtungen und Semester (Bachelor und Master) durchgeführt. In etwa 70 % aller Fälle scheitern beide Gruppen und erreichen keinen Gesamtpunktwert über 0. In 10 % aller Fälle endet die Simulation mit nur einer Gruppe als Gewinner bei einem Punktwert von über 0. Die restlichen 20 % aller Fälle schaffen es beide Gruppen zu gewinnen, indem sie einen Punktewert über 0 erzielten. In der abschließenden Evaluation geben die Teilnehmer an, dass sich beide Gruppen nur bei einberufenen Konferenzen durch ihre Vertreter absprechen können, ansonsten aber über die Entscheidung der Gegenseite mutmaßen müssen. Hier ist offensichtlich, dass Vertrauen ebenso aufgebaut wie auch schnell wieder zerstört werden kann. Dabei können die Gruppen nur erfolgreich durch das immerhin zehn Runden andauernde Spiel gehen, wenn sie sich – auf welchen Wegen auch immer – verständigen. Durch aggressives Blau-Spielen kann zumindest eine der Gruppen kurzfristig eine hohe Punktezahl erreichen, aber auch nur, wenn die andere Gruppe Rot spielt und dadurch eine hohe Negativpunktzahl in Kauf nimmt. Wenn beide Gruppen Blau spielen, erhalten sie beide eine geringe, aber immerhin negative Punktzahl. Übertragen z. B. auf den aktuellen Handelsstreit, entspräche der Entschluss des US-Präsidenten Donald Trump, einseitig Einfuhrzölle auf bestimmte Waren der EU und Chinas zu erheben, der Option Blau in der Simulation. Die Option dient dem kurzfristigen Eigeninteresse, wirkt sich aber negativ auf die Interessen des anderen aus. In der Folge reagieren die EU und China mit Gegenzöllen auf US-amerikanische Produkte, was ebenfalls der Option Blau entspricht.

Langfristig können beide nur gewinnen, wenn sie die Interessen der anderen Gruppe berücksichtigen und beide Rot spielen. Dies setzt erstens voraus, der anderen Gruppe zu einem gewissen Maß zu vertrauen, zweitens, dass eine Entscheidungsstrategie gefahren wird, die vertrauensbildend auf die andere Gruppe wirkt, sowie drittens einer Entscheidungsstrategie zu folgen, die notfalls und flexibel auch Drohpotenzial aufbauen und auf unkooperatives Verhalten zurückgreifen kann, ohne die andere Gruppe zu sehr zu verunsichern und damit eine Eskalationsspirale loszutreten. Als erfolgsversprechende Kommunikations- und Entscheidungsstrategie gilt in solchen Situationen das „Tit for Tat" – eine Redewendung, die grob mit „Wie du mir, so ich dir" übersetzt werden kann. Ein Spieler, der die Tit-for-Tat-Strategie anwendet, beginnt die Interaktion mit einem

## 8.4 Prinzip 8: Kollektive Weisheit

kooperativen („freundlichen") Spielzug. Danach macht ein Tit-for-Tat-Spieler jeweils den letzten Zug des anderen Spielers nach. Formalisiert wurde diese Strategie bereits in den 1960er Jahren von Anatol Rapoport (Rapoport und Chammah 1970), bekannt wurde sie aber von Robert Axelrod mit dem Buch „Die Evolution der Kooperation" (Axelrod 2000). Darin beschrieb er unter anderem ein Computer-Turnier, in dem Zwei-Personen-Wettkampfkonstellationen simuliert wurden und kam zum Schluss, dass sich die Tit-for-Tat-Strategie als die evolutionär funktionalste erwies (Fehr 2004). Heute ist bekannt, dass sich Tit for Tat als nachteilhaft erweist, wenn die Reaktion des Interaktionspartners nicht richtig erkannt oder interpretiert werden kann und fälschlicherweise als Ablehnung der Kooperation ausgelegt wird. Die Gefahr besteht dann in einer schnellen Provozierbarkeit und entsprechendem Vergeltungsautomatismus (Dixit und Nalebuff 1993). Für solche missverständlichen Situationen, hat sich Martin Nowak zufolge die Strategie Win-Stay, Lose-Shift gegenüber der Tit-for-Tat-Strategie als überlegen erwiesen. Sie sieht vor, die gewählte Strategie (betrügen, kooperieren) beizubehalten, wenn sie erfolgreich war und zu wechseln, wenn sie nicht erfolgreich war. Der Vorteil der Strategie besteht darin, dass die Spieler aus einer Nichtkooperationschleife wieder in die Kooperation zurückkommen können (Nowak und Sigmund 1993).

Beide Strategien erweisen sich nach aktueller Kenntnislage als weiseste Strategien, um mit der schwierigen Ausgangssituation eines (sich wiederholenden) Gefangenendilemmas fertigzuwerden. Was macht die Ausgangssituation des Gefangenendilemmas so schwierig? Es ist der Umstand, dass die Parteien nicht direkt miteinander kommunizieren können, was dazu führt, dass die Parteien nicht genau wissen, was sie voneinander erwarten können. Dies erweckt Misstrauen und Angst und begünstigt unkooperative Handlungen. Was macht beide Strategien weise? Sie verschaffen der anderen Partei größtmögliche Erwartungssicherheit über die eigenen Entscheidungen, aber auch über die zu erwartenden negativen Konsequenzen, wenn sie sich entschließen sollte unkooperativ zu handeln. Aus dem Gefangenendilemma leitet sich daher ab, dass eine kooperative Dynamik umso wahrscheinlicher ist, je mehr Transparenz gegeben ist und je mehr Möglichkeiten die Parteien haben, sich zu verständigen. Würden sich beide Gefangene (bzw. beide Teams) im selben Raum befinden, würden sie unmittelbar mitbekommen, zu welcher Entscheidung der andere tendiert und sie könnten ihre Handlungen, noch bevor sie umgesetzt würden, abstimmen. Diese Erkenntnis ist gar nicht so neu: So wurde auf dem Höhepunkt des Kalten Krieges, als die Kubakrise im Oktober 1962 fast zu einer atomaren Eskalation führte, ein „heißer Draht" bzw. ein „Rotes Telefon" zwischen den USA und der Sowjetunion eingerichtet. Diese ständige Fernschreiberverbindung sollte die Möglichkeit schaffen, eine Friedensgefährdung durch Irrtümer, Missverständnisse oder Verzögerungen im Kommunikationsweg zu verhindern.

Mit anderen Worten: Direkte Kommunikation und transparente Strukturen begünstigen globale Kooperation und dürften sich als wichtige Hebelpunkte zur Gestaltung gesellschaftlicher Zukunftssicherung erweisen.

# 9 Ausblick: Fünf Hebelpunkte zum Anstoßen gesellschaftlicher Veränderungen

Gesellschaftliche Zukunftssicherung wird im 21. Jahrhundert kaum an einer Integration der Kernaspekte aller drei Leitbilder – der entwickelten, der nachhaltigen und der resilienten Gesellschaft – vorbeikommen. Die oben skizzierten acht Prinzipien stellen hierfür eine mögliche Orientierung dar. Allerdings reichen sie alleine noch nicht aus, um die hierfür notwendige Veränderung anzustoßen. In den folgenden Unterkapiteln skizziere ich mehrere Ansatzpunkte, die sich aus den bisherigen Überlegungen ableiten und die zu einer Realisierung der oben dargestellten acht Orientierungsprinzipien gesellschaftlicher Zukunftssicherung beitragen könnten. Hierbei sei angemerkt, dass mit den folgend skizzierten Überlegungen keinerlei Anspruch auf Vollständigkeit erhoben werden kann. Denn die Frage, ob und inwieweit sich gesellschaftlicher Wandel anstoßen, gestalten und womöglich steuern lässt, dürfte eine ganze Bibliothek füllen. Und auch trotz dieser Fülle an theoretischem und praktischen Wissen aus mannigfaltigen Disziplinen, wie z. B. dem Systems Thinking (inklusive seiner Unterdisziplinen), der Transitionsforschung, neuerdings der transformativen Wissenschaften, der Entwicklungsforschung, der Evolutionsforschung, der Aktionsforschung und dem aus ihr hervorgegangenen Changemanagement, steckt die Gestaltung erfolgreicher Veränderungspraxis (noch) in den Kinderschuhen.

Das gilt selbst für den weitaus besser erschlossenen Kontext des organisationalen Veränderungsmanagements. So konstatieren Praxisbeobachter (z. B. Ashkenas 2016 oder Ewenstein et al. 2015) und Forscher (z. B. Mosadeghrad und Ansarian 2014; Balogun und Hailey 2004) übereinstimmend eine durchschnittliche Erfolgsquote von Veränderungsprojekten von lediglich etwa 30 %. Um wieviel schwieriger und komplexer dürfte sich Anstoßen und Steuern gesellschaftlichen Wandels gestalten? Die folgenden Überlegungen können daher nur erste Annäherungen darstellen, die in weiterführenden Publikationen zu vertiefen sind. Im Rahmen dieser Publikation geht es zunächst nur um das „Anstoßen" von gesellschaftlichem Wandel, weniger um die (für weiterführende Publikationen ebenfalls spannende) Frage, wie sich Wandel nachhaltig etablieren und verankern lässt.

## 9.1 Fünf Hebelpunkte für den sozialen Wandel

Aus den bisherigen Überlegungen lassen sich mehrere Ansatzpunkte ableiten:

- *Kommunikation:* Die Simplify-Perspektive, insbesondere das Systems Thinking, verdeutlicht, welche Operation soziale Systeme, wie z. B. Gesellschaften, grundlegend zusammenhält: Es ist die Kommunikation. Erst Kommunikation macht die Vernetzung der Mitglieder zu einem „Ganzen" möglich – sie ermöglicht die Entstehung von Kulturen, (Rechts-)Normen, kollektiver Identitäten und Visionen möglich und sie unterfüttert Institutionen und Infrastrukturen. Rückwirkend betrachtet, ist gelingende Kommunikation auch eine wesentliche Voraussetzung zur Realisierung von kollektiver Intelligenz und Weisheit und liegt daher allen drei Leitbildern zugrunde. Für gesellschaftliche Veränderungsprozesse ist die Gestaltung gelingender Kommunikation von grundlegender Bedeutung und daher ein wichtiger Hebelpunkt.
- *Mehrere Dimensionen:* Aus der Complexify-Perspektive leitet sich ab, dass soziale Systeme mehrere Dimensionen beinhalten, die sich nicht aufeinander reduzieren lassen. Alleine schon aus der Unterscheidung zwischen einer inneren bzw. subjektiven und einer äußeren bzw. objektiven Realitätsdimension sowie der Berücksichtigung unterschiedlicher Systemebenen, also der Mikro- (Individuen), Meso- (Organisationen) und Makroebene (Gesellschaften), ergibt sich eine mindestens sechsdimensionale Matrix. Alle Dimensionen wären potenzielle Interventionsfenster, um Veränderungsprozesse mittels unterschiedlicher Initiativen anzustoßen. Erfahrungsgemäß dürften Initiativen auf der Makroebene verhältnismäßig aufwendiger sein als Prozesse, die im Kleinen angestoßen werden. Auch deutet sich aus Erfahrungen aus der internationalen Konfliktforschung und dem Peacebuilding an, dass die Dimension „Kultur" (also die inneren bzw. subjektiven Dimensionen der Meso-/Makro-Systemebene) auf einer verhältnismäßig tiefen „tektonischen Schicht" angeordnet ist und Veränderungsprozesse in dieser Dimension entsprechend langsamer vonstattengehen (Galtung 1998). Pragmatisch angelegte gesellschaftliche Interventionen zum bloßen Anstoßen von Veränderung dürften diese Ebene

vernachlässigen und sich eher auf äußere Interventionen konzentrieren, vor allem auf der Mikro- und vor allem Mesoebene.
- *Experimente:* Die Bedeutung von Veränderungen im Kleinen begründet sich nicht nur damit, dass sich auf dieser Systemebene Resultate relativ schneller einstellen. Sie ermöglichen ein experimentelles Herantasten durch Versuch-Irrtum. Dies empfiehlt sich vor allem deshalb, weil soziale Systeme (wie Organisationen, Gemeinden und Gesellschaften) dergestalt komplex sind, dass sich der Erfolg von Veränderungsprozessen nicht mithilfe eines einfachen Input-Output-Modells vorhersagen lassen. Jede Veränderung eines sozialen Systems beinhaltet einen hohen Grad an „Nicht-Wissen". Intelligente Interventionen nehmen diesen Umstand vorweg und planen einen geschützten Raum ein, in dem gezielt auch Fehler werden dürfen. Anstoßprozesse müssen daher in hohem Maße experimentell angelegt sein. Langfristig, und dies wird im Rahmen dieser Publikation nicht abzudecken sein, gehen soziale Veränderungsprozesse aber weit über Realexperimente hinaus. Denn die spätere Herausforderung wird darin bestehen, die aus dem Versuch-Irrtums-Prozess gewonnenen Erkenntnisse zu institutionalisieren. Auch Resilienz selbst geht, wie an unterschiedlicher Stelle angemerkt, über das Experimentieren hinaus – Resilienz zeigt sich in konkreten Krisen als unmittelbares (mit Selbstbeobachtung verknüpftes) Handeln – nicht als bloßer Testlauf.
- *Top-Down und Bottom-Up:* Die bisherige Untersuchung hat auch aufgezeigt, dass vonseiten unterschiedlicher gesellschaftlicher Teilsektoren bereits vielfältige Initiativen bestehen, um Entwicklung, vor allem aber Resilienz und Nachhaltigkeit voranzutreiben. Insbesondere im Kontext von Resilienz fällt auf, dass diese Initiativen weitgehend unabhängig voneinander bestehen, mit Ausstrahlungseffekten in zwei Richtungen. Zivilgesellschaftliche Initiativen wirken z. B. „von unten nach oben" (Bottom-Up), während typischerweise Initiativen aus der Politik „von oben nach unten" (Top-Down) wirken.

Ausgehend von diesen Vorüberlegungen, lassen sich mindestens folgende einander ergänzende Hebelpunkte ableiten, die soziale Veränderung anstoßen und zu einer Realisierung der oben dargestellten acht Prinzipien gesellschaftlicher Zukunftssicherung beitragen könnten:

1. Arbeit an sich selbst.
2. Über die kritische Masse den Wandel von unten anstoßen.
3. Experimentelle Prototypenprojekte.
4. Kommunikative Vernetzung der Teilsysteme.
5. Methoden der kommunikativen Komplexitätsbewältigung.

## 9.1.1 Hebelpunkt 1: Arbeit an sich selbst

Auf die Frage „Wie lässt sich gesellschaftliche Zukunftssicherung vorantreiben?" würde dieser Hebelpunkt beim Individuum ansetzen. Das zugrunde liegende Motto entspricht dem berühmten Ausspruch: „Wenn Du die Welt verändern willst, fange bei Dir an."

Ein wichtiger Ansatzpunkt besteht darin, individuelle Kompetenz- und Bewusstseinsentwicklung zu fördern. Sie ist, wie in den vorangegangenen Kapiteln dargestellt, wesentlicher Baustein aller drei Leitbilder. Es verwundert daher nicht, dass dieser Ansatzpunkt auch im Zentrum vielfältiger, meist zivilgesellschaftlicher Initiativen des sozialen Wandels ist. Meist werden hierbei (teilweise kostenlose) Trainingskurse angeboten, zunehmend auch in Form von Online-Kursen. Hierzu zählen unter anderem das Center for Human Emergence und Spiral Dynamics Integral oder die Integral City-Initiative. Letztere wurde von der Aktivistin Marylin Hamilton begründet. In ihrer gleichnamigen Doktorarbeit beschreibt sie ihre Vision einer integralen Stadt, die auf größtmögliche Nachhaltigkeit und Potenzialentfaltung der Bewohner ausgerichtet ist (Hamilton 2008). Einen ähnlichen Ansatz verfolgt Nan Ellin mit ihrem Buch „Integral Urbanism" (2006), die treffend aussagt: „Urban design success should be measured by its capacity to support humanity", und „an Integral Urbanism offers guideposts along that path toward a more sustainable human habitat" (Ellin 2006, S. vii). Oft zielen die Angebote darauf ab, Multiplikatoren auszubilden, also Menschen, die ihrerseits weitere Menschen beeinflussen und den sozialen Wandel vorantreiben sollen. Das heute bekannteste und repräsentativste Beispiel dürfte die vom Presencing Institute bereitgestellte MOOC „U.Lab: Transforming Business, Society and Self" sein. Seit 2015 wird sie jährlich und kostenlos über die digitale Lernplattform edX initiiert.[1] Ungeachtet der Angebotsvielfalt deutet sich an, dass sämtliche Initiativen auf die Förderung von Universalkompetenzen fokussieren. Es geht dabei um die Entwicklung grundlegender Fähigkeiten, die auf vielfältige Probleme anwendbar sind und in spezifischere Kompetenzfelder einfließen. Typische Universalkompetenzen z. B. Achtsamkeit (welche durch regelmäßige Meditationspraxis begünstigt wird), Emotionale Intelligenz oder das Lernen lernen, wie an anderer Stelle dargestellt. Universalkompetenzen reichen tief und gehen meist mit der Entwicklung der eigenen Persönlichkeit und Bewusstseinswandel einher.

---

[1] https://www.edx.org/course/u-lab-leading-emerging-future-mitx-15-671-1x-0

Eng mit der oben beschriebenen Kompetenz- und Bewusstseinsentwicklung geht eine bereits tendenziell beobachtbare Sensibilisierung für Nachhaltigkeitsthemen einher. Im Konsum sind Bioprodukte, Fair Trade, das Führen einer $CO_2$-Bilanz sowie eine vegetarische oder gar vegane Lebensweise keine exotischen Randerscheinungen mehr. Derzeit erhält Plastik und Verpackungsmüll zu vermeiden verstärkte Aufmerksamkeit. Es erscheint offensichtlich, dass den Zugang zum Internet und zu digitalen Kommunikationsmedien zu verbreiten zu einer höheren Protestentwicklung und Durchsetzungsfähigkeit der Zivilgesellschaft gegenüber der Privatwirtschaft beigetragen hat. Vor allem in Reaktion darauf, dürften immer mehr Unternehmen das so genannte „Corporate Social Responsibility" (CSR) oder „Unternehmerische Gesellschaftsverantwortung" in ihrer Unternehmenspolitik verankert haben. Das Konzept umschreibt den freiwilligen Beitrag der Wirtschaft zu einer nachhaltigen Entwicklung, der über die gesetzlichen Forderungen hinausgeht. Kritiker könnten einräumen, dass diese Entwicklungen für eine nachhaltige Weltpolitik und Krisenprävention bei Weitem noch nicht ausreichen – es bräuchte unter anderem von den Bevölkerungen in der Ersten und Zweiten Welt einen tiefergehenden Bewusstseinswandel über die globalen Folgen ihres Konsumverhaltens. Fest steht allerdings, dass der einzelne Konsument mit seinen Entscheidungen indirekten Einfluss auf viele Bereiche einer nachhaltige(re)n Gestaltung der Welt hat. Aufklärungsarbeit und Nachhaltigkeitssensibilisierung über unterschiedliche Medien wird ein zentraler Ansatz in für die gesellschaftliche Zukunftssicherung im 21. Jahrhundert bleiben.

Ein komplementärer Ansatz fokussiert eher auf den materiellen, selbstversorgerischen Aspekt der Zukunftssicherung und ist vor allem zentraler Bestandteil zur Förderung einer resilienten Gesellschaft. Auch hier ist vorgesehen, das Individuum bzw. die Haushalte „fit" für vielfältige, unvorhersehbare Krisenfälle zu machen – alleine schon deshalb, weil die Politik zuverlässige Versorgung der Bevölkerung nicht gewährleisten könnte. Derzeit gibt das Bundesamt für Bevölkerungsschutz und Katastrophenhilfe seit 2016 wieder verstärkt allgemeine Empfehlungen zur freiwilligen privaten Bevorratung heraus, die für einen Schutz in einer Vielzahl von Szenarien gedacht sind. Sie sollen jedem Haushalt eine Richtschnur für den Umfang der Selbstschutzmaßnahmen geben. Dies beinhaltet unter anderem[2]:

---

[2] https://www.bbk.bund.de/DE/Ratgeber/VorsorgefuerdenKat-fall/Pers-Notfallvorsorge/Pers_Notfallvorsorge_node.html

- Essen und Trinken: Lebensmittel und Getränke für zwei Wochen. Sie sollten ohne Kühlung haltbar und kalt genießbar sein. Pro Woche und Person ist mit ca. 14 L Flüssigkeit zu rechnen, vorzugsweise Wasser.
- Hygiene: Dies beinhaltet Seife, Waschmittel, Zahnpasta; Wasser zum Waschen, Spülen und Toilettenspülung
- Hausapotheke: Verbandkasten, verordnete Dauermedikation, Kohletabletten, Schmerzmittel, Abführmittel, Fieberthermometer, Wärmflasche
- Energieausfall: Campingkocher und passender Brennstoff, warme Kleidung, Taschenlampen, Batterien, Kerzen, Streichhölzer, Bargeld
- Dokumentensicherung: Familienurkunden, Renten-, Pensions- und Einkommensbescheinigungen, Sparbücher, Aktien, Fahrzeugbrief, Versicherungspolicen, Zahlungsbelege für Versicherungsprämien, insbesondere Rentenversicherung, Zeugnisse, Verträge, Grundbuchauszüge, Testament
- Notgepäck: Erste-Hilfe-Material, batteriebetriebenes Radio und Reservebatterien, Dokumententasche und Wertsachen sowie Ausweise, Verpflegung für zwei Tage, Taschenlampe, Schlafsack oder Decke, Wetterschutzbekleidung, sonstige Utensilien wie z. B. Essgeschirr und Fotoapparat.
- Radio: vorzugsweise mit Batterien betrieben oder noch besser: Kurbelradio.

Diese und ähnliche Empfehlungen, die aus der sich auch in Europa langsam ausbreitenden Prepper-Szene bekannt sind, beinhalten relativ einfach umsetzbare Maßnahmen und tragen zu einer Steigerung der allgemeinen Krisenfähigkeit der Haushalte bei.

Zusammengefasst, finden sich Top-Down und vor allem Bottom-Up zahlreiche Initiativen, die darauf abzielen, gesellschaftliche Zukunftssicherung beim Individuum bzw. bei den Haushalten anzusetzen. Dies beinhaltet vor allem die Förderung von Universalkompetenzen, welche eng mit Presönlichkeits- und Bewusstseinsentwicklung einhergeht, Aufklärungsarbeit für nachhaltigen Konsum sowie Preparedness.

### 9.1.2 Hebelpunkt 2: Über die kritische Masse den Wandel von unten anstoßen

Erreicht die Zahl der Menschen, die ein bestimmtes Verhalten ändern, einen „Umschlagpunkt", kann sich eine Veränderung in der gesamten Gemeinschaft durchsetzen. Dies wird mit dem Begriff der „kritischen Masse" umschrieben. Der ursprünglich auf die Epidemieforschung zurückgehende Begriff bedeutet in der Spieltheorie, dass es ausreicht, eine bestimmte Anzahl von Teilnehmern von

## 9.1 Fünf Hebelpunkte für den sozialen Wandel

einer Vision etc. zu überzeugen, um die gesamte Gruppe zu beeinflussen. Ist ein bestimmter Schwellenwert an Teilnehmern überschritten bzw. die kritische Masse erreicht, wird sich diese Vision selbsttragend durchsetzen (Gladwell 2001). In den Gesellschaftswissenschaften wurde das Konzept vor allem vom Spieltheoretiker Thomas Schelling (1978) und dem Soziologen Mark Granovetter (1978) geprägt. Bekannt wurde der Begriff in der Jahrtausendwende mit Malcolm Gladwells Buch „The tipping point – How Little Things Can Make A Big Difference" (2001). Darin beschreibt er drei kommunikative Faktoren, die für die kritische Masse in gesellschaftlichen Zusammenhängen typisch sind.

*The Law of the Few (Das Gesetz der Wenigen):* Einzelne Mitglieder haben mehr Einfluss, Veränderungen herbeizuführen, als andere. Dies gilt vor allem für Führungskräfte, also Menschen mit weitreichenderer Entscheidungsbefugnis als andere.

*Stickiness (Haftenbleiben):* Von der Präsentation der Vision ist es maßgeblich abhängig, ob die Adressaten tatsächlich zum Handeln motiviert werden können. Hierbei können bereits kleine Änderungen große Auswirkungen haben. Gladwell führt als Beispiel die Kindersendung „Sesamstraße" an, die bei ersten Pilotversuchen in den USA floppte, schließlich aber doch ein Erfolg wurde, durch die Hinzufügung der Figur Bibo.

*The Power of Context (Umweltbedingungen):* Das Handeln des Menschen wird stark von den jeweiligen Umweltbedingungen beeinflusst. Als Beispiel führt Gladwell die in der Kriminologie dominierende Broken-Windows-Theorie, die in den 1990er Jahren erfolgreich durch New Yorks damaligen Bürgermeister Rudolph Giuliani umgesetzt wurde. Dabei konzentrierte sich die Polizei New Yorks auf die Bekämpfung scheinbarer Bagatellverbrechen (hierzu gehört v. a. Vandalismus, wie z. B. zerbrochene Fenster), die aber die Lebensqualität der Einwohner New Yorks beeinträchtigten, um so Zeichen für „Null-Toleranz" zu setzen. Diese Politik Giulianis führte zu einem erheblichen Rückgang der Verbrechen in New York (Gladwell 2001).

Wie groß muss eine kritische Masse sein, um Veränderungen von gesellschaftlicher Tragweite anzustoßen? Dies ist umstritten. In der aktuellen Debatte wird vor allem das berühmte Modell von Everett M. Rogers herangezogen. Ihm zufolge beeinflussen mindestens fünf Faktoren maßgeblich, ob sich Menschen überhaupt auf eine Veränderung einlassen und sich eine Innovation entsprechend durchsetzt:

1. Subjektiver Vorteil einer Innovation (beispielsweise Prestigegewinn usw.)
2. Kompatibilität mit vorhandenen Wertesystemen
3. Komplexität – beziehungsweise die beim Erstkontakt gefühlte Einfachheit

4. Probierbarkeit (Möglichkeit des Experimentierens mit der Innovation)
5. Sichtbarkeit der Innovation

Dabei handeln nicht alle Personengruppen gleich. Rogers unterschied fünf Personengruppen, die sich von ihrer Innovationsfreude her unterscheiden. Der Prozess, bei dem sich eine Veränderung durchsetzt und die Innovation von immer mehr Personengruppen angenommen wird, vollzieht sich von den neugierigen Innovatoren (5–10 %) und Early Adopters (10–15 %) hin zu einer frühen (30 %) und späten Mehrheit (30 %) und schließlich zu den relativ skeptischen Nachzüglern (verbleibende 20 %). Erreicht die Zahl der Menschen, die die Innovation annehmen und umsetzen, eine kritische Masse, setzt sich die Veränderung auch bei den restlichen Personengruppen durch.

Heute finden sich vielfältige Initiativen und diese vor allem im Schnittpunkt zwischen akademischem und zivilgesellschaftlichen Teilsektor, die auf digitalen Plattformen Angebote der Bewusstseinsbildung und Kompetenzförderung, teilweise sogar kostenlos, bereitstellen. Ziel und Zweck ist es dabei, Multiplikatoren auszubilden, also Menschen, die ihrerseits mit zahlreichen Projekten, gesellschaftliche Veränderungsimpulse von unten anstoßen. Ein repräsentatives und populäres Beispiel ist das vom Presencing Institute seit 2015 jährlich initiierte und kostenlos über die digitale Lernplattform edX bereitgestellte MOOC *„U.Lab: Transforming Business, Society and Self"*. Dabei handelt es sich um eine 8-wöchige Online-Ausbildung, die vom MIT-Professor, Claus Otto Scharmer, dem Urheber der Changemanagement-Methode „Theorie U", persönlich und live moderiert wird. Die Teilnehmer lernen dabei nicht nur die Methode kennen und anwenden, sondern entwickeln in Kleingruppen von fünf Personen eigenständig Projekte, die sozialen Wandel von unten anstoßen und die Komplexitätsfähigkeit der Gesellschaft erhöhen sollen (Scharmer und Käufer 2013). Scharmer/Käufer zufolge ist eine kritische Masse von fünf Personen pro Gruppe ausreichend, um einen signifikanten Einfluss auf das Gesamtsystem zu erzielen. Beide zitieren in diesem Zusammenhang Nick Hanauer, Unternehmer und langjähriges Aufsichtsratsmitglied von Amazon:

> „Einer meiner Leitsätze stammt von Margaret Mead: ‚Bezweifle nie, dass eine kleine Gruppe von engagierten Bürgern die Welt verändern kann. Im Gegenteil: Nur so sind jemals Veränderungen passiert.' An dieses Prinzip glaube ich total. Mit nur fünf Leuten kann man fast alles machen. Mit nur einer Person ist es schwierig – aber wenn Du diese eine Person mit vier oder fünf weiteren Personen zusammenbringst, dann hast du eine unglaubliche Kraft. Plötzlich entsteht eine Eigendynamik und fast alles, was immanent und möglich ist, kann erreicht und verwirklicht werden" (zitiert in Scharmer und Käufer 2008, S. 9).

## 9.1 Fünf Hebelpunkte für den sozialen Wandel

Die Komplexitätsexpertin Monia Ben Larbi führte diesen Gedanken weiter und übertrug ihn auf die von ihr mitgegründete Initiative „Dörfer im Aufbruch"[3]. In Anlehnung Everett Rogers' Modell beschreibt sie sehr prägnant, wie sich in einer Gemeinschaft Veränderungen von unten anstoßen lassen und worauf es dabei ankommt:

- Ich brauche nur 5 Personen, also 4 neben mir, die bereit sind, ins Ungewisse zu springen – denn die erste Gruppe setzt sich aus Menschen zusammen, die wirklich Freude daran haben, Pioniere zu sein;
- Wir müssen dann 27 Personen finden, die sich für die Vision begeistern lassen, denn die zweite Gruppe sind Visionäre, die die Fähigkeit haben, sich Zukunft vorzustellen;
- Wenn dann auch nur noch eine weitere Person dazukommt, also 33 Personen insgesamt, haben wir schon den Innovationsgraben überwunden, der als der Punkt betrachtet wird, bei dem die Veränderung nicht mehr aufzuhalten ist. Jetzt sind wir schon arbeitsfähig;
- Die nächste Gruppe, also die nächsten 68, sind Pragmatiker – sie werden sich anstecken lassen, wenn es erste Erfahrungen gibt, wenn die Visionäre schon einmal vorgearbeitet haben und es pragmatische, sichtbare Ergebnisse gibt;
- Die nächsten 68 werden später dazustoßen, wenn es sich schon normaler anfühlt;
- Und die letzten 32 werden immer alles doof finden, an denen müssen wir uns gar nicht abarbeiten.

In meinem Dorf können also 33 Personen nachhaltig alles verändern – eine Gruppengröße, die sogar noch in einen Raum passt. Auf die Macht, die wir haben, als Einzelpersonen die kritische Masse für Veränderung zu erreichen, kann jeder eigentlich nur neidisch werden. Was wir noch aus der Theorie der Verbreitung von Innovationen lernen können?

---

[3] Ähnlich wie die Transition Towns geht die von der Bundesregierung geförderte Initiative „Dörfer im Aufbruch" davon aus, dass Gemeinschaften ihre Entwicklung selbst in die Hand nehmen und bislang ungenutzte Ressourcen effektiv nutzen können. Sie setzt voraus, dass Dörfer für Innovation prädestiniert sind, da sie in einem überschaubaren Rahmen die Vielfalt von Gesellschaft beinhalten (Ben Larbi 2018).

- Konzentriert Euch auf die Innovatoren und die Visionäre. Die anderen werden später dazu kommen. Der Versuch, sie von Anfang an zu begeistern, ist zum Scheitern verurteilt, denn sie können sich nicht für Ideen sondern nur für Sichtbares erwärmen. Schenkt ihnen die Zeit, sich an die Veränderung zu gewöhnen.
- Lasst Euch nicht von den 16 % beeinflussen, die Euer Vorhaben nie gut finden werden, sondern entwickelt ein respektvolles Immunsystem ihnen gegenüber. Sie haben das Recht, Euer Vorhaben abzulehnen und Ihr habt das Recht, es trotzdem umzusetzen.

Diese und andere von unten wirkenden Initiativen (Bottom-Up) teilen die Annahme, dass gesellschaftlicher Wandel keineswegs voraussetzt, die Gesamtbevölkerung zu erreichen. Bereits durch eine relativ kleine Kerngruppe können Veränderungen angestoßen werden und – sollte eine kritische Masse der Bevölkerung erreicht werden – sich längerfristig ausbreiten und etablieren. Dies funktioniert in aller Regel durch die Umsetzung experimenteller Pilotprojekte.

### 9.1.3 Hebelpunkt 3: Experimentelle Prototypenprojekte

Sämtliche zivilgesellschaftliche Initiativen, insbesondere aus dem Resilienz- und Nachhaltigkeitsbereich, stellen sich als Realexperimente oder „Reallabore" dar, in denen neue Formen des Zusammenlebens über Versuch-Irrtum weiterentwickelt werden. Die Transition Towns-Initiativen mit ihren weltweit über 450 Gemeinschaften zählen hierbei zu den bekanntesten. Obwohl subsistente, gemeinwirtschaftsorientierte Lebensmodelle grundsätzlich in allen Kulturen schon seit Menschengedenken Bestand haben, befindet sich eine Interpretation dieser Modelle, die auf hochindividualisierte, moderne und postmoderne Gesellschaften zugeschnitten ist, noch in Kinderschuhen. Mehreren Untersuchungen zufolge würden derzeit im Durchschnitt etwa 10 % der Gemeinschaftsprojekte die ersten fünf Jahre überleben. Grund dafür sind, der Expertin Iris Kunze zufolge, soziale Konflikte, die im Allgemeinen auf eine mangelnde Gemeinschaftsfähigkeit in der Gesellschaft schließen lassen (Kunze 2010, S. 86). Emotionale Intelligenz, Kommunikationsfähigkeit und alle damit zusammenhängenden Kompetenzen werden zu Schlüsselfaktoren zum Gelingen sozialer Innovationen.

Auch für die eher Top-Down-ausgerichteten Maßnahmen der Politik empfiehlt sich eine experimentelle Herangehensweise. Dies betrifft beispielsweise systematisch Ansätze zur Verbesserung der Wohlfahrtspolitik (wie z. B. das BGE) oder der politischen Governance (z. B. Panarchie, E-Democracy) zu erproben.

Die grundlegende Einsicht dabei ist, dass es angesichts zunehmender sozialer Komplexität keine einfachen oder perfekten Lösungen geben wird, sondern lediglich Annäherungen. Was setzt die richtigen, was die falschen Anreize? Was funktioniert? Was funktioniert nicht? Wo können wir lernen, wie es besser geht? Erst diese systematischen Fragen ermöglichen frühzeitige Anpassungen und pragmatisch-institutionelles Lernen. Hierzu im Folgenden zwei Beispiele:

Wie an anderer Stelle illustriert, stellt die Entwicklung des Wohlfahrtssystems eine der essenziellsten Bausteine gesellschaftlicher Zukunftssicherung dar. Da die hohe sozialökonomische Komplexität ein lernendes Herantasten erfordert, lassen sich bereits heute vereinzelt regional begrenzte Pilotprojekte beobachten – z. B. hinsichtlich der Vor-, Nachteile und Anpassungspotenziale des BGE. Als grundsätzliche Streitfrage zeigt sich die nach dem geeigneten Verhältnis zwischen staatlicher Regulierung und marktwirtschaftlicher Eigendynamik. In seinem Buch „Das Megatrend-Prinzip" führt der Zukunftsforscher Matthias Horx (2014) das Beispiel einer erfolgreichen Maßnahme der britischen Regierung an. Diese hatte einen üppig ausgestatteten Sozialfonds ins Leben gerufen, der private Initiativen mit marktwirtschaftlichen Kriterien fördert und zugleich auch kontrolliert und „benchmarkt". Im dargestellten Fall ging es darum, die Rückfallquoten in einem Gefängnis für jugendliche Straftäter zu reduzieren. Private Firmen, die sich zutrauten, die Rehabilitation der Straftäter besser zu gestalten, wurden beauftragt, die Rückfallquote zu senken. Dafür gibt es einen Geldbetrag, den der Staat an den eigenen Programmen einsparen konnte. Wenn es der privaten Gruppe gelang, die Rückfallquote über längere Zeit unter einen bestimmten Wert zu senken, gab es eine Bonuszahlung und neue Aufträge in anderen Einrichtungen (Horx 2014). Solche Ansätze verwischen nicht nur die Grenze zwischen staatlichem und privatem Sektor, sie sind auch an konkrete Qualitäts- und Erfolgskriterien gebunden (und zwar nicht den günstigsten Preis bei der Ausschreibung der Aufträge) und ermöglichen eine schrittweise Verbesserung.

Ein anderes Beispiel zeigt die experimentelle Einflussnahme auf die Entscheidungen des Bürgers. Der Ansatz nennt sich „Nudging". Der Begriff übersetzt sich aus dem Englischen mit *„Stups" und wurde vom* Wirtschaftswissenschaftler Richard Thaler und den Rechtswissenschaftler Cass Sunstein und deren Buch *Nudge: Improving Decisions About Health, Wealth, and Happiness* geprägt (dies. 2008). Sie vertreten darin die Idee eines „libertären Paternalismus" und diskutieren „Nudge" als eine Methode, das Verhalten von Menschen zu beeinflussen, ohne dabei auf Verbote und Gebote zurückgreifen oder ökonomische Anreize verändern zu müssen. Typische, heute bereits umgesetzte Beispiele sind:

- Wird in Urinalen ein Abbild einer Fliege angebracht, landet 80 % weniger Urin auf dem Boden, da die Männer beim Urinieren auf die Fliege zielen.
- Wird an einem Kantinenbuffet Obst in Griffnähe präsentiert, Plundergebäck dagegen weiter entfernt, greifen die Nutzer öfter zum Obst (Thaler und Sunstein 2008).

Ein weiteres Beispiel ist die „Speed Camera Lottery", die von der Initiative „The Fun Theory" in einem Echtzeit-Experiment getestet wurde und in der Freiburger Gemeinde zur Diskussion stellte. Hierbei wurden in einem verkehrsberuhigten Wohngebiet durch Schilder alle Autofahrer darauf hingewiesen, dass sie an einer Lotterie teilnehmen, die das Bußgeld der Zuschnellfahrer an die Korrektfahrer verloste. Im Ergebnis ging das Durchschnittstempo um 22 % nach unten (Mörchen 2015). Weltweit gibt es über 80 Projektgruppen, die sich damit befassen, Wege zu finden, die Nudge-Theorie zur Verbesserung der Regierungspolitik und staatlicher Dienstleistungen einzusetzen. Unter anderem finden sich diese so genannten „Behavioral Insights Teams" in England, den USA, Australien und seit 2014 sogar in der Bundesregierung. Dabei untersuchen die Projektgruppen unter anderem Wege, die Bereitschaft zu erhöhen, Steuern zu zahlen, an gemeinnützige Organisationen zu spenden, Fehler beim Verschreiben von Medikamenten zu vermeiden und die Wahlbeteiligung zu erhöhen. In ihrer Publikation „Behavioural Insights and Public Policy: Lessons from Around the World" beschreibt die OECD über hundert unterschiedliche Anwendungen in der Politik (OECD 2017).

Aufgrund ihrer hohen sozialen Komplexität werden vor allem groß angelegte Initiativen mit gesamtgesellschaftlichem Fokus experimentell-pragmatische Herangehensweise erfordern. Als prädestiniert erweist sich hierzu Eingrenzung auf den Raum der Stadt. Beispielhaft für diese Gruppe von Leitprojekten stehen die oben erwähnten Smart Cities und Charter Cities. Sie sind verhältnismäßig aufwendig und setzen internationale Kooperation mit unterschiedlichen Akteuren – meist aus der Politik, Privatwirtschaft und angewandten Wissenschaft – voraus. Die optimistischen Vertreter dieser Projekte versprechen sich zugleich auch hohen Impact, also hohe Ausstrahlkraft des realisierten Stadtprojekts auf die Gesamtgesellschaft, wenn nicht sogar aller am Projekt beteiligten Gesellschaften. Gesellschaftliche Zukunftssicherung wird sicherlich auch eine vertiefte Auseinandersetzung mit Leitprojekten dieser Größenordnung erfordern. Dies betrifft nicht nur die pragmatische Realisierung, sondern auch kritische Implikationen dieser Projekte abzuwägen (beispielsweise die neokolonialistische Implikation von Charter Cities oder die hohe Dominanz unternehmerischer Interessen in Smart City-Projekten).

Gesellschaftliche Zukunftssicherung wird sich vor allem über ein schrittweises, pragmatisch-experimentelles Herantasten weiterentwickeln. Dabei fällt zweierlei auf: Erstens werden, wie wir oben gesehen haben, diese Pilotprojekte und Realexperimente nicht nur von der Politik initiiert, sondern vor allem auch von anderen gesellschaftlichen Teilsektoren, vor allem der Zivilgesellschaft, aber auch der Privatwirtschaft und der Wissenschaft. Daraus resultiert zweitens, dass bereits heute ein Mix von Bottom-Up- und Top-Down-Initiativen zu beobachten ist, aus dem sich, so der Nachhaltigkeitsforscher Derk Loorbach, in Grundzügen eine „Governance Panarchy" ergibt – eine vieldimensionale Übergangsordnung, um gesellschaftlichen Wandel zu gestalten (Loorbach 2007, 2014). Drittens lässt sich nicht nur ein Nebeneinander der Initiativen beobachten, sondern vor allem Kollaborationen zwischen den beteiligten Teilsektoren – beispielsweise beinhalten Transition Towns oftmals eine Kooperation zwischen Zivilgesellschaft und Wissenschaft oder eine lernende Sozialpolitik, wie oben beschrieben, wird oftmals eine Kooperation zwischen Politik und Privatwirtschaft beinhalten. Dies erfordert kommunikative „Brücken" zwischen den Teilsystemen.

### 9.1.4 Hebelpunkt 4: Brückenbauen zwischen den Teilsystemen

Gesellschaftliche Zukunftssicherung im 21. Jahrhundert wird maßgeblich davon abhängen, wie es die Menschheit vermag, gelingende Kommunikation zu gestalten – und das nicht nur zwischen den Gesellschaften im Rahmen globaler Kooperation, sondern vor allem auch innerhalb der Gesellschaften. Gesellschaftlich gesehen beinhaltet dies nicht weniger als eine „dialogische Neugründung von Wissenschaft, Wirtschaft und Politik" (Scharmer 1995). Funktionale Teilsysteme zu vernetzen stellt ein zentrales Kriterium dar (wie in Orientierungsprinzip 3 eingehend beschrieben), um unbeabsichtigte Nebenfolgen – insbesondere bei der Entwicklung gefährlicher Technologien – zu antizipieren und weise Entscheidungen zu treffen. Sektorübergreifende, möglichst global ausgerichtete, Kollaboration gewährleistet erst die Infrastruktur zur Ausbildung kollektiver Intelligenz (Prinzip 4) und Weisheit (Prinzip 8). Was wären Hebelpunkte zur Förderung solcher Kollaborationen? Die oben dargestellten Beispiele zeigen auf, dass Initiativen aus dem zivilgesellschaftlichen und aus dem politischen Sektor als „Brückenbauer" zu den anderen fungieren kann. Auch vonseiten der anderen Teilsektoren, der Wissenschaft und der Privatwirtschaft, ist dies möglich.

Im Wissenschaftssektor ist es derzeit vor allem der Beitrag des Direktors des Wuppertal-Instituts, Uwe Schneidewind, der auf die Potenziale des

Wissenschaftssektors aufmerksam macht, als Agent eines solchen Brückenbaus zu fungieren. Dies setzt allerdings voraus, so Schneidewind und Singer-Brodowski (2013), dass sich die Wissenschaft nicht nur transdisziplinär ausrichtet und zur Untersuchung komplexer gesellschaftlicher Herausforderungen systematisch mit Wissensträgern aus den anderen Sektoren, z. B. der Politik, Zivilgesellschaft und Privatwirtschaft, vernetzt. Der Ansatz beinhaltet auch ein neues Selbstverständnis der Wissenschaft und zwar nicht nur als „neutraler analytischer Beobachter" der Gesellschaft, sondern auch als normativ ausgerichteter aktiver Mitgestalter. Den Beginn dieser Debatte leitete bereits das von Helga Nowotny und Michael Gibbons in den 1990er Jahren geprägte Konzept einer „Modus 2"-Wissenschaft ein (Nowotny et al. 1994). Mittlerweile, seit der zweiten Hälfte der 2000er Jahre, sprechen Schneidewind und Singer-Brodowski (2013) sogar von einer „Modus 3"-Wissenschaft.

- Die *Modus 1-Wissenschaft* bezeichnet die herkömmliche „Normal Science" mit starkem Bezug auf Systemwissen, einer homogenen Wissensbasis (primär aus wissenschaftlichen Institutionen), einem geringen Einbezug gesellschaftlicher Perspektiven, hierarchischen Organisationsstrukturen und einer disziplinären und derzeit interdisziplinären Ausrichtung aus (Gibbons et al. 1992; Nowotny et al. 2001).
- *Modus 2* steht demgegenüber für eine „kontextsensitive Wissenschaft", sprich: einer Wissenschaft, die sich der engen Rückkopplung mit der Gesellschaft und den Entwicklungen einer reflexiven Moderne bewusst ist und sich dieser Entwicklung stellt (Nowotny et al. 2001). Sie sieht daher die Gesellschaft als zentralen Bestandteil der Wissensproduktion und basiert auf einer entsprechend heterogenen Wissensbasis aus unterschiedlichen Institutionen und heterarchischen Organisationsstrukturen. Die transdisziplinäre Wissensausrichtung ermöglicht, komplexe Probleme, die über die spezialisierten Wahrnehmungen der gesellschaftlichen Teilsysteme hinausgehen, ganzheitlich zu erfassen (Gibbons et al. 1992; Nowotny et al. 2001).
- *Modus 3* unterstreicht demgegenüber die Notwendigkeit eines „Third-Order-Changes" – damit verbunden sind nicht nur inhaltliche Neuausrichtungen (Modus 2), sondern auch institutionelle Wandel. Dabei ist sich die Wissenschaft ihrer Ausbildungs- und Vermittlungsfunktion bewusst und entwickelt aktiv-lernend die Gesellschaft mit (Schneidewind und Singer-Brodowski 2013). Die Wissensausrichtung ist daher nicht nur transdisziplinär, sondern auch „transformativ". Wissenschaft hätte damit nicht weniger als die Rolle eines „Katalysators für gesellschaftliche Veränderungsprozesse"

(vgl. zur Definition auch WBGU 2011). Die Wissensbasis wäre nicht nur „heterogen" (wie in Modus 2), sondern „heterodox" und zwar auf der Basis von Experimentalwissen. Dabei wäre die Gesellschaft nicht nur „Bestandteil der Wissensproduktion" (wie in Modus 2), sondern „Akteur der Wissensproduktion und institutionellen Wissenschaftsorganisation", auf der Basis kooperativer Organisationsstrukturen (Schneidewind und Singer-Brodowski 2013).

Schneidewind und Singer-Brodowski 2013 zufolge sind es vor allem vier Akteure, die hierzulande zur Entwicklung einer so genannten „Modus 3"-Wissenschaft beitragen. Die Entwicklung befindet sich bereits in ihren Anfängen:

- Die *organisierte Zivilgesellschaft*, z. B. Umweltverbände, Gewerkschaften, Kirchen, die zunehmend die Bedeutung der Wissenschaftspolitik als zentrales Politikfeld für die Förderung ihrer Anliegen erkennen. Ein Beispiel ist die Initiative „Zivilgesellschaftliche Plattform Forschungswende".
- *Stiftungen* und alternative Wissenschaftsförderer, die mit neuen Initiativen und Programmen Impulse im Wissenschaftssystem auslösen. Ein Beispiel ist die Förderung des Promotionsschwerpunkts „Transformationsforschung" der Heinrich Böll-Stiftung.
- *Innovative Landespolitiken* als Taktgeber und Motor für eine neue Wissenschaftspolitik. Hier gelten nach Schneidewind und Singer-Brodowski (2013) derzeit Baden-Württemberg und Nordrhein-Westfalen als Vorreiter.
- Innovative Strategien vonseiten *Pilothochschulen* und Forschungsinstituten sowie neuer Netzwerke. Ein Beispiel stellt die Leuphana Universität Lüneburg dar, als Pilotuniversität für Nachhaltigkeit.

Maßgeblich unterschätzt wird in der aktuellen Debatte das Potenzial des privatwirtschaftlichen Sektors als Brückenbauer. Beispielhaft hervorzuheben sind dabei zwei Strömungen mit ihren jeweiligen Variationen. Hierzu lassen sich einerseits das transformative Entrepreneurship zählen, welches wiederum das vieldiskutierte Social Entrepreneurship und das relativ wenig erschlossene „Village Entrepreneurship" beinhaltet und andererseits diverse Variationen der Multi-Stakeholder-Kollaboration, welche z. B. die Multi-Stakeholder-Initiativen (MSI) und kollaborative Netzwerke (CoIN) beinhalten. Das *transformative Entrepreneurship* beinhaltet in aller Regel eine gesellschaftsverändernde Business-Innovation. Hier wären das Social Entrepreneurship und neuerdings das Village Entrepreneurship beispielhaft zu erwähnen.

- Unter *Social Entrepreneurship* (deutsch: sozialem Unternehmertum) versteht man eine unternehmerische Tätigkeit, die sich innovativ und nachhaltig für die Lösung sozialer Probleme einsetzt und im weitesten Sinne einen positiven Wandel der Gesellschaft anstrebt. Gebiete, auf denen sich ein Social Entrepreneur u. a. engagiert, sind Bildung, Umweltschutz, Arbeitsplatzschaffung für Menschen mit Behinderungen, Armutsbekämpfung oder Menschenrechte (Scheuerle et al. 2013). Helga Hackenberg und Stefan Empter bezeichnen in einem von ihnen 2011 herausgegebenen Sammelband „Social Entrepreneurship – Social Business: Für die Gesellschaft unternehmen" das Phänomen als ein begrifflich wie konzeptionell „noch nicht definiertes „Phänomen im Spannungsfeld von Wirtschaft, Staat und Zivilgesellschaft". Social Entrepreneurs füllen Lücken, die weder der Markt noch die wenig dynamischen staatlichen Aktivitäten abdecken können (Hackenberg und Empter 2011). Als womöglich prominentestes Beispiel für Social Entrepreneurship gilt Ashoka. Ashoka ist eine amerikanische Non-Profit-Organisation zur Förderung von sozialem Unternehmertum. In derzeit ca. 70 Ländern erhalten die Stipendiaten finanzielle Unterstützung, Beratung und Anschluss an Netzwerke im sozialen Sektor sowie in Wirtschaft und Wissenschaft, damit sie ihre Projekte verbreiten können.
- Das relativ wenig erschlossene Konzept des *„Village Entrepreneurship"* umfasst Geschäftsmodelle auf dem Prinzip systemischer Nachhaltigkeit, die zu einer umfassenden Entwicklung von Regionen – meist Dörfern – führen. Die Initiative „Dörfer im Aufbruch" dokumentiert erfolgreiche Fälle im deutschsprachigen Raum und fördert den Wissensaustausch zu den erfolgreichen Praktiken. Das prominenteste Beispiel stellt der Fall des niedersächsischen Dorfes Oberndorf dar. Unter der Begleitung der Firma BE Solutions & Blue Systems Design GmbH wurde in den 2010er Jahren eine Biogasanlage auf 100 % Güllebasis gebaut, deren Abwärme für eine Fischzucht genutzt wird. Der Inputstoff Gülle wird bereits auf den kooperierenden landwirtschaftlichen Betrieben separiert und später in einem weiteren Verfahren zu Dünger verarbeitet. Aus dem hier beschriebenen systemisch kaskadierenden Wertschöpfungskreislauf entstehen verschiedene Produkte, die vermarktet werden. Zugleich werden 100 % der Energie (Wärme und Strom) genutzt und es entsteht kein Abfall. Die Umwelt und das Grundwasser werden von Nitrat entlastet und $CO_2$ wird reduziert. Der Prozess ist detailliert im Dokumentarfilm „Von Bananenbäumen träumen" dargestellt (Hubert 2016[4]).

---

[4]http://www.vbbt-derfilm.de/

Neben dem transformativen Entrepreneurship zählen noch *Multi-Stakeholder-Kollaborationen* zu den brückenbauenden privatwirtschaftlichen Initiativen. Dabei handelt es sich um dezentrale, von Unternehmen initiierte Netzwerke zu komplexen Themen. Zu den bekanntesten zählen die v. a. von der Nachhaltigkeitsdiskussion geprägten Multi-Stakeholder-Initiativen (MSI) und die kollaborativen Innovationsnetzwerke (CoIN).

- Bei *Multi-Stakeholder-Initiativen (MSI)* handelt es sich um freiwillige Zusammenschlüsse zwischen zivilgesellschaftlichen, öffentlichen und privaten Akteuren mit dem Ziel, komplexe gesellschaftliche Probleme in kooperativer Weise zu lösen. Ihr Fokus liegt meist auf der Förderung nachhaltiger Entwicklung. In der Regel geht es dabei darum, Corporate Social Responsibility besser zu verankern (Lin-Hi). Der Vorstand einer MSI stellt das höchste Entscheidungsgremium dar und setzt sich in aller Regel aus Vertretern der verschiedenen Stakeholder zusammen. Die Arbeit einer MSI teilt sich in vier Aufgabengebiete ein: 1) Aufbau einer gemeinsamen Kommunikationsbasis und eines ständigen Dialogs zwischen den einzelnen Stakeholdern. Ziel dabei ist, Nachhaltigkeitsprobleme zu identifizieren und gemeinsam zu lösen. 2) Schriftliche Formalisierung der ökologischen und sozialen Nachhaltigkeit durch Erstellen von Produktions- und Verhaltensstandards in Verhaltenskodizes. 3) Umsetzung beschlossener Standards durch gezielte Trainings- und Schulungsmaßnahmen, Zertifizierungen und Akkreditierungen der Mitgliedsfirmen. 4) Überprüfung, dass festgelegte Standards durch verschiedene Audits eingehalten werden. Dadurch soll eine kontinuierliche Verbesserung der MSI sowie der Sozialstandards gewährleistet werden. Beispielsweise in der Textilbranche gibt es u. a. die Fair Wear Foundation, die Fair Labor Association, die Ethical Trading Initiative, die Social Accountability International (Both et al. 2012).
- *Kollaborative Innovationsnetzwerke (CoIN)* zeichnen sich auch durch eine kollaborative Zusammenarbeit zwischen Organisationen und externen Stakeholdern aus. Im Vordergrund steht hier die Entwicklung von Innovationen, z. B. in Form von neuen Produkten, Dienstleistungen und Businesslösungen. Ursprünglich geht der Begriff auf Peter Gloor vom MIT Sloan's Center for Collective Intelligence zurück (Gloor 2006). Ihm zufolge beinhalten CoINs folgende fünf Charakteristiken:
- *Verstreute Mitgliedschaften:* Der Einsatz digitaler Kommunikationsmedien ermöglicht Mitgliedschaften, unabhängig von der räumlichen Entfernung der Stakeholder.

- *Informationstransparenz:* Es herrscht eine hohe Informationstransparenz vor, daher beruht die Mitwirkung auf einer entsprechenden gegenseitigen Vertrauensbasis.
- *Gemeinsames Ziel:* Die Mitwirkung aller Stakeholder beruht auf Freiwilligkeit und ist intrinsisch, mit Fokus auf das gemeinsame Ziel hin, motiviert.
- *Keine Hierarchien:* CoINs sind in aller Regel selbstorganisiert und dezentral ausgerichtet und folgen keiner Hierarchie.[5]
- *Ethischer Code:* In aller Regel etablieren sie gemeinsame Verhaltensrichtlinien, nach denen sie sich verbindlich richten (Gloor 2006).

Die Branchenvielfalt an CoIN-Projektthemen ist hoch, behandelt aber meist nur technologische Fragen. Wenn z. B. ein Windenergiehersteller eine Anlage in einer Ortschaft bauen will, muss sie sich mit allen Stakeholdern entlang der Wertschöpfungskette – von diversen Komponentenherstellern und Zulieferern bis hin zu den betroffenen Akteuren vor Ort – abstimmen (Heidenreich et al. 2016).

Zusammengefasst birgt jeder gesellschaftliche Teilsektor das Potenzial, über entsprechende Initiativen – von denen einige heute bereits schon umgesetzt werden – sektorübergreifende Kollaboration zu fördern. Nach heutiger Erkenntnis lassen sich bis zu vier verschiedene Arten der Steuerung und Gestaltung von Kollaboration unterscheiden: Hierarchien, Märkte, Netzwerke, Communities. Sie weisen unterschiedliche Merkmale auf, einerseits hinsichtlich der Frage, wie sie den Wissensaustausch zwischen den Akteuren organisieren (hierzu Heidenreich et al. 2016) und andererseits, was für einen Mechanismus sie bereitstellen, um soziale Komplexität zu regulieren. Im Folgenden ein Überblick:

*Markt:* Beim Markt wird Wissensaustausch zwischen unterschiedlichen Akteuren im Rahmen einer „Einkäufer-Verkäufer"-Beziehung geregelt. Der Einkäufer (z. B. ein Unternehmen) erwirbt dabei bestimmtes Wissen von einem Wissensproduzenten. Dies wird meist vorher vertraglich festgelegt. Er kann über das zugekaufte Wissen frei verfügen und hat auch weitgehende Kontrolle über das Ergebnis. Das Produkt kann unterschiedliche Formen annehmen, z. B. als Patent, Lizenz oder als Ergebnis von Wissensbedarfen die auf einer Open

---

[5]Dieser Punkt ist angesichts neuerer Erkenntnisse aus Forschung und Praxis zu relativieren. In ihrer umfangreichen Studie zeigen Heidenreich et al. (2016) auf, dass die hierarchische Struktur, nebst dem Netzwerk, der Community und dem Markt, eine etablierte Governance-Form von CoINs darstellt. Ihre unterschiedlichen Einflüsse und Wirkungen auf die Qualität des Wissenstransfers und des kollektiven Handelns wird an anderer Stelle näher eingegangen (Heidenreich et al. 2016).

Innovation-Internetplattform ausgeschrieben wird, wie es z. B. bei InnoCentive. com der Fall ist. Der Nachteil liegt laut einer umfangreichen Studie der Nachhaltigkeitsforscher Heidenreich et al. (2016) zufolge vor allem darin, dass bei Innovationsprojekten das im Vorhinein das benötigte Wissen genau spezifiziert werden kann. Das führt dazu, dass im Vorhinein vertraglich vereinbarte Reglungen im Verlauf des Projektes stetig nachverhandelt, konkretisiert und interpretiert werden müssen. Der Vorteil besteht wiederum darin, dass durch die vertraglichen Regelungen zwischen den Akteuren eine gewisse Erwartungssicherheit geschaffen wird (Buss und Ortiz 2016). Über den Kontext des Wissensaustauschs hinaus, weist der Markt einen effizienten Mechanismus auf, der sich beim Regulieren sozialer Komplexität bewährt hat. Der Mechanismus ergibt sich aus der Angebot-Nachfrage-Struktur, die sich selbst reguliert und einerseits ein breites Spektrum und andererseits eine hohe Qualität an Angeboten ermöglicht, um die Bedürfnisse des Nachfragers zu befriedigen. Das Beispiel der Panarchie zeigt auf, dass es der Markt zumindest theoretisch ermöglicht, eine nahezu unbegrenzte Vielzahl an Angeboten – hier: Herrschaftsformen – co-existieren zu lassen. Darüber hinaus beinhaltet der Markt einen effizienten Selektionsmechanismus, der sich aus dem Wettbewerb zwischen den Anbietern um die Gunst der Nachfrager ergibt. Er schafft also nicht nur eine Angebotsvielfalt, sondern beinhaltet auch Anreize, ein für möglichst viele Marktteilnehmer attraktives Angebot zu schaffen. An dieser Stelle zeigt das Beispiel des lernenden Sozialstaats auf, dass sich auf Dauer vor allem die Angebote am besten durchsetzen werden, die am ehesten die Bedürfnisse der Nachfrager erfüllen.

*Hierarchie:* Im Kontext des Wissenstransfers sieht dieser Governance-Typ eine hierarchische Struktur vor, in der ein Akteur den Vorsitz führt und externes Wissen der anderen Akteure bzw. eines anderen Akteurs in seine eigenen Strukturen überführt. Ebenso wie beim Markt-Typ, haben die Akteure eine weitgehende Kontrolle über die Wissensbestände, die sie integrieren wollen. Der Nachteil besteht darin, dass sich die Art und Weise der Lernprozesse nicht hierarchisch regulieren lassen. Dies zeigt sich z. B. daran, dass ein Großteil von Übernahmen und Fusionen zwischen Organisationen scheitern, weil sie nicht zwangsläufig das tatsächliche Erlernen des Wissens der übernommenen Organisation garantieren. Da die Bereitschaft zur Zusammenarbeit nur begrenzt erzwungen werden kann, können sich die Mechanismen hierarchischer Koordination als Barriere für Lernprozesse erweisen (Cartwright und Schoenberg 2006). Über den Wissenstransfer hinaus, können sich Hierarchien als effektive Mechanismen zur Regulierung sozialer Komplexität erweisen. Dies gilt vor allem für subsidiäre Strukturen (s. Orientierungsprinzip 3), die einerseits Wissensaustausch und auch Weisungsbeziehungen zwischen den Teilsystemen ermöglichen und andererseits dezentrale

Entscheidungsfindung der Akteure auf den unteren Hierarchiestufen gewährleistet. Eine subsidiäre Hierarchie wäre – ähnlich, wie es die EU auf regionaler Ebene bereits aufzeigt – Grundlage für eine Global Governance, wie unten noch näher zu beschreiben.

*Netzwerke:* Als Instrument des Wissensaustauschs funktioniert das Netzwerk dergestalt, dass mehrere Akteure ihre Kapazitäten in einem Pool zusammenführen. Meist beschränkt sich die Kooperation auf ein konkretes gemeinsames Entwicklungsprojekt. Anders als bei den vorangegangenen Governance-Typen zielt das Netzwerk darauf ab, im Rahmen der Kollaboration neues Wissen zu generieren (Weyer 2011). Damit können die beteiligten Akteure den Prozess der Wissenserzeugung zwar beeinflussen, aber nicht – wie es z. B. bei einem Einkäufer der Fall ist – exklusiv nutzen. Die am häufigsten auftretenden Formen sind Entwicklungspartnerschaften bzw. strategische Allianzen (Heidenreich et al. 2012). Das Netzwerk eignet sich vor allem dann, wenn die Komplexität des Vorhabens hoch erscheint, die beteiligten Partner über spezifische Kompetenzen verfügen, deren jeweiligen Leistungsergebnisse kaum im Vorhinein festgelegt werden können und sich die Partner wechselseitig vertrauen. Beispielsweise kann das oben erwähnte Blue Brain-Projekt als erfolgreiche Netzwerk-Anwendung verstanden werden. Dieses internationale Forschungsprojekt hatte zum Ziel, das menschliche Gehirn durch die Bildung aufwendiger Computermodelle virtuell zu simulieren. Noch früher als geplant, konnten auf der Basis einer effektiven internationalen Kooperation erste Durchbrüche erzielt werden. Letztlich besteht die zentrale Herausforderung des Netzwerks darin, dass die beteiligten Partner sehr unterschiedlich hinsichtlich ihrer Kommunikationsroutinen und Interessen sein können, was gemeinsame Lernprozesse und eine zentrale Koordination erschweren kann. Als Mechanismus zur Regulierung sozialer Komplexität erweist sich das Netzwerk daher als eine vergleichsweise „weiche" Form der Koordination. Das ermöglicht zwar eine flexible, prozessoffene Kooperation in komplexen Projekten, die sich ohnehin kaum von langer Hand planen lassen. Dies gilt insbesondere für die Softwareentwicklung, z. B. zur staatenübergreifenden Entwicklung von bahnbrechenden, möglicherweise auch potenziell gefährlichen Technologien. Nachteilhaft am Netzwerk ist die weitestgehende Unsicherheit bezüglich gegenseitiger Interessenlagen der beteiligten Akteure.

*Gemeinschaft (Community):* Ähnlich wie beim Netzwerk sieht die Community einen Wissensaustausch vor, bei der die beteiligten Akteure ihre Kapazitäten und ihr Wissen poolen. Dadurch entsteht neues Wissen. Auch hier gestaltet sich die Wissensproduktion als völlig prozessoffen und keiner der beteiligten Akteure kann dieses neue Wissen exklusiv für sich beanspruchen. Die Produkte der Gemeinschaft sind daher als Kollektivgüter zu verstehen. Daher könnte

z. B. ein Unternehmen, das Mitglied einer Innovationsgemeinschaft ist, nicht erwarten, die „freien" Wissensbestände in ein komplexes Produkt zu überführen, das dann vermarktet werden kann. Ähnlich wie der Netzwerk-Typus eignet sich die Zusammenarbeit mit Gemeinschaften, wenn besonderes Wissen gefordert ist. Meist handelt es sich hier um spezifisches Wissen zu einer bestimmten Branche und in einer bestimmten Region (Heidenreich et al. 2016; Asheim und Isaksen 2002). Will z. B. ein Unternehmen in einer bestimmten Region eine Energiegewinnungsanlage bauen oder frugale Produkte auf den Markt bringen, wird sie sich auch mit lokalen Akteuren zusammenschließen müssen, zumindest, um Wissen über lokale Spezifika zu bekommen. Ähnlich wie beim Netzwerk stellt die Community eine relativ weiche Kooperationsform dar, wodurch die Beteiligten nur begrenzt Einfluss auf die Richtung von Entwicklungsprozessen innerhalb der Gemeinschaft nehmen können. Anders als beim Netzwerk, aber identisch mit dem Markt-Typus ist das Produkt im Vorfeld relativ klar definiert. Eine weitere Besonderheit besteht darin, dass Communities insoweit verbindlicher als Netzwerke sind, als von den Mitgliedern vorausgesetzt wird, dass die Regeln und Umgangsformen der Gemeinschaft kennen und einhalten müssen und auch einen eigenen Beitrag leisten müssen, um dauerhaft auf dieses Wissen zugreifen zu können. Die bekannteste Form von Innovationsgemeinschaften wären Open Source-Communities (O'Mahony 2006; Hanekop und Wittke 2009).

Alle vier dargestellten Governance-Typen ergänzen einander und dürften für die Weiterentwicklung gesellschaftlicher Zukunftssicherung im 21. Jahrhundert von Bedeutung sein und zu einer im Entstehen begriffenen Global Governance beitragen. Der Begriff der Global Governance bezeichnet die Gesamtheit an Koordinationsprozessen unterschiedlicher Akteure, um zeitgenössische, komplexe globale Herausforderungen bewältigen zu können (Messner 2000). Er lässt sich weitgehend synonym mit dem im deutschsprachigen Raum verbreiteten Begriff der Weltinnenpolitik verwenden (Bartosch und Ganscyk 2009) und versteht sich als ein politisches Programm zur kooperativen, multilateralen Gestaltung der Globalisierung (Hauff 1987). In Abgrenzung zum Konzept der „Weltregierung" (Global Government) setzt das Governance-Konzept keine zentralisierte Hierarchie voraus. Vielmehr betont es kollektive Regulierung gesellschaftlicher Aktivitäten, die marktartig (z. B. im Rahmen einer Freihandelszone), netzwerkartig (z. B. im Rahmen einer Kooperation zur Entwicklung einer Universaltechnologie) oder communityartig (z. B. im Rahmen eines regionalen Kooperationsprojekts, wie einer Charter Smart City) organisiert sein können. All dies schließt subsidiäre Hierarchie nicht aus. So stellt die EU heute eine typische regionale Governance-Form dar, in der übernationales EU-Recht und nationales Recht integriert sind. Das heißt, die Nationalstaaten behalten größtmögliche

Souveränität bei und sind zugleich in einer überstaatlichen Struktur mit weitreichenden Rechten und Pflichten integriert. Die EU selbst kann als prozessoffenes, weltweit am weitesten fortgeschrittene Experiment der wirtschaftlichen und politischen Integration von Staaten angesehen werden. Bei aller Kritik an der EU spricht für dieses Projekt, dass eine relativ stabile Friedensordnung zwischen den Mitgliedsstaaten seit dem Zweiten Weltkrieg realisiert werden konnte. Das Spektrum der Standpunkte in der heutigen Global Governance-Debatte variiert von der freiwilligen Kooperation zwischen Staaten, über den Standpunkt des Weltföderalismus (World Federalist Movement[6]) – dieser sieht vor, dass Nationalstaaten Kompetenzen zugunsten globaler rechtsstaatlicher Institutionen stark einschränken müssen – bis hin zum Standpunkt der Weltregierung – hier wird eine weitgehende Abschaffung des Nationalstaats angestrebt und alle Bürger als Weltbürger gesehen (World Citizenship Movement[7]).

### 9.1.5 Hebelpunkt 5: Methoden der kommunikativen Komplexitätsbewältigung

Kollektive Intelligenz und kollektive Weisheit dürfte zu den grundlegendsten kollektiven Eigenschaften zählen. Dies wiederum wird nur durch gelingende Kommunikationsprozesse ermöglicht. Als entscheidend erweist sich hierbei die Systemebene von Gruppen, also der Bereich, in dem direkte Kommunikation zwischen allen Mitgliedern noch möglich ist. Direkte Kommunikationsprozesse stehen hinter nahezu jeder kollektiven Entscheidung, sowohl innerhalb der Teilsektoren als auch sektorübergreifend. Stets kommen Wissens- und Entscheidungsträger aus unterschiedlichen Disziplinen, Teilsektoren oder/und Tätigkeitsfeldern zusammen, um gemeinsam komplexe Probleme zu analysieren und zu lösen. Beispielhaft zählen hierunter agile Entwicklungsteams oder Qualitätszirkel, politische Think Tanks, MSIs oder CoINs, Gremien mit politischen Entscheidungsträgern oder interdisziplinäre Konferenzen oder Forschungsinitiativen. Die Ziele dieser Zusammenkünfte mögen im Detail variieren, so mag es z. B. darum gehen, ein komplexes Produkt zu schaffen, neue Einsichten oder Lösungen zu einem komplexen Problem zu entwickeln oder gemeinsam Entscheidungen zu finden. Ungeachtet dieser unterschiedlichen Ziele sind stets dieselben Erfolgskriterien

---

[6]http://www.wfm-igp.org/
[7]http://www.garrydavis.org/h_worldcitgov.html

## 9.1 Fünf Hebelpunkte für den sozialen Wandel

wirksam: Es handelt sich um gemeinsam getragene Prozesse, in denen sich Menschen mit unterschiedlichen Erfahrungshintergründen verständigen und versuchen, ihre unterschiedlichen Perspektiven zusammenzuführen, um auf dieser Grundlage Ergebnisse zu produzieren. Dies erweist sich vor allem als eine Domäne, die vorrangig von direktem persönlichen Austausch getragen wird.

Direkte Kommunikation, so bestätigen Heidenreich et al. (2016) in ihren Fallstudien, lässt sich in allen Governance-Typen (also Communities, Netzwerken, Märkten und hierarchischen Strukturen) nachweisen. Dies begründen sie in vielerlei Hinsicht: Direkte Kommunikation ermöglicht es, bei ohnehin sehr schwierig beherrschbaren Kooperationsformen, wie Communities oder Netzwerken, sich auf gemeinsame Verfahren und Standards zu einigen. Zudem ist sie das wichtigste Mittel, um Missverständnisse zu beheben und um Probleme, die den Kommunikationsprozess als solchen betreffen, zu lösen. Dies erweist sich als besonders zentral bei Kooperationen zwischen Wissensträgern unterschiedlicher beruflicher und akademischer Hintergründe – hier kommt es häufiger zu Missverständnissen und dies bedarf daher verstärkter direkter Kommunikation. Als ein weiterer Vorteil ermöglicht es direkte Kommunikation, implizites Wissen – also Wissen z. B. in Form von persönlichen Erfahrungen, welches sich nicht so gut schriftlich transportieren lässt – effektiver zu teilen (Heidenreich et al. 2016). Direkte Kommunikation so zu gestalten, dass sie einen effektiven und zeiteffizienten Wissensaustausch ermöglicht und gegebenenfalls zu gemeinsamen Entscheidungen führt, ist gar nicht so einfach. Im Folgenden ein beispielhaftes Szenario:

> Auf einer interdisziplinären Fachtagung zum Thema „Klimawandel" werden renommierte Experten unterschiedlicher Fachbereiche und gesellschaftlicher Teilsektoren eingeladen – Nachhaltigkeitsforscher, Agrarwissenschaftler, Soziologen, Ingenieure, Social Entrepreneurs, Aktivisten, For-Profit-Unternehmer, Politiker etc. Sie alle stellen in Vorträgen ihre unterschiedlichen Sichten auf das Problem vor. Auf einer anschließenden Podiumsdiskussion haben sie Gelegenheit, direkt miteinander zu interagieren. Am Ende der Veranstaltung befindet die Moderatorin, dass die Veranstaltung ein „voller Erfolg" war, dankt für die engagierten Beiträge und resümiert, dass der Klimawandel eine der komplexesten globalen Herausforderungen der Gegenwart sei, dass es zu diesem Thema unterschiedlichen Perspektiven gibt und dass man nur durch disziplinübergreifende Zusammenarbeit und globale Kooperation erfolgreich bearbeiten könne. Eine Integration dieser Perspektiven oder gar konkrete Maßnahmen und Entscheidungen, die zu einer globalen sektorübergreifenden Kooperation beitragen könnten, fehlt.

Dieses Beispiel zeigt die typischen Komplikationen auf, die einen gelingenden Austausch zwischen Wissens- und Entscheidungsträgern behindern und zu suboptimalen Ergebnissen führen. Um wieviel besser wäre das Ergebnis der oben beschriebenen Konferenz, wenn die Teilnehmer effektivere Formen des Wissensaustauschs genutzt hätten? Da direkte Kommunikation hinter nahezu jeder kollektiven Entscheidungsfindung und Problemlösung steht, erweist sie sich als ein zentraler Hebelpunkt zur Steigerung gesellschaftlicher Zukunftssicherung.

Ausgehend von dieser Grundannahme, skizziere ich in einer anderen Publikation (Fathi 2019a) mehrere Ansatzpunkte zur Optimierung der Kommunikation in ebensolchen Prozessen. Es handelt sich dabei um ein Methoden-Set, das einerseits den spezifischen Besonderheiten jeder Situation gerecht wird und andererseits soweit verallgemeinerbar ist, dass es sich auf allen Systemebenen, also organisational und gesellschaftlich, anwenden lässt. Insgesamt und umfassen sechs das Methoden-Set sechs wechselwirkende Dimensionen. Im Folgenden eine Zusammenfassung (ausführlicher unter Fathi 2019a):

*Systemebene:* Im Rahmen dieses Grundprinzips sind die Größenordnung und Besonderheiten des sozialen Systems zu berücksichtigen. So beinhaltet z. B. die gesellschaftliche Ebene außerorganisationale Rahmenbedingungen in Form unterschiedlicher Governance-Typen, rechtliche Rahmenbedingungen etc. Ein verbreiteter Fehler besteht daher darin zu vernachlässigen, dass mit jeder Größenordnung eines Systems weitere ebenenspezifische Rahmenbedingungen zu berücksichtigen sind. Es ist unwahrscheinlich davon auszugehen, dass besondere Workshop- oder Beratungsmethoden, wie z. B. Scharmers Theorie U, ausreichen, um den sozialen Wandel herbeizuführen. Sie werden bestenfalls einen signifikanten Beitrag im Rahmen eines komplexeren Zusammenhangs leisten können. Dieser Beitrag ist wiederum nicht zu unterschätzen. Denn die Systemebenen sind ineinander verschachtelt, was bedeutet, dass gesellschaftliche Problemlösung stets auch die Problemlösungsprozesse ihrer inhärenten Einheiten, z. B. Organisationen und Gruppen, beinhaltet. Methoden zur Optimierung des Wissensaustauschs auf Gruppenebene (z. B. in Form eines spezifischen Workshopformats) dürften daher auf allen Systemebenen relevant sein. So kann ein Strategiefindungsworkshop mit politischen Entscheidungsträgern im gesellschaftlichen Kontext, oder mit organisationalen Entscheidungsträgern im organisationalen Kontext für das kollektive Handeln des jeweiligen sozialen Systems richtungsweisend sein.

*Interventionstyp:* Hinsichtlich des Interventionstyps ist zwischen Methoden, Frameworks und Leitbildern zu unterscheiden. Methoden werden stets auf Gruppenebene umgesetzt. Die Vielfalt der Interventionsansätze ist dabei groß, vom eintägigen Zielfindungsworkshop bis hin zur zweijährigen Szenarioanalyse. Frameworks sind umfassender, sie beinhalten ihrerseits meist ein ganzes Set von Methoden. So beinhaltet Design Thinking u. a. Shadowing, Stakeholder-Interview, Storytelling und Prototyping. Scrum beinhaltet eigene Workshopformate, wie z. B. Scrum Review oder Retrospective. Die Frameworks unterscheiden sich hinsichtlich ihres jeweiligen Problemfokus' und der Systemebene. Auf Teamebene kann z. B. die Realisierung eines komplexen Projekts oder Produkts ein Kommunikationsdesign erfordern, das sich nach Design-Thinking oder Scrum orientiert. Auf organisationaler Ebene könnte unerwarteten Krisen vorzubeugen erfordern, Führungs- und Kommunikationsprinzipien umzusetzen, die durch das Framework einer HRO realisiert werden können. Frameworks finden sich typischerweise auf Team- und organisationaler Ebene. *Leitbilder* beinhalten wiederum umfassendere Weltsichten, sie können mehrere Frameworks und Denktraditionen beinhalten, wie oben ausführlich dargestellt.

*Interventionskontext:* Die Vorauswahl der geeigneten Methoden, Frameworks und Leitbilder richtet sich nach den konkreten Erfordernissen der jeweiligen Situation, den verfügbaren Ressourcen und den zu erreichenden Zielen. Im Bereich der Methoden stellt das Standardwerk von Nicolai Andler ein repräsentatives Beispiel zur Einordnung von über 145 klassischen Methoden aus den Bereichen Projektmanagement, Beratung und Workshopgestaltung dar. Dabei unterscheidet er die folgenden Kategorien zur Einordnung der Methoden: Situationsdefinition, Informationsbeschaffung, Informationskonsolidierung, Kreativität, Zielformulierung, Strategieanalyse, Systemanalyse, Organisationsanalyse, Entscheidungsfindung und Projektmanagement (Andler 2013). In Verbindung mit der Typenkategorie der Frameworks lässt sich eine allgemeinere und durchaus kleinere Zahl von Einordnungskategorien formulieren. Diese tragen dem Umstand Rechnung, dass sich durchaus unterschiedliche Typen komplexer Probleme unterscheiden lassen, die wiederum unterschiedliche Ansätze kommunikativer Komplexitätsbewältigung bedürfen. So zielt z. B. das agile Framework Scrum auf die inkrementelle Entwicklung von Produkten ab, die in einem unvorhersehbaren Umfeld entstehen, während beispielsweise z. B. das Framework der HRO auf resilientes Krisenmanagement in chaotischen Situationen abzielt.

*Rahmenbedingungen:* Schließlich müssen beim Gestalten situationsadäquater Intervention die spezifischen Rahmenbedingungen der Intervention berücksichtigt werden. Sie wirken sich auf alle Systemebenen unterschiedlich aus. Einen Eindruck über die Vielfalt der Rahmenbedingungen, unter denen kommunikative Komplexitätsbewältigung stattfindet und die in ebendiesem Prozess zu berücksichtigen ist, liefert das verbreitete Klassifizierungsschema PESTLE (engl. Political, Economic, Social, Technological, Legal, Environmental). Hierzu zwei Beispiele: Im politischen Kontext wird berücksichtigt, wie richtungsweisende Entscheidungsfindung im bestehenden Herrschaftssystem (Gesellschaft) bzw. Führungssystem (Organisation) auf der formellen Ebene institutionalisiert ist. Dies dürfte sich zum Verständnis von Risiko- und Resilienzpotenzialen in organisationalen und gesellschaftlichen Systemen als hilfreich erweisen. Komplementär dazu bestimmt die soziale Dimension die informelle Beziehungsrealität der Mitglieder des sozialen Systems. Dies beinhaltet unter anderem bestehende Konflikte und weitere Gruppendynamiken. Diese Aspekte geben Aufschluss über die Risiko- und Resilienzpotenziale in sozialen Systemen aller Größenordnungen und darüber hinaus über das Ausmaß der Nutzung der systemimmanenten kollektiven Intelligenz. Außerdem trägt diese Dimension zur Identifizierung der Rollen- und Beziehungskonstellationen im sozialen System und entsprechender Hebelpunkte zu ihrer Beeinflussung bei.

*Interventionsphasen:* Trotz einer unermesslichen Vielfalt an Ansätzen der Workshop-Gestaltung und Beratung, lassen sich im Wesentlichen drei typische Prozessphasen unterscheiden, die jeder Form der kommunikativen Komplexitätsbewältigung zugrunde liegen. Diese Unterscheidung ermöglicht eine grobe Einordnung und Kombination unterschiedlicher Methoden für eine Optimale Gestaltung kommunikativer Prozesse:

- Orientierung: Dieser Prozessschritt beinhaltet je nach den konkreten Situationserfordernissen typischerweise folgende kommunikative Aktivitäten: Themensammlung, Situationsdefinition und Informationsbeschaffung und -konsolidierung. Darüber hinaus kann diese Prozessphase auch Maßnahmen der Zielformulierung beinhalten.
- Bearbeitung: Dieser Prozessschritt beinhaltet eine tiefergehende Bearbeitung und Durchdringung der ausgewählten Themen. Analog zum U-Prozess verortet sich dieser Prozessschritt auf der unteren Seite des U und kann auch Maßnahmen des Loslassens und das Presencing beinhalten.
- Lösung/Umsetzung: In diesem Prozessschritt geht es um die Entwicklung, ggf. Auswahl und Entscheidung sowie Erprobung und Umsetzung von Lösungsoptionen.

Selbst im Umgang mit chaotischen Phänomenen, die schnelles Handeln erfordern und keinen Raum zur Analyse lassen, dürften sich diese drei Schritte in leicht abgewandelter Form wiederfinden. So erweist sich in der Praxis von militärischen Spezialeinheiten bei der Bewältigung unmittelbarer Krisensituationen (beispielsweise in Form einer unmittelbaren Reaktion auf einen bewaffneten Angriff) der folgende Drei-Schritt-Prozess als bewährter Ansatz[8]:

---

[8]Persönlicher Austausch mit einem ehemaligen Angehörigen der Kommando Spezialkräfte (KSK).

## 9.1 Fünf Hebelpunkte für den sozialen Wandel

- Orientierung: Was ist hier los?
- Reaktion: Was tue ich?
- Verfeinerung: Wie tue ich es?

*Interventionsdimensionen:* Ergänzend lassen sich, ähnlich dem Quadranten-Modell der Complexify-Tradition, drei Dimensionen unterscheiden, die den allermeisten Formen kommunikativer Komplexitätsbewältigung zugrunde liegen: Entscheidungsfindung, Verständigung, generative Kommunikation.

- *Entscheidungsfindung:* Entscheidungsfindung ist eine der zentralsten Operationen in der Zusammenarbeit. Sie steht hinter jeder kollektiven Handlung von Gruppen, Organisationen und Gesellschaften. Ob beispielsweise Politiker und ihre Beraterstäbe über Gesetzesentwürfe oder konkrete Maßnahmen beratschlagen oder Think Tanks politische Handlungsempfehlungen entwickeln, Führungskräfte ihre Unternehmensstrategie abwägen oder Performance Teams den Projekterfolg einschätzen. In all diesen und anderen Settings finden gemeinsam getragene Entscheidungen statt, die sich in der Alltagspraxis oft als ineffizient erweisen. Meetings münden oft in endlose Diskussionen oder in „einsame" Entscheidungen, die von der Gemeinschaft nicht mitgetragen werden. Diese Entscheidungen haben häufiger gesamtgesellschaftlichen Impact, woraus sich schließen lässt, dass eine Verbesserung der Entscheidungsprozesse sehr relevant für die Reaktions- und Innovationsfähigkeit einer Gesellschaft sein dürfte. Aus dieser Perspektive könnte der systematische Einsatz von Methoden zur gemeinsamen Entscheidungsfindung einen wichtigen Beitrag leisten. Zu diesen Methoden zählt beispielsweise das K-i-E-Konzept, das bereits oben, im Zusammenhang mit Resilienz, beschrieben wurde. Die systematische Umsetzung solcher Methoden, trägt zu zeiteffizienteren Entscheidungsprozessen bei, die auch noch, weil sie es vermögen, die Perspektiven aller Beteiligten in das Ergebnis lösungsorientiert miteinzubeziehen, von hoher Qualität sind.
- *Verständigung:* Wann immer Menschen mit unterschiedlichen akademischen und praktischen Erfahrungshintergründen miteinander kommunizieren, stellt sich die grundlegende Herausforderung der Verständigung. Denn oft beinhalten diese unterschiedlichen Hintergründe andere Realitätsbezüge, Begrifflichkeiten und Begriffsdefinitionen. Dies wird offensichtlich, wenn wir uns beispielhaft eine Begegnung zwischen Soziologen und Ingenieuren vor Augen führen, die sich zum Thema „Stadt und Mobilität" auseinandersetzen. Ingenieure werden vor allem Augenmerk auf die materiellen, infrastrukturellen Aspekte legen, Soziologen haben hingegen einen spezialisierten

Blick auf Normen, Werte, Soziotechniken. Erschwerend kommt hinzu, dass sich Sprache oft als mehrdeutig erweist. Diese Herausforderungen erweisen sich bis heute als so gravierend, dass es die Teilnehmer mehrtägiger interdisziplinärer Konferenzen zu einem komplexen Thema noch nicht einmal schaffen, sich auf gemeinsame Definitionen zu einigen. Wie lässt sich die Verständigung zwischen unterschiedlichen Wissensträgern optimieren? Wie lässt sich Sprachfähigkeit zwischen den Disziplinen erhöhen? Auch an dieser Stelle könnte die gezielte Anwendung entsprechender Methoden, die sich auch noch miteinander kombinieren lassen, zu einer Verbesserung beitragen. Dies kann beispielsweise den Einsatz von Visualisierungstechniken, Symbolen/Metaphern oder/und Storytelling beinhalten. Diese Methoden haben sich vor allem in der Innovationsförderung, im Marketing und zunehmend auch in der Unternehmenskommunikation bewährt und etabliert, um komplexe Sachverhalte verständlich zu kommunizieren (Fathi 2019a). Sie könnten und sollten auch in einem breiteren Maßstab, z. B. in politischen Gremien, Think Tanks, auf interdisziplinären Konferenzen oder in Multi-Stakeholder-Dialogen, angewendet werden. Ein komplementärer, relativ unbekannter Ansatz wäre die Anwendung einer Struktursprache, wie z. B. FORMWELT. FORMWELT ist ein, nach den Aussagen ihrer beiden Entwickler, Gitta und Ralf Peyn, „semantisch und formal selbstgenügsames und Turing-vollständiges linguistisches System, eine Programmiersprache für Sprache(n) und Bedeutung, die von Mensch und Maschine gleichermaßen gesprochen werden kann" (Peyn 2018, S. 1). Das Anwendungszentrum von FORMWELT bildet das sog. Kernel, welches aus 320 Referenzen besteht, mit denen jedes denk- und wahrnehmbare Phänomen beschrieben und konstruiert werden kann.[9] Die semantische Selbstgenügsamkeit soll es dem Anwender ermöglichen, sich grundlegendes Wissen ohne zusätzliches Material anzueignen und sein eigenes Wissen auszuformulieren. Die Referenzen entsprechen dabei weniger klassischen Definitionen, sondern Bedeutungskonzepten, die den Anwender dazu motivieren, die Erfahrung selbst zu machen. Es handelt sich dabei nicht um Definitionen, sondern um Handlungsanweisungen, ähnlich einem Programmierbefehl oder einer wissenschaftlichen Injunktion: „Tu dies und das und mache so die Erfahrung, die die

---

[9]Dieses Kernel konnte von mir während eines mehrtägigen Interviews im August 2018 (Peyn und Peyn 2018) eingesehen werden und wurde zum Zeitpunkt der Erstellung dieser Arbeit in einer im Entstehen begriffenen Online-Plattform eingepflegt. Daher durfte er im Rahmen dieser Arbeit noch nicht veröffentlicht werden.

## 9.1 Fünf Hebelpunkte für den sozialen Wandel

Referenz impliziert." Eine Referenz ist aufgebaut wie eine Äquivalenz: auf der linken Seite steht das zu referenzierende Etikett, auf der rechten Seite die Etiketten, mit denen die Referenz erarbeitet werden soll. Jedes der dafür verwendeten Etiketten ist selbst wieder Teil des Kernels und darin entsprechend referenziert. Beispiel: *Freiheit* ⇔ *Forme die nächste Möglichkeit.* Rechts vom Äquivalenzzeichen „⇔" stehen die Etiketten „Forme", „die", „nächste", „Möglichkeit". All diese Etiketten haben wiederum eine eigene Referenz im FORMWELT-Kernel. FORMWELT kann Gitta und Ralf Peyn zufolge in wenigen Tagen erlernt werden und den wechselseitigen Erfahrungsaustausch signifikant verbessern (nähere Informationen und kritische Reflexionen zu FORMWELT finden Sie unter Fathi 2019a).

- *Generative Kommunikation:* Direkte Kommunikation erweist sich darüber hinaus auch als Quelle von Innovationen und von Transformationsprozessen, die für die Bewältigung komplexer Probleme notwendig sind. Dem liegt die Annahme zugrunde, dass sich komplexe Probleme nicht mit Lösungen derselben Komplexitätsebene nachhaltig bearbeiten lassen. Sie bedürfen „neuer", also „innovativer" Antworten. Innovation ergibt sich aus einer Neukombination vorhandener Wissensbestände (Schumpeter 2006), im Dialog mit unterschiedlichen Wissensträgern. Aus einer anderen Perspektive lässt sich nahezu jede auf Dialog gründende Problemlösungsmethode als Prozess zur Veränderung von Systemen ansehen. Methodologisch gesehen, durchläuft jeder Veränderungsprozess die Schritte einer Erfassung des Ist-Zustands, einer Abkehr von bisherigen Problemlösungslösungsansätzen und einer Erreichung des Soll-Zustands und der Entwicklung neuer, innovativer Perspektiven. Erste Erfahrungen zeigen, vor allem im Zusammenhang mit der sich in vielen Praxisbereichen etablierenden Theorie U von C. O. Scharmer, dass drei Faktoren wesentlich darüber entscheiden, ob es die Gruppe schafft, etwas Innovatives zu erzeugen, also zu „generieren": Das eigene Aufmerksamkeitsfeld, die Tiefe der Beziehungen zwischen den Wissensträgern und die Qualität des Dialogs. Im Zentrum des Faktors „Aufmerksamkeitsfeld" steht das so genannte „Presencing", also ein Bewusstseinszustand im Hier-und-Jetzt, der es dem Anwender ermöglicht, sich „innerlich frei zu machen" und optimal auf kreative Impulse zum Generieren einer wünschenswerten Zukunft einzulassen. Dies sieht meist eine Anwendung von Methoden des Innehaltens bzw. der Meditation vor. Der Faktor „Tiefe der Beziehungen" zwischen den Wissensträgern deutet darauf hin, dass die Integration der Perspektiven und damit das Ergebnis des Austauschs oft besser ist, wenn die Wissensträger eine tiefere, durchaus auch emotionale Beziehung zueinander haben (…). Ergänzend dazu, unterscheidet der Faktor „Qualität des Dialogs" vier Qualitätsstufen des Austauschs. Diese sind davon abhängig, wie sehr sich die Diskussionsteilnehmer von eigenen Vorstellungen und Vorurteilen befreien und auf das Presencing einlassen können und aufeinander eingehen können – und zwar nicht nur auf die Inhalte der Standpunkte der anderen Diskussionsteilnehmer, sondern auch auf ihre dahinterliegenden Bedürfnisse und Gefühle. Bei den Stufen lässt sich zwischen dem so genannten „Downloading", der „Debatte", dem „empathischen Dialog" und dem „generativen Dialog" unterscheiden. Letztere Stufe hat besonders viel Innovationspotenzial. Der gezielte Einsatz von Methoden, wie z. B. seiner Theorie U, kann wesentlich zu einer generativen, also schöpferischen, Ausrichtung der Kommunikation beitragen.

Zu den bisherigen Überlegungen ein allgemeines Anwendungsbeispiel:

> Eine disziplinübergreifende Forschungsgemeinschaft befasst sich mit der Frage über die Zukunft der Stadt in 30 Jahren. Der Austausch findet nach einem klassischen Moderationsverfahren statt, also über die Schritte 1) Themensammlung, 2) Themenbearbeitung in Kleingruppen, 3) Zusammenführung, 4) Entscheidung über Umsetzung. Parallel dazu werden die drei Dimensionen zur Optimierung des Wissensaustauschs berücksichtigt. Im Kontext der generativen Kommunikation wird auf eine systematische Umsetzung von Praktiken des Innehaltens vor und während jeder Dialogrunde geachtet. Die Qualität und Tiefe des Austauschs wird hinsichtlich der vier Ebenen der Konversation evaluiert. Im Kontext der Verständigungsdimension nutzen die Forscher systematisch Methoden, um die eigene Sprach- und Verständnisfähigkeit zu erhöhen. So nutzen sie Visualisierungen in Kombination mit Storytelling zur Darstellung ihrer unterschiedlichen Positionen. Dies erweist sich v. a. für die Aufbereitung und das Verstehen der jeweiligen einzelwissenschaftlichen Erkenntnisse zum gemeinsamen Thema als hilfreich. Im Kontext der Entscheidungsfindung wird die K-i-E-Methode benutzt, um zeiteffizient transparent machen, inwieweit die Wissensträger zu einer bestimmten Frage übereinstimmen (Abb. 9.1).

Es lässt sich einwenden, dass der systematische Einsatz von Methoden der Kommunikationsverbesserung ihrer Beherrschung bedarf, was wiederum Tage der Fortbildung voraussetzen würde. An dieser Stelle zeigt sich auch, inwieweit die oben beschriebenen Hebelpunkte miteinander verknüpft sind. Der Aufbau erforderlicher Kompetenzen wäre z. B. bereits Bestandteil von Hebelpunkt 1 „Arbeit an sich selbst".

Eine hohe Kompetenz aller Diskussionsteilnehmer ist allerdings nicht zwingend Voraussetzung. Wichtiger ist eher die Rolle speziell ausgebildeter Facilitatoren, die als „Komplexitätsarbeiter" fungieren könnten. Der Komplexitätsarbeiter könnte drei Rollen wahrnehmen: die Rolle eines Wissensmaklers und eines Facilitators.

## 9.1 Fünf Hebelpunkte für den sozialen Wandel

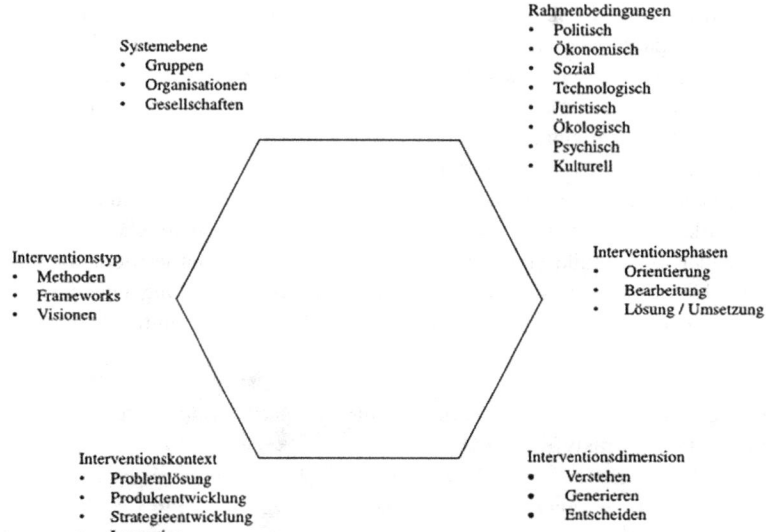

**Abb. 9.1** Zusammenfassung der sechs Dimensionen eines Methodenmixes der kommunikativen Komplexitätsbewältigung (Fathi 2019a)

In der Rolle des *Facilitators* könnte der Komplexitätsarbeiter jeden Dialogprozess zwischen den Wissensträgern moderieren. Dabei wäre sogar eine Anwendung komplizierter Methoden, wie z. B. K-i-E und Theorie U, mit nicht darin ausgebildeten Teilnehmern denkbar und zwar in völlig unterschiedlichen Settings. Beispielhaft wären disziplinübergreifende Forschungsteams, abteilungsübergreifende Arbeitsgruppen in Form von Qualitätszirkeln, agilen Projektteams oder Design-Thinking-Teams, Beratungsteams des Veränderungsmanagements, gesellschaftssektorübergreifende Konferenzen, Workshops oder Think Tanks sowie Multi-Stakeholder-Dialoge zu nennen. Ungeachtet der unterschiedlichen Anwendungskontexte und unterschiedlichen Methoden (z. B. Open Space, World Café, Team Syntegrity, Szenarioplanung) oder Frameworks (z. B. Design Thinking, Scrum, Effectuation, High Reliability Organization, resiliente Gesellschaft) sind potenziell in jedem Wissensaustausch die drei oben genannten Ansatzpunkte Verständigung, generative Kommunikation und Entscheidung enthalten, die mit entsprechender Methodenkenntnis von einem speziell geschulten Facilitator beeinflusst werden können.

Als *Wissensmakler* könnten die Komplexitätsarbeiter „von unten" die Vernetzung mit passenden Akteuren anderer Teilsysteme unterstützen. Im Lobbyismus bzw. dem „Political Engineering" ist dieser Ansatz bereits verbreitet – für den übergreifenden Zusammenhang gesellschaftlicher Problembewältigung könnte er systematisch nutzbar gemacht werden. Nicht selten kann dies den Charakter eines gesamtgesellschaftlichen Vermittlungs- bzw. Mediationsprozesses beinhalten. So zeigt beispielsweise die Flüchtlingskrise auf und die aktuelle Auseinandersetzung mit erstarkenden „Neuen Rechten", dass Akteure unterschiedlicher Teilsektoren miteinander im Konflikt stehen können. Ähnlich einem Shuttle-Mediator würden sie bei der „Übersetzung" der Wissensinhalte, der Vermittlung der Ressourcen zwischen den teilweise miteinander konfligierenden Akteuren unterstützen.

> **Komplexitätsarbeit am Beispiel der Flüchtlingskrise (ein Beispiel aus der persönlichen Praxis [Fathi 2016, S. 4 f.])**
> Ende 2015 wurden mein Co-Trainer und ich im Rahmen unserer Tätigkeit für das von uns gegründete Kompetenzzentrum PROTECTIVES[10] von einem Flüchtlingsheimbetreiber in einem Landkreis in Ostdeutschland beauftragt, in den Heimeinrichtungen Schulungen für das Funktions- und Sicherheitspersonal vorzunehmen. Hier ging es v. a. um interkulturelle Kompetenzen sowie Kompetenzen der Deeskalation und Eigensicherung. Doch angesichts struktureller Mängel, wie z. B. Platzmangel, fehlenden Aktivitäten für die Flüchtlinge, Traumatisierungen etc. war absehbar, dass diese Maßnahme zur Vorbeugung von Gewaltsituationen nur ein Tropfen auf dem heißen Stein sein würde. Mein Trainerkollege und ich nutzten allerdings die Workshops als Chance, um mit dem Personal intensiv auch die strukturellen Herausforderungen und mögliche Ressourcen und Lösungspotenziale zu reflektieren. Tatsächlich ließen sich nützliche Informationen aufdecken und festhalten.
>
> Offensichtlich fanden sich in der Umgebung der Heimbetriebe, insbesondere vonseiten der Zivilgesellschaft, ungenutzte Ressourcen. Sie mussten nur zusammengeführt werden. Darunter zählten z. B. ungenutzte Unterbringungsmöglichkeiten in der Gemeinde, Aktivitätsangebote von Vereinen, Personal von Flüchtlingsinitiativen und Interessengruppen

---

[10]PROTECTIVES ist ein Kompetenzzentrum zur Schulung und Beratung von Berufsgruppen, die von Gewalt am Arbeitsplatz betroffen sind.

> (insbesondere in Bezug auf die am öftesten diskriminierten Gruppen der Sinti und Roma) für Übersetzungsleistungen, interkulturelle Sensibilisierung und Streitschlichtung.
> Diese Ressourcen nutzen und zusammenführen zu können wurde leider durch einen Umstand erschwert. Alle beteiligten Akteure, die die Ressourcen hätten bereitstellen können, standen mit dem Personal in den Flüchtlingsheimen in einem erbitterten Konflikt. Der härteste Konflikt bestand zwischen den Flüchtlingsinitiativen und dem Sicherheitspersonal. Erstere hielten das Sicherheitspersonal für rassistische und inkompetente Schläger. Letztere sahen sich als Prellbock für die Medien in einem von Haus aus extremen Job und nahmen die Flüchtlingsinitiativen als „mediengeile Gecken" wahr, denen nicht wirklich am Wohl der Flüchtlinge, sondern an ihrer eigenen Selbstinszenierung gelegen war.
> Unser Vorschlag bestand in lösungsorientierter Mediation, um die Kommunikation und Wissensbündelung zwischen diesen Streitparteien zu optimieren. Denn aus den Einzelgesprächen, die ich bereits mit allen Parteien führte, war offensichtlich, dass alle am selben Strang zogen und ihnen das Wohlergehen der Flüchtlinge am Herzen lag. Letztlich stimmten alle Beteiligten dieser Maßnahme zu, doch leider wurde dieser Vorstoß von der öffentlichen Verwaltung des Landkreises nicht bewilligt.

## 9.2 Fazit und zusammenfassende Thesen

Die globale Lage ist von ambivalenten Entwicklungen gekennzeichnet. Entgegen vieler pessimistischer Berichterstattung scheinen Wohlstand und Sensibilisierung für Nachhaltigkeitsfragen und menschenverursachte ökologische Risiken immer mehr zuzunehmen. Mit voranschreitender globaler Entwicklung geht eine immer höhere Interdependenz und Komplexität der Gesamtkonstellation einher. Dies birgt beispiellose Risikopotenziale. Denn mit einer immer höheren Entwicklung und Komplexität gehen auch „höher entwickelte" und komplexere Gefahren einher. Zudem ist die Bedürfnisstruktur in den heutigen Gesellschaften und in der Welt ist so komplex wie noch nie, was das allgemeine Risiko sozialer und psychischer Krisen nicht vermindert. Mit einer immer höheren Komplexität der Weltlage geht eine zunehmende Vielfalt an Krisen – sei es der Klimawandel, Cyberterrorismus, Energiekrisen, politische Konflikte – einher. Vor allem die Gefahr menschenverursachter existenzieller Risiken nimmt im Zuge der rasanten technologischen Entwicklung zu. Im 21. Jahrhundert sind Gesellschaften also einer zunehmenden Komplexität, Unvorhersehbarkeit und Vielfalt an Risikopotenzialen ausgesetzt. Also trotz oder gar aufgrund der voranschreitenden globalen Entwicklung ist gesellschaftliche Zukunftssicherung in diesem Jahrhundert relevanter denn je.

Als Universalantwort hierauf hat sich das Konzept der resilienten Gesellschaft etabliert. Laut der vorliegenden Untersuchung ist dies als ambivalent zu werten. Vorteilhaft am Resilienzkonzept ist, dass es vielseitig kontextualisierbar, also auf unterschiedliche Krisentypen anwendbar ist. Heute dürfte sich kaum ein Konzept finden, das ähnlich flexibel ist und zugleich noch praxisrelevant bleibt. Dies birgt jedoch auch die Gefahr, diesen Begriff zu verwässern, wie es in ähnlicher Form bereits für das Nachhaltigkeitskonzept der Fall ist. Die noch relativ junge, weiterführende Resilienzforschung bedarf einer theoretischen Fundierung, vor allem mit transdisziplinärer Ausrichtung. Was zeichnet eine multiresiliente, also eine für unterschiedliche Krisentypen gewappnete Gesellschaft aus? In Rahmen dieses Buches lassen sich mindestens fünf systemische Prinzipien zusammenfassen:

- Prinzip 1: Die multiresiliente Gesellschaft baut auf resilienten Individuen auf.
- Prinzip 2: Die multiresiliente Gesellschaft kann souverän mit Nicht-Wissen umgehen.
- Prinzip 3: Die multiresiliente Gesellschaft basiert auf einer Entkopplung und Wissensvernetzung der Teilsysteme.
- Prinzip 4: Die multiresiliente Gesellschaft kommt zu kollektiv intelligenten Entscheidungen.
- Prinzip 5: Die multiresiliente Gesellschaft verfügt über eine ausgeprägte Lernkultur.

Kritisch ist anzumerken, dass selbst das Leitbild der multiresilienten Gesellschaft nicht ausreichen wird, den vielfältigen gesellschaftlichen Anforderungen im 21. Jahrhundert gerecht zu werden. Dies gilt insbesondere in Bezug auf menschenverursachte existenzielle Krisen, wie z. B. einer außer Kontrolle geratenen Superintelligenz oder einer gefährlichen Nanotechnologie. Diese und andere Szenarien verdeutlichen die hohe Bedeutung kollektiver Weisheit – eine kollektive Kompetenz, die sich vor allem aus einem erweiterten Nachhaltigkeitsbegriff ableitet. Gesellschaftliche Zukunftssicherung bedarf daher einer konsequenten Berücksichtigung nicht nur des Resilienzkonzepts, sondern auch gesellschaftlicher Entwicklung und Nachhaltigkeit. Gesellschaftliche Zukunftssicherung dürfte mindestens folgende verallgemeinerbare Orientierungsprinzipien beinhalten:

## 9.2 Fazit und zusammenfassende Thesen

- Prinzip 1: Lebenslange Kompetenzentwicklung und emotionale Bildung.
- Prinzip 2: Souveräne Problemlösung auf der Basis von Wissen und Nicht-Wissen.
- Prinzip 3: Entkopplung und Wissensvernetzung der Teilsysteme.
- Prinzip 4: Kollektive Intelligenz.
- Prinzip 5: Lernkultur.
- Prinzip 6: (Grund-)Bedürfnissicherung und Vorbeugung sozialer Konflikte.
- Prinzip 7: Entwicklung und Bewahrung.
- Prinzip 8: Kollektive Weisheit.

In der Gegenüberstellung beinhalten alle drei Leitkonzepte mehrere Schnittpunkte (beispielsweise setzen sie individuelle Kompetenzentwicklung und kollektive Intelligenzentwicklung voraus) und wechselseitige Ergänzungspunkte. Eine Integration bedarf aber auch, dass wechselseitige Widersprüche überwunden werden. Am schwersten wiegt der Widerspruch zwischen der Forderung nach wirtschaftlicher und technologischer Entwicklung einerseits und der Forderung nach einer Kontrolle der Entwicklung und dem (wirtschaftlich ineffizienten) Aufbau nach Redundanzen. Gesellschaftliche Zukunftssicherung wird letztlich vor allem von der Frage abhängen, inwieweit es gelingt, effektive globale Kooperation zu fördern.

Daran schließen auch mögliche Hebelpunkte, um mögliche gesellschaftliche Veränderungen anzustoßen. Im Kern wird es darum gehen, die Kollaboration zwischen den gesellschaftlichen Teilsystemen, unter anderem der Zivilgesellschaft, Privatwirtschaft, Politik und der Wissenschaft, inner- und übergesellschaftlich zu fördern und Transformationsprozesse im Kleinen, im geschützten Umfeld, sukzessive zu testen. Hierzu finden sich bereits vielfältige bestehende Initiativen und wachsendes Methoden-Know-how zur Gestaltung gelingender Kommunikation. Zusammengefasst, lassen sich mindestens fünf wechselwirkende Hebelpunkte anführen:

1. Arbeit an sich selbst.
2. Über die kritische Masse den Wandel von unten anstoßen.
3. Experimentelle Prototypenprojekte.
4. Kommunikative Vernetzung der Teilsysteme.
5. Methoden der kommunikativen Komplexitätsbewältigung.

Die weiterführende Auseinandersetzung mit gesellschaftlicher Zukunftssicherung wird sich vielfältigen, noch ungeklärten Fragen stellen müssen: Inwieweit lässt sich gesellschaftlicher Wandel steuern und gestalten? Was ist überhaupt die gewünschte Entwicklungsrichtung und – eingedenk unvorhersehbarer Risiken – die gewünschte Entwicklungsgeschwindigkeit? Was bedeutet Resilienz, vor allem evolutionäre Resilienz, in einem umfassenderen Rahmen von Raum und Zeit, wenn wir z. B. im räumlichen Kontext von der Resilienz der „Weltgesellschaft" ausgehen (in Abgrenzung zur Resilienz von nationalen Gesellschaften) und im zeitlichen Kontext von der Resilienz der menschlichen Spezies (angesichts fortschreitender technologischer Entwicklungen)? Ein wesentlicher Schlüssel zur Klärung dieser und weiterer Fragen dürfte in der Förderung globaler, gesellschaftsübergreifender Kollaboration bestehen und dabei insbesondere in der Entwicklung kollektiver Intelligenz und vor allem Weisheit.

# Literatur

Alter, P. (1985). *Nationalismus*. Frankfurt a. M.: Suhrkamp.
Althaus, D. Homepage. http://www.d-althaus.de/22.0.html.
American Preppers Network. Homepage. http://americanpreppersnetwork.com/.
Anderson, J. R., Bothell, D., Byrne, M. D., Douglass, S., Lebiere, C., & Qin, Y. (2004). An integrated theory of the mind. *Psychological Review, 111,* 1036–1060.
Andler, N. (2013). *Tools für Projektmanagement, Workshops und Consulting – Kompendium der wichtigsten Techniken und Methoden*. Erlangen: Publicis.
Antonovski, A. (1997). *Salutogenese. Zur Entmystifizierung der Gesundheit*. Tübingen: Deutsche Gesellschaft für Verhaltenstherapie.
Apolte, T. (2004). Negativ-Einkommensteuer-Transfersystem. Wirtschaftswissenschaftliche Fakultät des Institutes für Ökonomische Bildung, Westfälische Universität Münster. Gutachten für den Parlamentarischen Beratungs- und Gutachterdienst des Landtags NRW, Information 13/1089 vom 13.08.2004.
Arbeitsgemeinschaft Kriegsursachenforschung (AKUF). (2012). Kriege und bewaffnete Konflikte 2012. *AKUF Analysen*, Nr. 11.
Argyris, C., & Schön, D. A. (1978). *Organizational learning: A theory of action perspective*. Mass: Addison-Wesley.
Argyris, C., & Schön, D. (2008). *Die lernende Organisation*. Stuttgart: Klett-Cotta.
Ashby, W. R. (1956). *An introduction to cybernetics*. London: Chapman & Hall.
Ashkenas, R. (2016). Change management needs to change. Harvard Business Review. https://hbr.org/2013/04/change-management-needs-to-cha.
Ashoka. Homepage. https://www.ashoka.org/.
BBK. Homepage: Vorsorge für den Katastrophenfall. https://www.bbk.bund.de/DE/Ratgeber/VorsorgefuerdenKat-fall/VorsorgefuerdenKat-fall.html.
BEH. (2017). Weltrisikobericht 2017. https://www.cbm.de/static/medien/weltrisikobericht-2017.pdf.
BIEN. Homepage. https://basicincome.org/news/2017/01/bien-affiliated-organisations-definitions-basic-income/.
BMBF. Horizont 2020. http://www.horizont2020.de/einstieg-kurzueberblick.htm.
Balogun, J., & Hailey, V. (2004). *Exploring strategic change*. London: Prentice Hall.
Balsinger, P. W. (2005). *Transdisziplinarität*. München: Wilhelm Fink Verlag.

Bankoff, G., & Hilhorst, D. (2009). The politics of risk in the Philippines: Comparing state and NGO perceptions of disaster management. *Disasters, 33*(4), 686–704.
Bardi, U. (2017). *The Seneca effect. Why growth is slow but collapse is rapid. A Report to the Club of Rome, Winterthur/Switzerland 2017.* Springer Book Series: The Frontiers Collection, Springer International 2018.
Barinaga, M. (2003). Studying the well-trained mind. *Science, 302*(5642), 44–46.
Baron, S., & Yin-Baron, G. (2018). *Die Chinesen – Psychogramm einer Weltmacht.* Berlin: Econ.
Bartosch, U., & Gansczyk, K. (Hrsg.). (2009). *Weltinnenpolitik für das 21. Jahrhundert. Carl-Friedrich von Weizsäcker verpflichtet (Weltinnenpolitische Colloquien)* (Bd. 1). Berlin: LIT.
Bateson, G. (1987). *Geist und Natur. Eine notwendige Einheit.* Suhrkamp: Frankfurt a. M.
Bauer, S. (2008). Leitbild der Nachhaltigen Entwicklung. In Informationen zur politischen Bildung (287). Bonn.
Bauer, T. (2018). *Die Vereindeutigung der Welt. Über den Verlust an Mehrdeutigkeit und Vielfalt.* Stuttgart: Reclam.
Baum, S., & Barrett, A. (2017). Global catastrophes: The most extreme risks. In V. Bier (Hrsg.), *Risk in extreme environments: Preparing, avoiding, mitigating, and managing* (S. 174–184). New York: Routledge. https://ssrn.com/abstract=3046668.
Beck, U. (1986). *Risikogesellschaft. Auf dem Weg in eine andere Moderne.* Frankfurt a. M.: Suhrkamp.
Beck, U. (2007). *Risikogesellschaft. Auf dem Weg in eine andere Moderne.* Frankfurt a. M.: Suhrkamp.
Beck, D., & Cowan, C. (1996). *Spiral dynamics: Mastering values, leadership, and change.* Cambridge: Blackwell.
Beck, U. (1996). Das Zeitalter der Nebenfolgen und die Politisierung der Moderne. In U. Beck, A. Giddens, & S. Lash (Hsrg.), *Reflexive Modernisierung. Eine Kontroverse.* Frankfurt a. M.: Suhrkamp.
Beck, U., Giddens, A., & Lash, S. (1994). *Reflexive modernization. politics, tradition and aesthetics in the modern social order.* Cambridge: Stanford University Press.
Bell, D. (1985). *Die nachindustrielle Gesellschaft.* Frankfurt a. M.: Campus.
Ben Larbi, M. (2018). Warum Dörfer für Innovation prädestiniert sind. Dörfer im Aufbruch (S. 1974). Designing freedom, Chichester: Wiley. http://www.doerfer-im-aufbruch.de/warum-doerfer-fuer-innovation-praedestiniert-sind/Beer.
Benedikter, R., & Fathi, K. (2012). Der Breivik-Prozeß: Beispiel für eine zukunftsfähige Gesellschaft? *Tiroler Tageszeitung.* http://www.tt.com/home/5492894-91/der-breivik-prozess-beispiel-für-eine-zukunftsfähige-gesellschaft.csp.
Bergmann, M., & Schramm, E. (Hrsg.). (2008). *Transdisziplinäre Forschung. Integrative Forschungsprozesse verstehen und bewerten.* New York: Campus.
Bhagat, R. S., Segovis, J. C., & Nelson, T. A. (2010). *Work stress and coping in the era of globalization.* New York: Psychology Press.
Bhatti, Y. A. (2012). What is frugal, what is innovation? Towards a theory of frugal innovation. Social Science Research Network. https://www.papers.ssrn.com/sol3/papers.cfm?abstract_id=2005910.
Bhatti, Y. A., Khilji, S. E., & Basu, R. (2013). Frugal innovation. In S. Khilji & C. Rowley (Hrsg.), *Globalization, change and learning in South Asia.* Oxford: Chandos Publishing.

Big Mountain Aktionsgruppe e. V. (Hrsg.). (1993). *Stimmen der Erde. München*. München: Raben.
Birkmann, J. (2006). *Measuring vulnerability to natural hazards: Towards disaster resilient societies*. Shibuya-ku: United Nations University Press.
Birkmann, J. (2008). *Assessing vulnerability before, during and after a natural disaster in fragile regions* (Research Paper No. 2008/50 UNU-WIDER). Bonn.
Birkmann, J., et al. (2011). *Glossar – Klimawandel und Raumentwicklung*. Hannover: Akademie für Raumforschung und Landesplanung (E-Paper der ARL).
Blaschke, R. (2007). Grundeinkommen zwischen Mindest- und Lebensstandardsicherung. Eine Orientierungshilfe im Zahlenlabyrinth. In A. Exner, W. Rätz, & B. Zenker (Hrsg.), *Grundeinkommen. Soziale Sicherheit ohne Arbeit* (S. 156–164). Wien: Deuticke.
Bohle, H.-G. (2007). Geographien von Verwundbarkeit. *Geographische Rundschau, 59*(10), 20–25.
Bohle, H.-G., Downing, T., & Watts, M. (1994). Climate change and social vulnerability. Toward a sociology and geography of food insecurity. *Global Environment Change, 4*, 37–38.
Bohlmeijer, E., Prenger, R., Taal, E., & Cuijpers, P. (2010). The effects of mindfulness-based stress reduction therapy on mental health of adults with a chronic medical disease: A meta-analysis. *Journal of Psychosomatic Research, 68*(6), 539–544. https://doi.org/10.1016/j.jpsychores.2009.10.005.
Bollmann, R. (2006). *Lob des Imperiums: Der Untergang Roms und die Zukunft des Westens*. Berlin: wjs verlag.
Bostrom, N. (2002). Existential risks: Analyzing human extinction scenarios and related hazards. *Journal of Evolution and Technology, 9*(3), 477.
Bostrom, N. (2013). Existential risk prevention as global priority. *Global Policy, 4*(1), 15–31.
Bostrom, N. (2017). *Superintelligenz – Szenarien einer kommenden Revolution*. Berlin: Suhrkamp.
Bostrom, N., & Cirkovic, M. (2008). *Global catastrophic risks*. Oxford: Oxford University Press.
Both, I., Domic, K., Eimers, J., Flath, V., Keuler, K., Krings, C., Noltemeyer, O., Reinke, Y., Steckelbruck, L., & Weidental, R. (2012). Multi-Stakeholder-Initiative – Eine methodische Einführung, Global Workers Protection (GWP). Mönchengladbach. https://d-nb.info/1044211555/34.
Boyd, R. (2014). Panarchy: Implications for economic & social policy. http://www.humanitystest.com/panarchy-implications-for-economic-social-policy/.
Bruni, L., & Porta, P. (2005). *Economics & happiness. Framing the analysis*. Oxford: Oxford University Press.
Brynjolfsson, E., & McAfee, A. (2014). *The second machine age*. New York: GGP Media.
Buckley, C. (29. Oktober 2015). *The New York Times*. https://www.nytimes.com/2015/10/30/world/asia/china-end-one-child-policy.html?mcubz=3.
Bundesministerium für Bildung und Forschung. (Hrsg). (2002). Bericht der Bundesregierung zur Bildung für eine nachhaltige Entwicklung. https://www.umweltbildung.de/uploads/tx_anubfne/bfne_bericht_kabinettfassung.pdf.
Bundesregierung. The new Hi-Tech-strategy. https://www.hightech-strategie.de/de/The-new-High-Tech-Strategy-390.php.

Burgoon, B. (2006). On welfare and terror – Social welfare policies and political-economic roots of terrorism. *Journal of Conflict Resolution, 50*(2), 176–203.

Buss, K.-P., & Ortiz, A. (2016). Im Schatten des Marktes Mikrologiken marktlicher Governance in kollaborativen Innovationsprojekten in der Softwareentwicklung und der Entwicklung von Windenergieanlagen. *Oldenburger Studien zur Europäisierung und zur transnationalen Regulierung, 2016*(25), 45–74.

Béné, C., Godfrey-Wood, R., Newsham A., & Davies, M. (2012). *Resilience: New utopia or new tyranny? – Refection about the potentials and limits of the concept of resilience in relation to vulnerability reduction programmes* (iDs Working Paper No. 405). Brighton: Institute of Development studies. http://www.ids.ac.uk/fles/dmfle/Wp405.pdf.

Bönsel, R. (2012). *Atempause jetzt! Spirituelles Stressmanagement nach S.H. Sri Sri Ravi Shankar*. Bielefeld: Kamphausen.

CIA-World Factbook. Homepage. https://www.cia.gov/library/publications/the-world-factbook/.

CIA. (2018). *Die Welt im Jahr 2035: Gesehen von der CIA und dem National Intelligence Council*. München: Beck.

CIFAR. (2015). Successful societies. https://www.cifar.ca/research/successful-societies/.

CSS. (2009). *Resilienz: Konzept zur Krisen- und Katastrophenbewältigung. CSS Analysen zur Sicherheitspolitik*. ETH Zürich: Zürich.

Calliess, C. (1999). *Subsidiaritäts- und Solidaritätsprinzip in der Europäischen Union*. Baden-Baden: Nomos.

Caplan, N., Choy, M. H., & Whitmore, J. K. (1992). Indochinese refugee families and academic achievement. *Scientific American, 266*(2), 36–45.

Caplan, N., Choy, M. H., &Whitmore, J. K. (1989). *The boat people and achievement in America: A study of family life, hard work, and cultural values*. University of Michigan Press.

Carlisle, K., & Gruby, R. (2017). Polycentric systems of governance: A theoretical model for the commons. *Policy Studies Journal*. https://doi.org/10.1111/psj.12212, http://onlinelibrary.wiley.com/doi/10.1111/psj.12212/full.

Carter, O., et al. (2005). Meditation alters perceptual rivalry in Tibetan Buddhist monks. *Current Biology, 15*(11), 412–413.

Cartwright, S., & Schoenberg, R. (2006). Thirty years of mergers and acquisitions research: Recent advances and future opportunities. *British Journal of Management, 17*, 1–5.

Castells, M. (2003). Four Asian tigers with a dragon head. A comparative analysis of the state, economy and society in the Asian Pacific rim. In R. P. Appelbaum & J. Henderson (Hrsg.), *States and development in the Asian Pacific Rim* (S. 176–198). SAGE: Newbury Parc.

Chapman et al. (2006). *Open government in a theoretical and practical context*. Aldershot: Ashgate.

Checkland, P. B. (1981). *Systems thinking*. Systems Practice: Wiley.

Chouard, T. (2016). The go files: AI computer clinches victory against Go champion.Nature. https://www.nature.com/news/the-go-files-ai-computer-clinches-victory-against-go-champion-1.19553.

Christmann, G., Ibert, O., Kilper, H., Moss, T. (2011). Vulnerabilität und Resilienz in sozio-räumlicher Perspektive – Begriffliche Klärungen und theoretischer Rahmen. IRS Leibniz-Institut für Regionalentwicklung und Strukturplanung. Erkner. http://www.irs-net.de/aktuelles/meldungen-detail.php?id=206.

Cisco. Städte und Gemeinden. https://www.cisco.com/c/de_de/solutions/industries/smart-connected-communities.htmlCoaffee.
Cohen, B. (2011). Global Ranking of Top 10 Resilient Cities. Triple Pundit. http://www.triplepundit.com/2011/06/top-10-globally-resilient-cities/.
Cutuli, J. J., Herbers, J. E., Lafavor, T. L., & Masten, A. S. (2008). Promoting competence and resilience in the school context. *Professional School Counseling, 12*(2), 76–84.
Cycorp. Homepage. http://www.cyc.com/.
Dahrendorf, R. (1961). *Gesellschaft und Freiheit. Zur soziologischen Analyse der Gegenwart*. München: Piper.
Damásio, A. R. (1994). *Descartes' Irrtum – Fühlen, Denken und das menschliche Gehirn*. München: List.
Dasmann, R. (1988). *Toward a biosphere consciousness, the ends of the earth*. Cambridge: Cambridge University Press.
Davidson, R., et al. (2003). Alterations in brain and immune function produced by mindful meditation. *Psychosomatic Medicine, 65*, 564–570.
Day, L. G. E. (1969–1977). The theory of multigovernment. http://www.panarchy.org/day/multigovernment.1977.html.
de la Peña, V., & Giné, E. (2009). *Decoupling: From dependence to independence*. New York: Springer.
Department of Homeland Security. Plan ahead for disasters. https://www.ready.gov/.
de Puydt, P. E. (1860). Panarchy. *Revue Trimestrielle, 27*, 6–246.
Desertec. Homepage. https://www.desertec.org/.
Deutscher Alpenverein. (Hrsg.). (2004). *Risiko – Gefahren oder Chancen? Tagungsbericht der Ev*. München: Akademie Bad Boll.
Dhamma Dvara. Homepage. www.dvara.dhamma.org/de.
Dietz, K. (2002). *Vulnerabilität und Anpassung gegenüber Klimawandel aus sozialökologischer Perspektive. Aktuelle Tendenzen und Herausforderungen in der internationalen Klima- und Entwicklungspolitik*. Berlin.
Dissen, S., Quaas, M., & Baumgärtner, S. (2009). *The relationship between resilience and sustainability in ecological-economic systems* (Working Paper No. 146). Lüneburg.
Drath, K. (2014). *Resilienz in der Unternehmensführung. Was Menschen und Teams stark macht*. Freiburg: Haufe.
Drekonja-Kornat, G. (2001). Manfred A. Max-Neef (*1932). Entwicklung nach menschlichem Maß. In Deutsche Stiftung für internationale Entwicklung (DSE) (Hrsg.), *E+Z Entwicklung und Zusammenarbeit 07/08* (S. 233–235).
Drexler, K. E. (1986). Engines of creation. The coming era of nanotechnology. http://e-drexler.com/d/06/00/EOC/EOC_Table_of_Contents.html.
Duclos, D. (2012). Stubenhocker der Apokalypse. *Le Monde diplomatique, 9851*, 3.
Dueck, G. (2018). *Schwarmdumm: So blöd sind wir nur gemeinsam*. München: Goldmann.
Ebbighausen, R. (2015). Kommentar: Der gute Autokrat von Singapur. DW. https://www.dw.com/de/kommentar-der-gute-autokrat-von-singapur/a-18334401.
Edwards, A. (2010). *Thriving beyond sustainability: Pathways to a resilient society*. Ottawa: New Society Press.
Eldar, A. (2006). The eight-stage spiral to peace in the Mideast. Haaretz. http://www.haaretz.com/print-edition/features/the-eight-stage-spiral-to-peace-in-the-mideast-1.179848.
Ellin, N. (2006). *Integral Urbanism*. Hoboken: Routledge.
Elsberg, M. (2016). *Helix – Sie werden uns ersetzen*. München: Blanvalet.

Erdheim, M. (1988). *Psychoanalyse und Unbewußtheit in der Kultur. Aufsätze 1980–1987*. Berlin: Suhrkamp.

Esping-Andersen, G. (1990). *Three worlds of welfare capitalism*. Oxford: Oxford University Press.

Etheredge, L. S. (1981). Government learning: An overview. In S. L. Long (Hrsg.), *The Handbook of Political Behavior* (Bd. 2). New York: Pergamon.

Etheridge, E. (14. Januar 2009). How 'Soft Power' got 'Smart'. *The New York Times*. https://opinionator.blogs.nytimes.com/2009/01/14/how-soft-power-got-smart/?mcubz=3.

Etzioni, A. (2009). *Die aktive Gesellschaft. Eine Theorie gesellschaftlicher und politischer Prozesse*. Wiesbaden: Verlag für Sozialwissenschaft.

European Commission. Innovation union. http://ec.europa.eu/research/innovation-union/index_en.cfm.

EUV. (2008). Konsolidierte Fassung des Vertrags über die Europäische Union – TITEL I: GEMEINSAME BESTIMMUNGEN – Artikel 3 (ex-Artikel 2 EUV). *Amtsblatt, 115*.

Ewenstein, B., Smith, W., & Sologar, A. (2015). Changing change management. McKinsey. https://www.mckinsey.com/featured-insights/leadership/changing-change-management.

FEMA. Homepage. https://www.fema.gov/.

Fajnzylber, P., Lederman, D., & Loayza, N. (2002). Inequality and violent crime. *The Journal of Law and Economics, 45*(1), 1–40.

Fathi, K. (2013). Conflict potentials of different welfare regimes – A metatheoretical perspective. In I. P. Karolewski & A. M. Suszyki (Hrsg.), *Identity, Citizenship and Welfare: National and International Perspectives* (S. 41–74). Osnabrück : Fibre.

Fathi, K. (2014). Resilienz – Taugt dieser Begriff als „Ein-Wort-Antwort" auf die Häufung von Krisen? *Forschungsjournal Soziale Bewegungen – PLUS, 29*(4).

Fathi, K. (2016a). Die Flüchtlingskrise – 5 Komponenten zu einer resilienten Gesellschaft. *Forschungsjournal Neue Soziale Bewegungen, 29*(4).

Fathi, K. (2016b). Was hilft Führungskräften, Resilienz bei sich und im Kollektiv aufzubauen? In H. Roehl & H. Asselmeyer (Hrsg.), *Organisationen klug gestalten* (S. 301–310). Stuttgart: Schäffer-Poeschel.

Fathi, K., & Osswald, A. (2017). Der E-Faktor und die Digitalisierung. *Forschungsjournal Neue Soziale Bewegungen*, (2). http://forschungsjournal.de/node/2995.

Fathi, K. (2019a). *Kommunikative Komplexitätsbewältigung – Grundzüge eines integrierten Methodenpluralismus' zur Optimierung disziplinübergreifender Kommunikation*. Springer.

Fathi, K. (2019b). *Das Empathietraining – Konflikte lösen für ein besseres Miteinander*. Paderborn: Junfermann.

Fathi, K., & Benedikter, R. (2013). Was ist eine resiliente Gesellschaft? Plädoyer für ein neues Konzept sozialer Zukunftssicherung in Krisenzeiten. *Forschungsjournal Neue Soziale Bewegungen* (2).

Fathi, K., & Karolewski, I. (2015). Civil revolutions in a trans-cultural comparison: Eastern Europe and the MENA-region. In S. Arjomand (Hrsg.), *The Arab revolution of 2011: A comparative perspective*. Albany: SUNY Press.

Faure, E. et al. (1973). Learning to be – The world of education of today and tomorrow. UNESCO. http://unesdoc.unesco.org/images/0000/000018/001801e.pdf.

Feynman, R. P. (1992). *Surely you're joking Mr Feynman: Adventures of a curious character as told to Ralph Leighton*. New York: Vintage.

Fjorback, L. O., Arendt, M., Ørnbøl, E., Fink, P., & Walach, H. (2011). Mindfulness-based stress reduction and mindfulness-based cognitive therapy – A systematic review of randomized controlled trials. *Acta Psychiatrica Scandinavica, 124*(2), 102–119. https://doi.org/10.1111/j.1600-0447.2011.01704.x.

Flassbeck, H. et al. (2012). *Irrweg Grundeinkommen – die große Umverteilung von unten nach oben muss beendet werden*. Frankfurt a. M.: Westend.

Foundation for resilient societies. Homepage. http://www.resilientsocieties.org/.

Freitas, R. (2000). Some limits to global ecophagy. http://www.rfreitas.com/Nano/Ecophagy.htm.

Friedman, M. (2002). *Capitalism and freedom: Fortieth anniversary edition*. Chicago: University of Chicago Press.

Frodeman, R., Klein, J. T., & Mitcham, C. (Hrsg.). (2000). *The Oxford handbook of interdisciplinarity*. Oxford: Oxford University Press.

Fujusawa Sustainable Smart Town. Homepage. https://fujisawasst.com/EN/.

Fukuyama, F. (1992). *Das Ende der Geschichte*. München: Kindler.

Future of life. (2017). An open letter tot he United Nations convention on certain conventional weapons. https://futureoflife.org/autonomous-weapons-open-letter-2017/.

Gallup. (2008). *State of the world – 2008 annual report*. Washington: University Press.

Galtung, J. (1998). *Frieden mit friedlichen Mitteln. Friede und Konflikt, Entwicklung und Kultur*. Opladen: Leske + Budrich.

Galtung, J. (2008). *50 Years: 100 peace and conflict perspectives*. Oslo: Transcend University Press.

Galuska, J. et al. (2010). Zur psychosozialen Lage Deutschlands. *Umwelt·medizin·gesellschaft, 2011*(1), 72–73. http://www.psychosoziale-lage.de/.

Garshnek, V., et al. (2000). The mitigation, management, and survivability of asteroid/cometimpact with Earth. *Space Policy, 16*(3), 213–222.

Gebauer, A., & Kiehl-Dixon, U. (2009). Das Nein zur eigenen Wahrnehmung ermöglichen – Umgang mit Extremsituationen durch Aufbau organisationaler Fähigkeiten. *Zeitschrift Organisationsentwicklung, 2009*(3), 40–49.

Gebser, J. (2015). *Ursprung und Gegenwart*. Zürich: Chronos.

General Assembly of the UN. (1986). Resolution A/41/128 – Declaration on the right to development. 97. Plenarversammlung. http://www.un.org/documents/ga/res/41/a41r128.htm.

Gibbons, M. (1994). *The new production of knowledge. The dynamics of science and research in contemporary societies*. London: Sage.

Giddens, A. (1995). *Konsequenzen der Moderne*. Frankfurt a. M.: Suhrkamp.

Gidley, J. (2017). *The future: A very short introduction*. Oxford: Oxford University Press. https://global.oup.com/academic/product/the-future-a-very-short-introduction-9780198735281?cc=au&lang=en&amp.

Giffinger, R., Fertner, C., Kramar, H., Kalasek, R., Pichler-Milanović, N., & Meijers, E. (2007). Smart cities – Ranking of European medium-sized cities. Gemeinsame Studie des Centre of Regional Science (TU Wien), Department of Geography (University of Ljubljana) und des OTB Research Institute for Housing, Urban and Mobility Studies (Delft University of Technology). http://www.smart-cities.eu/download/smart_cities_final_report.pdf.

Gigerenzer, G. (2007). *Bauchentscheidungen. Die Intelligenz des Unbewussten und die Macht der Intuition*. München: Bertelsmann.

Gladwell, M. (2001). *The tipping point – How little things can make a big difference*. New York: Brown and Company.
Global Challenges Foundation. (2017). Global catastrophic risks 2017.
Gloor, P. A. (2006). *Swarm creativity: Competitive advantage through collaborative innovation networks*. New York: Oxford University Press.
Godschalk, D. R. (2002). Urban hazard mitigation: Creating resilient cities. Plenary paper presented at the Urban Hazards Forum, Columbia City University of New York.
Goldstone, J. (2011). Understanding the revolutions of 2011: Weakness and resilience in Middle Eastern autocracies. In Council on Foreign Relations/Foreign Affairs (Hrsg.), *The new Arab revolt* (S. 329–343), New York: Council on Foreign Relations.
Goleman, D. (2001). *Emotionale Intelligenz*. München: dtv.
Goodwin, M., Raines, T., & Cutts, D. (2017). What do Europeans think about muslim immigration? Chatham House Research. https://www.chathamhouse.org/expert/comment/what-do-europeans-think-about-muslim-immigration.
Gotham, K. F., & Campanella, R. (2010). Toward a research agenda on transformative resilience. Challenges and opportunities for post-trauma urban eco-systems. *Critical Planning Summer, 2010*, 9–23.
Gotts, N. M. (2007). Resilience, panarchy, and world-systems analysis. *Ecology and Society, 12*(1), 24. http://www.ecologyandsociety.org/vol12/iss1/art24/.
Government of the UK. Emergency planning. https://www.gov.uk/government/policies/emergency-planning.
Govindarajan, V. Homepage. http://www.tuck.dartmouth.edu/people/vg/.
Graf, R. (2018). *Die neue Entscheidungskultur – mit gemeinsam getragenen Entscheidungen zum Erfolg*. München: Hanser.
Granovetter, M. (1978). Threshold models of collective behavior. *American Journal of Sociology., 83*(6), 1420. https://doi.org/10.1086/226707.
Graßl, H. (2007). *Klimawandel. Die wichtigsten Antworten*. Freiburg: Herder.
Gredler, M. (1994). *Designing and evaluating games and simulations. A process approach*. Texas: Gulf Publishing.
Greenfield, A. (2013). *Against the smart city (The city is here for you to use)*. New York: Kindle.
Greve, G. (2012). *Organizational Burnout: Das versteckte Phänomen ausgebrannter Organisationen*. Wiesbaden: Gabler.
Grosvenor. (2014). Global cities – A grosvenor research report. Grosvenor. www.triplepundit.com/.../top-50-cities-world-ranked-resilience/.
Gualda, G. A. R., Pamukcu, A. S., Ghiorso, M. S., Anderson, A. T., Sutton, S. R., & Rivers, M. L. (2012). Timescales of quartz crystallization and the longevity of the bishop giant magma body. *PLoS ONE, 7*(5). https://doi.org/10.1371/journal.pone.0037492.
Gätjen, H. (2005). Glück: Sieben Faktoren, die Lebensfreude bestimmen. Hamburger Abendblatt. https://www.abendblatt.de/vermischtes/journal/article108603394/Glueck-Sieben-Faktoren-die-Lebensfreude-bestimmen.html.
HEUNI/UNODC. (2010). International statistics on crime and justice. HEUNI Publication Series No. 64, Helsinki. http://www.heuni.fi/Satellite?blobtable=MungoBlobs&blobcol=urldata&SSURIapptype=BlobServer&SSURIcontainer=Default&SSURIsession=false&blobkey=id&blobheadervalue1=inline;%20filename=Hakapaino_final_07042010.pdf&SSURIsscontext=Satellite%20Server&blobwhere=1266335656647&blobheadername1=Content-Disposition&ssbinary=true&blobheader=application/pdf.

Haase, T. (2017). Versicherung ersetzt 34 Mitarbeiter durch Künstliche Intelligenz. Deutschlandfunk Nova. https://www.deutschlandfunknova.de/beitrag/versicherung-in-japan-statt-angestellten-rechnen.

Hackenberg, H., & Empter, S. (2011). *Social Entrepreneurship – Social Business: Für die Gesellschaft unternehmen.* Wiesbaden: Springer.

Hagerty, M. R., & Veenhoven, R. (2003). Wealth and happiness revisited – Growing wealth of nations does go with greater happiness. *Social Indicators Research, 64,* 1–27.

Hall, P. A., & Soskice, D. (2001). *Varieties of capitalism: The institutional foundations of comparative advantage.* Oxford: Oxford University Press.

Halvorsen, K. (2001). „*How to combat unemployment?"* Vortrag an der Cost A 13 Konferenz zum Thema „Social Policy, Marginalisation and Citizenship". Dänemark: Aalborg University.

Hamilton, M. (2008). *Integral city: Evolutionary intelligences for the human hive.* Gabriola Island: New Society Publishers.

Hanekop, H., & Wittke, V. (2009). Kollaboration der Prosumenten. Die vernachlässigte Dimension des Prosuming-Konzepts. In B. Blättel-Mink & K-U. Hellmann (Hrsg.), *Prosumer Revisited. Zur Aktualität einer Debatte* (S. 96–113). Wiesbaden: VS Verlag.

Hansjürgens, B., & Heinrichs, D. (2007). Mega-Urbanisierung: Chancen und Risiken: Nachhaltige Entwicklung in Megastädten. Bundeszentrale für politische Bildung (BPB). http://www.bpb.de/internationales/weltweit/megastaedte/64706/urbanisierung-chancen-und-risiken?p=all.

Hartmann, J. (19. September 2012). Siemens errichtet spektakulären Glaspalast in London. *Die WELT.* https://www.welt.de/wirtschaft/article109339056/Siemens-errichtet-spektakulaeren-Glaspalast-in-London.html.

Hartzog, P. B. (2007). Panarchy: Governance in the network age. Masterarbeit an der University of Utah. Wayback Machine. https://web.archive.org/web/20070928104543/http:/panarchy.com/Members/PaulBHartzog/Papers/Panarchy%20-%20Governance%20in%20the%20Network%20Age.pdf.

Harvey, D. (2013). *Rebellische Städte.* Berlin: Suhrkamp.

Hauff, V. (Hrsg.). (1987). *Unsere Gemeinsame Zukunft. Der Brundtland-Bericht der Weltkommission für Umwelt und Entwicklung.* Greven: Eggenkamp.

Heclo, H. (1974). *Modern social politics in Britain and Sweden: From relief to income maintenance.* New Haven: Yale University Press.

Heidelberger Institut für Internationale Konfliktforschung (HIIK). http://www.hiik.de/de/konfliktbarometer/index.html.

Heidenreich, M., Barmeyer, C., Koschatzky, K., Mattes, J., Baier, E., & Krüth, K. (2012). *Multinational enterprises and innovation: Regional learning in networks.* London: Routledge.

Heidenreich, M., Kädtler, J., & Mattes, J. (Hrsg.). (2016). Die innerbetriebliche Nutzung externer Wissensbestände in vernetzten Entwicklungsprozessen – Endbericht zum Projekt „Kollaborative Innovationen". *Oldenburger Studien zur Europäisierung und zur transnationalen Regulierung,* Nr. 25.

Heidrun, A. (2004). *DDC-Sachgruppen der Deutschen Nationalbibliografie: Leitfaden zu ihrer Vergabe.* Leipzig: Bibliothek.

Helfrich, S. (2012): Gemeingüter sind nicht, sie werden gemacht. In S. Helfrich & Heinrich-Böll- Stiftung (Hrsg.), *Commons. Für eine neue Politik jenseits von Markt und Staat* (S. 66–69). Bielefeld: transcript.

Herrmann, U. (2015). *Der Sieg des Kapitals: Wie der Reichtum in die Welt kam: Die Geschichte von Wachstum, Geld und Krisen*. Piper: München.
Heylighen, F. (2007). The global superorganism: An evolutionary-cybernetic model of the emerging network society. *Social Evolution & History, 6*(1), 58–119. http://pespmc1.vub.ac.be/Papers/Superorganism.pdf.
Himmelreich, L. (2010). US-Ökonom empfiehlt Deutschland als Kolonialmacht. *SPIEGEL Online*. http://www.spiegel.de/wirtschaft/soziales/entwicklungshilfe-us-oekonom-empfiehlt-deutschland-als-kolonialmacht-a-668449.html.
Hodgson, A. (2009). Transformative resilience – A response to the adaptive imperative. Compilation, based on papers written for the Carnegie UK Trust, Investigations of the International Futures Forum and a research seminar on the 9 December 2009, held at The Boathouse, Aberdour and supported by the RSA Scotland.
Hoffmann, M., & Patton, K. M. (1996). *Knowledge management for an adaptive organization. The tenets of knowledge management* (Report No. 839). Business Intelligence Program, Menlo Park.
Hofstede, G. (1994). *Cultures and organizations: Software of the mind: Intercultural*. London: HarperCollins.
Holl, C. (2015). Begriffsgeschichte Nachhaltigkeit. http://www.frei04-publizistik.de/data/webserver/download/1545_frei04_Nachhaltigkeit.pdf.
Holling, C., & Gunderson, L. (2002). Resilience and adaptive cycles. In C. Holling & L. Gunderson (Hrsg.), *Panarchy. Understanding transformations in human and natural systems* (S. 25–62). London: Island Press.
Holling, C., Gunderson, L., & Peterson, G. (2002). Sustainability and panarchies. In L. Gunderson & C. Holling (Hrsg.), *Panarchy. Understanding transformations in human and natural systems* (S. 63–102). London: Island Press.
Homm, F. (2016). *Endspiel: Wie Sie die Kernschmelze des Finanzsystems sicher überstehen*. München: FinanzBuch.
Horton, H. (2016). Microsoft deletes 'teen girl' AI after it became a Hitler-loving sex robot within 24 hours. *The Telegraph*. https://www.telegraph.co.uk/technology/2016/03/24/microsofts-teen-girl-ai-turns-into-a-hitler-loving-sex-robot-wit/.
Horx, M. (2003). *Future Fitness: Wie Sie Führungskompetenz erhöhen. Ein Handbuch für Entscheider*. Frankfurt a. M.: Eichborn.
Horx, M. (2014). *Das Megatrend-Prinzip: Wie die Welt von morgen entsteht*. München: Pantheon.
Hubert, A. (2016). Von Bananenbäumen träumen. http://www.vbbt-derfilm.de/.
Huffington, A. (2013). Davos 2013: Resilience as a 21st century imperative. *Huffington Post*. https://www.huffingtonpost.com/arianna-huffington/davos-2013-resilience-as-_b_2526545.html?guccounter=1.
Human Wrongs Watch. (2012). Humanity could not survive a nuclear war using even a fraction of existing Arsenals. Pressenza International Press Agency https://www.pressenza.com/2012/12/humanity-could-not-survive-a-nuclear-war-using-even-a-fraction-of-existing-arsenals/.
Huntington, S. P. (1993). The clash of civilizations? Foreign Affairs, Summer 1993. https://www.foreignaffairs.com/articles/united-states/1993-06-01/clash-civilizations.
Händeler, E. (2005). Das Gesundheitswesen als Wachstumsmotor. *Außenreport Versicherungsdienste, 2005*(4). http://www.kondratieff.biz/download/artikel_a_v.pdf.

Hölldobler, B., & Wilson, E. O. (2009). *Der Superorganismus. Der Erfolg von Ameisen, Bienen, Wespen und Termiten.* Berlin : Springer.
Hübenthal, U. (1991). Interdisziplinäres Denken. Versuch einer Bestandsaufnahme und Systematisierung.
IBM. The DeepQA research team. https://researcher.watson.ibm.com/researcher/view_group.php?id=2099.
ICRC. (1976). Convention on the prohibition of military or any hostile use of environmental modification techniques. https://ihl-databases.icrc.org/applic/ihl/ihl.nsf/INTRO/460?OpenDocument.
IESE. Smart rural areas. https://www.iese.fraunhofer.de/de/innovation_trends/sra.html.
ILO. (2016). A collective challenge – World day for health and safety at work. www.ilo.org/wcmsp5/groups/.../wcms_473267.pdf.
IMD. (2018a). World competitiveness ranking 2018. https://www.imd.org/wcc/world-competitiveness-center-rankings/world-competitiveness-ranking-2018/.
IMD. (2018b). World digital competitiveness ranking 2018. https://www.imd.org/wcc/world-competitiveness-center-rankings/world-digital-competitiveness-rankings-2018/.
INSEAD/WIPO/Cornell SC Johnson College of Business. Global Innovation Index 2018. https://www.globalinnovationindex.org/gii-2018-report.
IRS Leibnitz-Institut. (2013). Der State of the Art der Resilienzforschung. http://www.irs-net.de/aktuelles/meldungen-detail.php?id=206.
Ibert, O., Müller, F. C., & Stein, A. (2014). *Produktive Differenzen. Eine dynamische Netzwerkanalyse von Innovationsprozessen.* Bielefeld: Transcript.
Ikenberry, G. J. (2008). The rise of china and the future of the west. Foreign affairs. https://www.foreignaffairs.com/articles/asia/2008-01-01/rise-china-and-future-west.
Imbrie, J., & Imbrie, K. P. (1979). *Ice ages: Solving the mystery.* Short Hills: Enslow Publishers.
Initiative Grundeinkommen Ulm. Homepage. https://www.grundeinkommen-ulm.de/.
Innovative Mitte. Homepage. http://www.innovativemitte.de/.
Institute Of Physics. (2004). Nanotechnology pioneer slays 'Grey Goo' Myths. ScienceDaily. www.sciencedaily.com/releases/2004/06/040609072100.htm.
Isaksen, A., & Asheim, B. (2002). Regional innovation systems: The integration of local 'sticky' and global 'ubiquitous' knowledge. *The Journal of Technology Transfer,* 27(1), 77–86.
Jackson, M. C. (2003). *Systems thinking: Creative holism for managers.* England: Wiley.
Jaeckel, M., & Bronnert, K. (2013). *Die digitale Evolution moderner Großstädte. Apps-basierte innovative Geschäftsmodelle für neue Urbanität.* Springer Vieweg: Wiesbaden.
Jaques, M. (2012). *When china rules the world: The end of the western world and the birth of a new global order by Martin Jacques.* New York: Penguin.
Jäger, W. (2008). Einführung „Humane Marktwirtschaft – Wirtschaftsordnung für eine menschliche Zukunft". Colloquium politicum, Albert-Ludwigs-Universität Freiburg, Vortragsserie Humane Marktwirtschaft.
Kabat-Zinn, J. (1982). An outpatient program in behavioral medicine for chronic pain patients based on the practice of mindfulness meditation: Theoretical considerations and preliminary results. *General Hospital Psychiatry,* 4(1), 33–47. https://doi.org/10.1016/0163-8343(82)90026-3.
Kahneman, D. (2012). *Schnelles Denken, langsames Denken.* München: Siedler.

Kaiser, R. (2001). *Bürger und Staat im virtuellen Raum. Elektronische Demokratie und virtuelles Regieren*. Wiesbaden: VS Verlag.

Kela. Basic income experiment 2017–2018. https://www.kela.fi/web/en/basic-income-experiment-2017-2018.

Kevenhörster, P. et al. (2010). *Japan: Wirtschaft – Gesellschaft – Politik*. Wiesbaden: VS Verlag.

Khanna, P. (2009). *Der Kampf um die Zweite Welt – Imperien und Einfluss in der neuen Weltordnung*. Berlin: Berlin Verlag.

Kirchberg, D. (2007). *Kirchberg: Der Aufstieg der Tigerstaaten im 20. Jahrhundert. Eine historische Analyse*. Saarbrücken: VDM.

Kleibrink, A., & Schmidt, S. (2015). Communities of practice as new actors: Innovation labs inside and outside government. In E. Commission (Hrsg.), *Open innovation 2.0 yearbook 2015* (S. 64–73). Luxembourg: Luxembourg Publication Office of the European Union.

Klein, J. T. (1990). *Interdisciplinarity: History, theory and practice*. Detroit: Wayne State University Press.

Klein, L. (2015). What the hell is Systemtheorie? *Zeitschrift OrganisationsEntwicklung (ZOE), 34*(1), 66–68.

Klein, J. T., & Newell, W. H. (1997). Advancing interdisciplinary studies. In J. G. Gaff & J. L. Ratcliff (Hrsg.), *Handbook of the undergraduate curriculum: A comprehensive guide to purposes, structures, practices, and change* (S. 393–415). San Francisco: Jossey Bass.

Kneer, G., & Nassehi, A. (2000). *Niklas Luhmanns Theorie sozialer Systeme*. Stuttgart: UTB.

Knieps, F., & Pfaff, H. (Hrsg.). (2016). *Gesundheitsreport 2016*. Berlin: BKK.

Knoll, N., Rieckmann, N., & Schwarzer, R. (2005). Coping as a mediator between personality and stress outcomes: A longitudinal study with cataract surgery patients. *European Journal of Personality, 19*, 229–247. http://www.psy.miami.edu/faculty/ccarver/sclGermanBriefCOPE.pdf.

Kobasa, S. C. (1979). Stressful life events, personality, and health – Inquiry into hardiness. *Journal of Personality and Social Psychology, 37*(1), 1–11.

Kocka, J. (Hrsg.). (1987). *Interdisziplinarität: Herausforderung – Praxis – Ideologie*. Frankfurt a. M.: Suhrkamp.

Kohlberg, L. (1995). *Die Psychologie der Moralentwicklung*. Frankfurt a. M.: Suhrkamp.

Krall, M. (2017). *Der Draghi-Crash: Warum uns die entfesselte Geldpolitik in die finanzielle Katastrophe führt*. München: FinanzBuch Verlag.

Kristof, N. (2019). Why 2018 Was the Best Year in Human History! *The New York Times*. https://www.nytimes.com/2019/01/05/opinion/sunday/2018-progress-poverty-health.html.

Kuhn, T. (1988). *Die Struktur wissenschaftlicher Revolutionen*. Frankfurt a. M.: Suhrkamp.

Kunze, I. (2010). Gemeinschaftsprojekte als Experimente nachhaltiger Ökonomie. In *IFIS Wirtschaft in der Zeitenwende – zur Vision einer Maßwirtschaft der Lebensfülle und Schritte zu ihrer Verwirklichung*. Freiburg: Institut für Integrale Studien (IFIS).

Laloux, F. (2014). *Reinventing Organizations*. Brüssel: Nelson Parker.

Lander, E., Baylis, F., Zhang, F., Charpentier, E., Berg, P., Bourgain, C., Friedrich, B., Joung, J. K., Li, J., Liu, D., Naldine, L., Nie, J.-B., Qiu, R., Schoene-Seifert, B., Shao, F., Terry, S., Wei, W., & Winnacker, E.-L. (2019). Adopt a moratorium on heritable genome editing. *Nature, 567*, 165–168. https://doi.org/10.1038/d41586-019-00726-5.

Latour, B. (1996). On Actor-network Theory. A few Clarifications. *Soziale Welt, 47*,(4): 369–382.
Layard, R. (2005). *Die glückliche Gesellschaft.* Frankfurt a. M.: Campus.
Layder, D. (1997). *Modern social theory: Key debates and new directions.* London: UCL Press.
Lazar, S. W., Kerr, C. E., Wasserman, R. H., Gray, J. R., Greve, D. N., Treadway, M. T., McGarvey, M., Quinn, B. T., Dusek, J. A., Benson, H., Rauch, S. L., Moore, C. I., & Fischl, B. (2005). Meditation experience is associated with increased cortical thickness. *Neuroreport, 16*(17): 1893–1897. PMC US National Library of Medicine. http://www.ncbi.nlm.nih.gov/pmc/articles/PMC1361002/. Zugegriffen: 28. Nov. 2005.
Lederach, J. P. (2003). Conflict transformation, extracts from Lederach's book „The Little Book of Conflict Transformation". zusammengesetzt von Maiese, M. http://www.beyondintractability.org/essay/transformation/?nid=1223.
Lederach, J. P. (2005). *The moral imagination – the art and soul of building peace.* Oxford: Oxford University Press.
Legatum Institute. (2018). The Legatum Prosperity Index 2018. https://prosperitysite.s3-accelerate.amazonaws.com/2515/4321/8072/2018_Prosperity_Index.pdf.
Leggewie, C. (2017). Begegnungen mit dem Unvorhergesehenen. *EgonZehnder.* https://www.egonzehnder.com/de/insight/begegnungen-mit-dem-unvorhergesehenen. Zugegriffen: 1. Jan. 2017.
Lenz, C., & Rucklak, N. (27. April 2016). Honduras als Experimentierfeld neoliberaler Utopien. *amerika21.de.* https://amerika21.de/analyse/145288/charter-cities-honduras.
Levenmetwater. Homepage. http://www.levenmetwater.nl/home/.
Libbe, J. (2014). Difu-Berichte 2/2014 – Standpunkt: Smart City: Herausforderung für die Stadtentwicklung. https://difu.de/publikationen/difu-berichte-22014/standpunkt-smart-city-herausforderung-fuer-die.html.
Libet, B. (1985). Unconscious cerebral initiative and the role of conscious will in voluntary action. *The Behavioral and Brain Sciences, 8,* 529–566.
Lieven, O., & Maasen, S. (2007). Transdisziplinäre Forschung. Vorbote eines „New Deal" zwischen Wissenschaft und Gesellschaft? *GAIA, 1,* 35–40.
Lin-Hi, N. (o. J.). *Multi-Stakeholder-Initiative.* Springer Gabler. https://wirtschaftslexikon.gabler.de/definition/multi-stakeholder-initiative-53810.
Lipset, S. M. (1960). *Political man. The social bases of politics.* Garden City: Doubleday.
Littig, B., & Grießler, E. (2004). *Soziale Nachhaltigkeit. Informationen zur Umweltpolitik: Bd. 160.* Wien: Kammer für Arbeiter und Angestellte.
Loevinger, J. (1976). *Ego development. Conceptions and theories.* San Francisco: Jossey-Bass.
Lohmann-Haislah, A. (2012). *Stressreport Deutschland 2012 – Psychische Anforderungen. Ressourcen und Befinden.* Dortmund: Bundesanstalt für Arbeitsschutz und Arbeitsmedizin.
Loorbach, D. (2007). *Transition management. New mode of governance for sustainable development.* Utrecht: International Books.
Loorbach, D. (2014). To Transition! Governance Panarchy in the New Transformation. Drift. https://drift.eur.nl/wp-content/uploads/2016/12/To_Transition-Loorbach-2014.pdf.

Loughborough University. Homepage. http://www.lboro.ac.uk/service/publicity/news-releases/2012/72_resilience.html.
Lovelock, J. (1991). *Das Gaia-Prinzip: Die Biographie unseres Planeten*. Zürich: Artemis & Winkler.
Lu, F. (18. Februar 2019). Die Demütigung eines uralten Reiches. *Die Zeit*. https://www.zeit.de/kultur/2019-02/china-usa-weltmacht-handelskonflikt-welthandel.
Luhmann, N. (1993). *Soziale Systeme – Grundriß einer allgemeinen Theorie*. Suhrkamp: Frankfurt a. M.
Luhmann, N. (2006). *Beobachtungen der Moderne*. Wiesbaden: VS Verlag.
Luhmann, N. (1988). *Die Wirtschaft der Gesellschaft*. Berlin: Suhrkamp.
Lukesch, R., Payer, H., & Winkler-Riederer, W. (2010). *Wie gehen Regionen mit Krisen um? Eine explorative Studie über die Resilienz von Regionen, im Auftrag des Bundeskanzleramtes*. Fehring: ÖAR Regionalberatung GmbH. http://www.oear.at/downloads/.
Luks, F. (2002). *Nachhaltigkeit*. Hamburg: Europäische Verlagsanstalt.
Luthar, S. S., & Cicchetti, D. (2000). The construct of resilience: Implications for interventions and social policies. *Developmental Psychopathology, 12*, 857–885.
Lutz, A., et al. (2004). Long-term meditators selfinduce high-amplitude gamma synchronity during mental practice. *Proceedings of the National Academy of Sciences, 101*(46), 16369–16373.
Lykken, D., & Tellegen, A. (1996). Happiness is a Stochastic Phenomenon. *Psychological Science, 7*(3): 186–189. http://www.psych.umn.edu/courses/fall06/macdonalda/psy4960/Readings/LykkenTwinHappiness_PS96.pdf.
MIPEX. (2015). Migrant Integration Policy Index. http://www.mipex.eu/.
MacPhee, R. (o. J.). Interview with Ross MacPhee. *Scientific American*. https://www.scientificamerican.com/article/interview-with-ross-macph/#.
Maharshi, R. (2018). *Nan Yar? Wer bin ich?* Hamburg: AdvaitaMedia.
Mair, J., Robinson, J., & Hockerts, K. (2006). *Social entrepreneurship*. Cheltenham: Palgrave Macmillan.
Malik, F. (1992). *Strategie des Managements komplexer Systeme. Ein Beitrag zur Management-Kybernetik evolutionärer Systeme*. Bern: Haupt.
Markram, H. (2006). The blue brain project. *Nature Reviews Neuroscience, 7*, 153–160. https://doi.org/10.1038/nrn1848. Zugegriffen: 1. Feb. 2006.
Markram, H. (2015). Reconstruction and simulation of neocortical microcircuitry. *Cell Press, 163*(2):456–492. doi.org/10.1016/j.cell.2015.09.029. Zugegriffen: 8. Okt. 2015.
Marr, M., & Zillien, N. (2010). Digitale Spaltung. In W. Schweiger & K. Beck (Hrsg.), *Handbuch Online-Kommunikation* (S. 257–282). Wiesbaden: VS Verlag.
Masdar City: Homepage. https://masdar.ae/en/masdar-city.
Maslow, A. (1954). *Motivation and personality*. New York: Harper.
Masten, A. S. (2011). Resilience in children threatened by extreme adversity: Frameworks for research, practice, and translational synergy. *Development and Psychopathology, 23*, 493–506.
Matheny, J. G. (2007). Reducing the Risk of Human Extinction. *Risk Analysis* 27(5): 1335–1344.
Maturana, H., & Varela, F. (1982). *Autopoietische Systeme: Eine Bestimmung der lebendigen Organisation* (S. 170–235). Wiesbaden: Erkennen.
May, P. (1992). Policy learning and failure. *Journal of Public Policy, 12*(4), 331–354.

Medina, E. (2011). *Cybernetic revolutionaries: Technology and politics in Allende's Chile*. Cambridge: MIT Press.
Medrano, J. (2012). Interpersonal Trust, WVS Archive. http://www.jdsurvey.net/jds/jdsurveyMaps.jsp?Idioma=I&SeccionTexto=0404&NOID=104.
Meier, A. (2009). *eDemocracy & eGovernment – Entwicklungsstufen einer demokratischen Wissensgesellschaft*. Heidelberg: Springer-Verlag.
Messner, D. (2000). Globalisierung, Global governance und Perspektiven der Entwicklungszusammenarbeit. In F. Nuscheler (Hrsg.), *Entwicklung und Frieden im 21. Jahrhundert* (S. 267–294). Bonn: Stiftung Entwicklung und Frieden.
Michaelson, J., Abdallah, S., Steuer, N., Thompson, S., & Marks, N. (2009). *National accounts of well-being: Bringing real wealth onto the balance sheet*. London: New economics foundation (nef). https://neweconomics.org/uploads/files/2027fb05fed1554aea_uim6vd4c5.pdf.
Mittelstraß, J. (1998). *Häuser des Wissens. Wissenschaftstheoretische Studien*. Frankfurt a. M.: Suhrkamp.
Mohideen, R. (2010). Disaster management: New Zealand, Haiti and the 'Cuban way'. *International Journal of socialist renewal*. http://links.org.au/node/1890.
Monetative. Homepage. http://www.monetative.de/.
Morin, E. (2010). *La Méthode. 6 Bände: Bd. 1: Die Natur der Natur*. Wien: Turia-Kant.
Morris, I. (2011). *Wer regiert die Welt?: Warum Zivilisationen herrschen oder beherrscht werden*. Frankfurt a. M.: Campus.
Morrison, D. (2006). Asteroid and comet impacts: The ultimate environmental catastrophe. *Philosophical Transactions of the Royal Society, 364*(1845), 2041–2054. https://doi.org/10.1098/rsta.2006.1812.
Mosadeghrad, A., & Ansarian, M. (2014). Why do organisational change programmes fail? *International Journal of Strategic Change Management., 5*(3), 189. https://doi.org/10.1504/IJSCM.2014.064460.
Mourlane, D. (2017). *Resilienz: Die unentdeckte Fähigkeit der wirklich Erfolgreichen*. Göttingen: BusinessVillage.
Murawski, H., & Meyer, W. (2004). *Geologisches Wörterbuch*. München: Spektrum Akademischer Verlag.
Mörchen, L. (2015). The speed camera lottery – The fun theory. *JPG Gemeinde Freiburg*. https://www.jpg-freiburg.de/node/376. Zugegriffen: 28. Jan. 2015.
Mühlhans, T. (2018). Open Cities. https://projektzukunft.berlin.de/projekt-zukunft/services/internationale-kooperationen/open-cities/.
Müller-Seitz, G. (2015). Von Risiko zu Resilienz – zum Umgang mit Unerwartetem aus Organisationsperspektive. *Zeitschrift für betriebswirtschaftliche Forschung, 68*(14): 102–122.
Münkler, H. (2007). *Imperien – Die Logik der Weltherrschaft*. Berlin: Rowohlt.
Neapolitan, J. L. (1999). A Comparative Analysis of Nations with Low and hoch Levels of Violent Crime. *Journal of Criminal Justice, 27*(3), 259–274.
Nettlau, M. (1909). Panarchie, eine vergessene Die von 1860. *Der Sozialist, 15*(3), 1909.
New Economic Foundation (NEF). (2012). National Accounts of Well-being. http://www.nationalaccountsofwellbeing.org/explore/countries/gb.
Nonaka, I., & Takeuchi, H. (1997). *Die Organisation des Wissens. Wie japanische Unternehmen eine brachliegende Ressource nutzbar machen*. Frankfurt a. M.: Campus.

Nowotny, H., Scott, P., & Gibbons, M. (2001). *Re-thinking science. Knowledge and the public in an age of uncertainty.* Cambridge: Polity.

Nowotny, H., Limoges, C., Schwartzman, S., Scott, P., Trow, M., & Gibbons, M. (1994). *The new production of knowledge. The dynamics of science and research in contemporary societies.* London: SAGE.

Nuscheler, F. (2006). *Entwicklungspolitik.* Bonn: Bundeszentrale für Politische Bildung.

Nuscheler et al. (2007). Globale Verwundbarkeiten und die Gefährdung „menschlicher Sicherheit". In: SEF/INEF (2007): Globale Trends 2007. Bonn: 9-36

Nye, J. (2004). *Soft power. The means to success in world politics.* New York: PublicAffairs.

Nye, J. (2011). *The future of power.* New York: PublicAffairs.

O'Dougherty Wright, M., Masten, A. S., & Narayan, A. J. (2013). Resilience processes in development: Four waves of research on positive adaptation in the context of adversity. In S. Goldstein & R. B. Brooks (Hrsg.), *Handbook of resilience in children*(S. 15–37). Springer: Boston.

OECD. (o. J.). PISA – Internationale Schulleistungsstudie der OECD. http://www.oecd.org/berlin/themen/pisa-studie/.

OECD. (1972). *Interdisciplinarity. Problems of teaching and research in universities.* Paris: OECD.

OECD. (2001). *OECD science, technology and industry scoreboard 2001 – Towards a knowledge-based economy.* Paris: OECD.

OECD. (2011a). *Society at a glance 2011 – OECD social indicators.* Paris: OECD.

OECD. (2011b). *OECD family database.* Paris: OECD. www.oecd.org/social/family/database.

OECD. (2011c). Better Life Index. http://www.oecdbetterlifeindex.org/de/

OECD. (2012). *Sick on the job? Myths and realities about mental health and work. Mental health and work series.* Paris: OECD.

OECD. (2017). *Behavioural insights and public policy: Lessons from around the world.* Paris: OECD. https://doi.org/10.1787/9789264270480-en

O'Mahony, S. (2006). Developing Community Software in a Commodity World. In: Fischer, M. S./Downey, G. (Hrsg.): Frontiers of Capital. Duke University Press. Durham: 237–266

OPHI. Policy – A multidimensional approach. http://www.ophi.org.uk/policy/multidimensional-poverty-index/.

Orrell, D. (2007). *The future of everything – The science of prediction.* New York: Thounder's Mouth Press.

PECC/JANCPEC. (2010). *Towards a more resilient society: Lessons from economic crises.* Tokio: Pacific Economic Cooperation Council (PECC), Japan National Committee for Pacific Economic Cooperation (JANCPEC).

Paech, N. (2012). *Befreiung vom Überfluss – auf dem Weg in die Postwachstumsökonomie.* München: Oekom-Verlag.

Palin, P. (2011). Learning from Japan: Sources of resilience. Homeland Security Watch. http://www.hlswatch.com/2011/03/25/learning-from-japan-sources-of-resilience/. Zugegriffen: 25. März 2011.

Panyasara. Homepage. http://www.panyasara.de/.

Pendall, R., Foster, K., & Cowell, M. (2010). Resilience and regions: Building understanding of the metaphor. *Cambridge Journal of Regions, Economy and Society, 3*(1), 71–84.

Perron, W. (2011). Resilienz in der offenen Gesellschaft – das Freiburger Center for Security and Society. In H. Just, H. Kind, & H.Koch (Hrsg.), *Solidarität: Dem Einzelnen oder der Gesellschaft verpflichtet? Kolloquium 19. November 2010, Schriftenreihe der Ethik – Kommission der Albert-Ludwigs-Universität Issue 6*. Freiburg: Ethik-Kommission.

Pestel-Institut. (2010). Regionale Krisenfestigkeit. Eine indikatorengestützte Bestandsaufnahme auf der Ebene der Kreise und der kreisfreien Städte. Hannover: Pestel-Institut.

Petermann, T., Bradke, H., Lüllmann, A., Poetzsch, M., & Riehm, U. (2010). *Gefährdung und Verletzbarkeit moderner Gesellschaften – am Beispiel eines großräumigen und langandauernden Ausfalls der Stromversorgung. TAB-Arbeitsbericht Bd. 141*. Berlin: Büro für Technikfolgen-Abschätzung beim Deutschen Bundestag.

Peyn, G. (2018). https://gitta-peyn.de/formwelt_nerdread/. Zugegriffen: 27. März 2018.

Peyn, G. (2019) *Persönlicher Austausch*. Mai 2019.

Pierson, P. (2001). Post-Industrial Pressures on the Mature Welfare States. In P. Pierson (Hrsg.), *The new politics of the welfare state* (S. 80–105). Oxford: Oxford University Press.

PopTech. Homepage. http://poptech.org/the_city_resilient.

Popper, K. R. (2004). *Alles Leben ist Problemlösen – Über Erkenntnis, Geschichte und Politik*. München: Piper.

Popper, K. R. (2003). Die offene Gesellschaft und ihre Feinde. Tübingen: Mohr Siebeck.

Posener, A. (2007). *Imperium der Zukunft. Warum Europa Weltmacht werden muss*. München: Pantheon.

Presencing Institute: u.lab: Leading From the Emerging Future – An introduction to leading profound social, environmental and personal transformation. Massachusetts Institute of Technology (MIT). edX. https://www.edx.org/course/u-lab-leading-emerging-future-mitx-15-671-1x-0.

Probst, G.J.B., & Büchel, B.S.T. (1994). *Organisationales Lernen – Wettbewerbsvorteil der Zukunft*. Wiesbaden: Gabler.

Prognos. (2010). *Prognos Zukunftsatlas 2010 – Deutschlands Regionen im Zukunftswettbewerb*. Berlin: Prognos.

Prout. Homepage. http://www.prout.org/.

Putzier, K. (12. Juli 2011). Warum bauen die Schweizer so viele Bunker? *Welt Online*. https://www.welt.de/politik/ausland/article13481396/Warum-bauen-die-Schweizer-so-viele-Bunker.html.

Pößneck Caldeira, K., & Bala, G. (2016). Reflecting on 50 years of geoengineering research. Earth's future. https://doi.org/10.1002/2016ef000454.

Radcliff, B., & Pacek, A. (2008). Assessing the welfare state: The politics of happiness. *Perspectives on Politics, 6*, 267–277.

Rademacher, F. J., & Beyers, B. (2011). Welt mit Zukunft: Die ökosoziale Perspektive. Hamburg: Murmann.

Radjou, N. & Prabhu, J. (2014). 4 CEOs Who are making frugal innovation work. *Harvard Business Review*. https://hbr.org/2014/11/4-ceos-who-are-making-frugal-innovation-work. Zugegriffen: 28. Nov. 2014.

Raford, N. (2010). Drawing a better Panarchy Diagram. http://noahraford.com/?p=648.

Ramge, T. (Hrsg.). (2010). *Jetzt neu – wie wir eine kreative(re) Gesellschaft werden*. Berlin: Stiftung neue verantwortung.

Rampino, M. R., & Ambrose, S. H. (2002). Super eruptions as a threat to civilizations on Earth-like planets. *Icarus, 156*, 562–569.

Resalliance. Homepage. http://www.resalliance.org/index.php/research.

Rheingold, H. (2003). *Smart mobs. The next social revolution*. Cambridge: Perseus.

Rickards, J. (2012). *Währungskrieg: Der Kampf um die monetäre Weltherrschaft*. München: FinanzBuch Verlag.

Rinke, A., & Schwägerl, C. (2015). *11 drohende Kriege: Künftige Konflikte um Technologien, Rohstoffe, Territorien und Nahrung*. München: Btb Verlag.

Rist, M. (2017). Singapur – Vorzeigestaat oder Auslaufmodell? NZZ Global Risk. http://nzz-files-prod.s3-website-eu-west-1.amazonaws.com/2018/2/27/d04ce686-decb-4e0b-9265-931ea3362e5b.pdf. Zugegriffen: 2. Nov. 2017.

Ritter, F. E., Shadbolt, N. R., Elliman, D., Young, R., Gobet, F., & Baxter, G. D. (2001). Techniques for modeling human performance in synthetic environments: A supplementary review. Wright-Patterson Air Force Base, OH: Human Systems Information Analysis Center. 13.05.2001.

Robock, A. (2008). 20 reasons why geoengineering may be a bad idea. *Bulletin of the Atomic Scientists, 64*(2): 14–18, 59. https://doi.org/10.2968/064002006.

Roehl, H. (2010). *Perspektiven für eine differenzierende Interventionspraxis*. Wiesbaden: Gabler.

Rosenberg, M. (2009). *Gewaltfreie Kommunikation: Eine Sprache des Lebens*. Schwäbisch Hall: Junfermann.

Sabatier, P. (1987). Knowledge, policy-oriented learning, and policy change. *Knowledge: Creation, Diffusion, Utilization, 8*, 649–692.

Sachs, J. (2005). *Das Ende der Armut*. Bonn: Bundeszentrale für Politische Bildung.

Salzborn, S. (Hrsg.). (2014). *Klassiker der Sozialwissenschaften – 100 Schlüsselwerke im Portrait*. Wiesbaden: Springer VS Fachmedien.

Sarvodaya. Homepage. http://www.sarvodayausa.org/learn/10-basic-human-needs/.

Sautet, F. (2013). Local and systemic entrepreneurship: Solving the puzzle of entrepreneurship and economic development. *Entrepreneurship Theory and Practice, 37*, 387–402. https://doi.org/10.1111/j.1540-6520.2011.00469.x.

Scharmer, C. O. (1995). *Reflexive Modernisierung des Kapitalismus als Revolution von innen: auf der Suche nach Infrastrukturen für eine lernende Gesellschaft; dialogische Neugründung von Wissenschaft, Wirtschaft und Politik*. Stuttgart: M & P Verlag für Wissenschaft und Forschung.

Scharmer, C. O., & Käufer, K. (2013). *Leading from the Emerging Future; From Ego-System to Eco-System Economies: From Ego-System to Eco-System Economies. Agency/Distributed*. San Francisco: Berrett-Koehler Publishers.

Scharmer, C.O. (2009). *Theory U: Leading from the Future as It Emerges*. San Francisco: Berrett-Koehler Publishers.

Scharmer, C.O. (2017). Theory U. https://www.presencing.com/theoryu.

Scharmer, C. O., & Käufer, K. (2008). Führung vor der leeren Leinwand. Presencing als soziale Technik. *Zeitschrift OrganisationsEntwicklung (ZOE), 2*, 4–11.

Schein, E. H. (1993). On Dialogue, Culture and Organizational Learning. *Organizational Dynamics, 22*(2), 40–51.

Schelling, T. (1978). *Micromotives and Macrobehavior.* New York: Norton.
Schneider, L. (1990). *Subsidiäre Gesellschaft – Entwickelte Gesellschaft. Implikative und analoge Aspekte eines Sozialprinzips.* Paderborn: Schöningh.
Schneidewind, U., & Singer-Brodowski, M. (2013). *Transformative Wissenschaft – Klimawandel im deutschen Wissenschafts- und Hochschulsystem.* Marburg: Metropolis-Verlag.
Schneidewind, U. (2011). Auf dem Weg in die resiliente Gesellschaft. Berliner Republik 05/2011. http://www.b-republik.de/aktuelle-ausgabe/auf-dem-weg-in-die-resiliente-gesellschaft.
Schnur, O. (2013). Resiliente Quartiersentwicklung? Eine Annäherung über das Panarchie-Modell adaptiver Zyklen. *Informationen zur Raumentwicklung, 4,* 337–350.
Schumpeter, J., Röpke, J., & Stiller, O. (Hrsg.). (2006). Theorie der wirtschaftlichen Entwicklung. Neuausgabe. Berlin: Duncker und Humblot.
Schwab, K. (2013). The global competitiveness report 2012–2013. World Economic Forum (WEF). http://www3.weforum.org/docs/WEF_GlobalCompetitivenessReport_2012-13.pdf.
Schwane, F. (2009). Weltwirtschaft: Mythos Abkopplung. *FOCUS Money, 34.* http://www.focus.de/finanzen/news/weltwirtschaft-mythos-abkopplung_aid_425272.html.
SenWTF und Landesinitiative Projekt Zukunft. (2013). Innovations- und Kreativlabs in Berlin – eine Bestandsaufnahme. Räume und Events als Schnittstellen von Innovation und Kreativität (Bearbeiter: S. Schmidt, V. Brinks, S. Brinkhoff). Berlin: Senatsverwaltung für Wirtschaft, Technologie und Forschung, Landesinitiative Projekt Zukunft. http://www.berlin.de/projektzukunft/uploads/tx_news/130626_Innovations-_und_Kreativlabs_in_Berlin_-_eine_Bestandsaufnahme_02.pdf.
Senge, P. (1990). *The Fifth Discipline: The art and practice of the learning organization.* New York: Doubleday.
Senge, P. (1996). *Die fünfte Disziplin: Kunst und Praxis der lernenden Organisation.* Stuttgart: Klett-Cotta.
Shiva, V. (2005). *Earth democracy: Justice, sustainability, and peace.* London: South End Press.
Sibeon, R. (2004). *Rethinking social theory.* London: SAGE.
Simon, F. B. (2014). *Einführung in die systemische Organisationstheorie.* Heidelberg: Carl Auer Verlag.
Simonis, U. (2004). Weltumweltpolitik. In W. Woyke (Hrsg.), *Handwörterbuch Internationale Politik* (S. 569–582). Bonn: Bundeszentrale für politische Bildung.
Simpol. Homepage. http://www.simpol.org/index.php?id=8.
Singer, M. A. (2016). *Die Seele will frei sein.* Berlin: Ullstein Taschenbuchverlag.
Slater, D., & Tonkiss, F. (2001). *Market society: Markets and modern social theory.* New York: Polity.
Smith, D. (2012). Dan Smith's blog: Peacebuilding IN Europe? http://dansmithsblog.com/2012/01/29/peacebuilding-in-europe/. Zugegriffen: 29. Jan. 2012.
Snowden, D. (2000). Cynefin: A sense of time and space, the social ecology of knowledge management. In C. Despres & D. Chauvel (Hrsg.), *Knowledge Horizons: The Present and the Promise of Knowledge Management.* Oxford: Butterworth-Heinemann.
Snowden, D., & Boone, M. (2007). A Leader's Framework for Decision Making. *Harvard Business Review, 85*(11), 69–76.

Spath, D. (Hrsg.). (2013). Produktionsarbeit der Zukunft – Industrie 4.0. Fraunhofer Institut für Arbeitswirtschaft und Organisation (IAO). https://microsites.schott.com/d/studentchallenge/c7d319bc-3fd9-40d2-85c2-636906b2c2f0/1.0/produktionsarbeit_der_zukunft_-_industrie_4_0__fraunhofer_studie.pdf.

Spiewack, M. (9. Februar 2017). Und jetzt werden alle kreativ. *Die Zeit*, 7.

Stambolovic, V. (2002). The case of Serbia/Yugoslavia: An analysis through spiral dynamics. *Medicine, Conflict and Survival, 18*(1), 59–70. https://doi.org/10.1080/13623690208409606.

Steinberg, F. (1985). *Grundbedürfnisstrategie. Wohnen in der „Dritten Welt"*. Kiel: Magazin Verlag.

Stockholm Resilience Center. Homepage. http://www.stockholmresilience.org/21/research.html.

Stockmann, R. (1996). *Die Wirksamkeit der Entwicklungshilfe. Eine Evaluation der Nachhaltigkeit von Programmen und Projekten der Berufsbildung*. Opladen: Westdeutscher Verlag.

Stokols, D., Hall, K., Taylor, B. K., & Moser, R. P. (2008). Overview of the Field and Introduction to the Supplement. *American Journal of Preventive Medicine, 35*(2), 77–89.

Surowiecki, J. (2004). *The wisdom of crowds. Why the many are smarter than the few and how collective wisdom shapes business, economies, societies and nations*. London: Little, Brown.

Survivalblog. Homepage http://survivalblog.com/.

Sustainable Society Index. Homepage. http://www.ssfindex.com/.

Taleb, N. (2008). *The black swan: The impact of the highly improbable*. London: Penguin.

Thaler, R.H., & Sunstein, C. (2008). *Improving decisions about health, wealth and happiness*. London: Penguin Books Ltd.

The Australian. (2011). Crushed, but true to law of ‚gaman'. http://www.theaustralian.com.au/archive/in-depth/crushed-but-true-to-law-of-gaman/story-fn84naht-1226022079002. Zugegriffen: 16. März 2011.

Transition Network. (2015). Homepage. http://www.transitionnetwork.org/initiativesTransparency International: Homepage. http://cpi.transparency.org/cpi2011/results/.

Traub, J. (2015). The hillary clinton doctrine. *Foreign Policy*. http://foreignpolicy.com/2015/11/06/hillary-clinton-doctrine-obama-interventionist-tough-minded-president/.

Treichel, D., & Mayer, C.-H. (2011). *Lehrbuch Kultur. Lehr- und Lernmaterialien zur Vermittlung kultureller Kompetenzen*. Münster: Waxmann.

Tshidimba, D., Lateur, F., & Sneyers, N. (2015). Frugal Products. Roland Berger Strategy Consultants. Brüssel. https://www.rolandberger.com/publications/publication_pdf/roland_berger_tab_frugal_products_20150601.pdf.

Tusaie, K., & Dyer, J. (2004). Resilience: A historical review of the construct. *Holistic Nursing Practice, 18*, 3–10.

Tönnies, F. (2005). *Gemeinschaft und Gesellschaft*. Darmstadt: Wissenschaftliche Buchgesellschaft.

U.S. Department of Defense. (29. Juli 2015). DoD Releases Report on Security Implications of Climate Change. *DoD News, Defense Media Activity*. https://www.defense.gov/News/Article/Article/612710/.

U.S. Department of Defense. (2002). DoD News Briefing – Secretary Rumsfeld and Gen. Myers. Presenter: Secretary of Defense Donald H. Rumsfeld. http://archive.defense.gov/Transcripts/Transcript.aspx?TranscriptID=2636. Zugegriffen: 12. Febr. 2002.

UK Cabinet Office. (2011). The UK cyber security strategy – Protecting and promoting the UK in a digital world. https://www.gov.uk/government/uploads/system/uploads/attachment_data/file/60961/uk-cyber-security-strategy-final.pdf.
UK Ministry of Defence. (2014). *Strategic trends programme global strategic trends – Out to 2045. Global Strategic Trends* (5. Aufl.). Ministry of Defence (MOD) (30.04.2015).
UN-Habitat. (2017). Slum Almanac 2015–2016. https://unhabitat.org/slum-almanac-2015-2016/.
UN. Millenium development goals and beyond 2015. http://www.un.org/millenniumgoals/bkgd.shtml.
UNCTAD. (2018). Creative economy outlook. Trends in international trends and creative industries. 2002–2015. Country Profiles 2002–2014. https://unctad.org/en/Publications-Library/ditcted2018d3_en.pdf.
UNDP. Human development reports. http://hdr.undp.org/en/statistics/
UNESCO. Teaching and learning for a sustainable future. http://www.unesco.org/education/tlsf/mods/theme_c/mod10.html.
UNISDR. Homepage. http://www.unisdr.org/campaign/resilientcities/.
Umweltbundesamt. (2017). Kernbotschaften des Fünften Sachstandsberichts des IPCC. Klimaänderung 2013: Naturwissenschaftliche Grundlagen (Teilbericht 1). Letzte Änderungen: Dezember 2017. www.bmub.bund.de/fileadmin/Daten.../ipcc_sachstandsbericht_5_teil_1_bf.pdf.
United Nations. (2010). We can end poverty 2015. Fact Sheet. High-level plenary meeting of the general assembly. New York. 20.–22.09.2010. https://www.un.org/en/mdg/summit2010/pdf/MDG_FS_1_EN.pdf.
United Nations. (2015). The millenium development goals report 2015. Summary. New York. https://www.un.org/millenniumgoals/2015_MDG_Report/pdf/MDG%202015%20Summary%20web_english.pdf.
Van Aken, J., & Hammond, E. (2003). Genetic engineering and biological weapons. *EMBO Reports, 4*(1), 57–60. https://doi.org/10.1038/sj.embor.embor860.
van Almsick, J. (1981). *Die negative Einkommensteuer: Finanztheoretische Struktur, Arbeitsangebotswirkungen und sozialpolitische Konzeption.* Berlin: Duncker & Humblot.
Vanolo, A. (2013). Smartmentality: The Smart City as Disciplinary Strategy. *Urban Studies, 51*(5), 883–898. https://doi.org/10.1177/0042098013494427.
Veenhoven, R. (2010). World Database of Happiness, Erasmus University of Rotterdam. http://www1.eur.nl/fsw/happiness/.
Vieweg, W. (2015). *Management in Komplexität und Unsicherheit.* Wiesbaden: Springer.
Vogt, M., & Ostheimer, J. (2006). *Die Suche nach der guten Gesellschaft. Re-Vision – Nachdenken über politische Vordenker. Politische Ökologie. 100.* München: oekom Verlag.
Volkan, V. (2006). *Killing in the name of identity: A study of bloody conflicts.* Charlottesville: Pitchstone Publishing.
von Clausewitz, C. (2010). *Vom Kriege. Vollständige Ausgabe.* Neuss: RaBaKa Publishing.
von Hentig, H. (1987). Polyphem oder Argos? Disziplinarität in der nicht-disziplinären Wirklichkeit. In J. Kocka (Hrsg.), *Interdisziplinarität: Herausforderung – Praxis – Ideologie.* Suhrkamp: Frankfurt a. M.
Voros, J. (2006). Nesting social-analytical perspectives: an approach to macro-social analysis. *Journal of Futures Studies., 11*(1), 11–13.

WBGU. (Hrsg.). (2011). *Welt im Wandel. Gesellschaftsvertrag für eine Große Transformation. Hauptgutachten.* Berlin: WBGU.
Walach, H. (2017). Secular spirituality – what it is. Why we need it. How to proceed. *Journal for the Study of Spirituality, 7*(1), 7–20.
Walker, B., Abel, N., Andreoni, F., Cape, J., & Murdock, H. (2014). General resilience: A discussion paper based on insights from a catchment management area workshop in south eastern Australia. http://www.resalliance.org/files/General_Resilience_paper.pdf. Zugegriffen: 23. Apr. 2014.
Wallace, R. S. (2009). The anatomy of A.L.I.C.E.. In R. Epstein, G. Roberts, & G. Beber (Hrsg.). *Parsing the turing test* (S. 181–210). Dordrecht: Springer. https://doi.org/10.1007/978-1-4020-6710-5_13.
Wallerstein, I. M. (2014). *The uncertainties of knowledge.* Philadelphia: Temple University Press.
Warwitz, S. A. (2016). *Sinnsuche im Wagnis. Leben in wachsenden Ringen. Erklärungsmodelle für grenzüberschreitendes Verhalten.* Baltmannsweiler: Schneider.
Washington, H., & Cook, J. (2011). *Climate change denial. Heads in the Sand.* London: Earthscan.
Weick, K. E., & Sutcliffe, K. M. (2001). *Managing the unexpected: assuring high performance in an age of complexity.* San Francisco: Jossey-Bass.
Weiskrantz, L. (1986). *Blindsight. A case study and implications: Bd. 12, Oxford Psychology Series.* Oxford: Clarendon Press.
Weizenbaum, J. (1966). ELIZA – A computer program for the study of natural language communication between man and machine. *Communications of the ACM, 9*(1), 36–45.
Wellensiek, S. K. (2011). *Handbuch Resilienztraining.* Weinheim: Beltz.
Welsch, W. (2000). Transkulturalität. Zwischen Globalisierung und Partikularisierung. *Jahrbuch Deutsch als Fremdsprache, 26,* 327–351.
Welsch, W. (2009). Was ist eigentlich Transkulturalität? In L. Darowska, C. Machold (Hrsg.), *Hochschule als transkultureller Raum? Beiträge zu Kultur, Bildung und Differenz.* Bielefeld: transcript.
Weltbank. (2018). *Groundswell – Preparing for internal Climate Migration.* Washington, D. C.: World Bank Group.
Weltbank. (o. J.). Homepage. http://data.worldbank.org/data-catalog.
Wendt, W. R. (2003). Transdisziplinarität und ihre Bedeutung für die Wissenschaft der Sozialen Arbeit. *Studium & Praxis, 4*(2), 93–105.
Werner, E. (1977). *The Children of Kauai. A longitudinal study from the prenatal period to age ten.* Honolulu: University of Hawai'i Press.
Werner, G. (1911). Unternimm die Zukunft. Wheeler. W. M. http://www.unternimm-die-zukunft.de/. The ant-colony as an organism. (A lecture prepared for delivery at the Marine Biological Laboratory, Woods Hole, Mass., August 2, 1910). *Journal of Morphology, 22*(2).
Weyer, J. (Hrsg.). (2011). *Soziale Netzwerke. Konzepte und Methoden der sozialwissenschaftlichen Netzwerkforschung.* München: Oldenburg Verlag.
White, A. G. (2007). A global projection of subjective well-being: A challenge to positive psychology? University of Leicester. http://data360.org/pdf/20071219073602.A%20Global%20Projection%20of%20Subjective%20Well-being.pdf.

Whittle, R. (2010). *Learning the lessons from flood recovery in hull. Final project report for flood, vulnerability and urban resilience. A real-time study for local recovery following the floods of June 2007 in Hull.* Lancaster.

Wielens, H. (2004). *Im Brennpunkt: Geld & Spiritualität.* Petersberg: Via Nova.

Wilkinson, R. G., & Pickett, K. (2010). *The spirit level: Why greater equality makes societies stronger.* London: Sydney Bloomsbury Press.

Willke, H. (1998). Organisierte Wissensarbeit. *Zeitschrift für Soziologie, 27*(3), 161–177.

Willke, H. (2016). Zur Relevanz der Systemtheorie von Niklas Luhmann. *Agora, 42*(1), 9–14.

Wilson, H. (2013). Banks put to the test over cyber security. In The telegraph. https://www.telegraph.co.uk/finance/newsbysector/banksandfinance/10359520/Banks-put-to-the-test-over-cyber-security.html. Zugegriffen: 6. Okt. 2013.

Wilson, M. (2017). Smarter cities challenge aims to make lasting urban improvements. IBM. https://www.ibm.com/blogs/cloud-computing/2017/02/17/smarter-cities-challenge-improvements/. Zugegriffen: 17. Febr. 2017.

Wink, R. (2014). Regionale wirtschaftliche Resilienz und die Finanzierung von Innovationen. In J. Krüger, H. Parthey, & R. Wink (Hrsg.), *Wissenschaft und Innovation* (S. 57–72). Berlin: Wissenschaftsforschung.

Wink, R. (Hrsg.). (2016). *Multidisziplinäre Perspektiven in der Resilienzforschung.* Wiesbaden: Springer.

Wink, R., Kirchner, L., Koch, F., & Speda, D. (2016). *Wirtschaftliche Resilienz in deutschsprachigen Regionen.* Wiesbaden: Springer.

Wolff, E. (2017). *Finanz-Tsunami: Wie das globale Finanzsystem uns alle bedroht.* Darmstadt: Büchner-Verlag.

Wood, D. (2006). *The "everyday" resilience of the city. Human security and resilience* (ISP/NSC Briefing Paper, No. 6(1)).

Woodley, A. W., & Malone, T. (2011). What makes a team smarter? More women. *Harvard Business Review, 89*(6), 32–33.

Woolley, A. W., Chabris, C. F., Pentland, A., Hashmi, N., & Malone, T. W. (2010). Evidence for a collective intelligence factor in the performance of human groups. *Science, 330*(6004), 686–688. https://doi.org/10.1126/science.1193147.

World Citizenship Movement. Homepage. http://www.garrydavis.org/h_worldcitgov.html.

World Economic Forum. (2019). Global risk report 2019. http://www3.weforum.org/docs/WEF_Global_Risks_Report_2019.pdf.

World Federalist Movement. Homepage. http://www.wfm-igp.org/.

World Institute for Disaster Risk Management. Homepage. http://www.drmonline.net/.

Yabushita, S., & Hatta, N. (1994). On the possible hazard on the major cities caused by asteroid impact in the Pacific Ocean. *Earth, Moon, and Planets, 65*(1), 7–13. https://doi.org/10.1007/BF00572195.

Zakaria, F. (2004). *The future of freedom: Illiberal democracy at home and abroad.* New York: Norton.

Zander, M. (2011). *Handbuch Resilienzförderung.* Wiesbaden: Springer Verlag.

Zeschky, M., Widenmayer, B., & Gassmann, O. (2011). Frugal innovation in emerging markets. *Research-Technology Management, 54*(4), 38–45. https://doi.org/10.5437/08956308X5404007.

Zillien, N., & Haufs-Brusberg, M. (2014). *Wissenskluft und Digital Divide*. Baden-Baden: Nomos.

Zolli, A., & Healy, A. M. (2013). *Resilience. Why Things Bounce Back*. London: Headline Publishing Group.

Zollinger, C. (2005). *Die Debatte läuft: ganzheitliche Thesen für Gesellschaft, Wirtschaft und Politik*. Petersberg: Via Nova.

Zämma leaba. Homepage. http://goetzis.at/gesundheit-soziales/zaemma-leaba.

GPSR Compliance

The European Union's (EU) General Product Safety Regulation (GPSR) is a set of rules that requires consumer products to be safe and our obligations to ensure this.

If you have any concerns about our products, you can contact us on

ProductSafety@springernature.com

In case Publisher is established outside the EU, the EU authorized representative is:

Springer Nature Customer Service Center GmbH
Europaplatz 3
69115 Heidelberg, Germany

www.ingramcontent.com/pod-product-compliance
Lightning Source LLC
LaVergne TN
LVHW020327260326
834688LV00037B/897